KB273497

"민영화 문제는 지난 세기 이래 가장 교묘하고도 은밀한 속임수 가운데 하나다. 그것은 서서히, 그러나 집요하게 진행되었기에 가장 해결하기 어려운 문제임이 틀림없다. 이 책은 그 해법을 제시한다. 우리 모두가 반드시 읽어야 할 책이다."
— 애비게일 디즈니(Abigail Disney), 활동가이자 영화감독

"10여 년 전, 민영화가 모든 부문으로 퍼져나가던 시기에 우리는 그에 맞서 대항하고 연구를 거듭한 끝에 이렇게 결론지었다. '젠장! 저들은 정말 모든 걸 다 차지하려 하는구나.' 이 책은 오늘날 이 말이 얼마나 더 적나라한 현실이 되었는지 치밀하게 보여주며, 우리가 정당하게 되찾아야 할 것들을 어떻게 다시 싸워 되찾을 수 있는지 잘 보여준다."
— 사이 칸(Si Kahn) · 엘리자베스 미닉(Elizabeth Minnich), 『닭장 속 여우: 민영화가 민주주의를 어떻게 위협하는가』 저자

"공공재의 개념을 열렬히 옹호하고, 공공재를 민간기업에 넘겼을 때 발생하는 무수한 문제들을 상세히 풀어낸다. 민영화가 실제로 작동하는 거칠고도 타협적인 방식을 살펴봄으로써, 시장의 영광을 이념적으로 찬양하는 담론을 헤집고 공공부문을 방어할 수 있는 정치적 언어를 제시한다."
— 킴 필립스-파인(Kim Phillips-Fein), 『보이지 않는 손들: 뉴딜에 맞선 기업가들의 십자군』 저자

"이 책은 미국 역사상 가장 오래된 속임수 가운데 하나—공공재의 대대적인 민영화—의 뚜껑을 열어젖힌다. 그것은 부유층과 기업의 배를 불리면서 다른 모든 이들을 궁핍하게 만들어왔다. 지난 40년 동안 우리는 영리기업에 우리의 인프라를 팔고, 공중보건을 팔고, 심지어 식수마저 팔아넘기도록 속임수에 당했다. 이 책은 우리가 어떻게 그 사기 행각을 멈추고 공공부문을 되찾으며, 모두를 위한 풍요로운 미래를 만들 수 있는지 설득력 있게 설명한다."
— 닉 하나우어(Nick Hanauer), 기업가, 『절대로 우리의 잘못이 아니다(그리고 다른 뻔뻔한 변명들)』 저자

"이 책은 깨끗한 물을 공급하는 것에서부터 기상예보에 이르기까지, 오랫동안 정부 기관이 훌륭하고도 저렴하게 수행해온 공공의 기능을 민간부문이 어떻게 빼앗았는지 폭로한다. 또한 공적 통제를 되찾는다면 우리가 어떻게 더 건강하고 더 나은 나라가 될 수 있는지도 보여준다."
— 데이비드 마이클스(David Michaels), 미국 산업안전보건청 전 청장, 『의심의 승리: 검은 돈과 기만의 과학』 저자

"이 책은 탐욕스러운 이권 세력들이 수십 년에 걸쳐 미국의 공공재를 민영화하고 돈벌이 수단으로 전락시켜온 과정을 낱낱이 드러낸다. 공공학교, 도서관, 대중교통과 보건 체계, 그리고 깨끗하고 건강한 환경이 활기찬 공동체와 강한 민주주의의 토대라고 믿는 사람이라면 반드시 읽어야 할 책이다. 공공재는 진정으로 공공의 선을 위한 것이며, 우리 공동체를 고갈시키고 부자들만 더 부유하게 만든 민영화 의제의 흐름을 이제 반드시 되돌려야 한다. 도널드 코언과 앨런 미케일리언은 바로 그 길을 보여준다."
— 랜디 와인가튼(Randi Weingarten), 미국교사연맹 위원장

"팬데믹과 파괴적인 기후변화 앞에서 원자화되고 민영화된 사회는 우리의 복지를 보장하지도, 보장할 수도 없다. 이 책은 우리가 어떻게 이 중대한 갈림길에 서게 되었는지, 그리고 이제 어디로 나아가야 하는지 설명한다. 이 매력적이고도 생생한 책은 수십 년 동안 물과 도로, 교육과 보건 등 필수재에 대한 미국 대중의 권력이, 본질적으로 공익보다 사익을 추구하는 기업에 어떻게 이전되었는지 폭로한다. 시민성을 되찾고 공공 영역을 새로 구축해야 한다는 분명한 메시지를 전하다."
— 바네사 윌리엄슨(Vanessa Williamson), 브루킹스 연구소 선임연구원, 『내 말을 믿어라: 왜 미국인은 세금을 기꺼이 내는가』 저자

"이 책은 우리 공동의 미래와 복지를 민간기업에만 맡겨둘 때의 위험성을 경고한다. 그렇게 되면 우리는 상호의존성을 잊고, 모두에게 필요한 돌봄과 지지에 장벽을 세우게 된다. 공공재를 지키려는 운동을 촉구하는 이 책은 인간성의 복잡성을 토대로 한 돌봄 경제와 사회를 세우는 데 지금 우리가 꼭 들어야 할 목소리다."
— 아이젠 푸(Ai-jen Poo), 전미가사노동자연맹 집행국장

"이 중요하고도 획기적인 책은 수십 년간 공공재와 공공서비스를 사익 중심으로 바꾸려 한 활동과 사기 행각을 자세히 드러낸다. 이 술책은 납세자의 돈을 아끼기는커녕 우리의 지갑과 시민 생활을 희생시키며 민간기업만 더욱 부유하게 만들었다. 도널드 코언과 앨런 미케일리언은 민영화 기획이 정확히 어떻게 작동했는지, 그리고 미국인들이 어떻게 맞서 싸울 수 있는지 보여준다."
— 헬레인 올렌(Helaine Olen), 『파운드 폴리시』 저자

"이 책에서 도널드 코언과 앨런 미케일리언은 사회과학의 탈을 쓴 우파 이데올로기와 계급적 이윤추구가 수십 년 동안 우리의 국익과 가치를 어떻게 훼손해왔는지 폭로한다. 코언과 미케일리언은 이 시의적절하고 필수적인 책에서 민주주의, 자유, 경쟁, 효율성의 개념을 새롭게 정의한다."
— 테아 메이 리(Thea Mei Lee), 미국 노동부 국제노동국 부차관보, 전 이코노믹 폴리시 인스티튜트(Economic Policy Institute) 소장

"거의 50년 전, 대기업과 월가의 후원자들은 권력을 장악하기 위해 두 갈래 전략을 택했다. 하나는 독점화를 통해 시장 지배력을 집중시키는 것이었고, 다른 하나는 민영화를 통해 정부의 권한 자체를 차지하는 것이었다. 이 책은 민영화에 관한 전통적 논쟁을 훌쩍 넘어선다. 기업의 이해관계가 민주주의를 어떻게 조작했는지 보여주는 충격적인 이야기들로 가득하며, 우리의 자유와 자치의 운명이 걸려 있음을 드러낸다."
— 스테이시 미첼(Stacy Mitchell), 지역자치연구소 공동소장

"지난 50년 동안 미국 기업들이 공공재를 사익의 원천으로 바꾸려 펼쳐온 캠페인에 대한 매우 귀중한 비판이다. 그뿐 아니라 재현 가능한 성공적인 반민영화 투쟁 사례도 담고 있다."
— 『레이버 노츠(Labor Notes)』

"이 책은 왜 인종 정의가 미국 민주주의의 기본 원칙이며, 인종주의적 방식으로 공공영역을 해체하는 것이 어떻게 국가의 핵심 가치를 공격하는지 보여준다. 인종 정의와 민주주의는 불가분의 관계에 있으며, 어느 한쪽만으로는 존재할 수 없다. 두 가지 모두 우리의 가치에 의해 움직이는 강력한 공공제도가 필요하다. 저자들은 민영화가 어떻게 정부를 빈곤하게 만들고 국민을 분열시키는지 보여주는, 설득력 있고 상세하며 반박 불가능한 역사와 사례를 제시한다. 이 책은 이러한 관행을 끝내고, 정의로운 구상에 따라 우리의 공공제도를 재건해야 한다는 강력한 외침이며, 그 외침에 귀 기울이는 것이 현명하다."
— 글렌 해리스(Glenn Harris), 레이스 포워드 대표

"공공재를 민영화하려는 대기업의 움직임을 이해하고, 여기에 맞서 싸워 모두에게 이로운 경제를 만들어갈 방법을 알려주는 필독서다."
— 도리안 워런(Dorian Warren), 커뮤니티 체인지 대표

모든
것들의
민영화

| 일러두기 |

1. 본문 중 주석은 '지은이 주'와 '옮긴이 주'가 있다. '지은이 주'에는 숫자(1, 2, 3 …)를 달았으며 미주로 처리하였다. '옮긴이 주'에는 굵은 점(•)을 달았고 각주로 처리하였다.
2. 본문 중 **굵은 서체**로 표시된 부분은 공저자가 직접 강조한 부분이다.

모든 것들의 민영화

사라진 공공,
가난해진 국가,
그리고
시민 주권의 붕괴

도널드 코언 · 앨런 미케일리언 지음

김무주 옮김

차례

민영화
이해하기

1

공공재, 다시 공공선을 위하여

공적 권한의 의미

2020년 3월 13일, 도널드 트럼프(Donald Trump) 대통령은 코로나19 팬데믹을 전 국가적인 비상사태로 규정했다. 이 날은 자신의 대담한 퍼포먼스를 선보이기 위해 마련된 완벽한 무대였다. 코로나 위기는 이 퍼포먼스를 위한 기폭제였을 뿐이다. 백악관 코로나바이러스 대응 기획단(TF) 단장으로 새로 임명된 마이크 펜스(Mike Pence) 부통령은 "미국 전체"가 뒷받침하는 "전 정부 차원의 총력전"이라고 표현했지만, 세부적인 안을 들여다보면 정부와 공공(公共)은 완벽히 배제된 상태였다. 그 대신 펜스는 "역사에 남을 공공분야와 민간부문의 협력"을 잇따라 공언했다. 의료기 제조기업은 진단 키트를 생산해 시장에 판매하고, 구글은 온라인으로 중증도 분류 서비스를 제공할 것이며, CVS, 타깃, 월그린, 월마트 등 "훌륭한 기업들"이 드라이브 스루

검사를 위해 "주차장을 일부 내어줄 예정"이라며 자랑스레 말했다.[1]

그러나 채 몇 시간이 지나기도 전에 이 "역사에 남을" 협력은 의욕만 앞섰을 뿐 아무것도 없다는 게 확인됐다. 진단 키트를 대량으로 생산할 준비가 된 기업이 하나도 없었고, 구글은 실질적으로 온라인 문진 웹사이트를 개발하고 있지 않았다. 더구나 "훌륭한" 대형마트들이 제공하겠다던 주차장도 앞서 언급한 두 가지가 제대로 마련되지 않는다면 아무런 의미가 없었다. 그 후 몇 주 사이에 미국 정부는 슬그머니 두 손 두 발을 들고 검사소에 대한 재정지원을 중단했다. 한편, 그러는 동안 월마트는 33개 주 법무장관들이 중단을 요구했던 때까지 손 소독제와 마스크 같은 방역제품들에 어마어마한 바가지 가격으로 이익을 챙겼다.[2]

며칠 내 민간기업들과 자유시장의 노력만으로 국가에서 요구하는 방역 장비를 제공할 수 없다는 게 분명해졌다. 트럼프 대통령은 국방물자생산법(Defense Production Act, DPA)을 적용하라는 압력을 받았다. 이 법은 제조업체들에 '보이지 않는 손'이 실패한 일을 공익을 위해 강제할 수 있었기 때문이다. 그러나 트럼프는 제조사의 자발적인 참여만 장려해야 한다며 이를 거부했고, DPA를 적용하면 정부가 기업을 접수하는 것과 다름없다는 거짓 주장을 펼쳤다. "우리는 산업의 국영화를 기본으로 삼는 국가가 아닙니다. 베네수엘라 국민 아무나 붙잡고 산업의 국영화가 어떤 결과를 가져왔는지 물어보세요. 딱히 성공하지 못했죠." 실제 DPA는 정부의 기업 국영화를 강제하는 법안이 아니다. 하지만 트럼프 대통령은 수석 경제자문역 래리 커들로(Larry Kudlo)의 조언을 따르고 있는 것이 분명해 보였다. 래리 커들로는 그해 2월 마지막

주, 경제가 가라앉던 상황에서도 팬데믹이 절대로 경제를 "침몰"시키지 못할 것이라고 꾸준히 주장했다. 그에게 미국 경제를 무너뜨릴 수 있는 것은 오직 "정치적 극단에 있는 사회주의"뿐이었다.[3]

　　미국 정부는 팬데믹 대응을 위해 공적 자원을 의료 서비스에 쏟아붓지 않았다. 백악관 코로나19 TF 조정관 데버러 버크스(Deborah Birx)의 말을 빌리자면, "민간부문의 능력을 폭발적으로 끌어올리는 데 온전히 집중"했다. 행정부의 우선순위는 분명했다. 특히 미국 전역에서 수요가 폭증하던 상황에서 한 민간 연구소가 불과 5분 만에 감염 여부를 확인할 수 있는 신속 검사 키트를 개발하자, 트럼프는 "완전히 새로운 국면이 열렸다"며 반색했다. 캘리포니아주는 검사 결과를 기다리는 샘플만 6만 건에 달했고, 퀘스트 다이애그노스틱스(Quest Diagnostics)에는 전국에서 11만 5,000명의 의심 환자들이 검사 대기 명단에 올라 있었다. 그러나 연방 정부는 이 검사를 국가적으로 시행하려고 노력하는 대신 자유시장에 기댔다. 보건복지부가 주문한 진단 키트는 고작 5,500개에 불과했다. 대변인의 설명은 이랬다. "병원이나 의료기관도 구매할 수 있도록, 조금은 시장에 남겨둔 겁니다." 즉, 누가 검사를 받을 것인지 시장이 알아서 결정할 수 있는 몫을 남겨둔 것이었다.[4]

　　공중보건은 공공재다. 그러나 트럼프 정부는 이 공공재를 기업의 손에 넘겼다. 그런데 더 충격적인 사실은 트럼프 정부가 집권한 이래로 이 입장을 꾸준히 고수했다는 사실이 아니라, 지난 50년간 거의 모든 정파의 정치인들이 취해온 입장이 한결같이 이 연장선에 있었다는 점이다.

　　흔히 민영화를 단순히 제품이나 서비스를 사기업에 위탁하는 것이라고 정의하지만, 실은 그리 단순한 문제가 아니다. 민영화는 우리의 삶에 광범위하게 영향을 미치고, 그래서 또한 넓게 정의 내릴 필요가 있다. 민영화란 공공재에 대한 통제권을 민간의 손에 넘기는 것이다. 이는 때때로 공공서비스를 민간업체에 위탁하는 조달 과정에서 벌어진다. 즉, 공공서비스를 민간 계약자에게 외주로 주는 방식이다. 또 어떤 경우에는 긴축정책으로 인해 민영화가 일어나는데, 필수적인 공공재에 들어가는 공적 자금을 줄임으로써 민간부문이 그 자리를 차지하도록 하는 것이다. 또 다른 경우는 규제 완화를 통해서도 나타난다. 이를테면 소비자, 노동자, 환경을 지키기 위한 중요한 규제 장치를 없애거나 제대로 집행하지 않을 때도 민영화가 일어난다. 어떤 방식이든, 민영화는 개인과 국가, 즉 우리의 운명에 대한 권한을 선출되지도 않고 책임지지도 않으며 속을 알 수 없는 기업과 그 경영자들에게 넘기는 것을 의미한다.

공공재를 지배하는 공적 권한

민영화가 공공재에 대한 통제권을 넘겨주는 것이라면, 우리가 말하는 **공공재**가 무엇인지 곰곰이 생각해봐야 한다. 경제학 교과서는 공공재를 상당히 엄격하게 정의하지만, 역설적으로 이 정의는 실질적으로 '공공'을 배제한다. 무엇을 공공재로 취급할 것인지 말을 보태고 싶다면 정의를 더 확장해서 살펴야 한다. 대부분의 경제학 교과서와 많은 경제학자는 공공재를 꽤 엄격한 용어로 규정한다. 즉, 모든 사람에게 접근이 허용되고(**비배제성**), 또 서로 빼앗을 수 없는(**비경합성**) 물건이라고 본다. 적어도 이론상으로 이 정의에 들어맞는 것들이라면 돈을 벌기 어렵다. 수익은 배제와 경쟁에서 나오기 때문이다. 따라서 시장이 이익을 내지 못하는 물건이라면 공공재이며, 이때 정부가 개입해도 괜찮다. 그래서 정부의 역할을 제한하고 싶어 하는 이들은 사기업과 시장이 하는 역할과 정부가 맡도록 **허용된** 역할을 명확하게 구분하고 싶어서 이 공공재 이론을 써먹기도 한다.

공공재 이론은 공공의 역할을 완전히 배제한다. 시장이 거의 모든 것을 제공할 수 있으며 또 제공하리라고 가정하기 때문이다. 보수 경제학자들에 따르면 정부는 시장이 실패했을 경우에만 개입할 수 있다. 즉, 누군가 특정 재화나 서비스로부터 돈을 벌지 못한 드문 경우에만 정부가 끼어드는 게 허용된다는 의미다. 이런 구조에서 무엇이 공적 영역이고 무엇이 사적 영역인지를 결정하는 것은 시장이며, 대중은 시장의 명령을 따라야 한다. 따라서 민영화는 종종 논리적인 귀결로서 나타난다. 어떤 재화나 서비스가 민영화된다는 것은 누군가 그것으로 돈을 벌 방법을 찾았거나, 시민 일부를 배제하고 싶어 한다는 뜻이다. 그리고 그런 일이 벌어지면 자유시장주의자의 시각에서 시민은 저 멀리 물러나야 한다.

공공재에 관한 이러한 고전적이고 협소한 정의는 근본적으로 민주주의와 충돌하며, 삶의 중대한 문제들에 대한 결정권을 시장의 변덕에 맡겨버린다. 따라서 이 정의를 거꾸로 뒤집어야 한다. 민주주의 사회에서 공공재는 시장이 아니라 시민과 그들이 공유하는 가치에 의해 정의되어야 한다. 누군가가 공공재를 누리지 못하고 **배제될 수 있을지언정**, 그렇다고 해서 그런 일이 벌어져도 상관없다는 의미는 아니다. 오히

민영화 이해하기

려 우리가 어떤 것을 공공재로 정의했다면, 배제가 일어나지 않도록 민주적 권한을 행사해야 한다. 그리고 특정 공공재를 두고 경쟁이 일어날 수 있지만, 이 비좁은 경기장에서의 승패가 엄청나게 파괴적인 결과를 가져오지 않게 보장해야 한다.

실제로 누군가는 학교 교육에서 **배제될 수** 있고, 또 누가 자리를 차지할 것인지를 두고 치열한 경쟁이 일어날 수도 있다. 그러나 우리는 이미 오래전에 이런 일이 초·중·고 공교육 현장에서 벌어지지 않도록 하겠다고 합의했다. 마찬가지로 모든 도로를 유료화해 배타적으로 **만들 수** 있었지만, 우리는 세금을 내고 공적으로 관리되는 도로를 유지하는 편이 공동체 경제를 위해서나 우리 각자를 위해 더 낫다고 판단했다.

팬데믹 기간 중 공중보건 수단은 물론 공중보건정책 수립 권한도 민간의 손에 넘어갔다. 대통령의 사위이자 수석고문 재러드 쿠슈너(Jared Kushner)는 마스크와 방역복, 그 외 필수적인 방역 장비에 경쟁이 붙으면서 가격이 천정부지로 오른다는 불만을 들은 뒤 다음과 같이 퉁명스럽게 대꾸했다고 한다. "자유시장이 해결할 겁니다. 이건 정부의 역할이 아닙니다." 그러나 자유시장은 보기 좋게 실패했다. 트럼프는 그 사실을 주지사들에게서 직접 전해 들어야 했다. 뉴욕 주지사 앤드루 쿠오모(Andrew Cuomo)는 이렇게 말했다. "다른 주들과 가격을 두고 입찰 경쟁을 벌이고 있습니다." 한때 한 장에 0.85달러였던 마스크는 곧 7달러까지 치솟았다. 루이지애나주에서는 인공호흡기가 팬데믹 이전보다 23퍼센트 더 비싸졌지만, 그 똑같은 회사가 워싱턴주에서는 팬데믹 전과 거의 다름없는 가격으로 판매하고 있었다. 그런데 그 이유를 아는 이는 아무도 없었다.[5]

　　자유시장은 가끔 정부지출을 줄이고 낭비를 막는 해결책으로 강조되지만, 루이지애나주는 인공호흡기를 필요한 양보다 더 많이 주문해야 했다. 주문한 물량을 실제로 공급받을 수 있을지 확신할 수 없었기 때문이다. 이런 방식은 정작 인공호흡기가 가장 시급한 곳에 제때 도착하도록 하는 데 아무 도움이 되지 못했다. 정책 결정을 내려야 할 공직자 대신에 사기업들이 공익과 무관하게 자기 이익을 극대화하는 방향으로 결정을 내린 것이다. 루이지애나 보건부의 조지프 캔터(Joseph Kanter) 박사는 당혹스러워하며 다음과 같이 지적했다. "민간부문은 혼란스럽기 짝이 없습니다. 생사가 달린 문제일 때는 반드시 추가적인 조정이 필요합니다."[6]

　　매사추세츠 주지사 찰리 베이커(Charlie Baker)는 대통령과의 전화 회의에서, 절실히 필요한 의료 장비를 세 차례나 주문했음에도 번번이 "연방 정부에 빼앗겼다"고 항의했다. 보도에 따르면, 별로 개의치 않는 듯 오히려 자랑스러워하기까지 한 트럼프는 그 사실을 비웃으며 뻔한 이야기를 내뱉었다. "가격이 항상 변수죠. 아마 그래서 당신네 주가 연방 정부에 밀린 걸 겁니다. 꼭 집어 말하면 그게 원인일 거요." 트럼프에게 시장은 그가 생각하는 방식 그대로 정확히 움직이고 있었다.[7]

　　사람들은 흔히 시장이 '적절한 시점에, 적정한 양의 재화나 서비스를, 가장 필요로 하는 소비자에게, 최적의 가격으로' 전달하는 가장 효율적인 수단이라고 믿는다. 이러한 전제가 맞다면 주 정부가 "공급업체로부터 직접 물품을 확보하면 더 빠르게 받을 수 있을 것"이라는 트럼프의 주장에도 힘이 실린다. 그러나 재화가 공공재라면 시장은 수많은 생명을 위협할 수 있다. 각 주가 당면해야 했던 자유시장의 혼란은 공중보건이나 공익에 전혀 도움이 되지 않았고, 가격을 올려 혼란을 이용한 자들만 이득을 챙겼을 뿐이다.[8]

　민주주의에서 무엇을 사적 영역에 넘길지 결정하는 일은 시장이 아닌 공공의 몫이다. 어떤 경우에는 경제학적 정의상 공공재가 아니더라도, 시민은 그것을 **공공재로 간주하겠다**고 결정할 수 있다. 교육, 깨끗한 물, 공정한 재판, 백신과 같은 공적 가치에서 누구도 배제되지 않도록 결정할 수 있다. 공동체가 함께해야 한다고 판단되는 것들이 있기에, **우리**는 이런 재화를 특별히 다룬다. 그것들이 각 개인에게 이익이 되는 과정에서 결국 모두에게 도움이 되며, 반대로 누군가를 배제하면 우리 모두에게 손해가 된다는 것을 깨달았기 때문이다.

　그 시작은 공공재에 대한 공공의 통제를 행사하는 데서 출발한다. 우리는 이 재화들이 시장에 종속되지 않도록 제한하면서, 누구도 배제되지 않고 모두 충분히 누릴 수 있도록 보장하는 구체적 조치를 취해야 한다(물론 사립학교나 생수, 민간에서 제작한 코로나 진단 키트가 존재해서는 안 된다는 뜻은 아니다). 공공의 통제는 다양한 방식으로 이루어진다. 이를테면 공적 자금으로 조달되는 공공재의 기준을 세우고, 공공서비스를 직접 제공하며, 민간이 생산한 공공재에 대해서는 규제와 안전장치를 마련하는 것이 그것이다. 중요한 점은 공공재가 오직 유권자와 시민이 만들어내는 범위 안에서만 존재한다는 사실이다. 이것이 민주주의가 작동해야 하는 방식이며, 실제로도 그렇게 작동해왔다.[9]

　그러나 이것이 실질적으로 작동하려면 공익이라는 개념을 항상 견지해야 한다. 개인과 사회 **모두에게** 이익이 되는지 평가하는 것이다. 공공재는 우리가 공익에 대한 관점을 놓치면 쉽게 모호해질 수 있다. 가령 민주주의 사회가 "모두 72인치 OLED 텔레비전을 가져야 한다"는 주장에 설득될 수도 있다. 대형 텔레비전 제조사 협회에서 나온 로비스트라면 이런 텔레비전에 대한 접근권이 공공재가 되어야 한다는 논리를 얼마든지 펼칠 수 있다. 그러나 공공의 가치에서 출발해 이를 기준으로 삼는다면 이런 일은 일어나기 어렵다. 대형 텔레비전에 대한 보편적인 접근이 그 재화를 제공하는 비용을 정당화하고 감수할 만큼 우리가 생각하는 필수적인 물품의 기준에 부합할까? 엄청나게 크고 선명한 텔레비전 화면을 누리는 것이 윤리적 필요에 부합할까? 대부분은 아니라고 답할 것이다. 이웃이 커다란 텔레비전을 가지고 있다고 해서 내게 큰 해악이 되거나 또 도움이 되지도 않는다. 그러나 그가 배울 수 있고, 그의 아이들이 배불리 먹을 수 있고, 그리고 예방접종을 받을 수 있다면 내게는 엄청난 도움이 된다. 그리고 그것들이 모두 보장되도록 하는 것은 옳은 일이기도 하다.

민간의 손에 쥐어진 공공재

민영화란 공공재에 대한 통제권을 민간의 손에 넘기는 것을 뜻한다. 공공재가 어떻게 만들어지고 분배되는지 논의할 때 우리가 주목해야 할 핵심은 통제권이다. 누가 소유권과 권리, 그리고 결정권을 갖는가? 정부 기관은 국민을 위해 일을 처리하면서 계약, 외주, 공공-민간 파트너십 등 여러 방식을 활용할 수 있다. 하지만 이런 모든 방식은 공공이 얼마만큼 통제권을 유지하는지 기준으로 평가해야 한다. 정부가 계약이나 외주를 활용하는 것 자체를 문제 삼을 필요는 없지만, 공공재에 대한 통제권을 민간에 넘겨주는 일만큼은 막아야 한다.

도시나 주에서 도로를 건설하기 위해 도급업체를 고용하는 것은 일반적으로 합리적인 일이다. 이들 업체는 공공 관리자의 감독을 받으면서 일이 제대로 끝나고, 공공의 기준을 충족하며, 공적 자원이 낭비되지 않도록 책임을 진다. 그리고 완성된 도로의 소유와 통제권은 여전히 공공이 가진다. 그러나 건설, 기획, 재정, 운영, 유지관리 전반에 걸친 통제권을 공공이 포기해버리면(이른바 공공-민간 파트너십에서 흔히 일어나듯이) 공공재에 대한 통제권은 사라진다. 콜로라도주의 정치인들은 덴버의 노스웨스트 파크웨이(Northwest Parkway) 운영비를 예산에 반영하는 대신, 포르투갈에 본사를 둔 브리사 오토에스트라다스(Brisa Auto-Estradas)라는 회사에 99년 동안 도로를 관리하고 통행료로 수익을 올릴 수 있는 사업권을 내줬다. 이후 주민들이 인근의 다른 공공도로를 보수하려 하자, 이 다국적 기업은 계약 조항을 근거로 유료도로와 경쟁을 일으키는 행위를 할 수 없다며 반대했고, 보상까지 요구했다. 공공도로가 '경쟁자'로 전락해버린 것이다. 더욱이 교통 혼잡과 배출가스를 줄이려는 공공의 시도가 도리어 비용 청구의 대상이 되어버렸다.[10]

2008년, 시카고 시장과 시의회는 공공이 공공재에 대한 통제권을 포기할 때 일이 얼마나 잘못될 수 있는지 보여주는 대표적인 사례를 만들었다. 2008년은 금융위기로 힘겨운 시기였고, 경기침체로 인해 도시의 세입은 끝없이 추락했다. 이때 모건 스탠리(Morgan Stanley)가 이끄는 민간투자자 컨소시엄이 11억 6,000만 달러를 들고 백기사처럼 나타났다. 시카고가 할 수 있는 일은 어쨌거나 현대화가 필요했던 3만 6,000

대의 주차료 징수기에 대한 통제권을 75년 동안 포기하는 것뿐이었다. 이 갑작스러운 결정에 시민들은 배제됐고, 계약은 제대로 검토조차 되지 않았다.

시카고시 당국은 그야말로 완벽히 당했다. 시카고의 주차료 징수기 사업은 2019년에만 1억 3,870만 달러의 돈을 긁어모았고, 지금까지 민간투자자들은 16억 달러를 벌어들인 것으로 알려졌다. 이는 초기 투자금 11억 6,000만 달러보다 거의 5억 달러가 증가한 액수로, 앞으로도 64년 동안 주차료 징수기 수익이 보장돼 있다. 시카고 감사관은 이후, 시카고가 11억 달러를 미리 받는 대신에 장기적으로 거의 10억 달러를 **잃게 될** 상황이라는 사실을 발견했다. 그러나 그 막대한 수입 손실은 시카고가 치러야 할 대가의 일부에 불과했다. 주차료 징수기를 장악한 투자자들의 손에 공적 공간의 활용과 도시 개발의 방향까지 사실상 넘겨준 셈이었기 때문이다. 투자자들은 시 정부가 시대 변화에 맞춰 정책을 바꿀 경우—도시라면 당연히 해야 하는 일이고 시민이 기대하는 일이기도 하다—그로 인해 발생할 손실을 시가 반드시 '보전(true up)'하도록 요구했고, 이를 계약서에 관철시켰다. 버스전용차로, 자전거도로, 주택 개발, 거리 축제, 가로수 심기 등 주차 수입을 줄일 수 있는 모든 조치에 대해 시 당국이 손실을 보전해야 한다. 그 금액은 연간 최대 2,000만 달러로 추정된다. 이 계약은 민주적인 절차를 통해 이뤄진 다양한 선택들을 제한하는 결과로 이어졌다. 시카고는 선거를 거치지 않고 짊어질 책임도 없는 막강한 권한을 가진 행위자를 끌어들인 셈이었다. 주차료 징수 컨소시엄은 시민이 아니었고 투표권도 없었으나 2083년 계약이 만료될 때까지 공익을 꾀하려는 시의 시도에 저항할 권한을 쥐고 있다.[11]

공적 공간을 공공재로 보고 공적 통제가 당연하다는 전제를 근거로 주차료 징수기 계약을 논의했다면 결론은 달라졌을 것이다. 공적 통제를 우선시해서 결정을 내렸다면, 세금 인상이나 채권 발행을 통해 공익을 위한 재원 마련이 필요하다는 점을 받아들였을 것이다. 공적 공간에 대한 통제를 포기하는 것이 가장 근시안적인 자금 확보 방법임을 분명히 인지했을 것이다. 그러나 유감스럽게도 시카고시 당국은 월스트리트의 주술로 만들어낸 약속들과 민간부문의 효율성이라는 미신에 걸려든 탓에 무려 10억 달러를 허공에 날려버렸다.

"기업처럼 운영하라"는 시장 신화

우리는 오랫동안 관료제가 질적, 효율적 측면에서 민간부문을 능가할 수 없다고 배워왔다. 그래서 시카고 주차료 징수기 계약 같은 민간투자를 별다른 문제의식 없이 받아들였다. 민간이 언제나 더 잘할 것이라는 생각이 깊이 뿌리내려, 심지어 교도소조차 이윤을 내는 방식으로 운영할 수 있다는 주장까지도 받아들이게 된 것이다.

"자동차나 부동산, 아니면 햄버거를 팔 듯 팔면 됩니다." 미국의 민간 교도소 산업은 1983년 코렉션스 코퍼레이션 오브 아메리카(Corrections Corporation of America, CCA, 현 코어시빅^{CoreCivic})의 공동창업자 중 한 명이 기자에게 내뱉은 이 인터뷰에서 시작됐다. 창업자들은 그럴 듯한 사업 구상을 내세웠지만, 공공 교도소보다 나은 점이 없었다. 첫 계약부터 엉망이었다. 시설이 준비되지 않아 수감자들을 모텔방에 임시로 수용했는데, 일부는 창문형 에어컨을 떼어내고 손쉽게 탈출하기도 했다. 이런 점을 보면 민간 교도소가 혁신 덕분에 성공했다고 보긴 어렵다. CCA는 더 뛰어난 수감시설을 무기로 시장에 혁신적으로 뛰어든 벤처기업이 아니었다. 이들이 성공할 수 있었던 요인은 창업자들의 정치적 인맥과 주 재정위기를 파고든 능력 덕분이었다.[12]

CCA의 공동창업자 T. 돈 허토(T. Don Hutto), 토머스 비즐리(Thomas Beasley), R. 크랜츠(R. Crants) 박사는 이 틈을 어떻게 비집고 들어갈지 아주 잘 알고 있었다. 그러지 못했다면 성공할 수 없었을 것이다. 허토는 버지니아주의 교정국장이자 미국교정협회 회장이었고, 또 아칸소주의 교정부서를 운영한 경험이 있으며, 과거에 수감자를 돈벌이 수단으로 삼으려 한 전력도 있었다(연방대법원은 그와 버지니아주의 주변 인사들이 "교도소에서 수익을 올리려" 시도했다고 지적하며, 그들의 교도 행정이 짐 크로 시대*의 죄수 임대제도와 다를 바 없다고 묘사했다). 비즐리는 테네시주 공화당 대표였으며, 주 교도소 실태를 조사하는 위원회에 속해 있으면서 민간 교도소가 유망한 사업 모델이 될 수 있다는 결론에 이르렀다. 크랜츠는 내슈빌 출신 변호사이자 하버드 MBA 졸업생이었다. CCA의 투자자 가운데는 KFC에 투자했던 벤처 자본가와 테네시 주지사 라마 알렉산더(Lamar Alexander)의 아내 레슬리 '허니' 뷸러(Leslee "Honey" Buhler)도 포함돼 있었다.[13]

CCA가 성공할 수 있었던 것은 비즐리가 조사위원회 활동을 하

---

* 짐 크로 법(Jim Crow Law)이 법적 효력을 유지하던 시대를 이른다. 이 법은 19세기 말에서 20세기 중반인 1964년 폐지될 때까지 미국 남부에서 시행된 인종 분리법으로, 공공장소에서의 백인과 흑인 분리를 법제화한 법률이다.

며 눈여겨본 상황 때문이었다. 마약과의 전쟁과 강력범죄 대응 정책으로 교도소는 과밀 상태였지만, 로널드 레이건(Ronald Reagan) 시절의 감세와 작은 정부 약속 때문에 주 정부의 재정은 빠듯했다. 이런 곤경에 빠진 정부를 상대로 CCA는 틈을 비집고 들어갈 수 있었다.[14]

교도소는 노동집약적인 사업이다. 공립 교도소 운영 비용의 약 65~70퍼센트가 인건비로 지출된다. 따라서 정치인이 민간 교도소에 관리권을 넘기면 공무원 수를 대폭 줄였다고 주장할 수 있다. 사실상 인력을 다른 이름으로 바꿔 부르는 것에 불과하지만, 서류상으로는 그럴듯해 보인다. 그러나 이는 햄버거나 자동차, 혹은 부동산을 파는 것과는 **전혀** 다르다. 대부분의 경우 민영화 기업은 공공재에 대해 새로운 혁신이나 개선을 내놓지 않지만, 굳이 그럴 필요도 없다. 실제로 팔리는 것은 '제품'이 아니라 "추가 세금은 없다"는 기만적인 약속뿐이다. 결국 이들이 진짜로 판매하는 것은 비용을 외부로 떠넘기는 동시에 반정부적·반공공적 이데올로기를 뒷받침할 수 있는 방식이다.[15]

민영 교도소의 등장은 민영화가 실제로 무엇을 의미하는지 보여주는 대표적인 사례다. 이 교도소들은 결코 공공 교도소보다 나았던 적이 없고, 많은 경우 운영 상태가 오히려 더 열악하다. 이들이 경쟁에서 앞서는 이유는 더 나은 서비스를 제공해서가 아니다. 제도의 허점을 파고들고, 정치인의 약점을 이용하며, 임금과 인력 규모를 줄여 이윤을 남기고, 위험을 회피할 수 있는 계약을 따내기 때문이다(예컨대 많은 민간 교도소는 실제 수용 인원이 아니라 시설 수용 능력에 따라 비용을 지급받는다). 다른 민영화 사업과 마찬가지로 민영 교도소 역시 힘없는 이들, 가난한 이들, 소수자의 희생 위에서 수익을 챙긴다.

그럼에도 불구하고 민영 교도소와 여러 민영화 사업들은 정부가 결코 도달할 수 없는 효율성을 자동적으로 달성할 수 있다는 근거 없는 가정 위에서 번성해왔다. 이윤추구가 언제나 공익을 향한 의지보다 더 효과적일 것이라는 전제에 기댄 것이다. 이러한 민간기업들과 정치적 동맹 세력은 우리가 시민이 아니라 소비자의 관점에서 공공정책을 바라보고 평가하도록 설득해왔다.

광장의 시민과 소비자

민영화를 지지하는 이들은 우리를 시민이 아니라 소비자로 정체화하는 데 주력한다. 그들은 교육정책도 마치 가전제품을 고르듯 '학교 선택'에 따라 달라져야 한다고 말한다. 물도 그저 다른 '식품'처럼 하나의 상품일 뿐이고, 도서관 또한 아마존과 스타벅스가 있으니 필요 없다는 식으로 주장한다. 민영화 지지자들은 정부가 서비스를 담당하는 것이 곧 독점을 낳는 것이며, 그 독점이 혁신과 품질, 자유를 억누른다고 끊임없이 말한다. 그 대신 자유시장이 다양한 선택지를 제공할 것이며, 저품질의 재화는 소비자들이 외면하면서 자연히 사라질 것이라고 약속한다.*

그들이 그리는 낙관적인 자유시장론은 시장이 실제로 만들어내

---

* **저자 주** | 안타깝게도 '시민(citizen)'이라는 단어조차 일부 맥락에서 배제적인 의미로 쓰이곤 한다. 그러나 우리가 사용하는 '시민'은 본래의 의미―'도시(city)'에서 유래한, 권리를 가지면서 동시에 책임을 받아들이는 공동체 구성원―를 따른다. 이 책에서 언급되는 시민은 법적 정의라기보다 하나의 태도이며, 나누기보다는 포함하기 위한 개념이다.

　　　　　　　　　　　　　　　　　　　　　민영화 이해하기

는 경쟁과 배제를 흐릿하게 가린다. 사실 우리 스스로도 이 과정에 가담해, 동료 시민들을 시장이 제공하는 최선의 기회에서 배제하고 그들과 경쟁한다. 최고의 사립학교나 차터 스쿨(Charter School)•에 들어갈 수 있는 인원은 한정돼 있다. 스타벅스에서 시간을 보내려면 기꺼이 돈을 내야 한다. 생명을 구할 백신이 제한되어 있을 때 자유시장은 그것을 어떻게 분배할까? 분명한 점은, 시장은 질병 확산을 줄이기 위해 공중보건 전문가들의 권고를 따르지 않을 것이라는 사실이다. 예컨대 질병으로 가장 큰 타격을 입는 저소득층이나 소수인종 집단을 우선 대상으로 삼지 않을 것이다. 하버드대학교 정치철학 교수 마이클 샌델(Michael Sandel)은 이렇게 말한다. "소비자가 된다는 것은 내가 원하는 것을 얻으려 애쓰는 일이다. 그러나 시민이 된다는 것은 동료 시민들과 함께 우리의 공동 운명, 즉 정치 공동체 전체의 앞날이 어떻게 되어야 하는지 숙의하는 일이다." 반면 NAACP(전미 흑인 지위 향상 협회) 법률방어기금 대표이자 소장인 셰릴린 아이필(Sherrilyn Ifill)은 오늘날 우리가 가진 것이 철저히 민영화된 시민권이라고 지적한다.

> "오늘날 우리 사회에서 무엇이 보입니까? 선동적인 말과 증오, 무지, 천박함, 저속함, 잔혹함, 탐욕, 두려움 등은 오랜 세월 시민의식 함양을 소홀히 한 결과입니다. 이는 완전히 민영화된 시민 개념,

---

• 미국 내 주나 지방 교육청과 계약을 맺어 운영되는 자율형 공립학교다. 국가의 재정지원을 받지만 사립학교처럼 운영과 교과에 폭넓은 자율성을 가진다. 종교·성별·인종·성적 등을 이유로 한 선발이 금지되어 있으며, 정원을 초과할 경우 추첨으로 학생을 선발한다. 그러나 실제로는 절차상의 편법이 작동해 교육 불평등을 심화시킨다는 비판이 있다.

곧 과두(寡頭, oligarch)들이 남긴 부스러기를 두고 벌어지는 야만적 갈등의 반영이기도 합니다.”

1960년대 말에 유년기를 보낸 아이필은 도서관, 교통, 공원, 학교 같은 공적 사물(public things)●의 중요성을 잘 알고 있었다. “내 어린 시절 전체는 공공재와 공익을 증진하기 위해 마련된 정책 결정들 덕분에 가능했습니다.” 그 이후 아이필은 미국의 격변기를 살았다. 미국이 인종 차별 철폐를 향해 나아가면서, 백인들은 흑인들과 공적 사물을 눈앞에서 공유해야 했다. 이때 ‘큰 정부’에 반대하는 이들은 인종주의를 의도적으로 이용해 공공영역과 공공재를 깎아내렸다. “흑인과 연결되는 순간 그것은 멸시받게 됩니다. 더 이상 원하지 않는 것이 되는 겁니다. 그래서 민간이 더 나은 것으로 여겨지게 되죠. 사립 교육, 개인 자동차, 그리고 저마다의 대형 맥맨션(McMansion) 같은 것 말입니다.”[16]

우리는 시민이자 소비자다. 그러나 민영화는 우리가 단순히 쇼핑객으로서 공공재에 접근하게 만들 뿐 아니라, 동료 시민들 또한 그 공공재를 필요로 한다는 사실은 잊으라고 설득한다. 그러면 우리는 자기만족이 무엇보다 우선시돼야 한다고 믿게 된다. 그 만족을 얻는 과정에서 다른 이들을 뒤에 남겨두더라도 마찬가지다. 우리는 오래전부터 “고객은 항상 옳다”라는 말을 들어왔고, 모두가 공동의 목표를 이루기 위해

● 이 책에서 저자들은 ‘공적 사물(public things)’과 ‘공공재(public goods)’를 구분해 사용한다. ‘공공재’는 비경합성과 비배제성을 특징으로 하는 경제학적 개념으로, 국가가 시장 실패를 보완하기 위해 제공하는 재화나 서비스를 뜻한다. 이에 비해 ‘공적 사물’은 정치철학적 개념으로, 민주주의 공동체에서 시민적 관계와 공적 세계를 가능하게 하는 구체적 토대를 가리킨다.

함께 노력해야 한다는 생각은 거부하게 되었다. 소비자로서 유일한 책임은 오직 자기 자신에게만 있다.

소비자로서 우리는 배제하면서 동시에 배제당한다. 우리에게는 주어진 것에 대한 결정권이 없고, 어떤 선택지를 가질지 발언할 권리도 없다. 사기업들이 우리를 대신해 결정한다. 때로는 광범위한 소비자 수요에 반응하는 것처럼 보이기도 하지만, 다른 때에는 그 수요 자체를 만들어내기도 한다. 어느 쪽이든 그들은 우리에게 책임을 지지 않는다. 소비자로서 우리는 남이 만들어놓은 것을 받아들일 뿐, 창조의 과정과는 전혀 연결되지 않는다.

소비자로 행동하는 것이 늘 잘못인 것은 아니다. 우리의 욕망이 선택의 결과와 균형을 이룰 때, 자신에게 최선의 것을 추구하는 일은 문제가 되지 않는다. 그러나 깨끗한 물, 교육, 공중보건, 안전한 도로와 다리처럼 우리 자신뿐 아니라 공동선을 위해 소중한 것들에 대해서는 민주주의의 시민으로서 접근해야 한다. 단순히 다른 사람들의 노동을 소비하는 이가 아니라 공공재의 공동 창조자로서, 고립된 개인이 아닌 더 큰 공동체의 일부로서, 단순한 욕망이 아닌 책임으로 규정되는 사람으로서 접근해야 한다.

시민과 소비자, 개인적 욕망과 공적 필요의 차이는 2020년 팬데믹 동안 그 어느 때보다 선명하게 드러났고, 겉보기에 무관해 보이던 여러 의제를 관통하는 음울한 흐름을 드러냈다. 갑작스럽게 개인의 소비 선택이 동료 시민들의 생명을 위협하게 된 것이다. 식당에서 식사하거나, 바에서 춤추거나, 스포츠 경기를 응원하는 우리의 욕망을 충족하는 일은 곧 치명적인 바이러스 확산에 일조하는 일이었다. 공중보건 전문가들은 공동선을 위해 함께 절제하고 희생하자고 요청했지만, 이미 많은 사람들은 이런 권고를 과학이 아닌, 정치적 이해관계가 뒤섞인 '유사과학' 정책으로 받아들였다. 곧 한쪽은 철저히 정치적인 것으로, 다른 한쪽은 순전히 개인 선택권으로 여긴 것이다.

"우리는 우리가 상호의존적이지 않다는 생각 때문에 망가지고 있습니다." 아이필은 이렇게 경고했다. 그리고 팬데믹에 집중한 논평들 가운데, 전 노동부 장관 로버트 라이시(Robert Reich)는 같은 맥락에서 이렇게 한탄했다. "미국에서는 공중보건, 공교육, 공공복리 등에 등장하는 '공(公)'이라는 글자가 공공선이 아니라 개인적 욕구의 총합을 의미합니다." 이 말이 나오던 때는 2020년 3월로, 당시 미국은 전환점에 서 있었다. 다수의 정치인들, 주로 공화당 인사들은 트럼프의 경제와 국민의 생명을 맞바꾸는 소름 끼치는 계산법을 따르며, 자유롭고 규제받지 않는 소비자의 선택이 이끄는 경제가 우선해야 한다는 결론에 도달하고 있었다. 그다음 달에는 전국 곳곳에서 공중보건 권고에 항의하는 작지만 조직적인 시위가 일어났다. 같은 달 언론에는 우파 단체인 미국입법교류협회(American Legislative Exchange Council, ALEC)의 지도자들과 로비스트들이 봉쇄와 폐쇄 조치에 반대하며 보수적 가치를 밀어붙이고 있다는 보도가 이어졌다. ALEC의 입장은 이랬다. "고용주들은 정부의 세세한 간섭 없이도 고객과 직원들의 건강을 보호하기 위한 모범 경영을 시행할 수 있으며, 그것이 가능하고 또 바람직하다." 여기서도 다시 공공은 개인의 선택에 자리를 내주어야 했다. 이 경우에는 고용주들의 개인적 선택이었고, 극우 시위대의 경우에는 마스크 착용을 거부하고 봉쇄 명령을 무시하며 술집과 식당에 가는 '선택'이었다. 그들에게 모든 시민

민영화 이해하기

의 건강을 고려하는 공공의 결정은 단지 자유에 대한 제약일 뿐이었다. 결과는 예측 가능했고 참혹했다.[17]

　일부는 시민으로서의 책임을 떠올렸지만, 공중보건을 희생하면서까지 개인의 소비자 선택권을 고집한 이들은 극단주의자들과 나란히 서게 되었고, 강경한 개인주의와 굳건한 인종주의가 얼마나 자주 맞물려 움직이는지 다시 한번 보여주었다. 교육부 장관 벳시 디보스(Betsy DeVos) 가족의 기부에 크게 의지하던 미시간 자유 기금(Michigan Freedom Fund)은 주 정부의 타당한 공중보건 제한 조치에 맞선 시위를 조직하는 데 일조했다. 이 단체가 랜싱에서 주도한 '그리드락 작전(Operation Gridlock)'•은 구급차의 병원 진입을 가로막았고, 한 의사는 시위대에 길을 열어 달라고 애원해야 했다. 시 당국은 의도적인 교통 마비 때문에 "생명 유지와 의료적으로 필수적인 이동을 지원할 수 없다"고 발표했다. 총기와 남부연합기(Confederate flag)가 난무했으며, 남부빈곤법률센터(Southern Poverty Law Center)에 의해 증오단체로 분류된 '프라우드 보이즈(Proud Boys)'가 폭력적인 존재감을 드러냈다.[18]

　서로에 대한 의무를 저버린다면, 인종차별과 편견이 곧 뒤따른다. 디보스 장관은 이런 시위를 지원하는 데 전혀 거리낌이 없었고, 세금이 LGBTQ+ 직원, 부모, 학생을 차별하는 학교에 흘러가는 것에도 마찬가지였다. 디보스와 같은 부류들의 논리에 따르면, 특정한 사람들을 배제하는 것은 어쨌거나 개인적인 선택이자 소비자의 선택이었고, 그녀

• 2020년 4월, 미시간주 주도 랜싱(Lansing)에서 보수 성향 단체인 미시간 자유 기금이 주도한 시위. 차량을 도심 도로에 집결시켜 교통을 마비시키는 방식으로 주 정부의 코로나19 봉쇄와 공중보건 조치에 항의했다.

의 세계관에서는 정부의 개입으로부터 보호받아야 할 영역이었다.

공중보건이나 뿌리 깊은 사회적 인종차별을 인정하지 않으려는 이들의 마음속에는 구조적 문제라는 것은 존재하지 않는다. 곧 시민이 함께 힘을 모아 해결해야 할 문제는 없다는 것이다. 이런 반공공적 태도는 팬데믹 시기의 보수파 시위운동, 그리고 특히 경찰폭력을 규탄하는 이들에 맞선 시위에서 드러났다. 한 여성은 "인종차별도, 억압도 없다고!"라고 소리치며 '흑인의 생명도 소중하다(Black Lives Matter)'라고 쓰인 공공 전시물을 페인트로 덧칠했다. 이런 사고방식에서는 오직 개인의 선택만 존재하며, 그 선택은 결코 공동의 책임과 행동으로 이어지지 않는다.

민영화는 흔히 이런 태도에 의존하며, 또 그런 태도를 강화하는 방식으로 작동한다. 물을 단순한 소비재로 여기거나, 수감 사업을 마치 햄버거 파는 일과 다를 바 없는 것으로 생각하면 민영화 기업들에게는 큰 도움이 된다. 우리는 각자 자기 자신만 돌보면 되고, 소비자의 선택이 공공복리에 아무런 영향을 미치지 않는다고 믿게 될수록 이들에게 유리하다. 권력과 특권을 지닌 이들이 민영화가 표적으로 삼곤 하는 소수 집단에 대한 책임과 연대를 거부한다면, 그것 또한 민영화 기업들에게 큰 힘이 된다. 그러나 실제는 그보다 훨씬 더 끔찍하다. 민영화는 소비자로서의 자유가 시민으로서의 책임을 무시해도 된다는 착각을 심어줌으로써, 구조적 인종차별을 부정하는 행위로서 인종주의의 핵심 논리를 더욱 공고히 하는 방향으로 작동한다.

이길 수 있는 싸움, 희망의 이유

막대한 권력과 자본이 공공재의 민영화에 집중하고 있지만, 여전히 희망을 잃지 말아야 할 이유는 남아 있다. 우리가 할 수 있는 일도 많다. 결국 모순적으로 들릴 수 있지만, 민영화는 단순히 돈이나 누가 어떤 서비스를 제공하느냐의 문제가 아니다. 그것은 가치의 문제이자, 헌법 전문에 새겨진 대로 우리가 과연 공동의 복리를 증진하기 위해 최선을 다하고 있는지의 문제다. 그리고 우리가 무엇을 공공재로 인정할 것인가에 대한 선택의 문제이기도 하다.

공공의 가치는 강력한 힘을 지닌다. 민주주의에서 그것이 명확히 규정될 때, 공론과 정치를 주도하는 것은 특권층이 아니라 바로 이 공공의 가치다. 우리가 희망을 품을 수 있는 이유가 여기에 있다. 캘리포니아의 소도시 펠턴은 협동조합 방식의 공공 운영이 더 효율적이고 저렴하다는 사실을 깨닫고, 민간기업 캘리포니아 아메리칸 워터(California American Water)가 소유했던 상수도 인프라를 되찾았다. 캘리포니아 포모나에서는 압도적인 수의 유권자들이 시립 도서관의 민영화를 저지했으며, 도서관을 한 번도 이용하지 않은 이들조차 그 가치를 공공재로 인식했다. 애틀랜타에서는 대중교통 이용자, 직원, 교사들이 연합해 시내버스를 사기업에 넘기려는 계획을 막았다. 플로리다에서는 한 공화당 의원이 민간 교도소의 낭비, 사기, 학대를 폭로하며 징벌권이 공공에 귀속되어야 한다는 논리를 펴며 싸웠다. 매사추세츠에서는 외부 억만장자들이 수백만 달러를 쏟아부으며 교육 민영화를 확대하려 했으나, 유권자들이 이를 저지했다. 이 모든 승리는 작아 보이지만 훨씬 더 큰 의미를 지닌다. 희망은 바로 여기서 비롯된다. 이런 승리들은 언뜻 지역적이고 단편적으로 보이지만, 실제로는 공공의 가치를 드러내고 시민들이 공공재를 정의한 사례라는 점에서 그 의미가 크다.

분열과 고립을 불러오는 국가적 무력감은, 어느 정도는 시민들이 바로잡기에 문제가 너무 크다고 느끼는 데에서 비롯된다. 경제적 불평등, 권력의 불균형, 공동체의 붕괴, 인종과 계급에 따른 차별 같은 문제들은 평범한 사람들이 해결하기는커녕 건드리기조차 힘든 것으로 여겨진다. 그러나 실은 그렇지 않다. 민영화는 이 모든 문제의 근원이 된다. 부를 상층에 집중시키고, 불평등을 확대하며, 거대한 이익집단을 만들어내고, 공동체를 분열시키며, 인종과 계급을 기준으로 우리를 갈라놓는다. 그러나 민영화는 평범한 시민들이 대처할 수 없을 만큼 거대한 문제가 **아니다**. 그것은 매우 가까운 곳에서 벌어지는 일이자, 시민들의 압력에 민감하게 반응하는 기업과 정치인이 개입하는 문제다.

공공재를 되찾는 일은 막연해 보이는 큰 문제들을 생활 속에서 구체적으로 해결해 나가는 길이다. 시민 행동은 **이** 도로, **저** 학교, **그** 도서관처럼 우리의 일상에 직접 영향을 주고, 더 나아가 공동체의 건강에까지 영향을 미치는 지역 기관들로 향할 수 있다. 동시에 이 도로, 저 학교, 그 도서관은 단순한 개별 기관이 아니라, 여러 공공의 가치가 구현된 상징이다. 우리가 이러한 공공재를 지키거나 새로운 공공재를 만들기 위해 행동할 때, 우리는 무엇을 가치 있게 여기며 그 가치가 우리의 삶 속에 어떻게 반영되기를 바라는지 드러낼 수 있다. 공공재를 되찾는다는 것은 단순히 누가 쓰레기를 치우고, 누가 수도 요금을 청구하는지의 문제가 아니라, 우리가 누구이며 무엇을 믿는지의 문제다. 우리는 이

학교나 저 도서관을 위해 싸우면서 그 가치를 분명히 드러낼 때 승리할
수 있다.

공공을 다시 생각한다

공공을 지향하는 운동은 두 개의 평행한 길 위에서 전개될 것이
다. 하나의 길은 공공의 가치를 다시 공론장으로 불러들이는 것이다. 우
리는 공공의 개념을 되찾고, 서로 간의 관계를 존중하고 기념하며, 이러
한 관계에 대한 인식을 토대로 의사결정을 내릴 것이다. 우리는 정부를
먼 권력의 중심이나 조공을 받는 우상이 아니라, 공익을 실현하는 유용
한 도구로 재정의할 것이다. 우리는 공공재를 정의하기 위해 공개적으로
대화하고 토론하며, 이 재화들이 공적 통제 아래 남도록 행동할 것이다.

다른 한편의 길에서는, 공공재가 위협받을 때마다 민영화에 맞설
것이다. 전국적·지역적 대화를 통해 선택된 가치와 정의된 공공재는
무엇을 시장에 넘길 수 있고 무엇이 반드시 공공에 남아야 하는지 판단
하는 데 기준이 될 것이다. 우리는 이들 공공재에 대해 필요한 지식을
익혀 무엇을 시장에서 거래할 수 있는지 가늠할 것이다. 그리고 특정 서
비스가 공무원에 의해 제공되든 민간 계약자에 의해 제공되든, 투명성,
책임, 평등한 대우와 접근이라는 민주적 원칙이 반드시 지켜져야 한다
고 주장할 것이다.

이 책에서는 두 길 모두를 함께 살펴볼 것이다. 각 장은 핵심적인
공공재를 다루며, 그것을 뒷받침하는 공공적 가치의 논거를 제시하고,

우리가 민간에 지나치게 양보한 지점을 짚어낼 것이다. 또한 각 영역에서 공공이 역사적으로 무엇을 성취했는지, 왜 공적 통제가 필수적인지, 그리고 민영화가 어떤 영향을 미쳤는지 살펴본다. 우리의 접근은 이상적이면서도 동시에 실용적이다. 독자들이 공공재 창출을 가능하게 한 숭고한 가치와 큰 비전을 보고, 스스로 그 가치들을 의심하며 새로운 가치를 제시할 힘을 얻기 바란다. 우리는 담론을 바꾸고자 한다. '정부 독점'이라는 프레임에서 벗어나, 다시금 공공재에 대한 공적 통제를 이야기하기 위해서다.

다음 장에서는 민영화가 주로 정치적 전략이며, 이 전략이 우리를 공공재와 정부, 그리고 서로로부터 갈라놓기 위해 설계됐다는 사실을 논한다. 제2부에서는 상수도와 식품 검사의 민영화를 다루지만, 전반적으로 공중보건을 이야기한다. 제3부는 교통과 통신 인프라의 민영화를 살피지만, 사실상 공정한 경제를 구축하는 문제를 다룬다. 제4부에서는 환경정책, 민간 교도소, 강제중재처럼 얼핏 이질적으로 보이는 사례들을 다루지만, 모두 민영화가 민주주의와 자유를 어떻게 침식하는지 보여준다. 제5부는 민영화 아래에서의 사회안전망, 학자금 대출, 임금을 다루지만, 본질적으로는 불평등에 관한 것이다. 제6부는 차터 스쿨, 공원, 대통령 도서관, 사회보장제도 등의 사례를 통해 민영화가 공동체를 어떻게 허무는지 보여준다. 제7부는 경쟁 시장 속 교육을, 제8부는 공적 지식이 사유화될 때 벌어지는 일을 다룬다. 마지막으로 제9부는 공공을 지향하는 길을 어떻게 열어가고, 민주주의에 새 활력을 불어넣으며, 공공재에 대한 공적 통제를 되찾을 수 있는지 구체적으로 제시하며 책을 맺는다.

우리는 또한 공공재에 함의된 공공의 가치와 그 가능성을 실현할 수 있는 분명한 길을 제시하고자 한다. 단순한 겉치레를 위해서가 아니라, 더 강력하고 정직한 언어를 통해서만 민영화가 제시하는 변화를 제대로 분석할 수 있기 때문이다. 이 책에 담긴 실패한 민영화 사례들은 충격적이지만, 그것은 단지 수사적 효과를 위한 것이 아니다. 그것들은 우리가 공동선을 외면했을 때 어떤 일이 벌어지는지 생생하게 보여준다. 또한 민영화에 맞선 투쟁의 성공 사례들은 단순히 영감을 주는 데 그치지 않고, 앞으로 나아갈 길을 제시하는 이정표가 된다.

우리는 공공재가 꾸준히 민간의 손에 넘어가는 것을 막지 못하고 무력감을 느낄 때마다, 민영화 지지자들이 제 역할을 다한 셈임을 깨닫게 된다. 그들이 팔아넘기는 비전은 시장의 힘 앞에서 완전히 무력해지고 서로 단절된 소비자의 모습이다. 자유는 소비자의 선택으로 축소되어, 기껏해야 누군가가 생산을 결정한 한정된 몇 가지 상품 중에서 고르는 자유로 전락한다. 그러나 시민의 자유는 그보다 훨씬 크다. 시민은 소비할 자유뿐 아니라 창조할 자유, 더 나아가 위대한 것을 함께 창조할 자유를 가진다. 시민은 안전한 공공수도와 공중보건이라는 개념 자체를 창조해냈다. 시민은 다양한 경제를 가능하게 한 교통과 통신 체계를 만들어냈다. 시민은 민주주의를 세우고, 투표권을 확대했으며, 권력자들에게 책임을 물었다. 이어지는 장들은 민영화를 다루면서도, 동시에 진정한 자유를 되찾고, 공공의 가치를 재정의하며, 그것을 공동선을 위해 실현하는 길을 모색한다.

2

민영화의 짧은 역사

기원과 배경

　　민영화를 이해한다는 것은 이것이 무엇보다도 정치적 전략이라는 사실을 이해한다는 뜻이다. 민영화는 정치적으로 태어났고 지금도 정치적 성격을 유지하고 있지만, 동시에 계약과 수수료를 통해 수십억 달러를 거머쥘 수 있는 수단이 되었다. 민영화가 밀턴 프리드먼(Milton Friedman)의 머릿속에서 정부의 '독점'을 약화시키는 방식으로 처음 제시된 이래, 사익 추구자들은 민영화를 통해 매년 지방·주·연방 정부 기관들이 지출하는 7조 달러(코로나19 위기 동안에는 9조 달러로 불어났다)에 손을 대며, 그중 일부를—때로는 아주 큰 몫을—자신들의 것으로 만들었다. 최근 역사에서 민영화는 놀랍게도 초당적 흐름이 되었다. 민주당 대통령 빌 클린턴(Bill Clinton)은 공화당 소속 전임 대통령 로널드 레이건보다 더 많은 민영화 프로젝트를 추진했다. 그리고 민영화는 놀라울 만큼 광범위해져, 이제는 연방 정부 계약업체 종사자 수가 정부 고용자 수의 2.6배에 이르렀으며, 민영화 위험에서 벗어난 공공재는 사실상 존재하지 않게 되었다. 하지만 이 모든 거대한 흐름도 처음에는 매우 소박하게 시작되었다. 즉, 보수 지식인들의 아이디어가 대중의 반감을 사지 않고 정치적 목적을 달성하는 수단으로 변모하면서, 지금의 민영화가 태동한 것이다.[1]

학교 선택제(School Choice)와 관료들의 '철권 통치'

1950년대, 보수 경제학자 밀턴 프리드먼은 당시 미국 사회를 지배하던 "국가 개입 확대"와 "집단주의적 흐름"●에 반감을 드러냈다. 그는 정부가 복지나 행정적 역할을 맡기보다 오직 법 집행에 한정되는 것이 바람직하다고 보았다. 그러면서도 민주주의 정부가 이해집단의 사익 추구와 정치인·관료들의 자기보호 본능 때문에 자연스럽게 몸집을 키운다고 믿었다(프리드먼의 관점에서 사람들은 공익을 추구할 능력이 거의 없는 존재였다). 그에게 민영화는 이러한 팽창을 억제하는 효과적이지만 불완전한 견제 수단이었다. 그는 1955년 발표한 논문 「교육에서 정부의 역할(The Role of Government in Education)」에서 모든 시민이 공교육 자체를 없애

● 프리드먼이 언급한 '집단주의(collectivism)'는 구체적 제도 변화를 가리킨 게 아니라, 뉴딜과 전쟁 이후 확대된 복지·사회보장 정책, 그리고 당시 복지국가 모델과 소련식 사회주의의 확산을 지칭한 표현이었다. 그는 이런 흐름을 자유시장을 제약하는 '집단주의'적 경향으로 이해했다.

는 데 동의하진 않을 것이라 인정하면서, 부모에게 "자녀 교육비로만 사용할 수 있는 일정 금액"을 지급하고 "그 돈을 원하는 학교에 지출할 수 있게 하자"고 제안했다. 이렇게 하면 대중의 요구를 충족시키면서도 관료제의 성장을 막을 수 있다는 구상이었다. 62년 뒤, 도널드 트럼프 대통령은 교육 분야 경력이라고는 **사실상** 프리드먼의 사상을 옹호해온 활동뿐인 인물을 교육부 장관으로 임명했다. 이제 그의 사상은 **학교 선택제**(School Choice)라는 소비자 친화적인 용어로 포장되어 있었다.[2]

시장이 관리하는 공공서비스에 대한 프리드먼의 구상은 놀라울 만큼 명확했다. 그는 수익을 창출하는 기업이 공공선을 위해 행동할 것이라는 환상을 전혀 품지 않았다. 기업이 사회적 책임을 질 수 있다는 개념을 신랄하게 비판했고, 경영진은 오직 기업 주주에게만 책임을 진다고 주장했다. 공익이나 사회 전체에 대한 책임을 거론하는 것은 곧 "정부 관료들의 철권"을 불러들이는 일이라고 보았다. 따라서 프리드먼의 바우처 지원 사립학교는 공적 자금을 받더라도 공공에 아무런 책임을 지지 않아도 됐다.[3]

프리드먼의 논문이 출간될 당시 그 함의는 분명했다. '브라운 대 교육위원회(Brown v. Board of Education)'• 사건은 이미 인종차별이 자행되던 주들에서 '학교 선택' 운동을 불러일으켰다. 사회적 책임이 전혀 없는 사립학교들은 백인 고객들이 원하는 것, 다시 말해 인종 분리를 제공했고, 정치인들은 공적 자금으로 이 개탄스러운 선택을 지원하려 했

• 1954년, 미국 대법원은 공립학교에서의 인종 분리를 위헌이라고 판결했다. 인종차별적 교육 정책에 중대한 전환점을 마련했지만, 동시에 학교 선택제 등 여러 부작용을 촉발하는 계기가 되기도 했다.

다. 프리드먼 정도의 지성을 지닌 인물이라면 민영화의 인종적 함의를 명백히 알아차렸어야 했지만, 추측건대 이 중요한 논문이 거의 완성된 뒤 누군가가 지적한 후에야 이를 의식하게 된 듯하다. 자유시장이 인종 분리를 어떻게 촉진하는가는 고작 궁색한 각주 한 줄로 처리되었다.[4]

프리드먼 자신이 만들어낸 환상과 달리, 학교 선택제는 노골적인 백인우월주의의 표현이었다. 실제로 공립학교에 흑인 아이들을 받아들이라는 법원의 명령이 내려지기 전까지, 버지니아주 프린스 에드워드 카운티의 백인 학부모들은 지역 공립학교에 별다른 불만이 없었다. 바우처는 카운티가 모든 공립학교에 대한 재정지원을 끊으면서 추진한 일종의 인종 분리주의 전략으로 활용되었다. 사립학교 학비로 최대 150달러를 지급하는 '학비 보조금 제도'가 도입되자, 백인 학부모들은 흑인 학생을 합법적으로 배제할 수 있는 '인종 분리 사립학교(segregation academy)'를 만들기 위해 합심했다. 끝내 프린스 에드워드 카운티는 공립학교를 완전히 폐쇄하고 교문에 쇠사슬을 채웠다. 그리고 이 사례는 전국 곳곳의 인종차별주의자들을 부추겼다. 1969년 당시 남부 지역에서는 200개가 넘는 인종 분리 사립학교가 성업 중이었으며, 7개 주가 바우처 프로그램을 도입한 상태였다.[5]

프린스 에드워드 카운티의 학교 이야기는 권력과 인맥을 가진 이들이 민영화를 통해 민권과 법을 우회하는 방식을 분명히 보여준다. 공공재를 사적 영역에 넘기면 책임과 보호 장치를 피해 갈 수 있고, 설사 그것이 인종적 억압을 선택하는 일이더라도 개인의 선택이 우선시된다. 프리드먼은 처음에 민영화를 정부의 철권을 피하는 방법으로 고안했지만, 그의 바우처는 결국 아프리카계 미국인과 다른 소수인종의 권리를 억압하기 위해 특별히 설계된 또 하나의 철권을 만들어냈을 뿐이다.

레이건 혁명과 민영화를 향한 '절호의 기회'

그다음에 찾아온 민영화의 중대한 시점은 1970년대였다. 미국 내 도시 재정위기에 대한 대응책으로 민영화가 부상했다. 도시들이 줄줄이 파산 위기에 내몰리자 보수주의 사상가들은 이미 준비된 희생양과 해법을 꺼내 들었다. 이들은 정부 연금과 사회 프로그램에 지나치게 지출한 탓에 자금이 고갈됐다고 비난했지만, 실제로 이런 적자는 백인 주민들이 인종 분리 철폐가 진행된 도시 지역과 학교를 떠나면서 세원이 줄어든 결과였다. 보수주의자들은 공공서비스를 대폭 축소하자는 방안을 내놓으면서도, 유권자들이 원하는 서비스에 한정해 민영화를 제시했다. 그들의 본심은 국민을 위한 공공서비스 제공에서 공공의 역할을 아예 없애려는 것이었지만, 결국 정부를 단순히 계약을 관리하고 민간기업에 수표를 써주는 존재로 제한하는 데 만족해야 했다. 궁극적으로 민영화는 가능한 한 가장 작은 정부로 향하는 중간 기착지가 될 것이었다.

1970년대 초, 행정학 교수이자 레이건 정권에서 미국 주택도시개발부 차관보를 지낸 에마뉴엘 사바스(Emanuel Savas)는 민영화의 틀을 바꾸어 보수주의 운동 속에 자리 잡게 했다. 프리드먼과 함께 집필한 논문에서 그는 도시들이 "여러 정부가 고객들에게 행사하는 독점적 통제를 줄이기 위해 경쟁을 도입함으로써" 위기에서 벗어날 수 있다고 주장했다. 사바스는 그럴듯하지만 철저히 기만적인 언어로 정부를 '독점'으

민영화 이해하기

로, 시민을 '고객'으로, '경쟁'을 만병통치약으로 바꾸어 놓았다. 또한 그는 공공부문 종사자들—교사와 소방관들까지도—을 사익만 좇는 집단으로 몰아붙이는 데 능숙했다. 그는 자신의 고향 뉴욕시의 재정 위기를 두고 "공무원 노조가 800만 시민을 볼모로 잡고 있다"고 비난하며, "예산 위기는 민영화를 위한 절호의 기회"라고까지 발언했다.[6]

사바스는 40년 이상 민영화의 가장 중요한 이론가 가운데 한 사람이었다. 레이건 행정부에서 중용되기 전 그는 IBM에서 도시 행정시스템 관리자로 일했고, 1967년부터 1972년까지 뉴욕 시장 존 린지(John Lindsay) 밑에서 뉴욕시 부행정관으로 근무했다. 오늘날 민영화 옹호자들은 게으른 노조 관료들의 이미지, 놀라울 만큼 비효율적이고 음험한 관료제의 위세, 그리고 경쟁이 모든 것을 해결해줄 것이라는 유토피아적 약속 등 사바스가 사용한 언어와 공격 방식을 여전히 차용하고 있다. 사바스는 단순한 이론가가 아니었다. 그는 리즌 재단(Reason Foundation)의 설립을 도왔고, 이 재단은 반공공주의의 선봉에 서서 ALEC, 헤리티지 재단(Heritage Foundation), 카토 연구소(Cato Institute) 같은 보수 자유시장 그룹들이 '레이건 혁명기'에 중대한 역할을 할 수 있도록 토대를 마련했다.

그러나 민영화가 이념적으로 확산된 핵심 요인은 그것이 '반정부' 정치 전략과 절묘하게 맞아떨어졌기 때문이다. 사바스와 함께 리즌 재단을 공동 설립한 로버트 풀(Robert Poole)은 민영화를 "국가를 한 단계씩 해체하는 수단"으로 보았다. 그는 한 인터뷰에서 이렇게 말했다. "미국의 '사회주의'는 각 정부 기능을 하나씩 민영화함으로써 해체될 것입니다. 우리는 대중이 자유지상주의적 유토피아의 정당성을 완전히 납득할 때까지 기다릴 필요가 없습니다. 각 단계의 민영화를 그 자체로 타당한 일처럼 포장해 나가면 됩니다."[7]

민영화를 통해 정부를 축소하는 것은 근본적으로 부정직한 전략이고, 또 부정직할 수밖에 없다. 작은 정부를 지향하는 보수주의자들이 언제나 겪는 가장 큰 문제는 유권자들이 실제로 정부 서비스를 **신뢰한다**는 것이다(그리고 친절한 유치원 교사의 미소 뒤에 감춰진 전체주의적 볼셰비즘을 전혀 알아차리지 못한다는 것도). 민영화는 작은 정부 철학을 유지하면서도 유권자들의 공공서비스에 대한 신뢰를 희석하는 방안으로 등장했다. 1986년, 민영화위원회의 데이비드 시더(David Seader)는 이렇게 주장했다. "도시들은 점차 공공서비스가 반드시 정부에 의해 축소되거나 세금으로만 충당될 필요가 없다는 사실을 깨닫기 시작했다." 민영화라는 마법을 통해 우리가 그 모든 것을 다 가질 수 있다는 것이다.[8]

거의 동시에, 헤리티지 재단의 스튜어트 버틀러(Stuart Butler)는 눈엣가시 같은 공공 프로그램 지지 단체를 제거할 방법으로 민영화를 언급했다. 정치학자 제프리 헤니그(Jeffrey Henig)가 지적했듯이 그의 목표는 "이익집단의 환경을 새로 구성하는 것"이었다. 그는 공공서비스 제공 방식을 바꾸면 시민들의 마음이 공공기관에서 멀어질 것이라 판단했다. 그가 말한 이익집단에는 공공 프로그램의 건전성을 지키려 싸우는 미국은퇴자협회(AARP) 같은 전형적인 단체들이 포함됐지만, 사실 이런 단체들이 지키려 한 것은 특정 집단만의 이익이 아니라 시민 전체의 공익이었다. 따라서 그 논리대로라면 곧바로 우리 모두가 '이익집단'으로 취급될 수밖에 없다. 이런 논리에서는 그 단체들의 도움을 받는 시민들까지 부정적으로 취급된다. 레이건 혁명은 공공 프로그램의 혜택을

민영화 이해하기

받는 시민들을 '특수이익집단'으로 규정하는 전략을 굳히는 데 기여했다. 다시 말해, 민영화는 이들을 내부적으로 분열시키고 서로 갈라놓는 도구였다. 실제로 몇몇 경우에서 드러났듯이 시민을 소비자로 바꾸는 것은 결코 어렵지 않았다. 시민은 공공재의 소유에 대해 폭넓게 사고하지만, 소비자는 특정 재화가 자기 손에 들어오는지만 따진다.[9]

공공서비스에 대한 공격은 곧 공공이라는 개념에 대한 공격이기도 했다. 그리고 이 공격은 리즌 재단이 점차 내놓던 처방과 함께 레이건 집권 내내 이어졌다. 사바스의 사상을 이은 풀은 1983년 시민들이 받는 공공서비스를 조사한 뒤, 이 서비스들을 공공재로 볼 이유가 없다고 주장했다. "지역 서비스의 대부분은 진정한 공공재의 속성을 거의 지니지 않는다. 쓰레기 수거, 공원과 여가 서비스, 도서관, 공항, 교통, 그리고 경찰과 소방의 일부 기능까지—이 모든 것에는 뚜렷하고 특정된 이용자가 있으며, 그들이 곧 서비스의 수혜자다."[10]

이 지점에서 우리는 민영화에 관한 또 하나의 중요한 사실을 알 수 있다. 무엇이 공공재인지 결정하는 데 시민의 역할을 부정하면 민영화를 정당화하기가 훨씬 쉬워진다는 점이다. 풀은 모든 사람이 도서관을 이용하는 것은 아니므로 그것이 공공재가 아니며 시 예산으로 관리해서는 안 된다고 주장했다. 따라서 도서관을 이용하는 사람들만 비용을 부담해야 한다는 논리다. 이 논리를 받아들이는 순간, 민간기업이 해당 서비스를 인수하고 거기서 이윤을 얻는 것도 쉽게 정당화된다. 결국 풀의 주장은 무엇을 공공재로 볼지 결정하는 데 시민의 역할이 무의미하다는 생각을 바탕으로 한다. 우리가 이 책 전반에서 강조하겠지만, 그것은 비민주적이며 반공공적이다.

시민과 소비자 사이의 뚜렷한 구분은 이런 사고방식에서 드러난다. 소비자는 자신이 이용하지 않는 서비스에는 결코 비용을 지불하지 않는다. 그러나 시민들은 직접 사용하지 않는 서비스라도 우리 모두에게 이익이 된다는 점, 그리고 자신에게도 간접적인 혜택이 돌아온다는 점을 이해하기 때문에 기꺼이 비용을 분담한다. 예를 들어, 우리가 한 번도 시내버스를 타지 않는다 해도 다른 사람들이 버스를 이용하면 도로 혼잡이 줄고, 대기 오염이 완화되며, 사람들이 직장에 나가면서 경제가 원활히 돌아간다. 또한 은행원, 세탁소 직원, 바리스타, 혹은 어머니를 돌보는 요양보호사처럼 우리가 의지하는 사람들이 일터에 갈 수 있게 해준다. 그러므로 시민들은 버스 보조금을 우리 **모두** 함께 부담하는 것이 당연하다고 여긴다. 소비자는 보지 못할 수 있지만 시민에게는 너무도 분명한 사실이다.

레이건 시대의 민영화 옹호자들은 시민의 의미를 흐리게 만들고 소비자로서의 불만을 부추기는 데 성공했다. 대통령 자신도 정부로부터 시민을 격리시키는 기술을 완성했다. 시민은 단순히 납세자(가장 가난한 이들을 배제할 수 있는 용어)로 격하되었고, 공무원은 관료로, 공공서비스는 시혜로 전락했다. 민영화는 보편적 해법으로 부상했는데, 대통령 직속 민영화위원회가 민간에 넘기려 한 긴 목록만 봐도 그 규모가 드러났다. 공공주택, 연방 대출 프로그램, 항공 교통관제, 교육 바우처, 우편 서비스, 교도소, 암트랙(Amtrak, 미국 국영 여객 철도), 메디케어(Medicare)• 등이 그 일부였다. 정말로 모든 것들의 민영화였다. 보수주의 단체 CSE(Citizens for a Sound Economy, 건전한 경제를 위한 시민들)의 회장 리처드 핑크(Richard Fink)는 이에 대해 "재화와 서비스를 민간부문으로 되돌리려는 20세기 이래 가장 위대한 시도"라고 극찬했다. CSE는 기업가이자 자선가인 데이비드 코크(David Koch)가 설립하고 자금을 댄 단체였다.[11]

핑크의 발언에서 한 가지 중요한 부분은 짚고 넘어갈 필요가 있다. 기상위성 같은 민영화 대상은 처음부터 공공이 만들어 소유하고 운영해온 것이므로 민간부문의 통제 아래로 '반환'될 수 없는 성격의 공공재다. 그러나 민영화 옹호자들은 부정직하게도 자유기업 체제의 신화적 황금기를 가상으로 만들어내려 하면서, 민간기업이 공공투자에 얼마나 큰 빚을 지고 있는지는 외면한다. 더 나아가 공공재에 대한 약탈 행위를 마치 민간부문이 정당한 권리를 되찾는 것처럼 보이게 만든다. 로널드 레이건은 대통령 직속 민영화위원회 출범을 발표하면서 이러한 사고를 그대로 드러냈다. 그는 민영화가 "자유기업 체제와 사유재산 소유의 위대한 전통"의 일부이며, 북서부 조례(Northwest Ordinance)**와 홈스테드 프로그램(Homestead Program)***의 연장선에 있다고 주장했다.[12]

레이건은 상수도, 사회보장, 쓰레기 수거처럼 시민들이 투표와

- 미국의 공공 의료보험으로, 한국의 국민건강보험과는 개념이 다르다. 주로 65세 이상 노인과 중증 장애인 또는 특정 질환자(말기 신장질환 등)를 대상으로 하며, 일정 기간 보험료를 납부한 수혜자에게 의료비를 지원한다. 저소득층에 국한된 메디케이드(Medicaid)와도 구분된다. 반면 한국의 국민건강보험은 전 국민이 의무적으로 가입하는 보편적 사회보험제도다.
- 1787년 미국 연방 의회가 제정한 법으로, 오하이오강 북서쪽 영토의 관리와 주 승격 절차를 규정했다. 노예제를 금지하는 조항을 포함해 미국 영토 확장의 기초를 마련했으며, 초기 민주주의 발전에도 중요한 역할을 했다.
- 1862년 제정된 홈스테드 법(Homestead Act)을 근거로 한 제도로, 일정 기간 그 땅에 거주하고 경작하는 조건으로 서부 개척민들에게 국유지를 무상 또는 저렴하게 불하한 정책이다. 이는 미국 서부 확장의 핵심 수단이 되었지만, 동시에 원주민의 토지 강탈을 정당화하는 역할도 했다.

캠페인을 통해 공공의 영역으로 만들어온 서비스들을 원래부터 민간의 손에 있어야 할 '사유재산'에 비유했다(또한 그는 이러한 공공의 성취를 아메리카 원주민들로부터 빼앗은 토지에 견주기도 했다). 그의 밝은 어조 뒤에는, 미국 역사 속 어두운 순간들을 가볍게 무시하고 사유재산의 범위를 확장하려는 위험한 인식이 자리 잡고 있었다. 그것은 곧 닥쳐올 민영화의 전면적 공세를 예고한 발언이었다.

민주당의 계승, 클린턴 시대의 민영화

레이건의 계획은 민주당에 의해 번번이 가로막혔으나, 그의 설계도는 그대로 남아 정치전략으로서 적응력이 몹시 뛰어나다는 것이 드러났다. 빌 클린턴은 자신이 내세운 중도적 '제3의 길'의 진정성을 증명하고 싶어 했고, 레이건 공화당 정권과 똑같은 이유로 민영화가 유용하다는 것을 깨달았다. 즉, 공공서비스를 줄이지 않고도 정부를 축소할 수 있다고 본 것이다. '새로운 민주당(New Democrat)'•을 대표했던 클린턴은 앨 고어(Al Gore) 부통령에게 '정부 재창조' 계획을 이끌게 했다. 그 결과로 나온 방안들은 급진적으로 보였지만, 실상은 레이건 행정부의 정책을 되풀이한 것이었다. 당시 '민영화 차르(privatization czar)'로 불렸던 론 우트(Ron Utt)는 클린턴의 개혁안이 "1988년 레이건 대통령의 민

• 1980~90년대 미국 민주당 내에서 등장한 중도주의적 정치 운동. 전통적인 민주당의 좌파·진보 성향 정책에서 벗어나 경제적으로 보수적이고 시장 친화적인 노선을 지향했다.

민영화 이해하기

영화위원회 권고안을 거의 그대로 옮겨놓은 것이며, 그 권고안이야말로 역대 어느 대통령보다 대담한 민영화 구상이었다"고 지적했다. 다만 실행력과 범위에서는 오히려 레이건 행정부를 능가했다. 로버트 풀은 클린턴이 퇴임한 몇 년 후 "클린턴 행정부의 민영화 성과는 레이건을 넘어섰다"고 평가했다.[13]

클린턴 시대의 민영화는 레이건 시대 보수주의자들이 바랐던 것만큼이나 광범위했지만, 그중에서도 두 가지 시도가 특히 두드러졌다. 하나는 교도소 민영화의 가속화였고, 다른 하나는 위대한 사회(Great Society)● 정책으로 구축된 사회적 안전망을 해체하면서 이익을 거두는 새로운 민간산업의 탄생이었다. 두 산업 모두 미국입법교류협회(ALEC)의 지원을 받아 권력을 잡은 새로운 유형의 공화당 정치인들과 공생관계에 있었다.

ALEC는 기업 이익집단과 보수 성향 정치인들로 구성된 배후 조직으로, 주로 주(州) 입법자들을 위해 '표준 입법안(model legislation)'을 만들어낸다. 예컨대 기업을 집단소송으로부터 보호하는 법안이나 노동조합을 겨냥한 일련의 법률들이 그것이다. 1990년대 ALEC는 위스콘신주의 스콧 워커(Scott Walker)와 플로리다주의 찰리 크리스트(Charlie Crist) 같은 공화당 소속 주지사들이 초기 경력을 쌓는 데 도움을 주었다. 두 사람 모두 자신들의 주 의회에서 ALEC의 표준 입법안을 지지했고, 거대 기업과 막대한 선거 자금을 대는 후원자들의 영웅으로 떠올랐

● 린든 B. 존슨 대통령이 1960년대에 추진한 국가적 사회 개혁 프로그램. 빈곤 감소, 시민권 강화, 교육 및 보건 서비스 확대 등을 목표로 했다. 이 계획은 미국의 사회적 안전망을 강화하고, 경제적·사회적 평등을 증진하는 데 중요한 역할을 했다.

다. 또 1990년대 중반 ALEC는 '삼진아웃제(Three Strikes Law)'와 '양형 정직성 법률(Truth-in-Sentencing Law)'• 같은 표준 입법안을 제시하며 대량 수감 시대를 촉발했다. 이 제안들은 27개 주에서 실제 법률로 제정되었다.[14]

주로 친기업 정책을 수립하던 단체가 왜 갑자기 수감 문제에 관심을 가졌을까? 이를 이해하려면 ALEC의 형사사법 TF를 보면 된다. 이 TF는 최소 85건의 강력범죄 대응 법안을 마련했다. 미국의 교정기업 CCA의 대표들은 단순히 자리에 참석한 것이 아니라 TF 공동의장을 맡았다. CCA의 홍보 담당자들은 오늘날까지도 CCA가 삼진아웃제나 양형 정직성 법률 입법 과정에 개입하지 않았다고 주장한다. 이들의 주장을 받아들인다면, CCA 대표들은 공동의장 자리에 앉아 있으면서도 이해관계 없는 동료들이 CCA의 수익에 수십억 달러를 보태줄 법안을 처리할 때 그저 묵묵히 지켜보기만 했다는 이야기가 된다.[15]

ALEC의 능숙한 정치적 책략 덕분에 회원사들은 이익을 얻었고, 사회적 보수주의자들과 경제적 보수주의자들 간의 연대는 더욱 공고해졌다. 그 중심을 잡아준 것이 바로 민영화였다. ALEC와 CCA 같은 기업들은 민영화를 활용해 보수적 의제를 추진하고, 진보 진영의 정치적 기반을 전략적으로 약화시키는 정치인들을 길러냈다.

그 대표적인 인물이 스콧 워커였다. 1990년대 위스콘신주 하원의원으로 활동하던 그는 ALEC가 주도한 '강력범죄 대응' 법안을 밀어

• 선고받은 형기의 대부분을 실제로 복역하도록 요구하는 법적 요건. 가령 판사가 10년형을 선고했다면, 범죄자는 최소 85% 이상을 실제 수감 생활로 채워야 한다.

붙이며 두각을 나타냈다. 당시 그의 상위 후원자 15명 가운데 두 명은 민간 교도소 운영업체 CCA 소속 인물이었고, 워커도 이들과의 관계를 굳이 숨기지 않았다. 양형 정직성 법률이 통과된 뒤 형량 강화로 교도소 과밀화가 심해지자, 그는 수감자들을 다른 주의 민간 교도소로 이송하자는 해법을 제시했다. 위스콘신주 법은 교도소의 민영화를 금지하고 있었지만, CCA는 인근 몇몇 주에 이미 수용 시설과 인력을 확보해 둔 상태였다. 사실 워커는 밀워키 시의회 의원 시절부터 수감자 이송 업무를 민간에 맡겨야 한다고 주장해왔고, CCA는 그때도 이 사업에 적극적으로 뛰어들었다. 이후 그는 "타주 이송으로 일자리와 세수가 빠져나간다"는 이유를 들어 교도소 민영화를 금지한 위스콘신주 법률의 폐지를 요구하기에 이른다. 그는 주지사로 선출된 뒤에도 공공부문 노동조합, 주립대학, 복지제도를 상대로 연속적인 '개혁'을 추진했다. 그리고 그 모든 과정에서 그가 선택한 해법은 언제나 민영화였다.[16]

교도소의 민영화는 대체로 대중의 관심 밖에서 진행됐지만, 공공의 안전망을 민간으로 이전하는 일은 묵은 사회보장제도의 개혁으로 대대적으로 선전되었다. 대표적인 복지제도였던 모자복지(Aid to Families with Dependent Children, AFDC)는 뉴딜 시대에 도입되었으나 연방 예산에서 차지하는 비중이 놀라울 만큼 작았다. 빌 클린턴은 1996년 '개인 책임 및 근로 기회 조정법(Personal Responsibility and Work Opportunity Act, PRWORA)'에 서명하면서 모자복지법을 폐지하고, 이를 '빈곤가정 임시지원(Temporary Aid to Needy Families, TANF)' 프로그램으로 대체했다. 이 제도는 각 주에 용도 지정이 느슨한 포괄 보조금(block grant)으로 지급되었으며, 수급자를 프로그램에서 제외시키라는 분명한 조건만 달았을 뿐, 이를 어떻게 달성할지에 대한 별다른 지침은 없었다.[*] 각 주는 자기 멋대로 지원 프로그램을 운영할 수 있었고, 많은 경우 통제권을 민간에 넘겼다.[17]

이 과정에서 몇 가지 놀라운 일들이 일어났다. 월스트리트에서 거래되던 기업들을 포함한 영리 민간기업들이 복지개혁에 뛰어들었고, 사회안전망에 쓰이던 얼마 남지 않은 공적 자금의 상당 부분이 결국 부유층의 지갑으로 흘러들어갔다. 게다가 '혁신'이라는 미명하에 여러 주가 사회안전망에 대한 공적 통제를 완전히 포기했다. 민간기업들은 단순히 하청업체처럼 공공의 뜻을 실행하는 데 그치지 않고, 정책을 수립하며 누구에게 어떻게 서비스를 제공할 것인지까지 결정했다.[18]

뉴욕시에서는 입찰이 시작되기도 전에 이미 공적 통제 상실과 늘 따라다니는 고질적 문제가 드러났다. 도시 재정 최고책임자에 따르면 루디 줄리아니(Rudy Giuliani) 시장 행정부는 5억 달러 규모의 계약 입찰이 열리기 몇 달 전부터, 자신들이 선호하던 기업이자 월스트리트의 총아였던 맥시머스(Maximus Inc.)에 계획을 미리 흘렸다. 뉴욕시가 공정 입찰 규정을 위반했을 가능성이 있었음에도, 결국 계약은 맥시머스에 돌아갔다.[19]

클린턴 개혁의 무엇보다 중요한 목표는 사람들을 공공부조에서 벗어나게 하는 것이었다. 이 목표를 어떻게 달성할지는 부차적인 문제였고, 포괄 보조금을 받은 여러 주와 시는 그 의도를 알아챘다. 당시 뉴

---

[*] 1996년 복지개혁(PRWORA)은 '복지 의존'을 줄이고 연방지출을 억제한다는 정치·재정적 목표 아래 추진되었다. 그런 탓에 수급자 수 감소가 핵심 성과지표로 설정되었다.

욕시 줄리아니 행정부 복지 담당 국장은 이 개혁의 목적이 "복지 수급
자의 삶에 위기를 불러일으켜, 굶주림이나 노숙 같은 절박한 상황을 만
들기 위한 것"이었다고 밝혔다. 이런 시혜적이고 권위적인 복지 프로그
램의 전제는 분명했다. 생계지원을 줄인다면 복지에 안주하는 가난한
사람들이 스스로 삶을 바꿀 것이라는 믿음이었다. 맥시머스의 역할은
이렇게 절박한 시민들을 일자리나 직업훈련으로 이끌고, 누가 복지 수
급을 계속할 수 있고 누가 제외되는지 규정하는 새로운 규칙을 집행하
는 것이었다.[20]

맥시머스는 수급자의 46퍼센트를 취업시키겠다는 목표를 설정
했고, 뉴욕시 또한 그 목표를 달성할 수 있도록 막대한 재량권을 부여했
다. 그러나 맥시머스는 처참하게 실패했다. 2004~2005년 검토 결과 겨
우 8퍼센트의 수급자만 취직했고, 6개월 뒤에도 같은 직업을 유지한 사
람은 3퍼센트에 불과했다. 이들이 얻은 일자리 대부분은 시급 8달러 이
하였고, 파트타임이나 임시직이 많았다. 더구나 법적으로 직업훈련을
제공해야 했지만, 실제로 교육이나 훈련을 받은 사람은 전체의 18퍼센
트에 불과했다. 복지 수급자 다수가 추가 교육을 원했음에도 그랬다.[21]

외부감사에 따르면 그 원인은 명확했다. 계약에는 수급자들이 양
질의 훈련을 받거나 안정적인 일자리를 찾도록 유인할 장치가 전혀 없
었다. 모든 보상은 수급자를 줄이는 데에만 맞춰져 있었다. 따라서 저임
금의 불안정한 일자리를 알선하는 것이 수급자들에게 빈곤에서 벗어날
실질적 경로를 제공하는 것보다 훨씬 손쉬운 해결책이 되었다.

복지 수급자 수를 대폭 줄이는 또 다른 방법은 규정 미준수자를
내쫓는 것이었다. 이 지점에서 맥시머스는 효율성에서 타의 추종을 불

허했다. 일부러 잘못 이해하게끔 설계된 듯한 복잡한 규정을 지키지 못했다는 이유로 전체 수급자의 76퍼센트를 프로그램에서 퇴출시킨 것이다. 그러나 새로운 복지개혁 체제에서는 이것이 곧 '성공'으로 간주되었고, 맥시머스와의 계약은 2006년에 갱신되었다.[22]

1990년대에는 민영화 덕에 정치인들이 상당한 책임으로부터 벗어날 수 있었다. 범죄에 대한 강력한 처벌을 주장하는 정치인들은 대개 정부 축소를 약속한 정치인들과 같았는데, 이들은 자신들의 정책이 오히려 정부를 키울 것임을 알고 있었다. 교도소는 노동집약적이며 방대한 관료체계를 필요로 했기 때문이다. 그들은 유권자에게 설명할 의무가 있었지만, 대신 민영 교도소 뒤에 정부 비대화를 감췄다. '복지에서 일자리로(welfare-to-work)' 프로그램을 약속했던 정치인들은 "일자리"를 포기하고 공적 지원금 중단에만 만족해했다. 민영화 덕분에 정치인들은 까다로운 정책 결정을 민간기관에 떠넘기면서, 민간부문이 만성적 빈곤 문제에 대한 새로운 해법을 내놓을 것이라는 주장을 할 수 있게 되었다. 더 심각한 것은 바로 이 눈속임을 공적 자금이 떠받쳤다는 점이다. 그 덕분에 월스트리트 투자자들은 굶주림, 노숙, 수감이라는 광범위한 고통에서 이익을 챙기는 기업들의 주식을 열광적으로 거래할 수 있었다.

1990년대는 민영화를 정부가 책임을 피할 수 있는 일종의 정치 전략으로 활용한 시기였다. 그러나 주요한 변화, 즉 실질적인 '혁신'은 한때 공적으로 결정되던 사안들이 민간의 통제 아래로 넘어간 것이었다. 맥시머스 같은 기업들에 폭넓은 재량이 주어지면서, 사익 세력이 공공의 목표를 자기들 입맛대로 재정의할 수 있게 되었다. 충분한 자유가 주어지자 이 기업들은 국민의 세금으로 운영되면서도 국민의 의지보다 주주의 이익을 우선시할 수 있었다.

위기를 기회로: 2000년 이후의 민영화

조지 W. 부시(George W. Bush) 행정부 시절 민영화는 더욱 가속화되었지만, 사회보장제도의 민영화는 큰 성과를 거두지 못했다. 그러나 이 한 가지를 제외하면 민영화의 문은 활짝 열렸다. 심지어 우리가 전쟁을 수행하는 방식에까지 민영화가 스며들었다. 군은 민간 계약업체의 활용 폭을 넓혔는데, 그 가운데는 악명 높은 민간 군사 기업 블랙워터(Blackwater)도 있었다. 여기서 새로웠던 점은 단순히 민간 인력에 대한 의존이 늘어난 것만이 아니라, 그들이 맡는 업무의 성격 자체가 바뀌었다는 점이다. 미국 국방부는 오랫동안 지원 업무나 민간직을 보충하기 위해 계약업체를 활용했지만, 이라크와 아프가니스탄에서는 점점 더 많은 계약업체를 전선에 투입했다. 더욱이 정규군이 지녀야 할 기강과 책임성을 충분히 확보하지 못한 상태에서 이들을 사실상 별도의 군사력처럼 활용했다.

더 심각한 것은, 제복을 입은 군인들이 계약업체 직원들과 똑같은 업무를 수행하면서도 훨씬 적은 급여만 받았다는 점이었다. 재입대할 시기가 되자 많은 이들은 당연한 선택을 했다. 군을 떠나 계약업체에 취직하고, 억대 연봉을 받으며 다시 전장으로 돌아간 것이다. 이처럼 인력 부족을 보완하기 위해 도입된 민영화는 오히려 상황을 악화시키며

9·11 이후 전쟁 비용을 끌어올렸다. 이 두 가지 결과―'책임성 없는 환경의 형성'과 '인력이 민간부문으로 빠져나가면서 의존이 반복되는 순환구조'―는 각종 민영화 사업에서 공통적으로 나타난다. 특히 국가안보 영역에서는 그 파장이 훨씬 더 크다. 많은 경우 계약업체들은 보안이나 정보 같은 민감한 분야에서 활동했지만, 명확한 책임 규정 없이 권한만 부여받았다. 군사법도 현지법도 제대로 적용되지 않는 법적 회색지대에서 권력 남용이 만연했다. 한편, 대부분 공적 자금에 기반한 이 기업들의 수익은 치솟았다.[23]

부시 정부는 국가안보의 아웃소싱을 확대하고 사회보장제도의 민영화를 시도하는 한편, 주와 지방 차원에서는 공공재가 민간의 손으로 넘어가는 과정에 저항이 거의 없었다. 공화당의 대규모 감세로 인해 주 의회와 시의회의 예산은 점점 빠듯해졌고, 그것이 이 조용한 민영화를 부추겼다. 한편, 공무원들의 은퇴 물결이 이어지면서 연금 지급 시기가 도래했다. 주식시장이 호황을 누리고 조세가 더 공정했던 시절에 체결된 약속들은 이제 주와 지방정부 적자의 주범으로 지목되었다. 반조세·반정부 진영이 내놓은 해답은 정부 일자리를 줄이고 그 자리를 민간 계약업체로 대체해 책임을 회피하는 것이었다. 민간 계약업체들은 연금도 보장받지 못하고 많은 경우 복지 혜택조차 없는 비노조 노동자들을 고용했다. 노동자들이 박봉에 시달리며 노후를 감당할 수 없게 되더라도, 그것은 공공의 문제가 아니었다. 비록 그들이 수행하는 일이 본질적으로 공공의 일이었음에도 말이다.

이 추세는 2008년 경제 위기가 연기금을 초토화하고 주와 지방정부의 예산을 더욱 위축시킨 뒤에 한층 가속화됐다. 각 주 정부는 한계

    민영화 이해하기

치를 넘어선 재정적자를 해결할 수 있는 가장 합리적이고 형평성 있는 길, 즉 세율을 조정해 세수를 늘리는 방안은 끝내 거부했다. 대신에 급히 수익을 올리고 예산 부족을 메우기 위해 과거에는 상상조차 하지 못했던 방법을 선택했다. 예컨대 도시와 마을의 생명줄인 상수도 시설은 어느새 부담이자 동시에 급전이 나올 수단으로 여겨졌다. 오랫동안 상수도를 방치해온 도시들은 감당하기 가장 힘든 순간 개보수에 필요한 막대한 비용 청구서를 떠안게 됐다. 그때 월스트리트의 지원을 등에 업은 다국적 기업들이 소도시 의회에 나타나 솔깃한 제안을 내놨다. "우리에게 파십시오. 수리와 관리는 우리가 맡겠습니다. 더 이상 상수도에 신경 쓰실 필요가 없습니다. 대신 시는 충분한 세수가 없다는 사실을 가릴 수 있는 거액을 손에 쥘 수 있습니다." 2014년, 이런 상황이 여러 차례 되풀이되는 것을 지켜본 한 시장은 "물이 새로운 원유다"라고 선언했다. 2008년 경제위기 직후 막대한 기회를 포착하고 민영화에 뛰어든 한 대형 금융회사 대표는 공공재 약탈이 가능했던 이유를 단순 명쾌하게 말했다. "궁지에 몰린 정부가 최고의 고객입니다. 그리고 그런 정부는 앞으로 수없이 등장할 겁니다."[24]

2008년까지 민영화는 정치 지형 속에 굳건히 자리 잡아, 프랭클린 D. 루스벨트(Franklin D. Roosevelt) 이후 누구보다 정부의 역할과 국민의 힘을 유려하게 주창하던 버락 오바마(Barack Obama)조차 피할 수 없었다. 설령 오바마가 저항하려 했다고 해도 효과는 미미했을 것이다. 공공재와 관련된 가장 중요한 의사결정은 이미 주와 시 정부로 넘어가 있었다. 그곳에서는 민간기업이 훨씬 쉽게 영향력을 행사할 수 있었고, 이윤추구 세력의 손에 공공재가 통째로 넘어가고 있었다. 민영화의 짧

제1부

지만 굴곡진 역사는 정치적·이데올로기적 전략이 조용히 확장되며 시간이 흐르면서 미국인의 삶 곳곳에 스며든 역사다. 우리가 마시는 물에서부터 치르는 전쟁에 이르기까지 그 영향은 깊숙했다. 이제 이 권력 이양의 정치·이념적 단계는 거의 완결됐다. 지금 우리는 공익이라는 이름 아래 매년 정부가 지출하는 7조 달러 이상을 수확물처럼 거둬들이는 기업들의 세상에 살고 있다. 그리고 그들에게 도널드 트럼프만큼 더할 나위 없는 동반자는 없었다.

반(反)공공의 아이콘, 도널드 트럼프

지난 몇 년 사이 어느 순간부터 공립학교(public school)는 '정부학교(government schools)'로 불리기 시작했다. 2016년 대선 후보였던 도널드 트럼프가 교육정책을 드물게 언급할 때마다 이 표현을 반복했지만, 크게 주목받지는 못했다. 그러나 2020년 연두교서에서는 그 표현이 훨씬 더 날카롭게 쓰였다. 그것도 단순히 정부학교가 아니라, 언제나 "실패한 정부학교"였다. 트럼프는 소규모지만 열성적인 티파티 운동(Tea Party Movement, 세금 인상 반대 운동) 단체와 보수 정치인들이 의도적으로 만들어낸 언어를 그대로 전하고 있었다. 이들은 "공립학교"라는 표현을 버리고 오직 "정부학교"라고만 부르기로 한 사람들이었다. 비아냥 섞인 표현이었지만, 점차 퍼져 나갔다. 그리고 이는 우리가 담론을 얼마나 바꿀 필요가 있는지 분명히 보여준다. 어느 순간부터 우리는 정부와 공공을 머릿속에서 분리해버렸고, 정부를 우리와 동떨어진 존재, 자유시장

과 양립할 수 없는 무엇으로 본능적으로 여기게 됐다.[25]

최근 캔자스주의 공화당 소속 한 상원의원은 가난에 시달리는 어린이들에게 무료 점심을 제공하는 정책을 맹비난하는 장광설을 늘어놓으며 이런 표현을 썼다. "우리 지역 학교는 이제 정부학교가 됐습니다. 우리 아이들은 정부의 아이들이 되어버렸습니다. 생각해보시면 잘 알겠지만, 그게 현실입니다." 그에 따르면, 학교는 가장 가난한 아이들에게 무료 점심을 제공함으로써 아이들을 '정부의 아이들'로 만들어버렸다. 곧이어 그는 아무런 근거도 없이 집에서 도시락을 싸 오던 아이들까지 "정부가 제공하는 따끈한 밥"을 달라고 아우성치게 됐다고 주장했다. 그리고 눈 깜짝할 사이에 "좋은 부모들이 나쁜 부모가 되기 시작했습니다. 물론 그 중심에는 정부가 있었습니다"라고 말했다.[26]

물론 이 주장에는 논리가 전혀 없다. 건강한 식사를 감당하지 못하는 부모를 '나쁜 부모'로 취급하는 태도 역시 아무런 근거가 없다. 그러나 '정부학교'라는 표현을 낳은 이 악의적 언어 왜곡 뒤에는 단순히 반정부적 적의를 넘어서는 것이 있다. 그것은 단지 반정부적인 것이 아니라 반공공적이다. 배고픈 아이들에게 식사를 제공하는 문제처럼 우리가 함께 힘을 모은다는 공공의 개념 자체를 지워버리려는 시도이자, 우리를 서로 떼어내려는 시도다. 정부가 '받을 자격 없는 타인들'을 위해 봉사하고 있다는 선언이며, 결국 '우리'라는 공동체의 존재 자체를 부정하려는 시도다.

우리가 공공을 잃을 때, 즉 학교를 우리와 유리된 정부가 운영한다고―실제와는 다르게―말할 때, 우리는 공익이라는 개념을 잃게 된다. 아이들이 굶주려서는 안 된다고 결정한 것은 우리였다. 그것은 죄책

감이나 연민 같은 정서적 이유 때문만은 아니었다. 배고픈 아이들을 먹여야 모든 아이들이 더 나아진다고 판단했고, 우리 중 일부가 영양실조 탓에 집중하지 못한 채 학교에 다니도록 두는 것이 공동체 전체에 짐이 된다고 보았다. 이 프로그램은 그 아이들이나 부모들, 또는 '정부'를 위해 고안된 것이 아니라, 우리 모두를 위해 만들어진 것이다.

트럼프는 "실패한 정부학교"와 대비되는 정책으로 학교 선택제를 내세웠다. 그리고 2020년 연두교서에서 이를 과시하기 위해 작은 쇼를 벌였다. 청중 속에는 필라델피아 출신의 4학년 학생, 실패한 정부학교의 피해자로 소개된 제니야 데이비스(Janiyah Davis)가 있었다. 트럼프는 그녀가 정부 장학금을 기다리는 수만 명 중 한 명이라고 주장했고, 이어 호들갑스럽게 그녀가 이제 공식적으로 장학금 수혜자가 되어 사립학교에 다닐 수 있게 되었다고 선언했다. 그러나 나중에 드러난 사실은, 이 일이 새로운 정책이나 거대한 행정적 성과 덕분이 아니라는 점이었다. 교육부 장관 벳시 디보스가 자신의 막대한 가산에서 일부를 꺼내 이 어린 소녀에게 기부했을 뿐이다. 그 메시지는 분명했다. 함께 힘을 모으면 우리는 실패한다는 것이다. 대신 선택과 기회를 제공하고, 궁극적으로는 정부로부터 우리를 구원해줄 억만장자 계급에 의존해야 한다는 말이었다.[27]

우리는 트럼프가 취임하기도 전부터 전임자들보다 더 대대적인 민영화를 추진하리라는 사실을 알고 있었다. 무려 32명의 인수위원이 민영화 기업에서 일했거나 민영화 철학을 극찬한 경력이 있었다. 가장 눈에 띄는 인물은 벳시 디보스였지만, 보건복지부 장관으로 지명된 톰 프라이스(Tom Price) 역시 메디케어 민영화 옹호자로 잘 알려져 있었다.

     민영화 이해하기

트럼프가 메디케어·메디케이드 서비스센터(CMS) 책임자로 임명하고자 했던 시마 베르마(Seema Verma)는 프라이스가 일련의 불명예스러운 직무 남용으로 사임한 뒤 보건복지부 장관 자리를 이어받았는데, 그 이전에는 아이오와주의 문제적 메디케이드(Medicaid, 저소득층 공공 의료지원 프로그램) 민영화 실험에 참여했던 컨설턴트였다. 이는 책 후반부에서 자세히 다루는 광범위한 실패 사례였다. 교통과 인프라 분야에서도 트럼프는 미국도로교통협회에서 '공공-민간 벤처' 책임자를 지낸 인사와 버지니아주 공공-민간 교통법을 입안한 전직 관료를 기용했다. 이렇게 트럼프 행정부는 처음부터 민영화 프로젝트에 전면적으로 매달린 상태로 출범했다.[28]

그러나 트럼프는 한걸음 더 나아갔다. 예컨대 공화당은 교육 분야에서 학교 선택제라는 보호막 아래 차터 스쿨과 학교 바우처를 모두 지지해왔다. 트럼프와 디보스는 차터 스쿨에 대한 연방의 직접 지원을 축소하고, 50억 달러 규모의 세액공제를 앞세워 바우처를 전면에 내세웠다. 더 나아가 사립 유치원부터 고등학교까지의 교육비를 '비과세 529 대학저축계좌(529 college savings plan)'에서 납부할 수 있도록 허용하며 공교육의 민영화를 밀어붙였다. 이제 학비를 감당할 수 있는 사람들은 사립학교 등록금을 내기 전에 '529 계좌'를 활용해 사실상 소득을 세탁함으로써 큰 폭의 세금 혜택을 누리게 되었고, 그 부담은 트럼프의 민영화 정책 비용을 함께 떠안아야 하는 주 정부들에 고스란히 전가되었다.[29]

트럼프는 학자금 대출에도 더 깊숙이 개입했다. 오바마가 대출을 연방 정부가 직접 관리하도록 되돌리면서 684억 달러의 예산 절감을 이끌어냈음에도, 공화당은 학자금 대출 시장을 은행이 운영하던 시절로 되돌리기를 오랫동안 원해왔다. 트럼프와 디보스는 연방 프로그램을 약화시키고 오바마가 마련한 소폭의 구제 조치마저 뒤집으려 했다. 그리고 2019년, 트럼프 행정부의 교육부는 학자금 대출을 소득 공유 계약(Income Share Agreement, ISA)으로 대체하는 방안을 내놓았다. 이는 투자자가 학생의 대학 등록금을 지원하는 대신 졸업 후 미래 소득의 일정 비율을 가져가는 방식이다. 이 제도는 기존 학자금 대출과는 달리 대출 상한 규제를 피할 수 있고, 사실상 '노예 계약'을 막는 법망마저 우회할 만큼 유연했다. 게다가 이 계약들은 월스트리트 투자자들의 산물이었기 때문에, 정부가 할 수 없던 일들을 할 수 있었다. 예컨대 인문학 전공 학생들에게는 불리한 금리를 적용하고, '수익성이 높은' 전공 학생들에게는 우대 금리를 적용하는 식으로 학생들의 선택을 왜곡할 수 있었던 것이다.[30]

트럼프는 교도소 민영화도 한층 더 밀어붙였다. 오바마는 연방 정부가 민영 교도소 산업에서 손을 떼도록 조치를 취했고, 대선 후보였던 힐러리 클린턴은 민영 교도소 사용을 전면 중단하겠다고 약속했다. 그러나 트럼프는 민영 교도소 지지자들로 행정부를 채웠고, 거기서 멈추지 않았다. 그의 집권기에 민영 교도소는 불필요하게 구금된 이민자들로 값비싼 침상을 가득 채우며 번성했다.[31]

조지 W. 부시도 미국의 전쟁과 첩보 분석을 민영화하려는 중요하지만 궁극적으로 위험한 조치를 취했지만, 트럼프는 거기서 한발 더 나아갔다. 2018년, 트럼프 캠프의 주요 후원자가 중심이 되어 첩보 수집과 비밀 작전을 민간에 위탁하는 방안을 마련했는데, 이는 그가 자주 언급하던 '딥 스테이트(Deep State)'[•]를 우회하기 위한 시도였다. 이 계획이 실제로 얼마나 추진됐는지는 불확실하지만, 유사한 시도가 스콧 프루잇(Scott Pruitt)이 이끌던 환경보호청(EPA)에서 나타났다. EPA는 충성도가 부족하다고 의심되는 직원을 감시하기 위해 정치적 비위 조사 전문 업체를 고용했다.[32]

이런 사례에서 드러나듯이, 트럼프는 민간에 넘기는 방식을 통해 법과 규제, 기존 정책을 적극적으로 훼손하려 했다. 사람들의 생명이 위협받던 팬데믹 위기 속에서도 다르지 않았다. 트럼프는 질병통제예방센터(Centers for Disease Control, CDC)와의 파괴적인 홍보전을 벌이던 중, 병원 자료 수집 업무를 불쑥 CDC에서 떼어내 입찰 절차 없이 한 민간 기업에 넘겨버렸다. 그 결과 10년 가까이 잘 작동해온 체계가 한순간에 무너졌다. 이 변화를 요구한 이는 아무도 없었다. 행정부는 병원들이 이 조치의 수혜자가 될 거라고 말했지만, 정작 병원들은 거세게 반발했다. CDC가 운영하던 귀중한 병상 수용 능력 지도 서비스가 갑자기 사라졌고, 위탁업체는 보건복지부와 맺은 비밀유지계약(NDA)을 이유로 상원의 질문에 답변을 거부했다. 그리고 오랫동안 트럼프의 끔찍한 위기 대응을 비판하는 근거가 되어온 코로나19 자료는 더 이상 공공의 손에 남아 있지 않게 되었다.[33]

분리주의자들의 학교 바우처 제도부터 트럼프의 민영화된 코로나 데이터 은폐까지, 민영화는 법과 시민권, 그리고 책임을 피해가는 수

• 본래 정부·정보기관 내부의 숨은 권력 집단을 지칭하는 음모론적 용어다. 트럼프는 재임 기간 동안 합법적인 의회·사법적 견제와 감시마저 '딥 스테이트'라는 이름으로 공격하며 자신의 국정 운영을 방해하는 세력으로 묘사했다.

단이었다. 모든 지방자치 서비스를 외부에 위탁하자는 초기 제안에서부터 전쟁 수행을 외부에 맡기려는 최근 시도에 이르기까지, 민영화는 시민들을 정부로부터, 그리고 서로로부터 단절시키는 전략이었다. 그 과정에서 민영화 기업들은 터무니없이 부유해지고 강력해졌다.

수십 년 동안 이런 식으로 권력과 수익이 집중돼온 것은 민주당도 그 영향권에서 자유롭지 않다는 뜻이다. "사익은 형사사법체계를 포함한 핵심적인 공공서비스 제공에 동기가 되어서는 안 된다"라는 민주당 강령 문구는 얼핏 그럴듯하게 들리지만, 동시에 다른 민주당 인사들도 상수도 민영화를 더 쉽게 추진할 수 있도록 제안해왔다. 인프라 건설은 물론 학교 건설에까지 이어지는 민관 파트너십에 대한 민주당의 호의는 여전히 강력하다. 민주당은 역사적으로 모든 것들의 민영화를 앞당기는 데 기여해왔으며, 유권자의 인식과 압력이 없다면 그 길을 되돌리려 하지 않을 것이다.

민영화의 진짜 의미를 생각하면, 시민의 압력은 반드시 필요하다. 민영화로 인해 발생하는 모든 정치적·사회적·재정적 비용은 공익의 희생 위에서 비롯된다. 다시 말해, 민영화에는 뚜렷하고 측정 가능하며 지속적인 인적 비용이 따른다. 우리가 공익으로부터 단절될 때 벌어지는 일들에 관한 사람들의 이야기가 바로 민영화의 진짜 역사를 이루며, 이어지는 장들에서 집중적으로 다루게 될 것이다.

생명을 위한 공공재

–

보건 · 상수도 · 식품 안전의 민영화가
불러올 위험

민영화의 설계자들은 공공재를 소비재로 둔갑시키는 언어와 사고방식을 조장한다. 이들이 이끄는 대로 따라가다 보면 공공재가 우리의 생각보다 훨씬 더 넓은 의미를 지니며, 두루 이용될 때 우리 모두에게 이익이 된다는 사실을 쉽게 잊고 만다. 그리고 왜 이런 재화들이 애초에 공적 통제 아래에 있었는지 놓칠 수도 있다.

감염병에 대응하는 방식이 개별 환자를 단순히 의료 소비자로 취급하고, 검사와 치료를 오직 개인의 필요만 충족하는 데 맞춰진다면 우리는 공중보건의 의미를 잃게 된다. 우리가 스포츠음료를 대하듯 물을 취급하고, 가격·보존·정책의 통제권을 민간기업에 넘긴다면 공적으로 관리되는 물이 국민 건강을 지키고 모두에게 이로운 정책을 유지하는 데 얼마나 필수적인지 잊게 된다. 그런 결정은 필연적으로 되돌아와 우리를 괴롭힐 것이다. 병든 사회가 지속된다면, 개인의 건강을 위해 우리가 할 수 있는 일은 많지 않다.

민영화 옹호자들은 광범위하고 공격적으로 밀어붙이며 '소비자' 프레임의 접근법을 유지하려 한다. 팬데믹 동안 자유시장 절대주의자들은 공중보건 종사자들을 공격했을 뿐 아니라, 공중보건이 공공재라는 개념 자체를 부인했다. 그들이 낸 글과 주장 속에서 공중보건은 파벌 정치와 다르지 않은 것, 자유를 위협하는 것, 그리고 무시해도 되는 유사과학으로 묘사되었다. 물과 관련해서도 민영화론자들은 그것을 단순한 '식품'에 불과하다고 주장하며, 물이 우리의 건강과 복지, 삶 자체와 긴밀히 연결되어 있다는 사실을 부정한다.

이런 공격은 무분별하고 위험하며 국민이 원하는 것과도 전혀 맞지 않다. 역사적으로 우리는 공적 통제 아래 수돗물과 공공이 운영하는 식품 검사를 통해 국민 건강을 지켜왔다. 상수도 공급의 민영화가 상당 부분 진전되기도 했지만, 여러 지역에서 시민들이 이를 되돌려놨다. 2020년, 대다수 국민은 트럼프의 자유시장식 팬데믹 대응이 실패했음을 깨달았고, 공중보건 중심의 접근법만이 효과를 낼 수 있는 유일한 길임을 인정했다. 이런 다수의 신뢰가 항상 정책으로 이어진 것은 아니지만, 적어도 고립 속에서 서로가 얼마나 긴밀히 연결되어 있는지, 그리고 개인의 선택이 사회 전체로 어떤 파장을 일으킬 수 있는지 배웠다.

그러나 여전히 공중보건이 민간의 통제 아래로 넘어가기란 아주 쉽다. 때로는 지역이나 연방 예산이 빠듯하다거나, 공적 필요를 부정한다거나, 소비자 자유가 개인의 책임보다 우선한다고 요란스레 떠드는 소수 집단만으로도 충분하다. 이렇게 공적 통제가 취약한 이유는, 우리가 국가적으로 공중보건 일반을 충분히 인정하지 않고 개인을 위한 의료 서비스 역시 공공재로 받아들이지 않기 때문이다. 빈곤층을 위한 메디케이드, 노년층을 위한 메디케어, 참전 군인을 위한 트라이케어(Tricare)나 보훈부 같은 예외적인 공적 성과가 있음에도, 그 외 모든 영역에서는 의료 서비스를 공공재가 아닌 소비재로 취급해야 한다는 인식이 자리 잡고 있다. 우리가 개인 차원에서 이런 인식의 틀을 받아들이는 한, 국가 전체를 위한 효과적인 공중보건정책은 결국 우리의 손을 벗어나게 될 것이다.

3

공중보건의 민영화와
병드는 사회

시장 실패의 감염병

"민간부문의 힘이 최대한 발휘될 수 있도록 하는 데 전적으로 초점을 맞췄습니다." 코로나19 TF 조정관 데버러 버크스는 2020년 트럼프 행정부의 팬데믹 대응을 이렇게 요약했다. 의료용품을 적기 적소에 공급하는 문제와 관련해 대통령의 사위이자 백악관 수석고문이었던 재러드 쿠슈너는 "자유시장이 문제를 해결할 것"이라며 "이는 정부의 역할이 아니다"라고 주장했다. 그의 이런 입장은 한결같았지만, 당시 상황은 정부의 적극적 역할을 기계적으로 부인하기에는 너무도 어려웠다. 정치적 우파는 바가지 가격과 만성적 공급 부족이 자유시장에 대한 대중의 태도를 급격히 악화시킬 수 있음을 알고 있었지만, 시장의 능력에 대한 기대를 낮추거나 조율하려 하지 않았다. 그 대신 훨씬 더 극단적인 입장을 취했다.[1]

보수 평론지 『내셔널 리뷰(National Review)』의 한 선임 기자는 검사 키트 생산을 방해하는 책임이 정부에 있다고 비난하며, 검사와 의약품 모두에 대한 철저한 규제 철폐—"완전한 자유 경쟁(an absolute free-for-all)"—를 요구했다. 나아가 "기존의 식품의약국(FDA) 규정을 면제해 보다 급진적인 치료, 심지어 인간 대상의 실험까지 허용해야 한다"는 주장까지 내놓았다. 다른 평론가들은 당혹스럽게도 한국의 사례를 곡해했는데, 당시 한국은 인구 대비 코로나 감염자와 사망자 수가 미국보다 현저히 낮았다. 그런데도 한 평론가는 한국의 검사 성과를 자유시장식 해법의 전형이라 주장했다. 실제로 한국의 성공은 정부 덕분이었다. 한국 정부는 단일 의료 보험 체계와 튼튼한 공중 보건망을 갖추고 있었고, 기업들에 즉시 모든 일을 멈추고 수백만 개의 진단 키트를 생산하라고 지시했다. 팬데믹 동안 시장의 비이성적 행태가 매일 드러나고 있음에도 불구하고, 미국기업연구소(AEI)의 선임연구원 제임스 C. 카프레타(James C. Capretta)는 "시장 유인이 현재의 혼란에서 나라와 전 세계를 구하는 데 핵심적일 수 있다"고 강변했다.[2]

시장은 우리를 구할 수도 없고 구하지도 않을 것이다. 시장 유인은 공중보건과 정면으로 배치되기 때문이다. 보수 평론가들은 정부 개입에 불만을 제기했지만, 2020년 대부분의 기간 동안 진단 키트 시장은 사실상 시장 유인에 좌우됐다. 결과는 놀랍지 않았다. 예컨대 프로 운동선수들은 충격적일 만큼 일상적으로 코로나 검사를 받았다. 실제로 11월 한 주 동안 전미풋볼리그(NFL)는 선수와 직원 7,856명을 대상으로 무려 4만 3,148건의 검사를 시행했다. 1인당 주 다섯 차례 이상 검사받은 셈이다. 반면 간호사를 대상으로 한 조사에서는 응답자의 3분의 2가

단 한 번도 검사를 받지 못했다고 답했다. 병원들이 검사가 가능했더라도 비용을 감당할 수 없었던 것이다. 이것이 자유시장의 경쟁과 배제가 낳은 현실이며, 그 결과는 합리적이지도 책임감 있지도 않았다. 그야말로 끔찍했다.[3]

공중보건은 규제 없는 자유시장을 통해 제공될 수 있는 단순한 제품이 아니라 공공재다. 시민들이 요구하는 공중보건과 소비자를 위해 만들어진 제품 사이의 차이는 식수, 식품 안전, 공중보건을 논할 때 결정적으로 중요하다. 반공공적 민영화론자들은 언제나 우리가 건강과 삶을 위해 필요한 제품의 단순한 소비자일 뿐이라고 설득하려 한다. 그러나 실제로는 우리가 시민으로서 함께 행동할 때만 비로소 마땅히 누려야 할 공중보건을 얻을 수 있다.

메뉴에 없는 자유시장의 공중보건

자유시장 우월론에 따르면 코로나19 진단검사에 자유방임적으로 접근하면 비용이 줄고 품질이 향상되며 효율성도 강화되어야 했다. 그러나 실제로 나타난 것은 치솟은 가격, 부정확한 검사, 그리고 수천 장의 팩스였다. "수백 장의 팩스가 들어오고, 팩스기가 계속 종이를 뱉어내는 모습을 상상해보세요." 휴스턴 해리스 카운티 보건부의 우마이르 샤(Umair Shah) 박사는 기자에게 이렇게 말했다. 그 팩스들은 팬데믹 이전에는 보건 당국과 거의 접촉해본 적이 없던 소규모 민간 연구소들이 보내온 코로나19 검사 결과였다. 팩스 한 장 한 장에는 환자들이 간

생명을 위한 공공재

절히 확인하길 바라는 정보가 담겨 있었고, 보건 당국이 더 넓은 공중보
건 목표를 달성하기 위해 반드시 확보해야 할 데이터이기도 했다. 그러
나 그 모든 종이는 쌓여만 갔고, 며칠, 아니 몇 주가 지나서야 수작업으
로 입력될 수 있었다.[4]

자유롭고 규제받지 않는 시장이라면, 소규모 민간 연구소들은 느
려터진 팩스를 버리고 온라인으로 전환했어야 했다. 또한 비효율을 스
스로 제거하고, 변화하지 못한 곳들은 도태됐어야 했다. 그러나 그런 일
은 결코 일어나지 않았다. 코로나19 위기 속에서 진단검사 비용은 무섭
게 치솟았고, 소규모 민간 연구소들은 가능한 한 많은 검사를 떠안았다.
통상 100달러면 가능했던 검사가 500달러, 900달러로 오르더니, 어떤
경우에는 한 차례 검사에 2,315달러가 들기도 했다. 그것은 하나의 금
광이었고, 시장은 공중보건에 어떤 영향을 미치든 아랑곳하지 않고 제
방식대로 움직였을 뿐이다.[5]

소규모 민간 연구소들은 코로나19 진단검사에 뛰어들 만한 어마
어마한 시장 유인을 가지고 있었다. 그러나 동시에 자기들이 제공하는
제품의 질을 실제로 개선하기 위해 이 터무니없는 이익을 활용할 유인
은 전혀 없었다. 150달러짜리 팩스기만 있어도 돈을 벌 수 있는데, 굳이
5,000달러를 들여 기술에 투자할 이유가 있을까?

시장은 팬데믹 시기에 실패했다. 진단검사 기업들이 국민들이 실
제로 필요로 하던 것을 팔고 있지 않았기 때문이다. 연구소들이 판 것은
개인의 검사 결과였지만, 국민들이 구하려 했던 것은 시의적절한 공중
보건 데이터였다. 그러나 이 공공재에 대한 통제권은 국민에게 없었다.
2020년 초, 연방 정부는 진단검사를 위한 예산을 배정하고 보험사들이

가입자의 검사 비용을 부담하도록 했으나, 검사 결과의 품질을 관리하지는 않았다. 그렇게 하면 "시장이 위축"되고 과도한 규제와 불필요한 절차, 그리고 밀턴 프리드먼의 말마따나 "관료들의 철권"이 강화될 수 있다는 이유에서였다. 결국 여러 진단검사 기업들은 코로나 검사에 뛰어들 유인은 있었지만, 시의적절한 공중보건 데이터를 충족시키려는 유인은 없었다.

불행히도 선출직 공무원들은 오랫동안 공중보건에 대한 통제권을 쥐려 하지 않았다. 팬데믹이 반드시 닥칠 것이라는 충분한 경고를 받았을 때조차도 마찬가지였다. "팬데믹이 반드시 발생할 것이라고 확신합니다." 메이요 클리닉의 그레고리 폴란드(Gregory Poland)는 2005년 의회에서 이렇게 말했다. 이미 1999년에도 역학자 D.A. 헨더슨(D.A. Henderson)은 칼럼니스트 데이너 밀뱅크(Dana Milbank)에게 "시기가 문제가 아니라 언제냐가 문제입니다"라고 말했다. 2005년의 H1N1, 즉 돼지독감 위기도 또 다른 경고였다고 많은 공중보건 전문가들이 지적했다. 그러나 정치 지도자들은 정반대의 길을 걸었다.[6]

2019년, 공중보건 위기 대응 프로그램은 6억 1,700만 달러의 자금을 지원받았는데, 이는 2002년에 사용했던 금액의 절반에도 못 미쳤다(물가상승률을 반영한 기준). CDC는 10년 동안 10퍼센트의 예산 삭감을 겪었다. 2008년 금융위기 이후 주와 지역을 담당하는 보건 부서들은 인력을 4분의 1 줄였다. 미국 국립보건원(NIH)은 예산 삭감론자들의 눈엣가시였는데, 극우 성향의 공화당 연구위원회는 2011년 국립보건원 예산을 40퍼센트 삭감하려 했다. 2016년 지카 바이러스가 유행했을 때 버락 오바마 대통령이 19억 달러를 요청했지만, 공화당이 다수였던 의회는 반년이 지나서야 절반 정도만 승인했다. 이 책에서 계속 강조하듯이, 공공재에 대한 자금 조달을 끊는 것이 곧 민영화다. 그렇게 되면 공공이 무력해지고 시장의 지배를 받게 되며, 이는 종종 우리의 공공 프로그램을 고사시키려는 진짜 동기다.[7]

공중보건은 저렴하지 않다. 그러나 구제금융도 결코 저렴하지 않다. 2020년 3월, 클린턴 행정부에서 노동부 장관을 지낸 로버트 라이시는 이렇게 지적했다. "지난주 후반, 연방준비제도는 거래에 작은 어려움의 기미만 보여도 시중은행들에 1조 5,000억 달러를 풀었습니다. 그런데도 누구 하나 눈 하나 깜짝하지 않았습니다. 그러나 국가 전체의 건강 문제로 말하자면, 이런 돈은 결코 쓰이지 않습니다." 이는 단순한 실수도, 월스트리트를 우선시하는 문제도 아니다. 보수 정치인들과 평론가들 중 견고한 핵심 세력은 공중보건이라는 개념 자체에 노골적으로 적대적이다.[8]

캐나다 보수당의 피에르 르미외(Pierre Lemieux)는 강경한 민영화 옹호 단체 리즌 재단에 기고한 글에서 공중보건이 "사람들 대부분이 생각하는 것과는 다르다"라고 주장했다. "일부 전문가와 행동주의자들의 주장이 과학이라는 외피를 쓰고 있지만, 실제로는 특정한 이데올로기를 지닌 정치 운동이라는 사실을 알게 되면 놀랄 사람들이 많을 것이다." 공중보건 개념 자체에 대한 르미외의 공격은 보수 진영의 매뉴얼에 적힌 모든 핵심 포인트를 짚고 있었다. 그는 공중보건을 뒷받침하는 과학이 그저 다른 수단의 정치일 뿐이라고 일축한 뒤, 공중보건 종사자들의 동기는 단순한 건강이 아니라 "사회정의"라고 주장했다. 이념적으로 보았을 때, 이는 그들을 "지역사회 조직가"나 반파시즘 거리 시위대와 같은 부류에 놓는 셈이었다. 이어 르미외는 이렇게 경고했다. "공중보건의 시각에서 사회정의는 사실상 사적 선택의 거의 모든 영역에 대한 정부 개입을 정당화할 수 있다." 그리하여 팬데믹 동안 사람들의 생명을 지키는 데 몰두하는 것처럼 보였던 공중보건 관계자들은 단순한 관료가 아니라 "사회정의 전사"로 낙인찍혔다. 그들은 적으로 규정되었다. 그들의 죄목은 마스크 착용을 요구하거나 외출을 자제하라고 권고해 개인의 선택을 제한했다는 것이었다.[9]

이런 싱크탱크들의 공상이 반(反)마스크 시위대의 눈에는 띄지 않았을지 몰라도, 결국 그들의 행동에 스며들었다. 공중보건 공무원들은 집 앞까지 몰려와 자신들을 나치, 사회주의자, 공산주의자라고 외치는 시위대와 맞닥뜨려야 했다. 캘리포니아에서 반백신 단체 프리덤 엔젤스(Freedom Angels)에 가담한 한 시위자는 왜 자신이 어느 보건 공무원의 집 잔디밭에 서 있는지 설명하며 이렇게 말했다. "저들이 **우리** 집에 찾아오고 있어요. 저들이 추구하는 건 동선 추적, 검사, 마스크 의무화, 그리고 결국에는 시험조차 거치지 않은 백신 접종입니다." 오하이오주에서 인기가 높고 유능했던 주 보건국장 에이미 액턴(Amy Acton) 박사 역시 무장한 시위대가 자택을 찾아와 반유대주의적 공격을 퍼붓는 상황에 맞닥뜨렸다. 그는 결국 사임했다.[10]

이 사태는 공적 해결책에 반대하는 이들에게 그들이 신뢰하는 사적 해결책을 위한 길을 터줬을 뿐이었다. 2020년 초, FDA는 지나치게 늑장 대응했다는 비판을 의식해 보수파의 의견을 받아들였다. 긴급 규제 완화를 선포하면서, 새로운 검사 제품을 직접 철저히 평가하는 대신 제조사가 자체적으로 검증했다고 확인하면 시장에 내놓을 수 있도록 한 것이다. 몇 달 안에 200여 기업이 진단 키트를 시장에 내놓았지만, 시장은 마법처럼 작동하지 못했다. FDA의 조치를 조사하던 민주당 소속 연방 하원의원 라자 크리슈나무르티(Raja Krishnamoorthi)는 "사기성 검사들이 시장을 뒤덮었습니다. 수백만, 아니 수천만 명이 이런 수백, 수천 건의 검사를 받았습니다"라고 밝혔다. 공중보건 당국자들이 자체 평가를 해보니 대량 구매한 진단 키트의 정확도는 고작 20퍼센트 수준에 불과했다. 텍사스주 러레이도시 당국은 확보해둔 진단 키트가 무용지물임이 드러나자 드라이브 스루 검사 계획을 보류했다. 크리슈나무르티 의원의 설명대로 이것이야말로 규제받지 않는 시장의 민낯이었다. "사실상 누구든 어떤 제품이든 팔 수 있도록 수문을 열어버리면, 무슨 일이 벌어질까요? 협잡꾼과 사기꾼, 그리고 순진한 소비자를 노리는 자들이 난입하는 겁니다."[11]

　　"민간부문의 능력을 폭발적으로 끌어올리는 데 온전히 집중하겠다"라는 버크스 박사의 약속에 충실하게, 행정부는 규제를 완화하고 거액의 수의계약을 남발하며 생명 보호보다 사업 재개를 우선시하는 조치를 통해 공중보건을 민영화했다. 그러나 자유시장은 해결책을 내놓는 데 실패했을 뿐 아니라, 명백히 무능한 개인과 기업들에게조차 보상했다.[12]

　　한 예로, 어느 한 텔레마케터는 과거 비영리 신용회복위원회를 사칭해 불법 자동전화를 걸고 피해자의 은행 계좌에서 승인 없이 돈을 인출했다는 혐의로 조사를 받았다. 그 사건은 2012년의 일이었는데, 2020년 그는 자신이 운영하던 음료수병 제조기업 필라킷(Fillakit)을 통해 트럼프 행정부 연방재난관리청(FEMA)으로부터 진단 키트용 병을 생산할 수 있는 1,000만 달러 규모의 계약을 따냈다. 이 회사는 단 한 번도 의료용품을 생산해본 적이 없었고, 그 결과는 곧 드러났다. 『프로퍼블리카(ProPublica)』 기자들은 "필라킷 직원 중 일부는 마스크도 쓰지 않은 채 작은 음료수병을 눈삽으로 퍼내 플라스틱 통에 붓고, 그 안에 식염수를 주입하고 있었다. 그것도 모두 노천에서였다"라고 보도했다. 한 직원은 "멸균은 고사하고, 깨끗하지도 않았습니다"라고 털어놓았다. 게다가 튜브는 표준 크기도 아니었다. 한 주 보건 당국자는 이렇게 말했다. "지금까지 본 것 중 가장 쓸모없는 튜브였습니다. 창고에 쌓여 있기만 할 뿐 누구도 사용할 수 없을 겁니다. 우리는 계획을 전혀 이행할 수 없게 될 겁니다."[13]

『프로퍼블리카』 탐사에 따르면, 트럼프 행정부가 민간부문에 집중한 결과 과거에 정부 계약을 단 한 번도 체결해본 적 없는 계약업체들에 약 20억 달러가 흘러갔다. 이들 가운데 다수는 의료용품을 생산해본 경험조차 없는 기업들이었다. 이런 초짜 업체들이 전체 계약의 약 13퍼센트를 차지했고, 기업 실사가 생략된 성급한 계약으로 인해 곳곳에서 문제가 발생했다. 개별 포장이 되었어야 할 검체 채취용 면봉은 포장도 없이 한 상자에 180개씩 담겨 배송돼, 의료 종사자들이 꺼낼 때마다 오염 위험이 180번이나 생겼다. 또 다른 계약업체는 치명적인 청산가스가 발생하는 운송 배지를 사용해 물품을 보냈다. 로드아일랜드주에서는 위험물 처리반이 이 사태를 수습해야 했다.[14]

내셔널 퍼블릭 라디오(NPR)의 한 기자가 트럼프 행정부에서 진단검사 책임자였던 브렛 지로이르(Admiral Brett Giroir) 차관보에게 앞서 언급한 일부 문제 사례에 관해 묻자, 그는 "보건 관계자들이 늘 해왔던

생명을 위한 공공재

불평 정도로 생각했습니다"라고 말했다. 그는 이상하게도 면봉 문제에만 초점을 맞추는 듯 보였으나, 그 답변은 그와 트럼프가 공중보건을 어떻게 바라보고 있었는지 잘 보여준다.

> "맞습니다. 몇몇 연구소에서는 다른 면봉을 요구합니다. 그러나 지금은 누구나 식당에 가서 필레미뇽(안심 스테이크)을 시켜 먹을 수 있는 상황이 아닙니다. 닭이나 연어 요리로 만족해야 합니다. 우리에게는 특정 면봉 한 종류만 충분히 확보되어 있지 않기 때문입니다."

공중보건은 단지 소비재일 뿐이고, 정부는 시장에서 무엇이 생산될지에 대해 본질적으로 아무런 역할도 하지 말아야 한다고 보는 것이 바로 이들의 시각이다. 시민의 필요는 처음부터 메뉴에 없다. 시장이 불량 면봉을 내놓았다면, 우리는 그것을 쓸 수밖에 없다. 그것도 지나치게 비싼 값에.[15]

정부 보건 프로그램에 자금을 끊고, 공중보건 전문가들을 매도하며, 제약과 검사 승인 규제를 철폐하고, 계획 수립조차 민간기업의 변덕에 맡긴 끝에, 지도자들이 내놓은 것은 시장이 승인한 몇몇 상품들뿐이었다. 이것은 공중보건이 아니다. 공공재를 제공하는 방식도 아니다.

우리는 공중보건에 대한 공적 통제를 확립하고 유지할 방법이 있다는 것을 안다. 과거에도 해본 일이기 때문이다. 그것은 폭압적 정부의 권한 남용이 아니라, 안전한 음식과 물을 공공재로서 보장하라고 요구한 시민들이 거둔 성과였다.

시민이 세운 공중보건, 민영화가 무너뜨리다

1884년이었다. 그러니까 업튼 싱클레어(Upton Sinclair)가 소설 《정글(The Jungle)》에서 시카고 도축장의 실상을 폭로하기 22년 전이었다. 뉴욕 비크먼힐 지역의 열다섯 가구가 모여 결성한 여성건강보호협회(Ladies' Health Protective Association)는 뉴욕시 1번가를 따라 43번가에서 47번가까지 늘어선 도축장들을 향해 거듭 문제를 제기했다. 그들이 지적한 것은 오물에서 비롯된 식품의 안전만이 아니었다. "숙성"된 뒤 비료로 팔리게 될, 높이 9미터·길이 60미터에 달하는 거대한 분뇨 더미를 비롯한 환경적 위험 요인에 대해서도 우려했다.[16]

협회가 정치적 인맥이 두터운 거름 소유주를 상대로 뜻밖의 승리를 거두자, 시 공무원은 이들에게 "집으로 돌아가라, 본인과 상관없는 일에는 더 이상 간섭하지 말라"고 경고했다. 그러나 이들은 굴하지 않고 회원 수와 활동 범위를 확장했고, 결국 도축장들이 공장 안팎을 말끔히 청소하도록 압박했다.

같은 양상의 움직임이 주요 대도시에서도 일어났고, 여성들이 대개 이 흐름을 이끌었다. 금주 활동가들은 다수의 강장제와 진정 시럽, 심지어 일부 식품에까지 마약 성분이 첨가되어 판매됨으로써 사람들이 평생 알코올중독과 약물중독에 빠질 수 있다고 보고, 식품과 의약품 안전 문제에까지 관여하기 시작했다. 수십 년의 세월이 걸리긴 했으나, 이런 단체들의 시위와 의사들의 지지 선언, 그리고 탐사보도 기자들의 폭로가 결합해 의회가 1906년 식품의약품법(Food and Drugs Act)을 통과시키도록 압박할 만큼 충분한 사회적 힘을 만들어냈다. 수십 년 뒤인 1938년에는 식품·의약품·화장품법(Food, Drug, and Cosmetic Act)이 통과됐고, 1958년에는 식품첨가물 개정법(Food Additives Amendment)이 제정됐다. 오늘날 우리는 음식을 의심하기보다 안전하다고 믿는 나라에 살고 있다. 그러나 이 움직임을 처음 시작한 여성들이 얼마나 큰 영향을 미쳤는지 가늠하기는 여전히 쉽지 않다. 한 연구자는 19세기 사망 기록을 조사한 뒤, 이런 법들이 제정되지 않은 가상의 20세기를 상정했다. 그리고 식품 제조업체와 제약회사에 책임을 물음으로써 우리가 매년 거의 180만 명의 생명을 구해왔다고 추산했다.[17]

기업 이익집단은 매번 저항했다. 축산업계를 대변하는 한 변호사는 1906년 법안에 반대하며, 육류에 포장 날짜를 표시하는 것이 아무에게도 도움이 되지 않으며 "불필요한 비용이고… 결국은 대중의 부담이 될 것"이라고 주장했다. 뉴욕 상품거래소는 1938년 법안에 대해 "수천 명을 실직시키고… 수십 개 제조공장과 수백 개 상점을 폐쇄하며, 수천 명에게 피해를 주고… 누구에게도 도움이 되지 않을 것이다"라고 경고했다. 일각에서는 "그처럼 광범위한 권한을 정부의 어느 기관이나 부처에 부여하는 것"을 우려했고, 전미소매약국협회(National Association of Retail Druggists) 변호인은 의회에서 1938년 법안이 "약국 산업을 붕괴시킬 수 있다"고 말했다. 이런 과장되고 금세 반박 가능한 공격 논리는 낯설지 않다. 공공이 식품 안전과 공중보건을 공익으로 확보하려 할 때마다, 마치 좀비처럼 되살아나 반복되기 때문이다.[18]

예상할 수 있듯이 기업은 자기 이익을 위해 행동한다. "사회적 책임을 지는 기업"이라는 개념은 위험한 미신이라고 주장했던 밀턴 프리드먼처럼, 기업과 자유시장 옹호자들은 이를 거리낌 없이 인정한다.

그러나 국민이 더 높은 식품 안전성을 요구할 때마다 업계의 답변은 늘 같다. '우리 스스로 규제할 수 있다. 우리는 공공의 책임을 민영화하고 공적 통제를 없앨 수 있다.' 1990년대 업계는 식품 검사의 민영화를 조용한 반혁명의 도구로 활용했다. 그리고 새로운 세기가 되자 그 효과가 드러나기 시작했다.

2010년, 영리 목적의 식품 검사 기관인 AIB 인터내셔널은 아이오와주의 한 달걀 농장을 검사하고 안전 기준을 충족했다는 이유로 '성과 인증(Recognition of Achievement)'을 수여했다. 그러나 CDC가 전국적으로 살모넬라균 집단 발생을 확인하고 역학조사 끝에 이 달걀 농장을 지목하자, FDA가 직접 조사에 착수했다. 그 결과 미국인 약 2,000명을 중독시키고 10억 개가 넘는 달걀을 리콜하게 만든 이 공중보건 대참사의 원인이 너무도 쉽게 드러났다. 바로 높이 약 2.4미터에 달하는 닭 분뇨 더미, 쥐가 파놓은 굴과 배설물, 그리고 "셀 수 없을 만큼 많은 구더기(산 것도 죽은 것도 포함)"였다.[19]

FDA 검사관들도 영리 목적의 민간 검사관들처럼 실수를 저지를 수 있었을까? AIB가 놓친 부분을 FDA도 놓쳤을까? 어쩌면 그럴 수도 있다. 그러나 AIB가 이 명백한 징후를 놓친 이유는 '고객'인 해당 농장이 요청한 구역만 검사했기 때문이었다. 그 구역 뒤편에 쌓인 거대한 분뇨 더미가 포함될 리 없었다.

이는 체계의 문제다. 인간의 실수가 아니라 민영화 구조의 산물이다. AIB 이사회에는 미국 최대 식품기업의 고위 임원들이 포함돼 있었고, 공공기관이 아닌 식품산업협회가 만든 기준을 따랐다. AIB는 검사 대상 농장을 '고객'으로 보았다. 공적 통제권을 포기할 때 벌어지는 일이 바로 이것이다. 공중은 더 이상 고객이 아니며, 단지 그 결과를 떠 안을 뿐이다. 예컨대 2011년에는 33명이 리스테리아 모노사이토제네 스균에 오염된 멜론을 먹고 사망했다. 그 오염된 과일을 재배한 농장은 민간 영리기업의 검사에서 '우수' 판정을 받은 곳이었다.[20]

가금류와 돼지 농장에서는 식품 검사 제도에 맞서는 흐름이 훨 씬 더 광범위하게 진행되었다. 1990년대 말, 클린턴 정부가 정부 규모 를 축소하고 규제를 완화하던 시기에 농무부(USDA)는 육류 검사에서 생산업자들이 사실상 자사 직원을 검사관으로 활용할 수 있도록 허용 하는 시범 프로그램을 시작했다. 그 결과 한때 생산 라인을 중단시킬 권 한을 지녔던 농무부 검사관들은 주변부로 밀려났다.[21]

속도와 효율이 목표가 되었다. 미국 농무부는 검사관의 40퍼센 트를 줄이면 생산 라인의 속도가 25퍼센트 높아질 것이라고 내다봤다. 남은 가금류 검사관들은 초당 2.33마리의 닭 사체를 검사해야 했고, 역 할은 거의 자문 수준으로 축소되었다. 훈련이 부족한 직원들이 명목상 검사관 자리를 대신 맡았는데, 안전하지 않은 식품이 통과된다고 의심 될 경우 생산을 중단할지 결정해야 하는 곤란한 처지에 놓였다. 본질적 으로 이들은 한 번도 만나본 적 없는 소비자의 건강과 작업 중단을 이 윤 손실로 여기는 상사 사이에서 선택해야 했다. 업계는 매년 2억 5,600 만 달러를 절감하고, 분당 175마리의 닭이 쉴 새 없이 생산 라인을 통과 하리라고 기대했을 뿐이다.[22]

이 실험들의 결과를 알 수 있었던 것은 소비자보호단체들이 제 출한 정보공개청구법(FOIA) 자료 덕분이었다. 시범 프로그램에 참여한 검사관들은 장기 조각, 깃털, 담즙, 분비선 등이 붙은 채 출하 직전까지

간 닭 사체를 제대로 잡아내지 못한 오류율이 64퍼센트에 달한다고 보고했다. 한 검사관은 창자가 회전하는 패들에 걸려 그 아래를 지나가는 모든 가금류에 분변이 흩뿌려지던 장면을 생생하게 묘사했다. 한 돼지고기 검사관은 진술서에서 생산 라인에서 본 고기가 "위생적이지도, 섭취하기에 안전하지도" 않았다고 밝혔다. 또 다른 검사관은 단도직입적으로 말했다. "소비자에게 USDA 검사 마크가 붙어 있다는 것은 이제 더 이상 아무런 의미가 없어요."[23]

그렇다면 왜 이 프로그램이 전국적으로 실시됐을까? 왜 한 세기 동안 대중적 지지를 받아온 성공적인 제도를 되돌리는 과정에 시민의 참여가 거의 이뤄지지 않았을까?

자유시장이 떠들썩했던 1990년대, 세계화의 압력이 미국의 자체 규제를 압도했다. 이미 민영화된 자율 검사제도를 도입했거나 애초에 까다로운 기준을 세우지 않았던 국가들과 자유롭게 식품을 거래하기 위해, 미국은 국내산과 같은 공정을 거치지 않은 식품 수입을 허용하라는 한 국제위원회의 권고에 동의했다. 이는 훗날 미국 내 식품업체들이 민영화를 강력히 주장할 수 있는 논거가 되었다. 그들은 우리의 건강과 복지를 실험 대상으로 삼고, 검사를 빠져나갈 수 있는 값싼 방법을 찾아냈다. 옛 농무부 장관 특별보좌관 론 레너드(Ron Leonard)는 이 결과를 "세계적 차원의 제 살 깎아 먹기 경쟁"이라고 표현했다.[24]

식품은 소비재이지만, 공중보건은 그렇지 않다. 자유시장은 가격과 다양성 측면에서 소비자에게 놀라운 성과를 안겨주었지만, 우리가 기대하는 수준의 안전을 스스로 제공한 적은 결코 없다. 식품 검사관이 대중이 아니라 생산자를 '고객'으로 보는 순간, 검사는 그 자체로 또 다른 서비스로 전락하고, 보호받아야 할 대상은 대중이 아니라 생산자가 되어버린다.

우리의 식품을 안전하게 지키고 공동체를 건강하게 유지한다는 것은, 사익이 상품과 공공재의 경계를 무너뜨리는 일을 시민이 허용해서는 안 된다는 뜻이다. 치명적인 질병 검진과 백신 접종은 개인에게 유익할 뿐 아니라 우리의 이웃을 보호한다. 식품은 상품일 수 있지만, 잠재적으로 질병의 매개체가 될 수 있다는 점에서 공적 성격도 지닌다. 시장도 검사와 백신, 식품이 어떻게 생산되는지에 영향을 미치고, 민간기업들은 이를 판매해 이윤을 얻는다. 그러나 공중보건과 관련된 문제만큼은 공적 통제권이 반드시 유지돼야 한다.

4

"그저 요금을 내도록 하면 됩니다"

공공의 식수 공급 민영화

"소비자들은 세상에서 가장 싼 가격을 원합니다." 민영화를 지지하는 한 수자원 위원이 민간 수도 기업들과의 회의에서 이렇게 불만을 털어놨다. 그는 이어서 값싼 공공수도를 복지에 빗대며, 동료들에게 권한을 이용해 시민들에게 본때를 보여주자고 부추겼다. "우리는 요람에서 무덤까지 간섭하는 보모 국가(nanny state)에 살고 있습니다. 누구나 어떤 식으로든 피해자인 척해야 하는 환경에 살고 있죠. 그러니 그들을 진짜 피해자로 두지 말아야 합니다." 그는 이렇게 말했다. "그저 요금을 내도록 하면 됩니다." 그의 고압적인 태도는 네슬레 CEO 피터 브라벡(Peter Brabeck)의 악명 높은 발언을 떠올리게 했다. 브라벡은 한 방송에서 자선단체들이 "공공의 권리 운운하며 계속 떠들어댑니다"라며, "인간으로서 물에 대한 권리를 누려야 한다고 믿는 것은 극단적"이라고 주장했다. 그는 이어 물을 "식품"으로 취급하는 것이 낫다면서, 다른 상품처럼 다뤄야 "모두가 물에도 가격이 매겨져 있음을 인식하게" 된다고 덧붙였다.[1]

많은 이들은 브라벡의 발언이 물이 인권이라는 사실을 부정한다고 보았고, 그의 발언이 공개된 뒤 당연히 격렬히 항의했다. 브라벡은 이후 자기 입장을 "해명"했으나, 그의 회사는 여전히 물을 그저 소비재에 불과한 것처럼 행동했다. 캘리포니아가 극심한 가뭄으로 물이 제한 공급되고 잔디밭이 시들던 어느 시기, 새크라멘토에서는 격분한 군중이 플라스틱 갈퀴를 들고 네슬레 생수 공장을 멈춰 세웠다. 갈퀴는 쇠가 아닌 플라스틱이었고 시위대는 폭력적이지 않았지만, 그 분노만큼은 진짜였다. 네슬레가 가뭄이 덮친 지역에서 공공수도를 퍼 올려 병에 담고 '샘물'이라는 라벨을 붙인 뒤 먼 곳으로 실어 나르고 있었기 때문이다.[2]

기업들이 물을 포장해 이윤을 붙여 **팔 수 있다**고 해서, 생존에 절대적으로 필수적인 이 공공재를 상품처럼 취급해야 하는 것은 아니다. 사람이 살아가는 데 꼭 필요한 생필품이라면, 민간기업이 가격을 통제할 권리를 가져야 하는지 우리는 의문을 제기할 수 있다. 그렇지 않다면 생수나 청량음료(혹은 코로나19 검사나 의료용 면봉)와 다를 바 없을 것이다. 상수도는 공공이든 민간이든 공짜는 아니지만, 그렇다고 해서 그것이 여느 상품이나 먹거리처럼 소비자에게 공급되어야 하는 것은 아니다.

미국의 거의 모든 지역사회에 수도관이 설치된 것은 공공수도를 지키려는 약속, 그리고 안전한 물과 공중보건 사이의 긴밀한 관계 덕분이다. 그러나 민간 수도 회사의 임원이나 민영화 지지자에게 묻는다면, 이들은 지역 상수도가 소비자들의 수요 때문에 생겨났다고 주장할 것이다. 그들의 시각에서 대중은 저마다의 목적과 편의를 위해 이 서비스를 원했고, '큰 정부'가 이 '상품'을 시가보다 낮은 값에 제공한 것이다.

하지만 우리가 이처럼 놀랍고 사실상 보편적인 상하수도 인프라를 갖게 된 진짜 이유는 그것을 시민 누구나 접근할 수 있는 공공재로 규정했기 때문이다. 더 중요한 이유는 그것이 우리의 공중보건을 증진하기 때문이다. '접근권(access)'에 관한 부분은 고대까지 거슬러 올라가는 문제이고, 공중보건에 관한 논의는 좀 더 최근에 시작됐다. 그러나 둘 중 어느 것도 시장의 논리를 따르지 않는다.

공공수도: 도덕적이고, 애국적이며, 필수적인 것

"목마른 자들아, 물로 나아오라." 『이사야』에 나오는 이 구절은 문화와 시대를 초월해 인간이 품어온 공통의 원칙을 반영한다. 곧 생존을 위해 물이 필요한 사람은 거부당해서는 안 된다는 것이다. 우물이 사유지에 파여 있을 수 있고 강이 사유지를 가로질러 흐를 수도 있었지만, 일반적으로 지역 주민들뿐 아니라 낯선 이들조차 생존을 위해 물에 접근할 수 있었다. 로마인들이 수로를 건설해 도시로 물을 끌어왔을 때, 그들은 공공의 필요를 반영해 일정량의 물을 공공 분수대에 할당했다. 물론 부유한 가정이나 공중목욕탕 같은 비필수적 용도를 위한 공급도 있었지만, 공공 몫의 급수는 별도의 규칙과 심지어 독립된 인프라를 갖추고 있었다. 그것은 나름의 논리를 따랐다. 일부 용도로 쓰이는 물은 상품으로 취급될 수 있었지만, 갈증과 기본적인 생존, 그리고 위생을 위

해 **반드시** 확보되어야 하는 물도 있었다.[3]

　18세기 후반 맨해튼은 상수도 공급이 체계적이지 못했다. 물 공급의 대부분을 차지한 것은 150년 된 몇몇 우물이었지만, 수질이 썩 좋지 않았다. 부자들은 근처 샘에서 길어 병에 담은 물을 사 마셨고, 그보다 형편이 어려운 사람들은 우물물을 술과 섞어 정수하려 애썼다. 이런 상황이 도시의 성장을 제약하자, 알렉산더 해밀턴(Alexander Hamilton, 초대 재무장관)은 1790년대 후반, 시민에게 더 깨끗한 물을 공급해야 한다는 취지로 시의회 논의에 직접 뛰어들었다. 그러나 뉴욕주 의회 내 영향력이 컸던 애런 버(Aaron Burr)가 강하게 밀어붙이면서, 뉴욕시는 민간에 크게 의존한 해법을 선택하게 되었다. 맨해튼 코퍼레이션(Manhattan Corporation)이 설립되어 깨끗한 물을 섬으로 끌어들이도록 허가를 받은 것이다.

　맨해튼 코퍼레이션은 능숙하게 자금을 끌어모아 곧 200만 달러가 넘는 자산을 확보했다. 그러나 버의 주도하에 그 돈의 약 10분의 1만이 상수도 개발에 쓰였고, 나머지는 맨해튼 내 각종 사업에 투자됐다. 맨해튼 코퍼레이션은 결국 가식의 탈을 벗고 수도 사업에서 손을 떼고는 체이스 맨해튼 은행으로 변신했다. 애초에 물 공급에는 거의 관심이 없었고, 정부가 부여한 독점적 지위를 이용해 소규모 공급사들을 파산시키며 큰 이익을 챙겼다. 이러한 민간식 접근의 결과, 뉴욕 시민들은 예전보다 선택의 폭이 더욱 좁아졌다.[4]

　반면 필라델피아는 1799년 미국 최초로 대규모 공공수도 시설을 도입했다. 몇 차례 황열병이 유행하자, 오염된 우물이 원인이라고 믿은 필라델피아 시민들은 시에 상수도 설치를 청원했다. 그들은 정부에

"도시의 아버지, 가난한 자들의 수호자이자 전체 시민의 건강과 번영을 지키는 이들"의 이름으로 호소하며, "시 예산의 상당 부분이 이보다 더 명예롭게 쓰일 수 있는 목적은 없다… 설사 자본에 대한 이익을 기대할 수 없더라도 마찬가지다"라고 주장했다. 청원자들은 공공수도가 승인된다면, 시민들이 더 높은 세금도 받아들일 것이라 확신했다. "우리는 우리가 호소하는 이들의 애국심을 전적으로 믿는다." 공공수도를 제공하는 일은 '보모 국가'를 세우려는 것이 아니었다. 애국심의 표현이었다.[5]

시민들은 황열병의 감염 경로를 잘못 알고 있었지만, 새로 마련된 상수도가 위생 상태를 개선했고, 1832년 미국 동부에 콜레라—이는 **수인성 감염병**이다—가 퍼졌을 때 분명한 효과를 발휘했다. 뉴욕에서는 사망자가 3,500명에 달했지만, 필라델피아에서는 900명에 그쳤다. 이 놀라운 격차로 인해 뉴욕시 또한 새로운 수도 인프라의 재정과 운영이 공공의 손에 있어야 한다는 사실을 인식하게 되었다. 머지않아 뉴욕 시민들도 뉴욕주 북부에서 끌어온 깨끗한 물을 마시게 되었다.[6]

인류 역사 대부분에서 물은 단순한 상품이 아닌 공공재로 취급돼 왔다. 목마른 이웃에게서 물 마실 권리를 빼앗는 것은 비도덕적일 뿐 아니라, 물을 공급하면 공중보건을 극적으로 개선할 수 있기 때문이다. 공공수도를 발전시켜온 동력은 소비재에 편리하게 접근하려는 욕망이 아니라 공공선이다. 공공수도는 정부가 공짜로 제공하는 또 하나의 서비스가 아니다. 사람들의 생존을 위해 꼭 필요한 기반시설이다.

1890년대까지 인구 3만 명 이상인 도시들의 70퍼센트가 공공수도망에 공적 자금을 투자했다. 1890년대 말까지 50개 대도시 가운데

82퍼센트가 공공수도망을 갖췄다. 새로운 사업들이 빠른 속도로 진행되었는데, 1870년 전국의 수도 시스템이 244개에 불과했지만 1924년에는 9,850개로 늘어났다. 이들 시설은 대부분 도시에 집중되어 있었으나 뉴딜 시기의 공공사업진흥국(Works Progress Administration, WPA)이 이를 농촌 지역으로 확장하기 시작했다. 1940년까지 전국에 약 1만 4,500개의 수도 시스템이 있었고, 제2차 세계대전이 끝날 무렵에는 1만 5,400개에 달했다. 20년 뒤에는 2만 개가 넘는 수도 시스템이 매일 750억 리터가 넘는 물을 흘려보내고 있었다. 이 가운데 83퍼센트가 공공 소유였다. 이는 진정한 의미의 성취였으며, 공공의 의지와 공적 투자가 있었기에 가능했다.[7]

정부의 방치, '새로운 석유'가 되다

1965년, 2만 개에 불과했던 지역 상수도 시스템은 이제 5만 1,356개로 늘어났다. 미국 전역에 걸쳐 160만 킬로미터의 식수 전용 배관이 촘촘히 깔려 있으며, 이들 대부분은 공공사업으로 건설된 것이다.

이 모든 성과는 시민들이 이룬 것이다. 정부가 주도한 결과가 아니었다. 대체로 정부는 시민이 행동을 요구하기 전까지는 한발 물러서 있었다. 그러나 지금, 안타깝게도 선출된 공직자들이 다시 그때처럼 뒤로 물러서 있고, 그들의 방관 속에서 시민이 쌓아 올린 투자 기반이 서서히 무너지고 있다. 상수도 시설의 방치는 2008년 경제 위기 이전부터 서서히 시작됐고, 그 이후 더욱 가속화됐다. 연방 차원의 지출은 그대로

였지만, 주와 지방정부의 상수도 지출은 2009년부터 2014년 사이에 22퍼센트 급감했다. 그것도 가장 좋지 않은 시기에 일어났다. 100년 가까이 된 노후 수도관에서 하루 약 230억 리터의 물이 새고 있었기 때문이다. 이는 미국 전체 상수도 정수량의 18퍼센트에 해당한다.[8]

매년 고작 0.5퍼센트의 상수도 배관만 교체되고 있다. 이런 속도라면 교체 작업을 마무리하는 데 200년이 걸린다. 게다가 미국토목공학회(ASCE)에 따르면, 늘어나는 수요에 대응하기 위해 앞으로 25년 동안 새로운 인프라를 구축하는 데만 1조 달러가 필요하다.[9]

20세기 초반 시민들이 다양한 위기에 맞서 공공재를 만들어냈다면, 오늘날 우리는 무력하다. 예컨대 뉴저지주의 한 의원은 상수도 시설에 관한 충격적인 소식이 전해지자 백기를 들며, 상수도가 "정부의 역량으로는 복구할 수 없는 상태"라고 인정했다.[10]

말이 되지 않는다. 시민들이 이 체계를 세웠고, 시민들이 이를 고칠 수 있다. 중요한 것은 시민적 의지와 정치적 의지다.

위스콘신주 매디슨시는 수돗물의 납 농도가 16ppb(환경보호청 기준치 15ppb)라는 사실이 밝혀지자, 납 배관에서 납이 식수로 스며드는 것을 막기 위해 화학약품을 투입하는 등 통상적인 대안을 검토했다. 그러나 이 방법은 호수를 오염시킬 위험이 있었다. 또한 약품 처리를 한다 해도 납 농도가 환경보호청 기준치보다 약간 낮아질 뿐, 완전히 제거되지는 않는 것으로 나타났다. 그렇다면 시민들에게 가장 이익이 되는 선택은 무엇일까? 매디슨시 수질 관리 담당관 조 그란데(Joe Grande)는 시당국의 생각을 이렇게 요약했다. "납의 안전 기준치는 0입니다."

납 농도를 0에 가깝게 낮춘다는 것은 상수도의 모든 납 배관을 교체한다는 뜻이었다. 그러기 위해서는 10년에 걸친 공사, 2,000만 달러에 달하는 비용, 셀 수 없는 불편과 혼란, 그리고 수천 가구의 협조가 필요했다. 매디슨시 시장과 수도국 입장에서는 정치적으로 매우 큰 위험부담이었다. 이 정도 규모로 이런 일이 진행된 지역은 단 한 곳뿐이었는데, 바로 4,000만 달러가 투입된 미시간주 랜싱시였다.[11]

상수도망을 복구하는 일은 쉽지 않지만, 그렇다고 정부나 시민의 역량을 넘어서는 것은 아니다. 또한 영리기업이 내릴 수 있는 성격의 결정도 아니다. 매디슨과 랜싱은 공익을 위한 이러한 조치에서 이익을 얻지 못할 것이다. 적어도 주주들에게 설명할 수 있는 방식으로는 그렇다.

매디슨시와 랜싱시는 예외적인 곳이다. 대부분의 도시는 설령 시민들이 위험에 처하더라도 필수적인 개선과 수리에 돈을 쓰지 않음으로써 물값을 저렴하게 유지한다. 미시간주 플린트시에서는 수돗물 납 농도가 독성 폐기물로 분류되는 기준치의 두 배가 넘는 1만 3,200ppb까지 치솟은 사실이 드러났다. 플린트는 지역의 의사 결정권이 주 차원의 보수 정치인들에게 넘어간 상태였고, 이들은 세금을 줄이기 위해 비용을 아끼고 편법을 동원하려 했다. 플린트 시민들에게는 매디슨시와 랜싱시 같은 부유한 도시들이 누리는 선택지가 없었다. 하지만 설령 지역 통제권을 가졌다 하더라도, 재정난에 몰리면 마치 사방이 막힌 듯한 절망감을 느끼게 된다. 바로 그때 사모펀드와 다국적 대기업들이 파고든다.[12]

재정 압박에 시달리며 상수도 붕괴 위기에 놓인 도시는 정치적으로 인기가 없는 선택지와 마주한다. 세금을 올리거나, 채권을 발행하거나, 물값을 인상해야 하는 것이다. 바로 이때 민간기업이 매혹적인 제안을 내놓는다. "상수도 전체를 우리에게 넘기세요. 수리부터 요금 청구까지 모든 걸 우리가 떠맡겠습니다. 현금이 한꺼번에 들어올 겁니다. 증세도 피하고, 번거로운 수도 사업에서 손을 뗄 수도 있습니다." 이 기업들은 자신들의 효율성과 거대한 규모 덕분에 더 저렴한 물값, 더 나은 고객 서비스, 더 개선된 공급을 보장한다고 약속한다. 그렇게 되면 정치인들은 세금을 올릴 필요가 없고, 시민들은 비대한 관료제 대신 민첩한 기업과 상대하게 되며, 기업은 수익을 챙긴다. 모두가 이기는 셈이다. 적어도 그들의 주장에 따르면 그렇다.

상수도 사업의 민영화를 둘러싼 관심은 실로 뜨겁다. 수도망을 운영하는 기업뿐 아니라 인수에 자금을 대는 사모펀드들까지 가세하고 있기 때문이다. 한 시장은 끊임없이 들어오는 매각 제안에 시달리다 못해 이렇게 농담했다. "이제 물이 새로운 석유다." 그때는 2008년 금융 붕괴 몇 해 전이었다. 월스트리트는 자본으로 넘쳐났지만, 도시들은 여전히 회복에 허덕이고 있었다. 앞서 언급했듯이 절박한 정부는 이들 투자 기업에는 절호의 기회였다. 그리고 2008년 이후, 그런 절박한 정부는 셀 수 없을 만큼 많아졌고 그 상태가 오랫동안 이어졌다.

일리노이대 시카고캠퍼스 정부재정연구센터 소장 마이클 파가노(Michael Pagano)에 따르면, 2020년 코로나19 사태 당시 많은 도시와 카운티의 재정이 겨우 2006~2007년 수준으로 회복한 참이었다. 그는 "이 추세가 이어진다면, 앞으로 또다시 10~15년의 침체기에 들어설 수도 있다"고 내다봤다. 2020년 6월까지 약 700개 도시가 재정적자를 메우기 위해 상수도망 개선을 포함한 주요 인프라 계획을 폐기했다. 그 시점에 통과된 연방 지원 프로그램은 아무런 도움이 되지 못했다. 트럼

　　　　　　　　　　　　　　　　생명을 위한 공공재

프 행정부가 해당 자금을 예산 보전에 쓸 수 없다고 못 박았기 때문이다. 한편 재무부는 투자은행들(모든 민영화 계획에는 적어도 한 곳의 투자은행이 필요하다)이 현금으로 넘쳐나도록 보장했다. 상원 공화당 원내대표 미치 매코널(Mitch McConnell, 켄터키)은 재정난에 빠진 도시들이 차라리 파산을 선언하면 될 일이라고까지 주장했다. 그렇게 되면 도시 자산은 투자자들의 주요 표적이 된다. 이 모든 조건이 맞물려 민영화 헐값 매각을 위한 완벽한 조합이 만들어졌다.[13]

그리고 이걸로 충분치 않았는지, 상원의원 태미 덕워스(Tammy Duckworth, 일리노이주 민주당)와 마이크 브런(Mike Braun, 인디애나주 공화당)은 전례 없는 수자원 민영화 물결에 엄청난 기회를 제공했다. 2020년, 이들은 오랫동안 계류 중이던 법안을 인프라 법안에 끼워 넣으면서 '재정난에 처한 지역사회를 위한 자발적 수자원 협력 법안(Voluntary Water Partnerships for Distressed Communities Act)'을 발의했다. 이 법안은 상수도 시설이 민관 협력사업으로 이행될 경우 180일 동안 연방 환경규제를 면제하고, 협력이 최종 체결되면 3년 동안 의무를 면제해주는 방식으로 민영화를 장려했다. 재정난에 빠진 공공 상수도 시설을 매입하려던 민간 수자원 기업에 이는 엄청난 유인책이었다. 3년 동안 안전하지 않은 물을 공급하면서도 값비싼 시설 보수를 피해갈 수 있는 허가증이나 마찬가지였기 때문이다. 거의 300개의 지역 및 환경단체가 즉각 이 법안을 규탄한 반면, 민간 수자원 업계의 홍보 매체인 『트루스 프롬 더 탭(Truth from the Tap)』은 이를 극찬했다.[14]

짜내고, 또 짜내고, 끝없이 짜내고: 수자원 민영화와 요금 인상

그렇다면 이런 인수는 어떤 모습이었을까? 재정난에 처한 펜실베이니아주 코츠빌시에서 펜실베이니아 아메리칸 워터(Pennsylvania American Water)는 2001년 위기에 처한 상수도망을 사들였다. 한때 철강 산업으로 번성했지만 당시 중위소득 3만 5,000달러를 유지하기조차 힘겨웠던 코츠빌시는 상수도를 판 대가로 받은 4,000만 달러를 투자해 배당금이나 이자로 지속적인 수익을 얻기를 바랐다. 이제 시 당국은 재정위기 대응 자금과 투자 수입, 그리고 값싼 물을 동시에 확보했다고 생각했다.[15]

그러나 10년 후, 남은 것은 아무것도 없었다. 시의회가 재정적자를 메우기 위해 반복적으로 인출하면서 받은 돈의 4분의 3이 고갈됐다. 펜실베이니아 아메리칸 워터는 하수처리 비용을 229퍼센트 인상하려 했고, 코츠빌시는 이에 맞서 법정에서 다투느라 약 4만 달러를 써야 했다. 훨씬 낮은 인상률로 합의한 뒤에도 펜실베이니아 아메리칸 워터는 다시 수도 요금을 13퍼센트 올리며, 추가적인 인프라 개선 비용을 충당해야 한다고 주장했다.

"우리를 쥐어짜고, 쥐어짜고, 또 쥐어짜고 있어요." 코츠빌시에 3가구 아파트를 소유한 폴 트리조니스(Paul Trizonis)가 지역신문에 이렇게 말했다. 트리조니스 같은 임대인들은 수도 요금이 인상되면 결국 할 수 있는 일을 한다. 임대료를 올리는 것이다. 따라서 물값을 어떻게 낼 것인가는 결코 제대로 해결되지 않고, 고스란히 아래로 전가됐을 뿐이다. 주민들은 세금 대신 수도 요금과 임대료를 통해 상수도 개선 비용을 부담했다. 정말 비극적인 것은 한때 시민들의 소유였던 상수도가 이제는 민간 소유가 된 뒤 그 개선 비용을 주민들이 떠안게 되었다는 점이다. 그리고 새로운 체제 아래에서 펜실베이니아 아메리칸 워터는 결국 주민들의 돈으로 효율성을 높이고, 그 덕에 더 많은 수익을 올렸다.[16]

이런 기업들의 기대수익은 높다. 다수는 상장기업이거나 사모펀드의 지원을 받는다. 이들은 수익률이 물가상승률 수준에 머무는 것을 달가워하지 않으며, 더 큰 투자수익을 올릴 유일한 방법으로 요금 인상을 택한다. 캘리포니아주 애플밸리의 시 행정관은 자신들의 민영 상수도가 인근 공공 상수도보다 50~100퍼센트 높은 요금을 부과했다는 사실을 회상했다. "사람들을 가장 분통터지게 하는 건, 경기가 나빠지면 그들(기업) 말고는 누구도 보장된 수익률을 받지 못한다는 겁니다. 다른 사람들은 허리띠를 졸라매고 고군분투해야 하지요. 그런데 이런 민영 수도 회사는 경기 침체기에도 요금 인상을 멈추지 않아요." 애플밸리는 13년간의 민영 운영 기간 동안 요금이 68퍼센트나 인상되었고, 2015년에는 또다시 30퍼센트 인상을 앞두고 있었다. 이 모든 일의 배후에는 대형 사모펀드 칼라일 그룹(Carlyle Group)이 있었다. 칼라일은 이미 연 12퍼센트의 수익률을 기록하고 있었으나, 자회사 파크 워터(Park Water)를 통해 추가 요금 인상을 요구했던 것이다.

2015년 캘리포니아주 가뭄 당시 대부분의 시민들은 책임감 있게 물 사용을 줄였고, 그 결과 수도 요금이 내려갔다. 그러나 애플밸리에서는 절약이 오히려 더 많은 비용으로 돌아왔다. 고등학교 교사 랜스 안트(Lance Arnt) 같은 주민들은 물 사용량을 줄이기 위해 잔디밭까지 걷어냈지만, 되레 5퍼센트의 할증요금이 부과됐다. 이에 대해 파크 워터의 CEO는 알기 쉽게 상수도 업계의 "현실"을 설명했다. "판매 단위가 줄면 요금을 올릴 수밖에 없습니다." 그러나 그 "현실" 뒤에 있는 현실은 달랐다. 파크 워터는 가뭄일 때도, 그렇지 않을 때도, 경기가 좋을 때도, 나쁠 때도 요금을 올렸다. 요금을 올리기 위한 구실이라면 무엇이든 충분했다.[17]

뉴욕주 로클랜드 카운티에서 유나이티드 워터(United Water)는 인플레이션이 사실상 없던 시기에 28.9퍼센트의 요금 인상을 요구했고, 결국 13퍼센트 인상으로 합의됐다. 이후 경비 사용 내역을 조사한 결과, 유나이티드 워터는 경영진 자녀들의 사립학교 학비로 8만 달러를 지원했으며, CEO의 두 번째 집(아니, 세 번째였나?)에 월세 1만 6,000달러를 지출한 것으로 드러났다. 그 밖에도 경영진 배우자들을 위한 호화로운 브런치, 터무니없이 큰 술값 청구서들이 줄줄이 발견됐는데, 그중에서도 가장 뻔뻔한 지출은 골프공에 쓴 6,000달러였다.[18]

이들 기업 경영진은 19세기 초 필라델피아의 지도자들과는 너무도 거리가 먼 행태를 보인다. 이 선구자들은 시민들로부터 '빈민의 수호자(Guardians of the Poor)'이자 '시민 전체의 건강과 번영을 위한 대표자'로 존경받았다. 그들은 공공수도망을 세워 시민의 삶을 개선하고, 감염병의 유행 속에서 수많은 생명을 구했다. 그들의 모범은 거의 200년 동안 이어졌다. 그런데 오늘날의 입법자들은 수도망 문제가 더는 정부가 감당할 수 없는 수준이라고 말하고 있다. 그러나 그렇지 않다. 분명 우리는 상수도 시설에 요금을 내야 하지만, 정부는 통제권과 수익을 민간에 넘기지 않고도 그 일을 해낼 수 있음을 이미 증명했다.

생명을 위한 공공재

5

생명의 근원

공공수도의 탈환

공공은 물에 대한 통제권을 반드시 유지해야 한다. 물은 공중보건과 생명 그 자체에 필수적이기 때문이다. 우리는 또한 본능적으로, 물에 배제와 경쟁이라는 시장의 원칙을 적용하는 것이 윤리적으로 부당하다는 사실을 안다. 규제 없는 시장에서는 언제나 누군가는 뒤처질 수밖에 없다. 물을 상품처럼 취급하는 순간, 공중보건은 곧바로 뒷전으로 밀려난다.

물은 우리가 쉽게 잊고 사는 것 중 하나다. 바로 그 점 때문에 민영화는 마땅히 멈춰야 할 지점을 훨씬 넘어 진행되어왔다. 하지만 시민들이 물의 품질, 가격, 통제 주체에 관심을 돌리는 순간, 그들은 본능적으로 다시 그것을 되찾고자 한다. 때로는 치열한 싸움과 끈질긴 조직화 끝에 일어나기도 하고, 때로는 아주 조용하게 일어나기도 한다. 수도 기업이 물 절약이나 인프라 개선 같은 공공정책에 온갖 제약을 걸 때 그에 대한 반발로 이런 흐름이 생기기도 하고, 단지 시 행정가들이 계산기를 두드려본 결과 그렇게 되는 경우도 있다.

공공수도의 효용성, 민영화가 더 큰 비용을 부를 때

소규모 지역을 포함한 도시들이 예산을 편성하다 보면, 상수도를 직접 운영하는 것이 더 저렴하고 효과적이라는 사실을 깨닫곤 한다. 심지어 민간기업과의 계약을 해지하며 위약금을 지급하더라도, 여전히 비용을 절감할 수 있다는 점을 알게 된다.[1]

인구 1만 6,448명의 텍사스주 도나시는 민간기업 CH2M 힐-OMI와의 계약을 연장하지 않고 종료했다. 2001년 연 100만 달러였던 상수도 관리 비용이 2015년에 200만 달러 가까이 치솟은 상황을 지켜본 끝에 내린 결론이었다. 그런데 비용이 오르는 동안 수질은 오히려 떨어졌다. 텍사스주 환경위원회(TCEQ)는 지난 5년 동안 네 차례나 도나시의 수질 위반을 적발했다. 시의 분석 결과, 상수도 사업을 직접 운영할 경우 10년간 450만 달러를 절약할 수 있을 것으로 예상되었다. 심지어 민간 계약에서 흔히 나타나는 '비용 절감과 이윤 확대'를 명분으로 한 인력 축소 구조를 바로잡기 위해 일곱 명의 직원을 새로 채용하더라도 마찬가지였다. 시는 절감된 예산을 시민에게 돌리거나 시설 개선에 투자할 계획이었다. 시 행정 책임자(City Manager) 페르난도 플로레스(Fernando Flores)는 여기에 더해 돈으로 환산할 수 없는 이점도 언급했다. "결국 중요한 건 주인의식이라고 생각합니다. 우리가 할 수 있다면, 직접 운영하고 관리하는 게 낫지 않겠습니까? 그게 핵심이에요. 그래야 더 잘 이해하고, 더 유연하게 대응할 수 있죠."[2]

버지니아주 코번은 147만 달러의 시 예산과 비올리아 워터 노스 아메리카(Veolia Water North America)와 맺은 연간 계약 비용 141만 달러를 비교한 끝에, 상수도 운영권을 회수하기로 결정했다. "직접 계산해보니 약 40만 달러가 더 저렴했습니다." 제스 파워스(Jess Powers) 시장의 설명이다. 인구 2,100명을 간신히 넘고 중위소득이 2만 5,000달러에 불과한 코번은 경찰과 시 관리자의 근무시간을 줄이고 직원 임금을 동결하면서 지출을 줄여왔다. 비올리아로부터 운영권을 되찾는 일은 코번시에 생존이 걸린 문제였지만, 막상 상수도 통제권을 회수하고 보니 그동안 상수도망이 제대로 관리된 적 없다는 사실이 드러났다. 시 당국의 한 관계자는 이렇게 밝혔다. "비올리아는 실제로 (시설을) 청소한 적이 단 한 번도 없었고, 6년이 지난 지금 그들의 몫까지 우리가 그 비용을 감당해야 하는 상황입니다."[3]

이런 작은 지역사회에서는 상수도 시설의 운영과 관리 권한을 다시 공공이 맡기로 하는 결정이 비교적 명확하고 쉬운 편이다. 애초에 상수도망을 영리기업에 위탁했을 뿐, 완전히 매각하지는 않았기 때문이다. 반면 필수 자산을 매각했거나 장기계약을 맺은 지역에서의 회수 과정은 훨씬 더 고단하거나, 적어도 더 많은 비용이 든다.

조지아주 애틀랜타시는 유나이티드 워터와 20년 계약을 맺었지만 4년 만에 해지했다. 이런 사례에서 흔히 나타나듯, 유나이티드 워터는 비용 절감을 명분으로 애틀랜타시 상수도 직원의 절반을 해고했다.

곧 주민들은 수돗물이 주황색과 갈색으로 변색되는 문제를 겪었고, 시는 명확한 원인을 파악하기 위해 100만 달러를 들여 자체 검사관들을 고용해야 했다. 결국 애틀랜타시와 유나이티드 워터는 법정 합의를 통해 결별했지만, 양측 모두 본래 요구한 것보다 훨씬 적은 보상만 인정받았다.[4]

인디애나폴리스시 역시 불리한 계약에 발목이 잡혀 있었다. 계약을 10년 앞당겨 종료하는 데 2,900만 달러가 추가로 들었지만, 그럴 만한 가치가 있었다. 비올리아가 운영을 맡던 시절, 인디애나폴리스 시민 100만 명이 '물을 끓여 마시라'는 경고를 받아야 했다. 시 상수도국 직원들의 연금이 사라졌고, 연방 대배심은 조작된 수질 보고서 의혹에 대한 조사를 개시했다. 요금 고지서는 실제 사용량이 아닌 '추정치'에 근거해 발부되었는데, 이는 당연히 과다 청구로 이어졌으며 주 공공요금 감독위원회의 규제를 피해가는 방식이었다. 그러나 대부분의 주민들이 알지 못했던 사실은 따로 있었다. 수도 회사는 수익이 충분하지 않다는 이유로 부진한 운영 성과에도, 시 정부가 연간 190만 달러를 추가로 지급하지 않으면 계약을 해지하겠다고 위협하고 있었다. 집단소송과 끈질긴 언론 보도가 아니었다면, 이 회사는 그 일을 저지르고 빠져나갔을 것이다.[5]

2003년부터 2019년 사이, 미국의 71개 지역사회가 상수도 운영권을 되찾았다. 이는 전 세계 58개국 2,400개 도시가 물과 기타 필수 서비스를 공공의 통제 아래 두려는 추세를 따른 것이다. 애틀랜타, 인디애나폴리스 등 여러 도시의 경험은, 지속적인 시민들의 항의 끝에 민영화를 초기 단계에서 차단한 볼티모어와 같은 도시들에 반면교사가 되었다. 볼티모어 주민들은 주 정보공개법(Public Information Act)에 따라 문서를 확보한 뒤에야, 비올리아가 시의회 의원들을 몰래 만나 은밀하고 점진적으로 상수도 서비스를 장악하려 했다는 사실을 알 수 있었다. 2014년, 볼티모어 지역 단체들은 과거 비올리아의 실패 사례에서 드러난 사실과 수치를 근거로 신속히 대응에 나섰다. 이들은 회의장과 시의회, 길모퉁이를 가득 메웠고, 연구지원을 받기 위해 전국 단위 조직들과 손을 잡았다. 40개가 넘는 단체가 참여하면서 국제적 상수도 대기업들과 연계됐다는 의혹을 받던 시 정부 선출직 공무원들은 거스를 수 없는 압력에 맞닥뜨렸다. 한 주민은 『볼티모어 선(Baltimore Sun)』에 이렇게 기고했다. "사람들은 시청을 상대로 싸울 수 없다고 했지만, 우리는 싸웠다. … 우리는 힘을 모아 탐욕스러운 기업들이 이 도시든 다른 도시든 발붙이지 못하도록 막아낼 수 있다."[6]

긴 싸움, 몬태나주 미줄라는 어떻게 물을 되찾았나

아서 래퍼(Arthur Laffer)는 로널드 레이건 정권의 예산관리국장이자 대통령이 공급측면 경제학(Supply-side economics)을 받아들이도록 이끈 핵심 인물이었다. 그는 감세가 경제활동을 늘려 결과적으로 세수를 증가시킨다는 역설적이고도 이미 널리 신뢰를 잃은 '래퍼 곡선(Laffer Curve)'으로 알려져 있을 뿐 아니라, 민영화를 지지하는 대표적인 인물이기도 했다. 2016년 그는 튀르키예의 민영화 노력을 칭송하면서, 그 뒤에 따르는 광범위한 부패와 탄압은 무시한 채 오바마 대통령 대신 튀르키예의 독재적 대통령 레제프 타이이프 에르도안(Recep Tayyip Erdoğan)을 원한다고까지 말했다. 그런데 2015년, 그런 그가 몬태나주 미줄라 상수도 소유권 문제와 관련해 전문가 증언을 하기 위해 법정에 등장했다.[7]

미줄라시는 세계에서 가장 큰 사모펀드 가운데 하나인 칼라일 그룹으로부터 상수도를 회수하기 위해 법정에서 싸웠다. 미줄라의 마운틴 워터 컴퍼니(Mountain Water Company)의 자산 가치는 칼라일이 보유한 1,940억 달러 규모의 총자산 가운데 극히 미미한 일부에 불과했지만, 칼라일은 그 작은 몫조차 포기하려 하지 않았다. 그들은 하루 1만 5,000달러를 주고 아서 래퍼를 몬태나로 불러들여, "시장의 마법"이 미줄라 시민들에게 얼마나 유익한지 판사에게 설파하도록 했다.[8]

래퍼는 "물은 상품이다"라는 익숙한 후렴구로 시작했다. 그의 말에 따르면 물은 소방서나 경찰서와는 **전혀 다르다**. 그는 상품으로서 물이 "사유화에 적합한 특성을 지닌다"고 주장했다. 법정 기록에 따르면 또 이렇게 덧붙였다. "이윤 동기가 작동하기 때문에 민간기업이 지방정부보다 수질에 훨씬 더 신경을 쓴다." 즉 투자자들에게 수익을 내야 하는 먼 나라의 사모펀드가 실제로 그 물을 마시는 공무원들보다 수질에 더 많은 관심을 가진다는 논리였다. 래퍼의 자유시장 신화는 '부자가 되기 위해 꼭 훌륭할 필요는 없다'는 사실을 아는 모든 투자자의 상식조차 무시했고, '품질'을 평가하는 방식에서도 똑같이 근시안적이었다. 게다가 그는 더 큰 문제의 맥락을 전혀 이해하지 못한 듯했다.[9]

미줄라시는 몬태나주에서 이례적인 곳이었다. 상수도를 직접 소유하지 않은 유일한 지방정부였는데, 이는 역사적 우연과 오래된 갈등

생명을 위한 공공재

때문이었다. 한 지역 족벌 기업이 몇 세대 동안 상수도를 소유하며 주 법정과 공론장에서 시와 다투어왔다. 그러다 이 가문이 이 거대한 자산을 처분했는데, 소유권이 시가 아니라 지역 회사인 파크 워터로 넘어갔다. 이후 칼라일은 전국 여러 상수도 회사를 한데 묶어 다시 포장해 매각하려는 더 큰 계획 속에서 파크 워터에 흥미를 보였다. 당시 캐나다의 한 기업이 유력한 매수자로 거론되었다.[10]

칼라일 그룹은 미줄라의 상수도 시설을 인수하려면 몬태나주 규제 당국의 승인을 받아야 한다는 사실을 알고 있었기에, 미줄라 시장 존 엔겐(John Engen)에게 접근했다. 엔겐 시장도 이 과정에서 칼라일로부터 마운틴 워터를 매입할 수 있는 좋은 기회를 얻으리라 믿었다. 칼라일은 해당 수도 시설에 단기적으로만 관심이 있음을 분명히 했다. 엔겐의 주장에 따르면, 칼라일은 몬태나 관련 사업보다 파크 워터가 보유한 캘리포니아 자산에 훨씬 더 큰 관심을 보였다. 즉, 엔겐 시장은 칼라일이 대규모 거래 패키지를 성사시킨 뒤 마운틴 워터만을 분리해 미줄라시에 매각할 것이라 믿고, 그 기대 속에서 이 거래를 승인했던 것이다.

엔겐이 너무 순진하게 믿었다고 할 수도 있겠으나, 미줄라 같은 소규모 지역에서는 신뢰를 바탕으로 한 구두계약이 여전히 통용된다. 엔겐은 칼라일의 임원 로버트 도브(Robert Dove)가 자신을 워싱턴 D.C.의 고급 식당으로 데려가 친근하게 어깨동무를 하며 "시장님, 상수도망을 구매할 준비가 되셨나요?"라고 물었던 일을 기억했다. 시장은 이를 곧 '계약'으로 받아들였다. 이들이 발행한 공문에는 단순히 '시의 제안을 성실히 검토하겠다'고만 적혀 있었다. 그러나 엔겐은 그 무미건조하고 애매한 문구 이면에 엄숙한 약속이 담겨 있다고 생각했다. 미줄라는 칼라일의 마운틴 워터 인수를 지원했고, 그 결과 세계 최대 사모펀드 가운데 하나가 갑자기 미줄라의 식수를 장악하게 되었다.[11]

　영화《흐르는 강물처럼(A River Runs Through It)》의 배경이 된 도시로 알려진 미줄라는 인구 약 7만 명, 예산 약 1억 1,600만 달러 규모의 도시였다. 상수도망을 회수한다는 발상 자체는 버거운 일이었지만, 시가 실시한 여론조사에서 주민의 70퍼센트 이상이 공공자금을 투입해서라도 상수도를 매입하는 데 찬성했다. 주목할 점은 마운틴 워터의 서비스 품질이 나빠서가 아니었다는 것이다. 조사에 응한 주민 대부분은 현재의 수도 서비스에 만족한다고 답했다. 즉, 소비자 입장에서 민간 소유 그 자체가 문제로 보이지 않았던 셈이다.[12]

　그러나 시민의 관점에서 보았을 때, 계속되는 민간 소유는 여러 문제를 안고 있었다. 무엇보다 상수도망이 어처구니없는 비율로 물을 잃고 있었다. 누수로 인해 정수·송수된 물의 절반 이상이 사라지고 있었던 것이다. 마운틴 워터의 민간 소유주들은 여기에 아무 문제도 느끼지 못했지만, 미줄라 시민들은 설령 수도 요금에 거의 영향을 미치지 않는다 해도 이를 지속 불가능한 낭비로 여겼다. 또 미줄라는 인프라 개선을 계획하고 있었는데, 상수도를 소유하지 못했어도 수도망의 다른 절반인 하수도만큼은 **소유**하고 있었다. 두 절반을 어떻게 연계할지 장기적으로 계획하는 일은 상수도의 실제 소유자가 누구인지조차 알 수 없는 상황에서 불필요하게 복잡했다. 하물며 차기 소유주의 계획은 더더욱 알 수 없는 일이었다.[13]

　미줄라시는 2011년 칼라일이 상수도망 매각 제안에 귀 기울이겠다고 했을 때 5,000만 달러를 제시했다. 칼라일이 이를 거부하자, 미줄라는 6,500만 달러를 제시했다. 그것도 두 번이나. 그러나 칼라일은 또다시 거절하며 마운틴 워터의 가치가 적어도 1억 2,000만 달러라고 주장했다. 엔겐 시장은 자신이 농락당하고 있음을 깨닫기 시작했다. 칼라일에 마운틴 워터 매각은 그다지 급한 일이 아니었다. 그들의 속셈은 파크 워터의 가치를 점점 끌어올려 가능한 한 많은 수익을 짜내는 것이었다.[14]

엔겐은 분노했다. "이건《플립 디스 하우스(Flip This House, 미국판 러브하우스)》가 아닙니다. 생명의 문제라고요." 미줄라시는 공익수용권(eminent domain)을 통해 수도 통제권을 되찾으려 했다. 그 뒤 몇 년 동안 소송 비용이 눈덩이처럼 불어났다. 시는 처음에 약 40만 달러면 될 것으로 예상했지만, 실제로는 190만 달러가 들었다. 칼라일 그룹은 자신들이 승소할 것이라 확신하며, 마운틴 워터를 포함한 파크 워터를 캐나다 기업에 3억 2,700만 달러에 매각하고 7,700만 달러의 부채를 승계시키는 데 합의했다(다만 미줄라시가 법원에 소유권 이전 금지 가처분을 신청하면서 이 거래는 최종적으로 성사되지 못했다). 한 지역 칼럼니스트는 급증하는 소송비와 불리한 전망을 우려하며, 시 정부가 "칩이 훨씬 많은 공격적인 허세꾼(bluffer)과 벌이는 위험한 도박판에 뛰어든 셈"이라고 비판했다.[15]

공익수용권 소송의 중심에는 공익이 존재하며 공공은 이를 통제할 권리를 지녔다는 믿음이 자리 잡고 있다. 칼라일은 래퍼를 전문가 참고인으로 불러 이 논리를 꺾으려 했고, 물은 단순한 상품에 지나지 않으므로 시민들의 모든 요구는 시장의 유인을 통해 충족될 수 있다는 주장을 내세우려 했다. 그러나 타운센드(Townsend) 판사는 이 사건이 미줄라와 칼라일 간의 다툼을 넘어서는 더 큰 문제이며, 물이 소비재 이상의 의미를 지닌다는 사실을 분명히 인지했다. 판결문에서 그녀는 이렇게 적었다. "래퍼 박사의 진술은 상수도의 중대한 특성과 그것이 지역사회의 공중보건·안전·복지와 맺는 불가분의 관계를 전혀 다루지 않았다." 그리고 이어서 다음과 같이 덧붙였다.

> 공영 체제로 전환되면, 수도 시설과 관련된 주요 재정 결정이 대형 민간기업의 투자수익률이 아니라 공중보건·안전·복지 증진이라는 목표에 따라 이루어질 수 있다.
>
> …
>
> 투자자들의 이익을 위한 단기 투자는 깨끗한 물을 안정적으로 공급하기 위해 필요한 장기적인 계획과 투자와 양립할 수 없다.
>
> …
>
> 공중보건·안전·복지를 보호하고 향상하는 일은 지방정부의 근본적인 의무다. 민간기업은 공중보건·안전·복지를 보호하거나 향상할 의무가 없다.[16]

다시 말해서, 물은 공공재다. 공공재는 공공이 맡을 때 가장 잘 보장된다. 민간기업은 시민에 대한 책임이 없으며, 시민의 이익을 위해 행동하리라고 기대할 수도 없다.

칼라일은 이 판결을 수용하지 않고, 판결이 내려진 후에도 오랫동안 싸움을 이어갔지만 결국 모든 법적 수단이 막혔음을 깨달았다. 미줄라시는 칼라일의 이의제기에도 불구하고 법정가격 8,387만 달러를 지급하고 마운틴 워터를 인수했다. 매각이 진행되고 시가 상수도 인프라를 넘겨받자, 지역신문은 앞으로 닥칠 어려움들을 예상하면서도 이를 축하했다. "우리 도시 역사상 처음으로, 수도망―배관, 펌프, 우물, 수권(水權), 산악 호수와 댐―의 소유권이 마침내 제자리를 찾았다. 이제 수도망은 공공의 이익을 위해, 그리고 영원히, 시민의 손에 놓였다."[17]

칼라일 그룹 스스로도 '미국 최고의 공급측면 경제학자'로 불리는 아서 래퍼의 자문을 구할 때 이미 인정했듯이, 이 사건은 단지 미줄라만의 문제가 아니었다. 소송이 장기화되는 동안, 시 지도부와 시민운동가들은 칼라일이 연루된 다른 지역의 끔찍한 사례들까지 듣게 되었다. 캘리포니아주 애플밸리는 파크 워터 소유 아래 '가뭄 요금제(drought pricing)'가 시행되면서 수도요금이 35퍼센트나 인상된 상태였다. 미줄라 시장 존 엔겐은 애플밸리시 행정 책임자 프랭크 로빈슨(Frank Robinson)에게 연락을 취했고, 그는 곧 "우리도 같은 문제를 겪고 있습니다"라고 답했다. 오랫동안 공익수용권 활용을 지지해온 미줄라의 시민운동가 헤르미나 해럴드(Hermina Harold) 역시 더 넓은 시각을 갖고 있었다. "만약 우리가 다른 공동체들이 자신들의 수도망을 되찾는 데 도움이 될 법적 선례를 남길 수 있다면, 미줄라시의 노력이 훨씬 더 값지게 될 것입니다." 이후 애플밸리와 미줄라는 전략과 지원을 공유하기 위한 협력 관계를 빠르게 구축했다. 두 도시 모두 로빈슨의 말처럼 "물은 인간의 기본적 필요를 충족시키는 필수재"라는 인식에 공감했다. 이후 두 지역 시민들은 "우리의 수도망이 멀리 떨어진 민간기업의 소유라는 사실"을 더 이상 쉽게 받아들일 수 없게 되었다.[18]

물이 공공재로 다뤄질 때, 그것은 공동체를 세우고 그 정체성을 결정짓는다. 상수도관은 우리를 서로 연결해준다. 물이 필요한 사람이라면 누구라도 물에 접근할 수 있다는 아주 오래된 인간적 믿음이 기본권으로 공유되듯이 말이다. 20세기 내내 미국인들은 이 기본권을 너무 쉽게 충족시켜왔기에 과거의 성취를 잊고 물을 당연한 것으로 여기기 시작했다. 우리는 이전 세대가 비용을 부담해 마련한 배수관을 다 쓰고도, 자식과 손주 세대를 위해 미리 투자하지 못했다. 심지어 어떤 경우에는 물을 상품으로 전락시켜 요금을 내는 지역사회와 아무런 연고도 없는 기업들의 돈벌이 수단으로 내맡기기도 했다.

이제 상수도 체계는 붕괴의 길로 들어섰고, 우리는 갈림길에 서 있다. 우리는 '물 권리(물에 접근할 기본권)'라는 개념과 그 오랜 뿌리, 필라델피아 시민들이 보여주었듯이 공공수도가 애국이라는 믿음, 그리고 공공수도가 공중보건을 지탱한다는 인식을 저버릴 수도 있다. 반대로 이 기회를 통해 물을 다시금 공공재로 자리매김하고, 그 주위에서 적극적이고 포괄적인 공동체를 형성할 수도 있다.

우리 대부분은 자체적인 상수도 시설을 갖춘 도시나 소도시에 살고 있다. 그러나 상수도 민영화 문제는 우리 모두에게 영향을 미치며, 인프라 위기가 심화될수록 그 영향은 더욱 커질 것이다. 미줄라, 애플밸리, 볼티모어의 사례가 보여주듯이, 시민들이 상수도 요금을 책임지고 지출하려 할 때, 다국적 기업이 아니라 공공을 우선시하는 시민의 편에 선 정치인을 선출할 때, 그리고 물을 공공재로 다루며 상품으로 전락시키는 것을 거부할 때 물을 둘러싼 싸움에서 승리할 수 있다.

이는 또한 공중보건을 공공재로 바라보는 우리의 인식을 넓혀야 할 때가 왔다는 뜻이기도 하다. 물을 둘러싼 투쟁은 때로 고무적인 성과

111

를 내왔지만, 식품 안전을 둘러싼 싸움은 대체로 지역적 집중도가 떨어
진다. 뉴욕 도축 지구에서 공중보건을 위해 싸운 활동가들은 그저 몇 블
록을 걸어가 현장을 찾아가면 바로 목소리를 낼 수 있었다. 그러나 이
제 식품 제조업체들은 인구 밀집 지역에서 멀리 떨어져 있고, 규제는 불
투명하며 쉽게 조작된다. 우리는 안전하지 못한 식품에 맞설 때 시민으
로서 모두의 안전을 요구하기보다 소비자로서 고급 식료품점에서 장을
보는 방식으로 대응하는 경우가 많다.

　식품 검사 민영화는 고양이에게 생선가게를 맡기는 것처럼 뻔한
일이다. 여기에 맞서려면 공공수도를 지키려 했던 싸움에서 얻은 교훈
이 필요하다. 이 문제는 덜 지역적이지만, 지역의 쟁점으로 바꿀 수 있
다. 소비자 문제처럼 보이지만, 시민의 문제로 다시 세울 수 있다. 연방
식품법도 지역 행동에서 시작됐다. 우리는 도축장 옆에 살지는 않지만,
누구나 식료품점 옆에 살고 있기 때문이다.

　2020년 팬데믹 시기에 실시된 여론조사에서는 경제 회생보다
공중보건 강화를 우선시하는 강력한 다수가 확인됐다. 봉쇄 조치 반대
시위대는 이러한 여론에 큰 영향을 미치지 못했으나, 대통령의 눈치를
보며 그의 인정을 좇던 다수의 정치인들은 여전히 다른 선택을 했다. 그
리고 그 대가는 결국 우리 모두가 치렀다. 공중보건을 공공의 손에서 빼
앗는 데는 몇몇 공인과 소란스러운 소수 유권자면 충분했다. 우리가 위
기 이전에 공중보건을 더 진지하게 다루고, 공공시설과 제도, 역량을 미
리 구축해 두었더라면 그렇게 쉽게 전문가들의 조언을 무시하고 자멸
적 길로 나아가지는 않았을 것이다.

　앞으로 새로운 바이러스가 또다시 나타났을 때 이 악몽을 되풀이

하고 싶지 않다면, 우리는 공중보건을 통제할 민주적 장치를 반드시 굳건히 마련해 두어야 한다. 이는 공중의 건강뿐 아니라 개인의 건강도 공공재로 다루어야 함을 뜻한다. 또한 다음 위기가 닥쳤을 때 공공의 필요에 맞추어 민간부문을 신속히 재정비할 계획을 갖추어야 함을 뜻한다.

공공,
모두를 잇다

–

교통, 통신,
그리고 모두를 위한 경제

　보건과 수도는 우리가 살아가기 위해 반드시 필요한 공공재다. 교통과 통신 인프라도 마찬가지다. 이것들은 우리가 더 나은 삶을 누릴 수 있는 경제의 토대를 이루는 공공재다. 물을 시민의 관점에서 바라보면 답은 명확하다. 보건과 수도는 상품이 아니라 모두가 함께 누려야 할 공공의 자산이다. 도로, 다리, 공항, 우편, 인터넷 접근성도 마찬가지다. 그것들은 단순한 편의나 소비자 요구에 대한 응답이 아니라 사람들이 일하고, 제품을 옮기고, 지식을 퍼뜨리는 데 필수적이다. 이것들은 현대경제의 틀을 이룬다. 조 바이든(Joe Biden)이 말했듯이 인프라에 대한 공공투자는 "모두에게 성공할 기회를 주는 공정한 경제를 세우는 것"이다.[1]

　이런 공공재를 민간의 손에 맡긴다는 건, 그들에게 경제적 운명을 자신들의 이익에 맞게 재단할 수 있는 막대한 권한을 부여하는 일이다. 반대로 이를 공공의 손에 두면, 민주주의가 모두를 위한 방향으로 경제의 운명을 결정할 수 있게 된다. 산간 벽촌에 사는 시민들도 예외가 아니다. 국가 공동체의 구성원들을 도로와 데이터망으로 연결하면 그들이 경제에 참여할 수 있는 범위가 넓어지고, 그 결과는 우리 모두에게 이익이 된다.

　공공재를 지킨다는 것은 단순히 경제적 문제일 뿐 아니라, 그 재원을 어떻게 마련하느냐의 문제이기도 하다. 인프라 비용을 누가 부담하고 어떤 방식으로 조달하느냐는 종종 그것이 누구를 위해 어떤 방식으로 쓰일지 결정한다. 동시에 책임의 문제이기도 하다. 인디애나 톨로드(Indiana Toll Road, ITR)는 정치인들이 "민간투자자에게 넘기면 공짜로 이용할 수 있다"는 환상을 퍼뜨렸을 때 얼마나 많은 일이 잘못될 수 있는지 보여주는 대표적 사례다. 또한 권리와 자유의 문제이기도 하다. 우리는 이동할 권리를 가진다. 그 어떤 이도 우리의 길을 소유해서는 안 되며, 누군가 길에 장애물을 놓더라도 우리는 언제나 다른 길을 찾을 권리를 가져야 한다.

다시 말해, 도로와 다리, 버스, 기차, 초고속 인터넷망을 시민의 눈으로 바라볼 때 더 강하고 다양하며 공정한 경제를 세울 새로운 기회가 열린다. 그러나 이런 것들을 민간기업에 맡기면 우리는 결국 그들이 구축한 인프라의 단순한 소비자로 전락하고, 경제는 협소한 이해관계에만 봉사하며 많은 이들을 배제하게 될 것이다.

6

누가 경제의 운명을 쥐는가

민관 파트너십의 함정

민영화는 돈의 흐름을 따라간다. 인프라 재원을 마련하기 위해 민간자본에 손을 내미는 순간, 그 돈을 대는 이들은 공공사업의 방향을 자신들에게 가장 이익이 되는 곳으로 이끌게 마련이다. 그 결과로 나라의 광범위한 지역이 배제되고 해당 지역의 경제적 선택지 또한 점점 줄어든다. 우편번호에 상관없이 혁신적 기업과 아이디어가 성장할 수 있는 경제, 즉 모두를 위한 경제를 원한다면 민간기업이 투자하지 않는 곳에도 기꺼이 투자하는 공공의 의지가 필요하다.

인프라는 곧 경제의 운명이다. 그렇기에 누가 결정권을 쥐고 있는가, 곧 누가 돈을 대는가에 주목해야 한다. 아이오와주는 1846년 연방에 가입했지만, 주를 나라 전체와 연결하고 경제적 기회를 열어준 것은 철도였다. 1850년대에 아이오와는 지역사회의 이익을 위한 촘촘한 철도망을 구축하려 했다. 비옥한 농업 자원을 가진 이 주는 지역 거점과 동부 연안 시장으로의 접근성을 함께 갖출 때라야 번영할 수 있었다. 그러나 부채 발행을 엄격히 제한한 아이오와주 헌법에 따라 사업들은 시장 주도로 추진되었다. 대개 짧고 즉흥적이었으며, 때로는 더 많은 돈을 낸 이들의 요구에 따라 노선이 바뀌기도 했다.

마침내 의회가 개입해 토지 보조금 제도를 도입했다. 이는 공공 토지를 민간기업에 넘기는 대신, 철도를 건설하고 운영할 권한을 부여하는 초기 민영화 방식이었다. 그러나 동부의 어떤 민간기업도 아이오와주가 설계한 철도망을 완성하는 데 관심이 없었다. 아이오와주가 원한 것은 다각화된 경제를 촉진하고, 원자재 거래와 제조업 번영은 물론 금융 거점까지 가능하게 하는 철도망이었다. 그러나 동부 철도회사들은 이미 동부에 자리 잡은 금융과 제조업의 이해관계를 뒷받침하는 철도 건설에만 관심을 두었다.[1]

아이오와주는 다섯 개의 철도 노선을 얻었지만, 그중 어느 것도 남북으로 뻗지 않았고 모두 동쪽으로 향했다. 역사가이자 정치학자인 재커리 캘런(Zachary Callen)에 따르면, 이는 "아이오와의 경제성장을 주로 농산물에 한정시키는" 효과를 낳았으며, "인프라에 관한 초기 선택이 어떻게 수십 년간 지속적으로 강화된 경제적 관계를 만들어냈는지" 잘 보여준다. 이 철도 사업은 동부와 서부 개척지를 연결하고, 아이오와의 농작물을 동부의 수요지로 실어 나르며, 대서양 연안의 제조업을 뒷받침하는 데는 기여했다. 그러나 농업 이외의 아이오와 경제발전에는 거의 도움이 되지 못했다. 아이오와는 훗날 '비행 주(Flyover State)'라는 별명으로 불리기 훨씬 전부터 이미 '경유 주(ride-through state)'이자 동

부 경제권의 위성 지역으로 자리매김하고 있었다.[2]

농업 중심 주로 남은 선택 자체는 잘못이 없었다. 그러나 그 결정을 내린 것은 아이오와주가 아니었다. 주 차원의 공공 인프라 재원 조달을 피하려 한 아이오와의 결정 때문에 선택권이 민간기업으로 넘어갔고, 그 결과 사적 이해관계에 따라 방향이 정해졌다. 그리고 아마 누구도 이 선택의 결과가 이후 오랫동안 주 경제에 지대한 영향을 미칠 것이라 예상하지 못했을 것이다. 이제 와 이런 사례를 돌아보면 우리는 인프라가 곧 운명임을 알 수 있다. 비용을 부담한 자들이 그 운명을 통제한다. 그들이 인프라의 윤곽과 목적, 위험을 결정하며, 누가 혜택을 누릴지도 정한다.

아이오와주는 인프라 건설을 위해 세금을 올리거나 대출을 받는데 완강히 저항했지만, 민간기업의 이해관계를 제대로 꿰뚫어 본 다른 주에서는 공공자금이 더 쉽게 마련됐다. 1825년, 펜실베이니아 주민들이 운하 건설을 입법부에 청원했을 때, 선택은 분명했다. 시민들은 이렇게 주장했다.

> "기업에 주어진 모든 권력은 국민 주권에서 빠져나간 몫이며, 따라서 그런 조직을 새로 만들거나 이미 존재하는 기관의 권력을 늘리는 일은 일반적으로 무분별하고 위험하며, 민주공화국의 참된 정신과 원칙에 어긋난다는 것이 잘 확립된 진리다."[3]

펜실베이니아주는 이를 분명히 이해하고 있었다. 인프라 통제 권한을 기업에 넘기는 것은 곧 국민에게서 권력을 빼앗는 것이다. 교통과 통신 인프라의 근간은 공공재이며, 공공의 통제 아래 있을 때만 공동체를 위해 봉사할 수 있다.

민관 파트너십과 공공 권력

1987년, 로널드 레이건은 민영화를 긍정적으로 언급하며 홈스테드 법을 예로 들었다. 이 법은 관료제가 결코 할 수 없는 일을 스스로 해내는 소규모 가족농의 이미지를 불러일으킨다. 그러나 그는 1850년에 시작되어 19세기 후반을 규정하는 데 큰 영향을 미친, 공공토지를 민간 철도회사에 대규모로 무상 불하한 사실은 언급하지 않았다. 텍사스주에서만 민간 철도회사가 받은 토지는 인디애나주와 맞먹는 규모였다. 레이건이 내세운 낭만적인 민영화는 정부가 그저 한발 물러서 있는 모습이었지만, 실제로는 놀라울 정도로 복잡한 합의를 흐릿하게 가려버렸다. 오늘날 이 복잡성을 가리는 역할은 '민관 파트너십(Public-Private Partnership, P3)'이라는 용어가 대신한다. 이 매끈한 표현은 점점 더 많은 인프라 계약과 협정에 적용되며, 시민과 기업이 손을 맞잡고 일하는 듯한 매혹적인 약속을 불러일으킨다. 그러나 실제로 시민들이 경험하는 '파트너십'은 평등과 거리가 멀다.[4]

그렇다면 인프라 민관 파트너십이란 무엇인가? 공공 인프라를 건설하거나 개선할 때는 보통 다섯 가지 주요 활동이 따른다. 설계, 시공, 자금 조달, 운영, 유지보수다. 20세기, 특히 뉴딜 정책 이후 우리는 시공을 제외한 나머지 활동은 공공이 수행한다는 개념에 익숙해졌다.

대규모 인프라 프로젝트에서 정부가 건설회사처럼 직접 시공을 맡는 것은 현실적으로 불가능하기 때문에, 이 기능은 전통적으로 외부에 위탁됐다. 그러나 최근에는 '설계-시공' 방식이 등장했다. 이는 한 계약자가 설계와 시공을 모두 책임지는 민관 파트너십의 한 형태로, 공공 통제와 감독의 상실이라는 심각한 문제를 야기할 수 있다. 마지막으로 자금 조달에 초점을 맞춘 민관 파트너십이 있는데(여기에는 다른 활동들의 민영화가 함께 이루어질 수도 있다), 이 경우 전통적인 계약방식에 내재된 문제점이 증폭되고, 공공 통제는 투자자 통제와 정면으로 충돌하게 된다.[5]

대규모 프로젝트에는 막대한 초기 자금이 필요하다. 주 정부와 지방정부는 보통 그 정도의 예산을 보유하지 않기 때문에, 전통적인 공공의 해법은 자금을 조달하기 위해 비과세 채권을 발행하는 것이었다. 연기금에서 개인 투자자까지 다양한 주체들이 이 채권을 사들였고, 따라서 언젠가 상환이 필요했다. 그 재원은 세금과 통행료에서 충당해야 하지만, 이 부담은 시간에 걸쳐 분산될 수 있는 만큼 공정하게 조정될 수 있다. 이렇게 함으로써 사회 전체가 이익과 부담을 함께 나눈다. 주민들은 완공된 인프라를 얻고, 계약자는 제때 대금을 받으며, 채권 투자자는 안전하고 예측 가능한 수익을 얻는다. 공공은 시민들의 삶에 직접적이고 측정 가능한 영향을 미치는 공공재에 대한 통제권을 유지한다. 노동자와 사업주 모두 이익을 보는 방식이다. 이처럼 혜택을 분산시키고 여러 측면에서 '성과'를 만들어내는 일은 공공이 해낼 수 있는 일이며, 전통적으로 매우 잘해온 일이기도 하다.[6]

그러나 월스트리트의 관점에서 인프라 퍼즐의 가장 매력적인 조각은 자금 조달이다. 바로 이 지점에서 공공 프로젝트가 전형적인 민관 파트너십으로 전환된다. 민관 파트너십 투자 기회를 노리는 기업들은 새로운 모델을 따른다. 투자은행처럼 행동하는 인프라 기업이 되거나 건설·관리·투자를 아우르는 복합 대기업으로 변모하는 것이다. 이들은 대개 다국적 기업이며, 기업 구조상 금융부문이 지배적인 경우가 많다. 시카고 주차료 징수기 사태에서 시 당국이 보지 못한 막대한 수익을 포착한 것은 모건 스탠리의 전문가 집단이었다. 몬태나주 미줄라에서는 세계 최대 사모펀드인 칼라일 그룹이 소도시 상수도 시설을 매입하고 쪼개어 되팔며 이익을 챙겼다. 대부분의 민관 파트너십을 주도하는 주체는 도로나 다리를 짓는 기업이 아니라, 본질적으로 돈을 버는 데 주력하는 기업들이다. 이런 새로운 '야수들'은 미국 재계의 금융화, 즉 수익 극대화를 위해 월스트리트 금융 수단을 활용하는 경향이 점점 더 강화되는 또 다른 사례다.

월스트리트가 부리는 묘기는 매혹적이다. 사실상 무(無)에서조차 돈을 만들어낼 수 있다면, 그들의 말에 귀 기울일 만하다고 결론 내리는 정책입안자들도 있다. 이들이 내세우는 논리는 이렇다. "인프라 프로젝트를 위해 세금을 올릴 필요가 없습니다. 우리가 대신 자금을 대겠습니다. 그리고 훗날 회수할 겁니다. 효율성이 높아지면 수익도 늘어날 겁니다. 납세자들의 부담은 거의 없을 것입니다."

그러나 기업이 자금을 내놓게 되면 당연히 수익을 보장받으려 할 것이고, 바로 그 지점에서 자금 문제는 운영과 유지보수라는, 공공이 이해관계를 가진 프로젝트의 다른 부분으로 이어진다. 민간기업은 완공된 프로젝트의 운영과 유지 방식에 대해 발언권을 요구하거나, 아예 통제권까지 행사하려 할 것이다. 여기서 중요한 것은 우리가 여전히 공공자산을 이야기하고 있다는 사실을 명심하는 것이다.

궁극적으로 민관 파트너십 프로젝트는 여전히 공공의 소유여야 한다. 공공이 이 소유를 포기하는 순간, 그것은 민관 파트너십이 아니라 단순한 민간 프로젝트가 되어버린다. 일반적인 비즈니스 상식으로 보면 민간기업은 다른 누군가의 자산을 책임지려 하지 않지만, 민관 파트너십의 경우 정해진 기간 동안 운영과 유지보수를 맡아 돈을 회수한 뒤 떠나면 된다. 감가상각으로 가치가 줄고 유지비가 늘어나는 자산을 떠안는 걱정을 할 필요가 없는 것이다. 예컨대 공공부지 위에 세워진 민자도로 운영자는 60년 동안 통행료를 거둘 권리를 가질 수 있다. 이들은 고객을 잃거나 태만으로 소송당하지 않을 만큼만 해당 기간 도로를 관리한다. 동시에 얼마나 최소한으로 유지보수를 해도 되는지 계산한다. 도로가 새것일 때 비용이 적게 든다는 사실을 잘 알고 있기 때문이다. 따라서 60년이 끝나갈 무렵이면 일부 문제는 그냥 방치한다. 그것은 결국 공공에 피해를 주더라도, 자신들의 수익성에 영향이 없다는 사실을 알기 때문이다.

민간기업은 민관 파트너십 프로젝트에 자금을 투입한 만큼, 그 공공자산의 운영·관리·유지보수를 통제하려 한다. 이들은 계약 조항을 통해 통제권을 확보하고, 법정에서 권리를 방어한다. 또한 공익을 위한 인프라 개선이나 경제발전 같은 거시적 목표보다는 투자수익이라는 협소한 이해관계에 맞춰 운영과 유지보수를 조정한다. 기업은 자금을 댔다는 이유만으로 이러한 모든 것을 실행할 수 있는 힘을 가진다.

이런 우려들은 민관 파트너십 지지자들을 단념시키지 못한다. 도널드 트럼프 정부의 교통부 장관 일레인 차오(Elaine Chao)는 "과감한 새로운 비전"과 손잡을 투자자본이 "수조 달러"나 쌓여 있다며, "정부가 이 모든 것을 해낼 자원이 없다는 건 우리 모두가 안다"라고 주장했다. 트럼프 정부의 주택도시개발부 장관 벤 카슨(Ben Carson)도 마이애미의 한 프로젝트 현장을 방문한 자리에서 "민관 파트너십이 가능한 이유는 민간부문에 거의 무한한 돈이 있기 때문"이라고 말했다.[7]

이 전직 고위 각료들은 마치 정부나 민간부문이 실제로 어떻게 작동하는지 모르는 듯 발언한다. 정부는 이런 프로젝트에 별도의 예산을 쓰지 않는다. 거의 언제나 채권 발행을 통해 자금을 조달하며, 이는 민간금융에는 존재하지 않는 매우 유리한 조건을 제공한다. 트럼프가 취임해 인프라 계획을 짜기 시작하던 당시, 연방 정부는 2.4퍼센트의 이율로 차입할 수 있었다. 2020년 중반에도 지방채 이율은 2~4퍼센트 수준으로 여전히 낮았다.[8]

공공 인프라에 높은 수익을 기대하며 투자하려는 금융기관의 눈에는 낮은 수익률이 불공정 경쟁의 전형처럼 보인다. 2017년 트럼프 정부의 세제 개혁안에 눈에 잘 띄지 않게 포함된 제안 가운데 하나는 일부 지방채를 매입한 투자자들에게 주어지던 소득세 공제를 폐지하는 것이었다. 이는 친민영화 성향의 싱크탱크들이 오래전부터 추구해온 목표였다. 세제 혜택이 사라지면 지방채는 투자자들에게 덜 매력적이 되고, 따라서 그들을 끌어들이려면 더 높은 금리를 제시해야 한다. 이는 곧 정부가 부담해야 할 세금과 수수료가 전반적으로 늘어난다는 의미다. 그러나 역설적으로, 평소 세금 인상에는 반대하던 친민영화 진영도 이 경우만큼은 달랐다. 민관 파트너십을 통한 자금 조달이 한층 더 매력적으로 바뀌기 때문이다.[9]

공적 자금과 민간 자금의 차이는 막대하다. 정부는 4퍼센트 이하의 낮은 금리로 프로젝트 자금을 조달할 수 있지만, 민간기업은 10~20퍼센트를 '건전한 수익률'로 여기며 민관 파트너십을 유망한 수익원으로 본다. 수익은 요금, 통행료, 또는 정부에 청구하는 비용에서 나올 수 있지만, 최종적으로 비용을 지출하는 이는 언제나 시민이다. 정부가 이런 기업들과 민관 파트너십을 맺으면 겉보기에는 공공 지출을 피하는 듯 보이지만, 실제 부담은 결국 시민들에게 돌아간다. 더 나아가 원래 공공재여야 할 자산에 대한 공적 통제권을 잃고, 애초에 이 프로젝트들이 제공해야 할 경제적 혜택마저 놓칠 수 있다.[10]

아이오와주가 철도에 투자하지 못했을 때, 프로젝트에 자금을 댄 이들은 자신들의 제한된 이익을 충족하는 철도를 손에 넣었다. 그 결과 더 다각화된 경제를 원했던 아이오와 주민들은 이익은커녕 투자자들의 이해에 맞춰진 경제를 떠안게 됐다. 철도 인프라는 분명 아이오와에 기회의 문을 열어주었지만, 실제 결정권을 쥔 것은 공공이 아니라 자금을 댄 민간 금융이었다.

오늘날 대부분의 농촌 지역 주 교통 당국자들 역시 이 사실을 잘 알고 있고, 민관 파트너십을 회의적인 시선으로 바라본다. 트럼프 임기 초, 노스다코타·사우스다코타·몬태나·아이다호주 교통부는 와이오밍주 교통부 국장 겸 CEO를 워싱턴으로 보내 대통령이 부추긴 민영화 열기를 누그러뜨리려는 메시지를 전했다. 국장이 내놓은 메시지는 간단했다. 민간금융에 의존하는 국가 인프라 계획에서 자신들이 소외될 수밖에 없다는 것이었다. 그는 높은 투자수익률에 기대는 민관 파트너십이 "농촌 주의 도로 교통 문제에 대한 해법이 될 수 없다"고 호소했다.

공공, 모두를 잇다

그가 대표하는 주들은 도로를 이용하는 차량 수가 적어, 민간투자자들에게 빚을 갚을 만큼의 수익을 내기 어려웠다.[11]

너무도 익숙해진 도로 위의 민관 파트너십

민간부문은 혁신적이고 도전적이며 관료조직은 정체되어 있다는 말이 넘쳐나지만, 사실 민간자본은 대체로 '안정적인 수익'을 추구한다. 물론 위험을 감수하는 자본가들도 있지만 예외적인 경우일 뿐이다. 그들의 모험이 성공하면 언론에 대서특필되고 찬사를 독차지한다. 그러나 인프라 프로젝트만큼은 언제나 긴 안목과 판을 바꾸는 구상이 필요한 영역으로, 이는 오래전부터 공공이 맡아온 역할이었다.

초기 미국 시민들은 오늘날 우리가 '인프라'라고 부르는 것을 당시에는 '내부 개선(internal improvements)'이라 불렀고, 이에 대해 깊이 고민했다. 그러나 이를 어떻게 기획하고 재원을 마련할지를 두고 시민들과 정치인들 사이에는 큰 이견이 있었다. 다수 의원들과 백악관의 주요 인사들은 연방 정부가 도로, 교량, 운하를 계획하거나 자금을 지원할 헌법적 권한이 없다고 믿었고, 전국적으로 일관된 계획을 세우려는 시도를 가로막았다. 그 결과 각 주가 저마다의 의제를 세우고 재원을 마련해야 했는데, 그 성과는 주별로 눈에 띄게 달랐다.

초기 버지니아 주민들은 부유한 노예 소유 대지주 계층이 대규모 개발사업을 계획하고 자금을 마련하며 실행할 것이라고 당연하게 여겼다. 이 계층은 독립전쟁의 승리를 이끌었고, 헌법 제정에 참여했으며, 주 정부의 운영을 사실상 장악하고 있었다. 그들은 언제나 '공익을 위해 행동한다'고 주장했고, 대중도 대체로 그 말을 믿었다. 그러나 가장 기대를 모았던 개발 사업들은 좀처럼 진척을 보지 못했다. 제임스강을 따라 리치먼드와 그 너머까지 이어지는 수문과 준설, 그리고 그레이트 디스멀 늪지대를 가로지르는 운하 같은 사업들이 그랬다. 이들 사업은 투자자를 끌어들일 만한 매력이 있었지만, 수십 년 동안 지지부진했다.[12]

1816년이 되자 버지니아 주민들은 주 정부의 개입이 필요하다는 점을 인식하며, 이른바 '혼합 기업(mixed-enterprise)' 모델을 수용했다. 그러나 결과적으로 거의 모든 주도권이 민간부문에 있었다. 주 정부는 부유한 투자자들이 먼저 제안한 사업**만** 검토 대상으로 삼을 수 있었다. 당시 버지니아주는 기술자 파견, 측량, 일정 비율의 공공자금 투입을 통해 이러한 프로젝트를 지원했다. 그러나 주 정부도 주주였지만, 민간자본이 최소 6퍼센트의 수익을 내기 전까지 배당금을 받지 않음으로써 사실상 민간 주주들을 지원했다.

당시만 해도 사람들은 주 정부가 한발 물러서면 민간부문이 기존의 프로젝트를 완성하고 새로운 기회를 만들어낼 것이라 기대했다. 그러나 지나치게 낙관적인 가정이었다. 제임스강 프로젝트는 리치먼드에서 멈춰 섰고, 투자자들은 주 정부가 중간에 요구한 기술 개선에 반발했다. 이미 막대한 배당금을 챙기고 있던 그들에게는 오하이오까지 이어지는 복잡한 수문, 댐, 도로망에 추가 투자할 이유가 없었다. 공적으로 통제되는 프로젝트라면 공동체 전체의 이익을 도모했겠지만, 이 민간투자자 집단은 달랐다.[13]

버지니아 동부 연안 농장주들의 재산 대부분이 노예에 묶여 있었다는 점도 문제였다. 손에 쥔 현금이 거의 없던 이 농장주들은 대규모 투자와 세금 인상에 당연히 반발했다. 이는 그레이트 디스멀 늪지대를 가로지르는 운하 건설이 지체된 중요한 이유였다. 많은 투자자들이 노예 노동력을 투자 몫으로 내보냈지만, 정작 젊고 힘 있는 이들을 보내지 않았다. 노동력은 늙고 병약한 이들로 채워졌고, 이들은 혹독한 고통을 겪으면서도 정작 운하 공사에는 거의 도움이 되지 못했다.

사적 이익 역시 더 큰 공익과 충돌했다. 프로젝트의 투자자들 가운데 상당수는 늪지대 안에 토지를 소유하고 있었는데, 늪이 배수되면 그 땅값은 치솟을 터였다. 그래서 우선순위는 기술적 필요나 대중의 요구 때문이 아니라 돈이 되는 곳으로 향했다. 그 사이 늪을 가로지르는 운하는 상대적으로 단순한 사업이었지만 지지부진했다. 늪 건너편 주민들은 운하로 대서양 연안 사람들과 경제권이 연결되기를 희망했으나 이는 뒷전이었다. 결국 운하는 버지니아주 정부가 직접 투자한 뒤에야 완성됐다.[14]

버지니아주가 혼합 기업 모델로 자리 잡은 지 1년 뒤였던 1817년, 뉴욕주 의회는 '이리 운하 법안(Erie Canal Bill)'을 통과시켜 버지니아주가 그토록 신중히 피해온 공공모델을 채택했다. 뉴욕주는 대출로 공사 자금을 조달하고, 이리 운하 통행료와 소금세·공매세·운하 주변 토지세 등으로 이를 상환할 계획이었다(그러나 운하가 워낙 성공적이어서 토지세는 실제로 필요하지 않았다). 주 정부는 임명된 위원들이 자금을 관리하고, 별도의 위원들이 공사를 감독하도록 했다. 그들은 막대한 자금을 다루는 일이 "기업의 철저한 관리보다 공적 권위 아래에서 훨씬 더 경제적으로 처리될 수 있다"며, 주 정부의 정당한 책무라고 강조했다. 뉴욕주와 버지니아주의 핵심적 차이는 자금 조달을 포함한 프로젝트 전반에 대한 공적 통제 여부였다.[15]

역설적으로 가장 큰 이득은 이 프로젝트에 가장 격렬히 반대한 사람들이 챙겼다. 뉴욕시 대표들은 모두 합심해 운하 법안에 **반대표**를 던졌고, 부유한 뉴욕시 주민들은 초기 2년 동안 참여를 철저히 피했다. 수익은 미미하고 위험만 큰 모험인 데다 외딴 황무지에나 도움이 될 거라 여겼기 때문이다. 게다가 이 프로젝트는 민간 참여를 배제하고 있었다. 그러나 이 투자자들은 운하 덕분에 뉴욕시로 더 많은 상품과 물자, 인구가 몰려들어 도시가 국제무역의 중심지로 굳건히 자리 잡게 되리라는 사실은 보지 못했다.

프로젝트를 위해 뉴욕주에 대출금을 내준 곳은 운하 경로에 위치한 소규모 투자자들과 은행, 그리고 소도시들이었다. 그리고 몇 년 안에 운하의 성공이 분명해지자 뉴욕시의 거대 자본이 뒤따랐다. 운하는 눈부신 성공을 거두었고, 통행료만으로도 9년 만에 건설비를 충당할 수 있었다. 그러나 운하는 투자수익률이나 맨해튼에 끼친 영향만이 아니라, 뉴욕주 서부의 삶 자체를 바꾸어놓았다. 로체스터, 시라큐스, 버팔로 같은 지역에서 소규모 제조업이 흥했고 인구도 늘어났다. 뉴욕주 내륙의 옛 소도시들에서는 중산층이 새로 형성됐다. 기회가 확장되고 부가 늘어나면서, 시민은 함께 도약했다. 만약 인프라 프로젝트의 추진 여부를 맨해튼의 부유한 투자자들에게만 맡겼더라면 이런 변화는 일어나지 않았을 것이다. 공공선을 인식하고, 자금을 마련하고, 출자하며, 계획하고, 건설하는 데에는 민주적 기구가 필요했다. 이 경우 그 역할을 맡은

것은 주 의회였다.[16]

하늘 위에서: 끝나지 않는 항공관제 민영화 시도

운하에 의존하던 시대는 지났지만, 여전히 같은 원칙이 적용될 수 있다. 경제개발 과정에 기꺼이 위험을 감수하고 농촌 지역과 소도시까지 포함한 것은 공공부문이었다. 정부를 불신하는 이들이 뭐라고 주장하든, 이는 공공의 강점이다. 예컨대 항공교통 관제가 공공의 손에 있었기에 상업 비행이 가능해졌으며, 오늘날 하루 4만 2,700편의 비행기와 연간 9억 4,400만 명의 승객을 거의 무사고에 가깝게 관리한다. 이 관제 시스템은 놀라울 만큼 효율적이어서, 대부분 하루 24시간 운영되는 5,000여 개 공항을 단 1만 4,500명의 항공관제사와 6,000명의 기술자가 책임지고 있다. 지난 75년간 연방 항공교통 관제의 역사 속에서 이 공공 인력들은 안전과 전문성을 바탕으로 한 활기찬 공적 서비스 문화를 구축해왔다. 이 관제 시스템은 미국의 주간 고속도로망(Interstate Highway System)과 상수도 시설처럼 경제를 떠받치고 삶의 질을 높여준 위대한 공적 성취다.[17]

그러나 1970년대부터 항공교통 관제는 민영화의 표적이 되어왔다. 대형 항공사들은 극히 협소한 이해집단의 필요에 맞춘 입법안을 통과시키기 위해 1,600만 달러를 로비에 쏟아부었고, 그 과정은 철저히 공공을 배제하는 방식으로 진행되었다.

최근에는 항공교통시설과 레이더 장비, 공항관제탑 등을 운영하는 공공기관인 항공교통기구(Air Traffic Organization, ATO)를 연방항공청(Federal Aviation Administration, FAA)과 분리하자는 제안이 등장했다. ATO를 비영리 법인으로 전환하고, 대형 상업 항공사가 주도하는 이사회가 운영을 감독하도록 한다는 내용이었다. 이 법안은 해당 이사회가 자체 내규를 제정하고, 자산을 취득·소유하며, 예산을 편성하고, 계약을 협상하며, 자금을 차입할 권한을 갖게 했다. 그러나 가장 중요한 권한은 아마도 "법인이 제공하는 항공교통 서비스를 이용하는 개인이나 단체"에 수수료를 책정·부과·징수할 수 있는 권한일 것이다. 이 수수료는 의회의 승인을 받을 필요가 없다. 겉보기에는 비영리 법인처럼 보일지 모르지만, 그 설계는 명백히 대형 상업 항공사들의 이해관계에 유리하도록 짜여 있었다.[18]

트럼프 대통령은 이 제안을 마음에 들어 했다. 대통령 집무실에서 구속력 없는 각서 두 장에 서명하는 가짜 체결식을 열면서, 그는 이 항공교통기업을 뜻하는 "새로운 실체"가 "납세자의 돈을 필요로 하지 않을 것"이며 "흔히 들을 수 없는 충격적인 소식"이라고 말했다. 그러나 트럼프는 틀렸다. 이는 이미 자주 들어온 이야기다. 민영화 옹호자들이 매번 내세우는 공허한 약속과 다르지 않기 때문이다. 수수료가 사라지는 게 아니다. 분명히 하자. 공공은 어떻게든 그 비용을 부담하게 된다. 문제는 누가 결정하느냐, 그리고 그 계산서를 어떻게 정산하느냐다.[19]

항공교통에서 공공이 추구해야 할 포괄적 목표는 무엇일까? 철도와 주간고속도로망처럼 공항과 항로 역시 우리를 하나의 나라로 연결해준다. 따라서 우리는 주요 거점도시뿐 아니라 작은 도시와 외곽 지역도 소중히 여겨야 하고, 이 지방 공항들을 인구와 권력이 집중된 대규모 중심지로 이어주는 필수적 연결 고리로 활용해야 한다. 반면 인프라 민영화는 늘 익숙한 방식을 따르며, 항공교통 민영화도 마찬가지다. ATO 민영화 계획의 가장 강력한 반대자들 중에는 공화·민주 양당을 막론한 중소도시 시장들이 있었고, 이들 117명은 의회가 "공공 항공교통 인프라에 대한 감독을 없앨 경우 초래될 심각한 파급효과"를 경고하는 반대 서한에 서명했다.[20]

서명자 가운데 한 명은 캔자스주 위치타시의 공화당 시장 제프 롱웰(Jeff Longwell)이었다. 위치타가 항공사들의 대형 허브 도시가 아닌 탓에, 롱웰은 민영화된 ATO가 수익성이 높은 대형 공항의 수수료를 낮추기 위해 위치타 같은 소도시의 활주로 수수료를 올릴까 봐 우려했다. 게다가 위치타는 미국 최대의 소형 항공기 제조지여서, 대형 항공사의 입김으로 소형 항공기 요금이 크게 인상된다면 이 중요한 산업이 직접적인 타격을 입을 수 있었다.[21]

공공이 보장하는 공정한 경쟁의 장은 이런 산업들이 위치타 같은 도시에서 성장하고, 더 넓은 지역에서 다양한 경제가 형성되도록 했다. 인프라의 공적 통제는 더 많은 지역에 더 폭넓은 경제를 보장한다는 뜻이다. 뉴욕주가 그 유명한 운하에 자금을 댔을 때도 그랬고, 오늘날 항공교통에서도 마찬가지다. 공공재라면 공적 통제를 요구하며 정당하다.

7

갈림길에 선
미국의 유료도로

공공도로가 민자도로로 바뀔 때

마이크 펜스가 인디애나주 주지사로 있을 때 그는 미국 중서부의 중심축이자 '미국의 교차로(Crossroads of America)'라 불리는 인디애나 톨로드(ITR)에 민영화의 굴레를 더욱 굳혀놓았다. 이 핵심 공공자산은 2006년, 75년 장기 임대계약으로 민간에 넘어갔고, 2081년이 되어서야 다시 공공의 손에 돌아오게 된다. 펜스는 이 거래를 자신의 치적으로 내세우며 부통령 자리까지 올랐고, 부통령으로서의 첫 해외 순방에서도 자신의 옛 '호주 친구들'인 IFM 인베스터스(IFM Investors)를 홍보했다. 이곳은 ITR 사가에서 빼놓을 수 없는 회사다. 도널드 트럼프가 민영화 방식으로 수조 달러의 인프라 투자를 약속하는 허황된 공언을 내놓을 때마다, 펜스는 이 임대계약을 성공담으로 포장해 내세울 수 있었다.[1]

ITR 거래를 성공이라 부르는 것은 트럼프가 대통령 취임 전 벌였던 부동산 거래를 성공이라 부르는 것과 다르지 않다. 두 사례 모두 터무니없는 약속으로 대중을 현혹했고, 파산 속에서도 겨우 버텼을 뿐이다. 그러나 트럼프의 부동산 거래와 달리 ITR의 민영화는 구체적인 경고로 받아들여야 한다. 미국은 노후화된 인프라 개선에 막대한 비용이 절실히 필요한 상황임에도, 정부는 매번 같은 말을 되풀이한다. "돈이 없으니 민간기업에 맡겨야 합니다." ITR은 그 상투적인 변명과 그것이 궁극적으로 지니는 의미를 보여주는 상징물이다.

돈의 흐름, 유료도로 거래의 설계

인디애나 톨로드의 이야기는 영향력과 배후 공작이 얽혀 있고, 펜스가 워싱턴에 입성한 뒤에도 이어졌다. ITR과 관련한 IFM의 이해관계는 펜스의 주지사 선거운동의 주요 후원자였던 대형 로펌 보즈 매키니 & 에번스 LLP(Bose McKinney & Evans LLP)가 대변했다. 펜스가 부통령이 된 뒤 미국 인프라 산업을 대표한다며 호주로 떠나자 보즈는 워싱턴에서 IFM을 위해 로비를 하겠다고 공식 선언했다. 또한 트럼프의 인프라 계획 수립 과정에 영향력을 행사하기 위해 제출한 서류에 펜스를 '핵심 접촉 대상'으로 명기했다.

ITR 협상에 참여한 또 다른 두 해외기업, 호주의 맥쿼리 그룹(Macquarie Group)과 스페인의 신트라 S.A.(Cintra S.A.)는 "민간기업 자금 조달"과 "민관 파트너십 활용 확대 지원"을 위해 고액 로비스트를 고용했다. 이들의 로비는 애써 힘쓸 것도 없이 먹혀들었다. 백악관 인프라 자문역 D.J. 그리빈(D.J. Gribbin)은 과거 맥쿼리에서 근무한 이력이 있었고, 당시 트럼프의 국가경제위원회 위원장이었던 게리 콘(Gary Cohn)은 ITR 거래에서 인디애나주에 자문을 제공한 골드만삭스(Goldman Sachs)의 전 사장이었다. 거물급 인사들이 모두 얽혀 있었다. 트럼프가 백악관을 떠나고 펜스가 민간부문의 품에 안긴 뒤에도, 인디애나에서 벌어진 일은 인디애나만의 문제가 될 수 없는 이유다.[2]

길이 253킬로미터에 이르는 ITR은 오하이오주와 일리노이주를 잇는 핵심 연결축이다. 주 정부의 지원 덕분에 인디애나주는 여전히 운송·물류 기업 본사가 모여드는 매력적인 지역으로 남아 있었다. 그러나 2000년대 초반, 이 도로는 단순한 이유로 수익을 내지 못했다. 1980년대 이후 어느 누구도 통행료 인상이라는 정치적 위험을 감수하려 하지 않았기 때문이다. 일부 추정에 따르면, 요금소 수입은 운영비조차 충당하지 못했고 도로 유지보수와 개선은 더더욱 불가능했다. 주지사 미치 대니얼스(Mitch Daniels)는 조지 W. 부시 행정부에서 예산국장을 지냈으며, 학교 바우처 제도와 노조 약화 법안 같은 정책으로 알려진 인물이었다. 그는 2005년 ITR을 75년간 최고 입찰자에게 임대하는 방안을 추진했다.[3]

구체적인 방안은 그의 취임 직후 나왔다. 이는 꽤 오랫동안 준비된 것으로 보였고, '메이저 무브스(Major Moves)'라는 인디애나주 전역을 대상으로 한 인프라 패키지에 정교하게 포장돼 있었다. 대니얼스는 ITR을 임대하고 선지급금을 받는다면, 그 돈을 주 전역의 인프라 확충과 개선에 쓸 수 있다고 주장했다. 하지만 그 도로는 처음부터 공적 자금으로

공공, 모두를 잇다

공익을 위해 건설된 길이었다. 그럼에도 그는 단 한 세대가 아니라 여러 세대에 걸쳐 공공의 길을 민간의 손에 넘기고, 그 대가로 즉시 현금을 받겠다는 방안을 내놓은 것이었다.

대니얼스는 입찰 관리와 재정 자문을 골드만삭스에 맡겼다. 이 투자은행은 인디애나주로부터 자문료로 2,000만 달러를 챙겼으며, 신트라 S.A.와 맥쿼리가 구성한 컨소시엄으로부터 38억 5,000만 달러의 입찰을 성사시켰다. 이 금액은 차순위 입찰보다 10억 달러 더 높았다. 당시 골드만삭스는 대니얼스 주 정부에 도로를 앞으로 75년간 공공 통제하에 둘 경우 수입이 19억 2,000만 달러에 불과할 것이라고 자문했다. 그러나 골드만삭스가 이러한 자문을 제공하면서 동시에 호주 자회사를 통해 맥쿼리 인프라스트럭처 그룹(Macquarie Infrastructure Group)에 투자하고 있었다는 사실은 외부에 거의 알려지지 않았다.[4]

낙찰 결과는 얼핏 보기엔 인디애나주에 굴러들어온 뜻밖의 횡재처럼 보였다. 자유시장 마법이 만들어낸 '윈윈(win-win)'의 완벽한 사례로 포장되었던 것이다. 대니얼스는 이 거액의 자금을 10년짜리 인프라 사업인 '메이저 무브스'에 대부분 투입하겠다고 공언했고, 그중 5억 달러는 '넥스트 제너레이션 트러스트(Next Generation Trust)'라는 이름의 기금에 예치해, 투자를 통해 불려 향후 인프라 수요에 대비하겠다고 약속했다. 그는 도로의 새 주인들이 이 공적 자산을 마치 자기 소유처럼 관리하며 시급한 유지보수를 제공할 것이라고 주장했다. 동시에 핵심 논거를 거듭 강조했는데, 이는 트럼프 대통령이 끝없이 반복하던 말과 같았다. 이 모든 것이 추가 세금 없이 가능하다는 점이었다.[5]

그 시점에서 왜 신트라 S.A.와 맥쿼리라는 두 노련한 기업이 인

138제III부

디애나주가 산정한 도로 가치의 두 배가 넘는 선급금을 기꺼이 내고, **게다가** 모든 유지보수와 개선 비용까지 떠안으려 했는지 의문을 품는 것은 지극히 합리적이었다. 그리고 시간이 지나 골드만삭스가 이 거래의 양쪽 모두와 얽혀 있었다는 사실을 알게 되고 나면, 왜 이 기업이 인디애나주에 이 계약이 '환상적인 기회'라고 조언했는지 의문이 제기될 수밖에 없다. 그 무렵 골드만삭스의 호주 자회사는, 협상 테이블 맞은편에 앉아 있던 기업들의 투자자로서 막대한 수익을 기대하고 있었다.

　이 사건에서 얻을 교훈은 많지만, 그중에서도 가장 중요한 것은 '추정치의 신뢰성'을 면밀히 검증해야 한다는 점일 것이다. 대니얼스 주 정부는 들뜬 마음으로 계약이 거의 마무리될 때까지 독자적인 분석 절차를 진행하지 않았다. 결국 처음 내놓은 총수입 19억 2,000만 달러 추정치는 실제와 거리가 먼 부정확한 수치로 드러났다. 이 추정치는 통행료가 거의 오르지 않을 것이라는 전제 아래에서만 성립하는 계산이었다. 그러나 그 전제는 애초부터 잘못된 것이었다. 누구나 언젠가 통행료 인상이 불가피하다는 사실을 알고 있었기 때문이다. 통행료 인상 가능성과 전자징수(electronic tolling)를 통한 징수 효율 향상까지 고려한 추정치는 초기 수치와 전혀 다른 결과를 보여주었다.

　대니얼스 주 정부가 75년 동안 공공 관리로 고작 19억 2,000만 달러밖에 벌지 못할 것이라고 한탄할 때, 맥쿼리와 신트라 S.A.는 투자자를 찾아다니며(각자 3억 7,400만 달러를 투자하고 유럽계 은행 일곱 곳에서 30억 달러를 빌려 예측 가능한 통행료 수익으로 상환할 계획이었다), 15년 안에 38억 5,000만 달러의 지출액을 회수할 수 있다고 은밀히 장담했다. 이는 이후 60년 동안 모이는 통행료가 거의 전부 순이익이 되며, 게다가 모두 민간의 몫이 된다는 뜻이었다. 장기 평가를 전문으로 하는 노트르담대학교의 한 경제학자는 합리적인 통행료 인상을 반영해 계산한 결과, 이 도로가 75년 동안 113억 8,000만 달러를 벌어들일 수 있다고 밝혔다. 그의 계산이 맞다면, 인디애나주의 실책은 미국인의 지갑에서 약 75억 3,000만 달러를 빼내 해외로 흘려보낸 셈이 된다.[6]

시민이 치르는 대가, 통행료 인상과 샛길 운행

통행료 인상 가능성을 추정치에 반영했던 이들이 옳았다는 사실은 계약이 체결되기도 전에 이미 드러났다. 결국 정치인 한 사람이 마침내 통행료 인상을 단행한 것이다. 역설적이게도, 그 정치인은 통행료 인상 없이도 충분하다고 주장하며 추정치 홍보에 열을 올렸던 당사자 미치 대니얼스였다. 사실 계약이 낙찰자에게 통행료 책정 권한까지 넘겨준 것이었기에, 모두가 인상이 뒤따를 것임을 알고 있었다. 다만 임대계약 조건상 인상 폭은 기존 통행료의 일정 비율로만 제한돼 있었다. 이 조건만으로는 영리를 위한 인상이 불가능했다. 컨소시엄이 넘겨받은 통행료는 1985년 이후 단 한 번도 인플레이션조차 반영되지 않은 상태였기 때문이다.[7]

이러한 상황에서 임대계약에 서명하기 직전, 인디애나주는 새로 들어선 인디애나 톨로드 컨세션(ITR Concession) 사에 새로운 기준요금을 설정할 수 있는 '선물'을 안겼다. 고속도로 전 구간을 주행하는 승용차의 통행료가 4.65달러에서 8달러로 급등했다. 더 짧은 구간의 인상률은 이보다도 더 컸다. 의회는 운전자의 부담을 덜어주려는 것인지 아니면 다음 선거까지 현실을 감추려는 것인지 알 수 없지만, 인디애나 주가 컨소시엄에서 받은 38억 5,000만 달러 가운데 일부를 전자 요금 (Electronic toll collection)을 내는 운전자들을 위한 10년 보조금으로 사용하기로 했다. 통행료 인상으로부터 운전자를 보호한다는 명분이었지만, 실제로는 유권자들의 분노를 피하려는 조치였다. 결국 주 정부가 컨소시엄으로부터 받은 2억 7,800만 달러는 일부 운전자를 위해 투입되는 동시에, **다시 컨소시엄의 지갑으로 되돌아갔다.**[8]

민주당 의원들의 반대 이유는 분명했다. 인디애나주 의원 스콧 펠라스(Scott Pelath)는 이 보조금이 "이를 법제화한 사람들에게 약간의 편의만 줬을 뿐, 골치 아픈 일들은 몇 차례 선거 뒤로 미뤄졌다"라고 말했다. 대니얼스 주 정부는 새로운 프로젝트와 개선이 "새로운 주 부채도, 납세자 부담도 없이" 시작됐다고 맞섰다. 그러나 통행료는 이미 오르고 있었고, 그 비용은 주 정부가 감당하고 있었다.[9]

특히 상용 트럭 운전자들을 포함해 보조금을 받지 못한 운전자들은 임대 후 첫 7년 동안 최대 76퍼센트의 통행료 인상을 감당해야 했고, 자유시장 경제에서 소비자들이 그렇듯 더 저렴한 경로를 찾아야 했다. 임대 논의 당시부터 도로 주변의 일부 기업과 주민들은 이를 우려했지만, 그들의 걱정은 무시됐다. 몇 년 뒤 교통조사에 따르면 대체 경로의 교통량이 "인디애나 톨로드가 임대된 2007년 무렵에 급증"했다.[10]

동시에 ITR의 교통량은 21퍼센트 줄어들었다. 트럭 운전자들의 온라인 커뮤니티에서는 주간 고속도로 규격에 미치지 못하는 30번 국도와 20번 국도를 이용해 높은 통행료를 피하는 방법이 공공연히 공유

공공, 모두를 잇다

됐다.[11]

　　이 운전자들은 유료도로를 피해 우회하는 '샛길 운행(shunpiking, 션파이킹)'—이 관행은 오랫동안 도로 민영화를 복잡하게 만들어왔다—이라는 오랜 미국식 운전 관행으로 대응했다. 샛길 운행자들의 집단적 선택은 교통 관리가 단순한 요금 인상을 넘어, 공익과 사익의 균형이라는 더 큰 과제와 맞닿아 있음을 보여준다. 상품을 판매할 때는 낮은 가격에 많이 팔거나, 높은 가격에 소수에게만 팔아 이윤을 남길 수 있다. ITR 컨세션은 분명 후자를 택했다. 일부 고객들이 보조금을 받아 통행료 인상의 고통을 덜 느낄 것이라 본 데 있었다. 이러한 선택은 민관 파트너십의 세계에서 흔히 내려지는 결정으로, 높은 통행료를 내면 빠른 통근을 보장하는 이른바 '렉서스 레인(Lexus Lane)'●이 확산된 데서 확인할 수 있다.

　　일반적인 시장이라면 수천 달러를 낼 수 있는 소수를 겨냥한 기업의 결정은 나머지 시장에 부정적인 영향을 미치지 않는다. 그러나 그 재화나 서비스가 공공재라면, 공공과 세금은 그 결정의 영향을 피할 수 없다. 트럭 운전자들이 ITR의 인상된 통행료를 피해 다른 도로를 이용하기로 하자 새로운 부담이 생겼다. 샛길 유지보수 비용이 크게 늘었고, 주 정부는 이 도로를 넓히고 주간도로 표준에 맞게 끌어올려야 하는 부담을 떠안았다. 도로 인근 주민들은 정체로 통근 시간이 길어졌고, 고속으로 달리는 트럭들로 위험이 커졌으며, 소음과 공해도 증가하는 상황

● 렉서스를 탈 만한 운전자들이 감당할 정도로 비싼 통행료를 내야 하는 유료 차선을 가리킨다. 일반 도로는 정체가 심한 반면, 이 차선은 높은 비용을 지불할 수 있는 사람들에게 빠른 통행을 보장한다는 점에서 교통의 공공성과 사회적 형평성 논란을 낳는다.

에 놓였다. 주민들은 최대한 통행료를 올리려 한 ITR의 결정이 초래한 결과를 감내해야 했다. 이 결정은 시민들에게 광범위한 영향을 미쳤으나 시민들은 의견을 낼 기회조차 없었다.[12]

설상가상으로 샛길에 가해지는 부담을 줄이려는 시도도 ITR 임대계약에 포함된 비경쟁 조항과 충돌할 위험이 있었다. 계약에 따르면 인디애나주는 75년 동안 ITR에서 교통량을 잠식할 수 있는 우회도로를 건설하지 못하며, 위반 시 위약금을 물어야 했다. 따라서 여러 상황에서 샛길 교통량 증가로 우회도로가 사실상 사용 불가능해지더라도 주 정부는 시민을 위해 최선의 조치를 취할 수 없었다. 인디애나주는 손발이 묶인 채, 계약에 따라 그 비좁은 콘크리트 도로에서 최대한의 수익을 짜내도록 민간기업을 돕는 처지에 놓였다.[13]

ITR 컨세션에는 공익이나 인디애나주 시민의 필요보다 앞선 이해관계가 있었다. 운영 첫해에는 드러나지 않았더라도 2008년 가을에는 분명해졌다. 거센 폭풍으로 북부 인디애나에 홍수가 발생하고 주요 도로 대부분이 폐쇄되자, 대니얼스 주지사는 비상사태를 선포하고 ITR의 통행료를 면제해 주민들이 대피하고 물자가 이동할 수 있도록 명령했다. 그러나 컨소시엄은 이에 따르면서도 변상을 요구했다. 결국 주 정부는 손실된 수익을 보전하기 위해 44만 7,000달러를 지급해야 했다. ITR에서 일하며 '팀스터즈(국제 트럭 운전사 형제단, International Brotherhood of Teamsters, IBT)' 노조 대표를 맡았던 마지 스튜어트(Margie Stewart)는 믿기 어렵다는 반응을 보였다. "왜 납세자들이 여기에 돈을 내야 합니까? 회사는 이미 충분히 돈을 벌고 있잖아요. 이건 재난 상황이었어요. 회사가 도와야 했습니다." 타당한 지적이었지만, ITR 컨세션은 채권자

공공, 모두를 잇다

와 투자자들의 요구에 답해야 했다. 그리고 수익만 바라보는 그들에게는 스페인이나 호주 사무실에 앉아 인디애나주 재난 피해자들에게 연민을 느끼는 일이 쉽지 않았다.[14]

잘못된 거래, 그리고 재협상

인수 8년 후, 마이크 펜스가 주지사로 있던 시절 ITR 컨세션은 파산했다. 법정관리를 신청하기 적어도 2년 전부터 이미 이상 신호가 나타났다. 운전자들은 파손된 도로를 어렵지 않게 발견할 수 있었고, 온라인에는 비위생적이고 허술한 휴게소에 대한 불만이 가득했다. 민영화 컨소시엄에 투자했던 한 유럽계 은행이 ITR 관련 채권을 1달러당 60센트에 처분하려 한다는 소문도 돌았다. 파산 사태가 닥치자 몇 가지 사실이 드러났다. 컨소시엄은 이자율 스와프(Interest Rate Swap)라는 복잡한 금융 수단을 이용해 40억 달러의 부채로 무모한 도박에 나섰던 것이다. 그 결과, 인디애나를 가로지르는 도로 운영과 무관한 손실로 21억 5,000만 달러의 추가 부채를 떠안게 되었다. 2014년 6월, 1억 200만 달러를 상환하지 못하면서, 불과 몇 달 만에 회사는 파산보호 신청 절차에 들어갔다.[15]

임차인의 파산신청으로 상황이 상당히 분명해졌지만, 누가 ITR의 부채를 떠안게 될지는 여전히 불분명했다. 다만 대부분의 정황은 매각과 관련해 단기적인 위험을 기꺼이 감수하려는 헤지펀드와 벌처 캐피털(vulture capital)을 가리키고 있었다. 그리고 이들의 도박은 성공했다.

ITR 컨세션이 60억 달러에 달하는 막대한 부채에 짓눌려 무너진 사이, 새로운 투자자들이 38억 5,000만 달러라는 과거의 눈길을 끌었던 낙찰가보다 더 놀라운 입찰가를 제시했다.

이 무렵 마이크 펜스는 주지사 첫 임기의 절반을 지나고 있었다. 원래 계약에는 임차인이 파산할 경우 주 정부가 도로를 인수할 수 있다는 조항이 있었다. 과거의 잘못된 결정을 되돌리고 도로를 시민들에게 돌려줄 기회였다. 그러나 인디애나주의 연방 상원의원 조 도널리(Joe Donnelly)의 권고에도 불구하고, 펜스는 임대를 유지한 채 새로운 입찰을 받기로 결정했다. 그 결정은 이해하기도 어렵고 충분한 정보에 근거하지도 않은 선택이었다. 그럼에도 다음에 이어질 일들에 비하면 그조차 사소한 일처럼 보일 정도였다.

새로운 입찰 과정에는 ITR의 민영화로 가장 큰 피해를 겪은 인디애나주의 두 카운티가 참여했다. 이들은 2008년 홍수 당시 이 도로를 대피로로 사용했던 지역이자, 통행료 인상 이후 민자도로를 피해 우회하는 대형 트럭들 때문에 매일같이 불편을 겪던 곳이었다. 이들의 입찰가는 공익과 공적 통제를 약속한, 충분히 타당하고 존중할 만한 제안이었다. 이는 이자율 스와프와 월가의 온갖 술수로 수익을 쫓던 무모한 방식 대신, 공익을 우선하는 안정적 운영으로 정상화를 모색하는 방안이었다. 그러나 이들은 민영화 재추진의 거센 물결, 곧 호주의 IFM 인베스터스가 내놓은 57억 2,000만 달러짜리 입찰에 맞닥뜨려야 했다.

과거 38억 5,000만 달러라는 낙찰가도 놀라웠지만, 이번 새 입찰가는 주 전체에 경종을 울렸어야 했다. 이 도로의 진정한 가치가 얼마인가? 왜 이해타산에 밝은 투자자들이 이미 파산한 인프라를 다시 손에 넣으려 하는가? 원래의 임대계약은 파산 사태 시 주지사가 매각을 승인할 권한을 갖도록 했고, 펜스는 제안서들을 철저히 평가하겠다고 약속했다. 그는 컨설팅·회계기업 KPMG에 보고서를 의뢰했지만, 시민들은 이 보고서를 결코 볼 수 없었다. 펜스가 정보공개법상 "심의자료 예외" 규정을 적용해 비공개로 묶어버렸기 때문이다. 공정한 입찰을 기대하며 참여했던 두 카운티의 변호사조차도 이 보고서를 확인하지 못했다. 결국 ITR은 공공으로 돌아오지 못한 채 IFM 인베스터스의 손에 넘어갔다. 낙찰가 57억 2,000만 달러 가운데 대부분은 인디애나주 정부가 아닌 ITR 컨세션의 부채 상환에 쓰였다. 그중 245만 달러는 파산한 회사의 다섯 임원에게 도로를 높은 가격에 처분한 대가로 보너스로 지급됐다.[16]

이 모든 사태의 이면에는 비교적 적은 금액인 11만 6,000달러가 있었다. 이는 IFM을 대리한 로펌 보즈로부터 마이크 펜스의 선거 캠프가 받은 정치자금이었다. 그러나 펜스가 이 공공자산에 대한 공적 통제권을 되찾을 수 있던 두 번의 기회를 무시한 데에는 더 분명한 정황이 있었다. 레이크와 라포르테 카운티의 입찰을 대리했던 변호사는 이렇게 회고했다. "펜스는 시장의 마법과 신비가 모든 문제를 해결한다는 걸, 거의 종교처럼 믿는 사람처럼 보였어요." 이런 경우 흔히 그렇듯, 이념이 상식을 압도했다.[17]

부통령이 된 후 펜스는 백악관에서 인프라 정책에 관한 자신의 구상을 적극적으로 내세웠다. 한편, 대니얼스 주지사가 마련한 통행료 보조금 제도가 만료되면서, 운전자들은 통행료가 126퍼센트까지 인상되는 상황을 감당해야 했다. 사실 인상분은 이미 반영되어 있었지만, 보조금 덕에 시민들에게 드러나지 않았을 뿐이었다. 이어 2017년 7월 보조금 제도가 끝난 지 불과 한 달 만에 새 임차인은 계약서 조항에 따라 또 한 차례 요금을 인상했다. 공적인 의견 수렴도, 공익에 대한 고려도 없이 이뤄진 이러한 인상은 2081년 임대 기간이 종료되어 도로가 주 정부에 반환될 때까지 지속될 것이다.[18]

우리의 가치, ITR이 남긴 교훈

인디애나주는 세수와 신규 인프라 건설·개선·보수 비용 사이의 재정 부족을 두고 서로 다른 가치관 속에서 선택을 해야 했다. 한쪽은 통행료 인상, 채권 발행, 세금 인상이 정부를 비대하게 만든다며 피해야 한다고 보았다. 그럴 바에는 차라리 시장 규칙에 따라 움직일 민간기업에 통제권을 넘기는 편이 낫다고 여겼다. 특히 인디애나 시민들에게 큰 손실을 안기면서도 막대한 현금 유입으로 이를 은폐해야 하는 경우라면 더욱 그렇다. 다른 한쪽은 시민들이 사용하는 만큼 비용을 부담해야 하며, 그 책임을 미래로 떠넘겨서는 안 된다고 보았다.

한쪽은 우리 세대의 결정을 미래 세대가 감당해도 무방하다고 여기고, 다른 한쪽은 우리가 비용을 스스로 치르고 다음 세대에 온전히 작동하는 인프라라는 유산을 남겨야 한다고 본다. 이 극명한 선택에 대해 경제학자이자 정치학자 존 B. 길모어(John B. Gilmour)는 논문에서 설득력 있게 설명했다. 그는 ITR 임대를 "세대 간 현금 이전(intergenerational cash transfer)"이라고 명명했다. 이는 곧 이런 거래가 우리의 아이들과 손주들의 몫을 빼앗는 것이라는 점을 점잖고 학술적인 방식으로 표현한 것이다.

미치 대니얼스가 주창하고 마이크 펜스가 이어간 ITR 민영화의 핵심 문제는 10개년 인프라 프로젝트인 '메이저 무브스'의 자금을 75년 임대계약으로 충당하려 했다는 점에 있다. 현세대는 모든 혜택을 누리지만, 다음 세대는 끝없이 오르는 통행료로 그 대가를 치러야 한다. 미래의 인디애나 시민들이 인프라를 개선하거나 수리하고자 해도 ITR에서 거둔 요금으로는 불가능하다. 이런 거래는, 혜택은 우리가 누리고 대가는 자손들이 치르게 하는 것이다.[19]

채권 발행은 '메이저 무브스'와 같은 대규모 프로젝트를 진행하는 데 가장 일반적인 자금 조달 방식으로, 대부분의 주는 대출 기간을 20~30년으로 제한한다. 이는 대출 기간이 혜택을 누리는 기간과 정확히 일치하고, 세대 간 도둑질을 막는 데 도움이 되기 때문이다. 반면, 기존의 공공 인프라를 민간기업에 장기 임대하는 방식('자산 재활용asset recycling'이라고도 한다)은 엄격히 규제되지 않아 이러한 제한을 회피할 수 있다. 일부 전문가들은 충분한 이유를 들어, 이 정교한 임대계약과 민관 파트너십의 핵심 목적이 세대 간 도둑질에 대한 제한을 우회하는 데 있다고 본다. 또 다른 이들은 채권 발행이 재정적으로 더 책임 있는 방법이라고 지적한다. 실제 추정에 따르면, 인디애나주 정부가 합리적으로 통행료를 인상하고 여러 차례에 걸쳐 20년 만기 채권을 발행했다면 38억 5,000만 달러의 4~5배에 달하는 수익을 거둘 수 있었을 것이다. 그렇게 되었다면 시민들은 도로에 대한 공공 통제권을 유지했을 것이며, 미래 세대는 스스로 결정할 자유를 누릴 수 있었을 것이다.[20]

그러나 자유시장이라는 종교는 지도자들로 하여금 시민들에게 선택권을 주지 않는 것이 최선이라고 믿게 만든다. 민영화론자들은 종종 정부가 제공하는 '공짜 혜택'에 시민들이 의존할 것이라 우려하며, 시민들이 민간보다 공공을 선택할 가능성을 차단할 기회를 노린다. ITR 임대는 국가 재정적 관점에서 참사였고 교통계획에도 악영향을 미쳤지만, 결과적으로 공공을 75년 동안 배제하는 효과를 낳았다. 작은 정부 옹호자들에게는 그것만으로도 충분히 비용을 감수할 만한 가치가 있었다.

공적 가치는 우리가 미래 세대에게 스스로 선택할 수 있는 능력을 포함해 무언가를 남기기 위해 최선을 다하도록 요구한다. 길모어는 후버댐이 천 년을 버틸 수 있게 설계됐다고 지적한다. 당시에도 더 값싼 방법은 있었지만, 이 거대한 프로젝트에 착수한 세대는 그것을 후손을 위한 선물로 여겼고, 1930년대처럼 수익이 미미했던 시절에도 자신들의 수익으로 비용을 감당하기로 했다. 우리가 우리 몫의 인프라 비용을 외면할 때, 그것은 우리 후손을 속이는 일일 뿐 아니라 부모와 조부모 세대의 헌신을 저버리는 일이기도 하다. 그들은 언제나 온전한 불꽃을 다음 세대에 건네주려 애써왔다.

8

이동하고 연결될 권리

대중교통, 광대역 통신망과 민간이 두른 장벽

도로와 통신 인프라를 공공재로 다루지 않는 태도는 '자유로운 시민'이라는 우리의 정체성과 충돌한다. 누군가 도로를 소유하고 우리의 앞길을 가로막는다면, 공공은 결국 샛길이나 우회로를 찾을 수밖에 없다. 인디애나주의 민자도로 컨소시엄은 이런 반응을 예상하고, 인근 도로를 개선하지 못하도록 공공을 구속하는 협약을 맺었다. 이는 민영화 세력의 전형적인 대응이다. 그들이 원하는 것은 진정한 의미의 자유시장 경쟁이 아니라, 독점이 보장해주는 수익이다.

공공이 이동권을 보장한다면 수많은 문제를 덜어낼 수 있지만, 이는 사고의 전환을 요구한다. 우리는 대중교통에 상당한 투자를 올바르게 하고 있지만, 동시에 승차할 때마다 요금을 부과한다. 그러나 승객이 부담하는 요금은 교통 예산의 작은 일부일 뿐이다. 왜 우리는 본능적으로 승객을 소비자로 취급하는 걸까? 우리는 초고속 인터넷 혁명을 지역 격차를 줄이고 농촌 지역에 경제적 기회를 가져올 계기로 칭송해왔다. 그렇다면 왜 우리는 그 일을 민간 통신기업에 맡길까? 우리 시민들은 자유로운 이동과 온전한 참여를 가로막는 장벽을 스스로 없앨 수 있으며, 언제든 다른 길을 찾아낼 수 있다.

공공의 이동은 사유화될 수 없다

연방 정부가 19세기 초 인프라 개발에 거의 손을 놓으면서, 민간 유료도로는 거의 유일한 대안처럼 보였다. 유료도로 기업들은 주 정부의 인가를 받아 설립됐고, 이사회가 투자자들로부터 자금을 모아 도로를 건설한 뒤 통행료로 회수하려 했다. 이들에게는 종종 막강한 권한이 주어졌다. 공공이 아니라 민자도로 설계자들이 경로를 정했고, 요금소의 위치도 보통은 기업이 선택했다. 주 정부는 일반적인 유지보수를 강제할 방법이 거의 없었다. 많은 경우 기업은 주변 지역, 심지어 사유지에서 도로에 필요한 원자재를 가져올 권한을 가졌다. 사업계획을 지역사회에 알리거나 동의를 구할 의무도 대체로 없었다. 통행료 역시 저렴하지 않았다. 코네티컷주에서 말을 탄 사람은 2마일(약 3.2킬로미터)을 이동할 때 4센트를 냈고, 사륜마차는 25센트를 내야 했다. 당시 육체노동자의 평균 일당이 약 1달러였음을 고려하면 적지 않은 부담이었다.[1]

'시버스(Civus)'라는 필명을 쓴 사람을 비롯해 많은 이들이 민자도로가 "부익부 빈익빈을 심화시키고", "공동체를 분열시킨다"고 보았다. 어떤 이는 "약간의 불편을 감수하더라도 자유와 평등을 지키는 것이 군주제식 편리함에 기대는 것보다 낫다"고 말하기도 했다. 그러나 이것이 이동을 멈추겠다는 뜻은 아니었다. 새로운 길을 찾거나 만들어 민자도로를 피하겠다는 의지였다. 이는 단순히 개인적인 통행료 회피에 그치지 않았다. 때로는 다수가 샛길을 반복적으로 이용해 아예 새로운 길이 형성되기도 했고, 때로는 지역사회가 힘을 모아 대안 무료도로를 만들어내기도 했다. 어느 쪽이든 민자도로에는 큰 타격이었다. 매사추세츠주의 한 유료도로 소유주는 "샛길 운행이 없었다면 수입이 60퍼센트는 더 많았을 것"이라고 불평했다. 뉴욕주의 한 유료도로 회사는 불만을 크게 제기한 끝에, 인가 조항을 고쳐 샛길 운행 혐의를 받은 사람이 입증 책임을 지도록 했다.[2]

"공공의 통행에는 사유재산이 있을 수 없다." 1837년, 미국 연방 대법원이 이렇게 판결했을 때는 이미 1800~1810년대 샛길 운행 운동이 지나간 뒤였다. 판결은 샛길 운행의 정당성을 법적으로 뒷받침하는 셈이었지만, 너무 늦은 인정이었다. "누구도 다리를 건너지 않는 한 통행료를 낼 의무가 없으며, 다리를 건너는 것은 어디까지나 선택적 행위다." 이 판결은 그 유명한 '찰스강 다리 대 워런 다리(Charles River Bridge v. Warren Bridge)' 사건에서 내려졌다. 보스턴과 찰스타운을 연결하던 찰스강 다리는 1785년에 인가된 민간회사의 소유물로서 이 회사는 40년 동안 통행료를 징수할 권리를 가졌고, 이후 그 기간은 70년으로 연장되었다.

프로젝트 초기 투자자들은 상당한 이익을 거두었다. 투입된 초기 비용은 약 4만 6,000달러였고, 최초 주식은 100달러에 팔렸다. 그러나

50년 동안 다리 통행료로 벌어들인 금액은 120만 달러를 넘었고, 그 무렵 주식 가치는 2,000달러까지 올랐다. 그럼에도 소유주들은 통행료를 낮추거나, 다리를 개선하거나, 매일 양쪽에 쌓이는 교통 체증을 해소하려는 시도를 전혀 하지 않았다. 이에 시와 주 정부는 새로운 다리 건설을 인가했는데, 이 다리는 무료로 운영되며 6년 뒤 공공 소유로 환원될 예정이었다. 찰스강 다리 소유주들이 소송을 제기했으나, 의외로 친공공적인 대법원의 판결을 맞닥뜨리게 된 것이었다.

법원은 좁은 범위의 해석에 근거해 판결을 내릴 수 있었다. 기존 인가 조항에는 시와 주가 새 다리를 건설하지 못하게 하는 명시적인 제한이 없었기 때문이다. 법원은 단순히 찰스강 다리 소유주들에게 애초에 더 나은 계약을 맺었어야 한다고 말할 수도 있었다. 그러나 법원은 거기서 더 나아갔다. "사유재산의 권리는 신성하게 보호되지만, 우리는 공동체 또한 권리를 가지고 있다는 사실을 잊어서는 안 된다."[3]

이는 대개 그렇듯 이론상으로만 존재하며 실제 상황에 거의 적용되지 않았던 숭고한 원칙이다. 사적 소유권과 공동체의 필요 사이에서 균형을 맞추려는 시도는 여전히 부족하다. 공동체에 이동하고 소통할 권리가 있다는 사실이 간과되기 일쑤다. 예컨대 어떤 기업은 비경쟁 조항을 포함한 계약을 맺거나, 민자도로와 유료 고속차선을 통해 시민을 소비자처럼 취급할 수 있다. 친민영화 정치인들은 이런 행위를 기꺼이 되풀이해왔다. 그러나 시민들은 '샛길 운행'의 권리를 쉽게 포기하지 않고, 이제 그 활동 범위를 대중교통과 광대역 인터넷 같은 공공서비스로까지 확장하기 시작했다.

선불 대중교통과 이동권

이 책의 저자 중 한 명은 워싱턴 D.C. 남동부의 작은 성인학습센터에서 교사이자 프로그램 매니저로 근무한 경험이 있다. 이곳 수강생들은 고등학교 졸업장을 따기 위해 열심히 공부했다. 대부분 실업자였고, 어떤 이는 보호관찰 상태였으며, 모두가 사회의 가장자리에 놓여 있었다. 이들은 사회복지사나 보호관찰관이 지켜보지 않을 때도 절실하게 노력했다. 그리고 고등학교 졸업장이 더 주체적이고 힘 있는 삶으로 나아가는 첫걸음이라고 굳게 믿었다.

그런 절실함에도 여러 학생이 두세 시간이 지나면 공부를 멈추고, 미안하다는 말을 남기며 황급히 문밖으로 나섰다. 문제는 대부분이 버스를 타고 수업에 왔다는 점이었다. 당시 워싱턴 D.C. 시내버스 요금 체계에서는 4시간 동안 유효한 종이 환승권을 주었고, 그 안에 다시 갈아타면 교통비를 절반으로 줄일 수 있었다. 그래서 학생들은 늘 이 정해진 시간제한을 의식하면서, 때로는 공부 도중에도 서둘러 자리를 떠야 했다.

버스 타는 시간을 걱정하지 않아도 된다면 학생들은 얼마나 더 성취할 수 있었을까? 요금함에 돈을 넣을 필요가 없다면? 대중교통이 학교나 인도처럼 당연히 존재하는 것이라면? 그 발상은 비현실적인 것으로 여겨졌다.

그러나 터무니없는 것은 언제나 그 반대편에 있다. 왜 우리는 대중교통을 이용하면서 요금을 내야 할까? 모든 도시는, 심지어 중소도시조차도 대중교통을 갖춰야 한다. 대중교통은 우리 모두에게 이익을 주며, 막대한 도로 보수와 확장을 줄이고, 오염을 줄이며, 교통량을 완화한다. 사람들을 일터로 데려다줌으로써 우리에게 필요한 서비스를 가능하게 하고 세수도 늘린다. 어떤 이들에게 버스가 유일하거나 가장 선호하는 이동수단일 때, 그리고 그들의 선택이 우리 모두에게 이익을 줄 때, 어째서 요금을 부과해 추가적인 장벽을 만들어 이동을 가로막는 것일까? 관점을 조금만 바꾸어 보면, 승차할 때마다 요금을 내는 일이야말로 훨씬 더 터무니없게 느껴진다. "집으로 돌아가는 길에 가로등을 밝히려고 동전을 넣지는 않죠. 공원이나 도서관에서 분 단위로 요금을 내지도 않습니다." 브뤼셀자유대학교의 박사후 연구원 보이치에흐 켐브워프스키(Wojciech Kębłowski)는 이렇게 지적했다. 그런 것들은 그저 거기에 존재할 뿐이다.[4]

우리는 대중교통이 공공재라는 사실을 잊고 그것을 소비재처럼 취급하곤 한다. 소비주의적 충동에 이끌려, 대중교통의 모든 이용을 장려해야 할 혜택이 아니라 착취되고 회수돼야 할 비용으로 여기게 된 것이다. 더 나아가 생각해볼 수 있다. "사실은 교통 문제가 아니에요." 브루킹스 연구소(Brookings Institution)의 인프라 전문가 애디 토머(Adie Tomer)가 승차요금을 없애는 문제에 대해 이렇게 말했다. "중요한 건 사람들이 자유롭게 이동해 지역경제와 지역사회의 온전한 구성원이 될 수 있도록 보장하는 것입니다."[5]

미주리주 캔자스시티는 2019년 시내버스 요금을 폐지하며 새로운 사고방식을 전면적으로 받아들였다. 캔자스시티 지역교통청의 사장 겸 CEO 로비 매키넌(Robbie Makinen)은 이렇게 변화를 알렸다. "영리사업을 하는 것처럼 행동하는 일을 멈춰야 합니다. 영리기업이 아니기 때문입니다. 우리는 사람을 위한 일을 하고 있습니다. 사람들을 돌보는 게 우리의 임무이고, 요금을 폐지하는 일이 바로 그 역할을 하는 것입니다.” 다른 이들은 요금 폐지가 “도시를 바라보는 완전히 새로운 시각”을 열어주었다고 말한다. 여기에는 세금을 어떻게 내고, 서로 어떤 관계를 맺을지에 관한 문제도 포함된다. 이것은 이동을 권리로 확립하는 데 도움이 되고, 선택지를 넓혀 자유를 확장시킨다. 민간 교통수단은 사라지지 않겠지만 변화에 적응할 것이며, 그 실제 비용을 더 분명히 인식하게 될 것이다. 더는 하나의 길에만 묶이지 않을 것이다. 어떤 단일 법인이나 산업도 이동을 독점하지 못할 것이다.[6]

캔자스시티 시의회는 시내 교통요금을 전면 무료화하는 안건을 만장일치로 통과시켰고, 이로써 이 방식을 채택한 미국 최대 규모의 도시가 되었다. 워싱턴주 올림피아시, 매사추세츠주 로렌스시, 그리고 아칸소주 오자크시(인구 3,500명에 버스노선 두 개가 있는 도시)는 이미 이 조치를 시행했다. 2020년 가을에는 콜로라도주 덴버시와 조지아주 애틀랜타시도 이를 검토했다. 캔자스시티의 경우, 이러한 사고의 전환은 ‘요금’이 실제로 도시 전체에 어떤 의미를 갖는지 되돌아보게 했다. 그 금액은 전체 교통 예산의 10퍼센트도 채 되지 않았다. 한 시의원은 이렇게 말했다. “그리 큰돈이 아니었어요.” 로렌스의 시장 대니얼 리베라(Daniel Rivera) 역시 비슷한 결론에 이르렀다. 그가 있는 도시는 대중교통 요금 수입이 연간 22만 5,000달러에 불과했다. 메우기 어려운 구멍이 아니었고, 무엇보다 그는 이렇게 말했다. “이건 공공재니까요.”[7]

이를 지지하는 이들은 종종 이 방안을 “무료” 대중교통이라 부르지만, 사실 무료가 아니다. “우리는 이를 선불 요금제라고 봅니다.” 노스캐롤라이나주 채플힐 트랜짓(Chapel Hill Transit)의 브라이언 리치필드(Brian Litchfield)가 이렇게 말했다. 채플힐은 2002년 요금을 폐지했고, 이후 승객 수가 두 배로 늘었다. 줄어든 요금 수입을 재산세나 차량 등록세로 충당해야 한다는 주장은 설득력이 있다. 주택 소유자와 운전자 모두 비록 직접 이용하지 않더라도 훌륭한 대중교통으로부터 혜택을 보기 때문이다. 또한 교통요금을 징수하는 데에도 비용이 든다는 사실 역시 중요한 논거다. 정교한 전자 매표 체계는 유지보수가 필요하고, 동전을 은행까지 운반해야 하며, 단속 인력도 투입돼야 한다. 뉴욕시 광역교통공사(MTA)는 2019년 무임승차 단속 강화를 통해 매년 2억 달러의 손실을 막겠다는 명목으로 경찰 500명을 추가 채용하고, 교통경찰 인력을 2억 4,900만 달러 규모로 확충하겠다고 공언했다. 하지만 이런 순환 논리를 벗어나면, 소액 범죄 단속에 막대한 비용을 쏟아붓기보다 불필요한 단속 비용을 피하는 방식으로 자금을 마련하는 편이 더 합리적일 수 있다. 이런 접근은 특히 청소년과 소수인종에게 집중되는 불합리한 부담을 줄이는 데에도 도움이 된다. 공공의 이익을 먼저 생각하기 시작하면, 교통부문이 전체 온실가스 배출의 30퍼센트를 차지하며 다른 어떤 부문보다 많다는 사실이 눈에 들어온다. 그렇다면 이 위기를 막기 위해 노력하는 사람들에게 요금을 부과하고, 때로는 무임승차자라는 이유로 범죄자 취급을 해야 할 이유가 있을까? 결국 승차 시 요금을 내는 방식은 대중교통을 제공해야 할 공공재가 아니라, 구입해야 할 상품으로 여길 때에만 타당하다.[8]

　　무임 대중교통 지원방안이 조용히 힘을 얻어가는 동안, 반대 측에서는 오히려 요란한 캠페인을 벌였다. 이들은 대중교통을 공격하고,

공공, 모두를 잇다

실현 가능성이 낮은 민간 대안을 내놓았다. 이 캠페인을 주도한 세력 가운데 가장 두드러진 곳은 억만장자 찰스 코크(Charles Koch)가 자금을 댄 '번영을 위한 미국인들(Americans for Prosperity, AFP)'이었다. 이 단체는 테네시주 내슈빌에서 방대하고 표적화된, 매우 효율적인 캠페인을 펼쳐 대중교통 주민투표안을 무산시키는 데 큰 역할을 했다. 또 애리조나주, 아칸소주, 미시간주, 위스콘신주에서도 비슷한 활동을 전개했다.[9]

피닉스에서는 도시철도 건설이 막 시작되려던 초기에 교통계획 담당자들이 지역 반대자들의 요구에 대응하고 있었다. 그때 외부 자금이 대거 유입되면서, 단순히 "일부 도로의 현상 유지"를 요구하던 수준이 극단적인 주민투표안으로 변질됐다. 그것은 예정된 사업에 대한 단순한 '반대'가 아니라, 도시 내 모든 향후 경전철 건설을 전면 금지하자는 내용이었다. 시장은 그때를 떠올리며 말했다. "외부 단체가 이렇게 발의안을 통째로 써서 들고 온 건 처음 봤습니다." 애초에 경전철에 회의적이던 지역 주민들조차도 캠페인이 '경전철 전면 금지'라는 극단적 방향으로 치닫자 그 입장과는 선을 그었다. 한 인사는 외부압력이 "운동을 더럽혔다"고 표현했다. 결국 유권자들의 62퍼센트가 코크가 자금을 댄 캠페인의 제안에 반대표를 던지면서 경전철 금지안은 무산됐다.[10]

그러나 이 운동은 막대한 자금과 조직력을 갖춘 만큼, 쉽게 사라지지 않을 것이다. 그들은 구조적인 이점을 가지고 있다. 고속도로 예산은 주와 연방 정부의 예산에 이미 '상수'처럼 포함되어 있지만, 새로운 대중교통 사업이나 기존 노선의 확장은 대개 주민투표를 거쳐야 하기 때문이다. 당장 눈앞에 보이는 비용은 큰 대신에, 장기적으로 축적될 편익과 절감 효과를 즉각 보여주기란 어렵다. 그리고 AFP가 집집마다 찾아다니며 전한 메시지는 몹시 단순했다. "세금은 이미 너무 많습니다. 또 다른 세금을 원하시나요?"

대중교통을 대체할 자유시장식 대안으로 코크의 AFP와 카토연구소(Cato Institute)는 버스 대신 우버(Uber)를 이용하자고 제안한다. 이들은 우리 사회가 버스와 철도에 재원을 낭비하고 있다고 주장하며, 승차공유 기업이야말로 '순수한 자유시장 해법'을 제공한다고 말한다. 그러나 이러한 왜곡된 시각은 현재 우리의 상황과 전혀 맞지 않고, 자유시장이라 부르기도 어렵다.[11]

리프트(Lyft)와 우버 같은 승차공유 서비스 기업은 세련되고 개인주의적이며, 비노조적이고, 대체로 아무런 규제도 받지 않는다. 이런 면에서 자유지상주의자들이 꿈꾸는 이동수단이다. 그러나 합리적 시장을 믿는 이들에게는 기묘한 선택일 수 있다. 두 회사는 수익성이 없고, 자본을 끌어들이기 위해 설계된 '과대선전 장치'에 가깝다. 투자자들은 부진한 IPO 성적을 통해 이들의 사업모델이 지속 불가능하다는 사실을 깨달았다. 현재는 각각의 운행이 사실상 투자자들의 보조금으로 유지되고 있으며, 회사들은 승차 건수를 늘리기 위해 서비스를 인위적으로 저렴하게 유지하고 있다. 그러나 그들 자신도 오래 지속될 수 없다는 사실을 알고 있다. 그래서 이들은 대중교통의 승객을 흡수해 버스와 기차를 밀어내는 것을 "거대한 시장 기회"로 삼고 있다. 우버는 심지어 2019년 4월 투자자들에게 제출한 공개 자료에서 대중교통을 완전히 대체하겠다고 밝혔다가, 부정적 언론 보도가 이어지자 곧 이를 철회했다.

그러나 이 같은 PR 메시지의 전환은 시장점유율을 늘리고 수익성 격차를 메우려는 새로운 전략을 예고했다. 플로리다주 탬파시와 세

공공, 모두를 잇다

인트피터즈버그시에서 우버는 환승 거점까지의 짧은 구간을 1달러에 이용할 수 있는 '라스트 마일(Last Mile)' 서비스를 시작했다. 나머지 비용은 납세자들이 부담한 시 예산으로 충당됐다. 2019년 중반까지 우버는 다양한 유형의 정부 기관과 20건의 파트너십 협정을 맺었고, 리프트는 50건에 달했다.[12]

이를 자유시장 해법이라 부르는 것은 허구에 불과하다. 우버와 리프트가 승리한 곳은 교통시장이 아니라 투자시장이었다. 이제 이들은 진정한 공공 대안까지 상대로 삼아, "소비자를 플랫폼으로 끌어들이고 개인 차량이나 대중교통에서 멀어지게 함으로써" 공공자금으로 수익을 내고자 한다. 그렇게 되면 이들은 대중교통의 자금을 전용하는 동시에 도로를 더 혼잡하게 만들 것이다(운전자들이 다음 승객을 찾느라 빈 차로 돌아다니는 시간이 많아 개인 차량보다 혼잡을 더 키운다). 결국 교통은 더 막히고 선택지는 줄어들 것이며, AFP가 즐겨 쓰는 표현을 빌리자면 '더 적은 자유(less freedom)'가 주어질 것이다.[13]

시민들은 이동할 권리를 가져야 한다. 자동차는 사라지지 않을 것이고, 승차 서비스도 아마 겨우 유지될 것이다. 그러나 이런 민간 선택지가 지나치게 비싸지거나 교통정체에 갇히면 시민들에게는 다른 대안이 필요하다. 그리고 그 어떤 민간기업도 이동권을 독점해서는 안 된다.

공공 광대역 인터넷과 경제 주권

도로나 공항, 전기, 우편, 인터넷을 통해 농촌을 연결하는 일은 결코 수익성 있는 사업이 아니다. 교외와 농촌에 사는 주민들이 스스로 경제적 운명을 개척할 기회를 갖도록 하려면, 우리는 공공도로, 항공교통에 대한 공적 통제, 제대로 기능하는 우편 서비스를 지지해야 한다. 이 모든 것이 농촌의 선택지를 넓히고 자립을 가능하게 하지만, 21세기에는 이 정도만으로는 충분하지 않다. 경제적 운명을 온전히 쥐기 위해서는 빠르고 안정적인 광대역 인터넷이 필요하다.

테네시주에 속한 인구 1만 8,000명의 소도시 털러호마 주민들은 1990년대 후반, 대형 통신사들이 광대역 인터넷을 도입하지 않을 것임을 깨닫고 자체적으로 사업을 시작했다. 이후 시가 운영하는 광대역 인터넷은 AT&T가 제공하던 것보다 무려 80배 빠른 초당 1기가바이트의 다운로드 속도를 제공했다. 이 투자는 성공을 거두었고, 저렴하고 안정적인 서비스 덕분에 새로운 기업들이 생겨나거나 외부 기업들이 이전해왔다. 경찰서와 법원, 교도소 등 원거리에 있는 기관들을 대상으로 문서 관리 서비스를 제공하는 소프트웨어 스타트업 애지센트(Agisent)도 빠르고 안정적인 연결망에 전적으로 의존하는 만큼 사우스캐롤라이나에서 본사를 옮겨왔다.[14]

자유시장이 품질 개선에 실패하고 수요도 충족하지 못하자 공공이 나선 것이다. 거기서 끝났어야 했지만, 불행히도 이 같은 사례들은 거대 통신사들의 눈길을 끌었다. 그러나 그들의 관심은 자유시장의 가치에 따라 서비스를 확장하고 개선하며 고객을 중시하는 쪽이 아니라, 이런 움직임이 퍼져나가는 것을 차단하려는 것이었다. 그리고 곧 정치적 영향력을 행사했다. 1999년, 테네시주 정부는 도시나 마을이 운영하는 광대역 서비스를 기존에 전기공급을 받지 않는 고객에게는 팔 수 없

공공, 모두를 잇다

도록 하는, 매우 기묘하고 특정한 대상을 노리는 법을 통과시켰다. 이로 인해 털러호마 외곽의 소규모 기업들은 순식간에 손발이 묶였다. 털러호마와 그 주변 지역을 대표하는 재니스 볼링(Janice Bowling) 주 상원의원은 자신이 대표하는 농촌 지역 주민들이 AT&T나 차터 커뮤니케이션스(Charter Communications), 혹은 다른 어떤 통신사라도 광대역 인터넷망을 설치해주길 인내심 있게 기다리는 모습을 지켜봤다. 60대 공화당 의원인 그녀는 "자본주의와 자유시장을 믿습니다"라고 말하곤 한다. 그러나 이 일을 계기로 자유시장이 언제나 자신과 같은 작은 지역 시장에 관심을 가지는 것은 아니라는 사실을 깨달았다. "그들이 들어오지 않겠다면, 테네시 주민들이 스스로 나서야 합니다."

볼링은 털러호마가 공공전력 서비스 구역 밖으로도 인터넷망을 확장할 수 있도록 허용하는 법안을 발의했다. 그러나 곧 통신 대기업들이 수백만 달러를 쏟아부어 반대 운동을 벌이겠다고 위협하는 모습을 지켜봐야 했다. 그녀는 그들과의 회의가 우호적인 자리라고 생각했지만, 한 대형 통신사 대표가 몸을 앞으로 숙이며 말했다. "이번 일이 소송으로 번지는 건 저도 원치 않습니다." 그 한마디 이후, 볼링의 법안을 향한 지지는 순식간에 사라졌다.[15]

털러호마 외곽에 거주하는 매트 존슨(Matt Johnson)은 느리고 비싼 연결망에서 조금이라도 속도를 짜내기 위해 직접 신호 증폭기를 만들어 집에 설치했다. 존슨의 본업은 엔진 성능을 모니터링하는 계측기 제조인데, 볼링의 입법안이 기각된 탓에 그는 털러호마로부터 초고속 인터넷 서비스를 제공받을 수 없었다. 존슨의 고객은 중국에서 남아프리카공화국까지 퍼져 있었다. 그런 만큼 원활한 글로벌 거래를 위해 도로와 전기만큼이나 안정적인 인터넷 연결이 절실했다. 경쟁사들은 이미 그런 인프라를 바탕으로 자동화와 3D 프린팅, 네트워크로 연결된 장비를 적극적으로 활용하고 있었다. 존슨 같은 사업가들에게 광대역 인터넷에 대한 공공투자는 경제적 독립과 혁신의 전제를 의미한다. 그러나 통신사들은 이런 필수 서비스를 제공하지 않을 뿐 아니라, 공공이 스스로 해결하려는 시도마저 가로막았다.[16]

앞날을 내다보는 도시 관리자들과 계획자들은 광대역 통신망을 또 하나의 공공재이자 이미 제공하고 있는 공공서비스의 연장선으로 보기 시작했다. 켄터키주 루이스빌시 시민혁신국 국장 그레이스 심롤(Grace Simrall)이 말했다. "이 시대에 전기설비가 없는 도시에 누가 가겠습니까? 상수도나 고속도로 접근성이 없는 도시에 누가 가려고 하겠습니까? 광대역 인터넷망도 그런 인프라입니다." 샌프란시스코의 마케팅 최고책임자(CMO)는 이렇게 덧붙였다. "기본 중의 기본입니다. 우리는 도로의 구멍을 메우고 거리를 청소합니다. 그리고 맞아요, 이제는 와이파이를 제공합니다. 시민들은 그걸 당연히 기대합니다." 이는 일시적인 감상이 아니다. 지역자립연구소(Institute for Local Self-Reliance, ILSR)에 따르면, 미국 내 130개 이상의 도시와 마을이 자체적으로 광대역 통신망을 제공하고 있다. 그중 대부분은 중소도시로, 민간 인터넷 업체들이 시장이 작다며 외면한 곳에서 공공이 직접 초고속 인터넷을 깔기 시작한 것이다.[17]

미국 19개 주는 여전히 지역 내 광대역 통신망의 건설이나 확장을 엄격히 제한하는 법을 두고 있다. 이는 주 차원의 법으로, 도시나 마을이 주민들에게 이 서비스를 제공하면 오히려 처벌받게 된다. 노스캐롤라이나주 법은 도시 경계 밖 누구에게도 서비스를 제공하지 못하게 막을 뿐 아니라, 한술 더 떠 공공 광대역 통신망에 영리기업처럼 과세한다. 또한 주 내 모든 도시는 공공 대안을 추진하기 전에 반드시 민관 파트너십을 먼저 모색해야 한다. 가장 두드러진 부분은, 노스캐롤라이나법이 도시들로 하여금 일반채(General Obligation Bond)로만 네트워크 건설비를 충당하도록 강제한다는 점이다. 일반채는 문제가 생기면 위험을 전적으로 납세자에게 전가하지만, 수익채(Revenue Bond)는 위험을 채권 보유자와 나누는 방식이다. 납세자에게 부담을 떠넘기려는 노스캐롤라이나의 시도는 교묘한 술책 가운데 하나로, 여러 주에서 그대로 답습되었다. 결국 이런 조치들은 모두 모여, 점점 더 불가피해 보이는 공공 광대역의 확산을 가로막기 위한 장벽이 되었다. 이 장벽들은 거대 통신사들이 공공 광대역 통신망을 얼마나 두려워하는지 분명히 보여준다.[18]

사우스캐롤라이나주 역시 노스캐롤라이나주를 따라 1년 뒤 비슷한 법안을 통과시켰다. 미주리주는 네트워크 건설을 위해 주민투표를 의무화하는 동시에, 시 정부가 다른 영역에서 얻은 수익을 네트워크 건설에 쓰지 못하도록 금지하는 법률을 제정했다. 캔자스주에서는 사실상 모든 공공 광대역 통신망의 구축을 금지하는 법안이 주 의원의 발의 없이 곧장 주 의회에 상정되었는데, 이는 컴캐스트(Comcast), 콕스(Cox), 이글 커뮤니케이션즈(Eagle Communications), 타임 워너 케이블(Time Warner Cable) 등 케이블·통신 기업들의 이해를 대변하는 캔자스 케이블통신협회 회장이 직접 발의한 것이었다. 사실상 이 법안과 다른 유사한 법안들은 미국입법교류협회(ALEC)가 만든 표준 입법안인 '지방 통신 민간산업 보호법(Municipal Telecommunications Private Industry Safeguards

Act)'을 거의 그대로 베끼거나 크게 참고한 것이었다.[19]

초고속 인터넷 산업과 그 산업을 풍족한 캠페인 자금으로 뒷받침하는 정치인들에 따르면, 지역 광대역 통신망에 반대하는 싸움은 곧 자유시장을 위한 싸움이다. 한 통신사 임원은 『로키 마운틴 뉴스(Rocky Mountain News)』에 이렇게 말했다. "공공의 세금을 경쟁적인 산업에 투자하는 것은 부적절합니다." 미주리주의 반지역 광대역 통신망 법안을 발의한 로키 밀러(Rocky Miller)는 자신의 의도가 단지 "경쟁의 장을 공정하게 만들고, 지방정부가 제공하는 사회주의적·비상업적 서비스를 없애려는 것"이라고 설명했다. 그러나 이 논의에는 몇 가지 결정적인 사실이 빠져 있다. 첫째, 광대역 통신망 시장에는 대부분의 지역에서 경쟁이 거의 없다. 일반적으로 인터넷 제공업체들은 특히 농촌과 소도시에서 독점 형태로 운영되고 있으며, 이들 기업은 꾸준히 통폐합되고 있다. 둘째, 중소도시들의 권한이 지나치게 강력해 거대 통신사들이 오히려 '공정한 경쟁의 장'을 요구해야 할 만큼 불리하다는 발상은 터무니없다. 이는 주장 자체로도 그렇지만, 특히 주 차원의 정치인들과 이 수십억 달러 규모 산업 사이의 밀착 관계를 보면 더욱 그렇다.[20]

지역 광대역 통신망을 "사회주의적"이라고 지칭한 밀러는 통신업계 이해단체로부터 4,700달러의 선거 자금을 받은 이력이 있다. 테네시주 정부가 연방통신위원회(FCC)와 소속 도시 채터누가시를 상대로 소송을 제기했을 때, 그들은 FCC 전 의장이 설립한 로펌이자 AT&T, 버라이즌(Verizon), 퀘스트(Qwest) 등을 대리해온 와일리 라인(Wiley Rein)을 변호인으로 선임했다. 노스캐롤라이나주도 사정은 비슷했다. 소속 도시 윌슨시가 공공 광대역망을 추진하자, 이에 반대하는 '반광대역 법안'을 통과시켰는데, 그 법을 밀어붙인 주 법무장관은 2012년 선거에서 통신사들로부터 3만 5,000달러의 후원금을 받은 이력이 있었다. 테네시주 정치판에서 통신기업들의 영향력은 압도적이다. AT&T는 정치권에 130만 달러, 컴캐스트는 50만 달러를 기부했다. 2014년 노스캐롤라이나주 선거에서도 통신업계의 정치자금 87만 달러가 흘러들어갔다. 그러나 이마저도 콜로라도주 한 지역의 주민투표를 저지하기 위해 쏟아부은 천문학적인 금액에 비하면 미미했다.[21]

2005년, 콜로라도주는 시민들이 광대역 네트워크를 구축하지 못하도록 막는 데 앞장선 주 가운데 한 곳이었다. 그해 통과된 법안은 공공 광대역의 가능성을 검토하거나 추진하려는 모든 시도에 대해 반드시 주민투표를 거치도록 규정했다. 2009년, 콜로라도주 롱먼트시는 주민투표를 통해 계획을 추진하기로 결정했고, 몇 년 지나지 않아 9만 명의 주민은 물론 도서관과 학교, 기업들에도 기가급 서비스를 제공할 수 있었다. 2017년, 포트콜린스시도 시민들에게 이와 비슷한 서비스를 원하는지 물었다. 통신업계는 콜로라도 케이블통신협회의 자금을 지원받는 어용단체 '프라이어리티스 퍼스트 포트콜린스(Priorities First Fort Collins)'를 내세워 반대 캠페인을 벌였고, 투표를 저지하기 위해 90만 달러 이상을 쏟아부었다. 이에 맞선 주요 세력은 '포트콜린스 시민 광대역 위원회(Fort Collins Citizens' Broadband Committee)'로, 이들이 캠페인과 광고에 투입한 돈은 겨우 1만 5,000달러에 불과했다.[22]

사태가 정리된 뒤 유권자들은 57퍼센트 찬성으로 광대역 통신망 계획을 승인했다. 그 외에도 콜로라도주의 19개 도시와 마을이 2005년 주 법을 거부하고 각자 선택지를 모색하기 시작했다. 각 지역 주민들은

61퍼센트에서 90퍼센트까지 압도적인 찬성표를 던졌다. 2020년에는 덴버, 버서드, 잉글우드 주민들이 모두 주 법 적용을 거부하기로 결정했으며, 덴버시 유권자들은 83.5퍼센트 찬성으로 투표를 마쳤다. 변화가 일고 있다. 물론 대형 통신사와 케이블 업계는 이 변화를 달가워하지 않는다. 의료인들은 환자와 공중보건 데이터를 공유하고 원격진료를 하기 위해 광대역 통신망이 필요하다. 도서관은 지역사회를 지원하는 데 광대역 연결을 활용하고, 지식산업은 데이터와 모형, 발표자료를 공유하는 데 쓴다. 원격근무는 교통정체로 낭비되는 시간을 줄이고 삶의 질을 뚜렷이 높여준다. 인터넷에 대한 보편적 접근은 사람들이 일자리를 찾고, 교육 훈련을 받고, 공공서비스와 연결될 수 있도록 하여 불평등을 완화하는 데 공헌한다. 그리고 2020년 팬데믹이 보여주었듯이, 광대역 통신망에 접근할 수 있느냐 없느냐가 학교에 다닐 수 있느냐 없느냐를 가르는 기준이 되기도 했다.

도시가 시민의 통제력이 미치지 않는 독점적 기업에 필수적인 것을 맡기는 것은 어리석은 일이다. 그러나 이는 민영화 옹호자들이 바라는 것과는 정반대의 흐름을 불러온다. 1970년대 반공공 활동가들은 쓰레기 수거 같은 서비스와 기반시설을 먼저 표적으로 삼을 수 있다고 여겼다. 이것들을 민영화하면 더 많은 것들이 뒤따를 것이라는 식이었다. 그러나 실제로는 다른 방향으로 나아가고 있다. 앞서 살펴본 것처럼 시민들은 점차 상수도를 공공 소유로 두기를 원한다. 그리고 콜로라도주 스노매스 빌리지에서 주민의 90퍼센트가 찬성하며 지역 광대역 통신망을 승인한 사례가 보여주듯이, 시민들은 자신들의 정보 인프라와 지역경제에 대한 통제권을 원한다.

＊ ＊ ＊

인프라는 도로, 철도, 다리만이 아니다. 인프라는 곧 경제의 향방을 가리킨다. 어디에, 어떻게 투자할지에 관한 결정은 지역경제에 지속적인 영향을 남기고, 결국 지역사회의 삶을 빚어낸다.

그렇다면 인프라의 우선순위를 정할 때 어떤 질문을 던져야 할까? 우선 우리가 무엇에 가치를 두는지 물어야 한다. 지역사회가 스스로 경제를 형성할 권리보다 국가적 시장에 더 큰 가치를 두어야 할까? 지역사회와 동떨어진 기업들이 그 지역사회를 좌우할 중대한 결정을 내려도 될까?

공공자산을 어떻게 활용할지에 대해 우리의 자녀와 자손들의 권리를 존중하고 있을까? 본래 그들에게 돌아가야 할 자금을 끌어다 당장의 우리를 위해 쓰고 있는 것은 아닐까?

우리는 사익이 아니라 공익을 위해 세워진 인프라에 접근할 수 있을 때 번성하는 다양한 경제를 소중히 여기고 있나?

우리는 그런 다양한 경제에서만 성공할 수 있는 중산층과 기업가들을 존중하고 있나?

그리고 마지막으로, 우리는 민주적 통제를 소중히 여기는가? 이리 운하에서 털러호마에 이르기까지, 폭넓은 시민들이 의사결정 과정에 참여하고 의견을 나누며 그 결정에 투자할 기회를 가질 때 더 나은 결과가 나타난다는 사실을 확인해왔다.

민영화는 이러한 민주주의적 의사결정과 통치 형태와 양립할 수 없다. 민관 파트너십 방식은 겉보기에는 경쟁이 존재해 자유시장처럼 보일 수 있지만, 기업이 공공자산을 통제하게 되면 민주적 절차와 공민

권의 해체가 가려진다. 지금까지 우리는 지역 통제권의 상실과 공공재
보다 기업에 권한을 부여하려는 일부 정치인들의 태도 속에서 그 실상
을 확인했다. 지금부터는 민영화가 민주주의를 얼마나 더 깊이 허물 수
있는지 살펴볼 것이다.

민영화라는 느린 쿠데타

–

민주주의와 정의의 잠식

1837년, 연방대법원은 '찰스강 다리 대 워런 다리' 사건에서 "공공의 통행에 소유권이 있을 수 없다"라고 명시했다. 2020년에도 법원은 "누구도 법을 소유할 수 없다"라고 판결했다. 언뜻 자명해 보이는 이 판결들은 실상 민영화가 공공자원의 통제와 접근성에 어떤 문제를 일으킬 수 있는지 드러내는 판례다. 민간기업은 대중의 통행을 소유하려 했고, 조지아주의 민간기업은 법 자체를 소유하려 들었다.[1]

조지아주에서는 법적인 문제가 생기면 『조지아주 공식 법전 주석본 (Official Code of Georgia Annotated, OCGA)』을 찾아봐야 한다. 주석이 없는 법전도 존재하지만, 주석 없이는 어떤 법이 폐지되었거나 더 이상 집행되지 않는지 알 수 없다. 또한 조지아주 의회는 새로운 법을 통과시킬 때 '조지아주 공식 법전 주석본 개정 법률안(An Act to Amend the Official Code of Georgia Annotated)' 형식으로 처리한다. 1982년, 주 의회가 주석본을 공식 법률로 제정하면서 이 역시 법적 위상을 갖게 됐다. 따라서 법원은 법을 적용하고 해석할 때 주석본을 따른다. 조지아주의 검찰도 마찬가지다.[2]

법전에 주석을 다는 일은 상당한 노력이 필요했지만, 그 중요성에도 불구하고 조지아 의회는 비용을 부담하고 싶어 하지 않았다. 그래서 이 작업을 영리 출판사인 렉시스넥시스(LexisNexis)에 위탁했다. 이 회사는 주에 비용을 청구하지 않았지만, 그렇다고 공짜로 이 중요한 일을 맡은 것은 아니었다. 주석본을 열람하는 사용자들에게 이용료를 부과해 투자금을 회수할 생각이었다. 조지아주는 계약업체를 뒷받침하기 위해 『조지아주 공식 법전 주석본』 전체에 대한 배타적 저작권을 직접 보유하고 이를 행사했다.

따라서 조지아주의 법을 알고 싶다면 온라인에서는 385.94달러를 내

야 했고, CD 복사본을 구하려면 1,259.41달러가 필요했다. 훗날 미국 연방대
법원은 이런 구조가 이용자를 두 계층으로 나누는 결과를 초래했다고 지적했
다. 나아가 다음과 같은 가상의 상황까지 들어 경고했다. "각 주는 형편이 나
은 사람들을 위해 각종 '프리미엄 법률 콘텐츠'를 유료로 제공할 수 있다. 주
정부는 입법 연혁 전체를 수익화할 수 있고, 오늘날의 디지털 도구를 활용하
면 '구독형'이나 '건당 결제' 방식의 서비스를 운영할 수도 있을 것이다."

2015년, 비영리 투명성 옹호 단체 퍼블릭리소스(PublicResource.org)가
조지아주의 이 방식을 문제 삼았다. 나아가 이 단체는 모두가 열람할 수 있
도록 『조지아주 공식 법전 주석본』 전문을 게재하고, 이용자들에게 복제 · 배
포 · 2차 저작물을 제작하도록 권장했다. 그러나 놀랍게도 하급심 법원은 주
정부가 퍼블릭리소스에 제기한 '게시 중단 및 금지 명령'을 인용했다. 법원이
내세운 논리는 이랬다. 만약 법이 자유롭게 공개되고 유료 장벽이 사라진다
면 "조지아주는 주석본을 아예 출판하지 않거나, 아니면 수 세금을 늘여 수
석 작성 비용을 부담할 수밖에 없게 될 것이다."[3]

모든 시민이 법에 동등하게 접근할 수 있도록 보장하는 행정이야말
로 세금의 올바른 용처다. 그러나 조지아주 의회는 그렇지 않다고 보았다. 그
리고 주석본 편찬에 예산을 집행하지 않음으로써, 시민권을 제한하고 민주
주의를 약화시키는 길을 택했다.[4]

민영화는 공중보건, 물, 식품 안전과 같은 필수 공공재에 대한 접근을
제한하고, 경제 발전에 필수적인 인프라와 같은 공공재와도 충돌한다. 민영
화는 시민의 공민권을 약화시키며 민주적 제도와 정책 결정 과정에 대한 접
근도 가로막는다. 민간기업은 계약의 논리를 활용해 시민권을 제약할 수 있
는데, 예컨대 사유지에서 소유자가 정한 조건을 따라야 하므로 영장 없는 수
색이 가능하다는 식의 논리가 성립한다. 민간기업은 투명성이나 자유로운
접근을 중요시하지 않고, 정보를 독점적 자산으로 간주한다. 그리고 민간 이

익이 공공서비스에 개입하는 순간, 그들은 즉시 정책에 이해관계를 갖게 된다. 그래서 막대한 자원을 동원해 법과 규제를 자기들 뜻대로 바꾸려 한다. 그러나 이들의 이해관계가 시민의 이익이나 민주주의의 보전과 맞아떨어지는 경우는 드물다.

통제되지 않는 민영화의 시대에 우리는 모든 것들의 민영화에 직면해 있다. 여기에는 법원과 교도소, 형사·민사 사법제도, 그리고 법 자체처럼 가장 중요한 제도들까지 포함된다. 공공서비스를 떠맡은 민간기업은 예외 없이 우리의 정책 결정과 통치에 개입하며, 이들이 원하는 정책은 공익이 아니라 각자의 이익을 위한 것이다. 민영화는 정부의 과도한 개입을 피하는 길이라고 포장되었지만, 실제로는 멀리 떨어져 있고 책임지지 않으며 속내조차 알 수 없는 권력의 거점을 적극적으로 만들어낸다. 이는 결국 우리 사회를 덜 민주적이고 덜 자유롭게 만들 뿐이다.

9

계약이 지배할 때

민영화가 민주주의를 잠식하는 방식

민영화는 그 자체로 광범위한 정치 전략의 일부이기 때문에, 권력에 대한 불평등한 접근과 지극히 단순한 탐욕 때문에 일어난다. 또한 권리와 자유, 민주주의가 걸림돌이 될 때에도 민영화가 일어난다.

2017년, 미주리주 캔자스시티는 인기 많은 번화가인 웨스트포트 지구에서 잇따른 총기 사건과 폭력으로 골머리를 앓고 있었다. 총기 사건이 늘어나는 상황(모두 발포로 이어진 것은 아니었다)에 대한 대책으로, 지역 사업주들은 특히 문제가 되는 한 교차로를 중심으로 양쪽으로 한 블록씩 저지선을 설치해 무기 수색에 동의하지 않으면 입장할 수 없게 했다. 그들이 생각한 폭력 대처 방안은 그것뿐이었다.[1]

사업주들이 하려고 했던 일은 분명 위헌적이었다. 무기 수색을 명분으로 공공도로에서 시민들을 세워 검문하는 것은 법적 근거가 없기 때문이다. 그러나 그 도로가 더 이상 공적 공간이 아니라면 어떨까? 시의회는 8대 5 표결로, 식당과 술집들이 구성한 사업주 연합에 문제가 되는 도로와 인도의 소유권을 무상으로 넘겼다. 단숨에 공유지는 사유지가 되었고, 사업주들은 공공도로를 가로막은 채 그 안으로 들어오려는 모든 사람들에게 민간 경비원의 수색을 강제할 수 있었다. 시는 사유지로서의 권리를 인정하면서도 도로 보수, 상수도·하수도관 등 모든 공공서비스를 여전히 공공비용으로 제공했다. 그러나 계약 조건에 따르면, 시가 이 도로를 되찾으려면 13만 2,784달러를 내야 한다.[2]

공적 문제에 부딪혔을 때, 시의회는 문제를 해결한다는 명목으로 민영화를 시민의 기본 권리를 무력화하는 수단으로 삼았다. 시의회는 나이트클럽 관련 범죄에 대응한 최초의 조직은 아니었으나, 공공도로의 민영화만이 유일한 해결책이라며 사실상 손을 들어버린 최초의 단체였을 것이다.[3]

웨스트포트의 민영화 구역에 들어서면, 시민 모두가 함께 만들어온 규칙에서 벗어나 그 구역의 새로운 소유주가 정한 규칙의 지배 아래로 들어가게 된다. 상호적이고 호혜적인 질서에서 위에서 내려오는 일방적 질서로, 사회계약에서 개별 사적 계약으로, 권리를 가진 시민에서 기업과 계약을 맺은 소비자로—이 경우엔 수색을 요구받는 소비자로—위치가 바뀌는 것이다. 이것이 민영화가 우리를 몰고 가는 지점이며, 이는 민주주의와 공민권을 확장해온 우리 사회의 노력과 정면으로 배치된다.

우리가 만들어낸 자유

100년도 더 전인 19세기 후반, 뉴욕과 시카고, 클리블랜드 등 여러 도시의 부유층은 부촌 한가운데 자신들만의 무기고를 짓기 위해 정부와 손을 잡았다. 부자들이 돈을 댔고, 군은 이곳을 주둔지로 삼았다. 이 무기고들은 군중이 봉기했을 때 부유층을 위한 보루로 쓰이도록 설계됐다. 시카고의 무기고는 호화로운 주택들에 둘러싸였고, 주민들이 비용을 댔으며, 이들은 갹출을 통해 대포와 수백 정의 소총, 그리고 개틀링건까지 경찰에 제공했다. 뉴욕 어퍼이스트사이드에 새로 지어진 무기고는 윌리엄 애스터(William Astor)가 모금을 주도했으며, 내부에는 백만장자에 걸맞은 호화 시설이 갖춰져 있었다. 요새 같은 성벽 안에는 마호가니 서재와 루이스 컴포트 티파니(Louis Comfort Tiffany)가 디자인한 '재향 군인실(Veterans' Room)'이 자리 잡고 있었다.[4]

무분별한 산업화의 시대, 부유층과 권력층은 노동 대중에 대한 두려움을 키워갔고, 그들은 계급투쟁이 노골적인 유럽과 자신들의 미국이 과연 크게 다른지 의심하기 시작했다. 그들이 보기에 문제는 지나친 자유, 지나친 민주주의였다. 해방 노예와 전례 없는 규모의 이민자들이 '국민'의 범주에 포함되자, 민중이 스스로 통치할 수 있다는 믿음은 흔들렸다. 사회적 다양성이 늘어나면서 기존의 인종적·사회적 편견은 오히려 강화되었고, 이는 그들의 정치적 태도를 크게 규정했다. 그래서 엘리트 계층은 수십 년간 확장돼온 민주주의와 자유를 제한하기 위해 여러 조치를 취했다. 남부에서는 해방 노예들이 흑백 분리법인 짐 크로 법 아래에서 선거권을 상실하며 민주주의가 극적으로 축소됐다. 반이민법은 이른바 '달갑지 않은 자들'을 겨냥했고, 시민권 취득의 기회도 좁아졌다. 권리와 자유는 주로 신흥 부유층의 이익을 위해 공격받았다. 그리고 민간산업은 단순히 돈을 버는 수단을 넘어 사회를 조직하는 도구가 되었다.[5]

다양한 시민들이 노동조합을 조직하고, 불공정한 관행에 항의하며, 선거에서 투표하고 폭력을 당하지 않을 권리를 고수하는 동안, 부유층과 그들의 비호를 받는 정치인들은 무엇보다 재산권을 보호하기 위해 자유의 정의를 더욱 엄격히 제한했다. 이는 이른바 **계약의 권리**(right of contract)라 불렸는데, 법적 구속력이 있는 계약을 체결할 권리를 뜻했다. 이 권리 하나면 자본주의 사회에서 시민에게 필요한 모든 권리가 충족된다고 믿었다. 따라서 계약의 범위를 제한하는 법률이나 집단적 행동은 곧 자유를 침해하는 것으로 간주됐다. 사실상 계약이 우리 모두를 지배할 수 있다면 정부 자체는 거의 필요하지 않았다. 고용주와 노동자, 구매자와 판매자, 남편과 아내, 정부와 기업 사이의 계약만으로 나라를 다스릴 수 있다고 본 것이다. 이는 정부의 전면적 민영화를 의미했으며, 정부의 유일한 역할은 계약과 그로 인해 형성된 부를 방어하는 것이었다. 필요하다면 무기고의 성벽 뒤에서라도 말이다. 영향력 있는 예일대학교의 사회학자이자 신고전학파 자유주의자 윌리엄 그레이엄 섬너(William Graham Sumner)는 당시 정부의 역할에 대해 "남성의 재산과 여성의 명예를 보호하는 것뿐"이라고 주장했다.[6]

19세기 후반, 미국의 법원은 국가는 국민의 재산권만 보호하면 되고 국민 개개인은 각자 힘으로 살아가야 한다는 개념을 대체로 받아들였다. 일리노이주 대법원이 주당 근무시간을 48시간으로 제한하는 법을 위헌이라고 판결했는데, 고용주는 원하는 대로 근무시간을 요구할 자유가 있으며 노동자는 이를 받아들이거나 거부하고 다른 직장을 찾을 자유가 있다는 논리였다. 고용 관계는 기업과 노동자 간의 사적 계약에 따라 유지되는 것이며, 공공은 여기에 개입할 권리가 없다고 판단했다. 캔자스주는 고용주들이 노조원을 차별하지 못하게 하는 법을 제정했으나, 연방대법원은 이 법이 기업과 개별 노동자가 계약을 맺을 자유를 침해한다고 판결했다. 웨스트버지니아주가 기업이 실제 화폐 대신 '회사 어음(company script)'으로 임금을 지급하는 관행을 금지하려 했을 때도 마찬가지였다. 기업은 어떤 방식으로든 임금을 지급할 자유가 있었고, 노동자는 그것을 받아들이거나 다른 직장을 찾을 자유가 있었다.

미국 대법원은 악명 높은 '로크너 대 뉴욕(Lochner v. New York)'• 사건에서 근무시간 제한을 법제화하려는 시도가 위헌이라고 판결했다. 그리고 당시 논리에 따르면, 입법이 아닌 노조 활동을 통해 노동조건을 개선하려는 시도 역시 자유에 대한 도전으로 간주됐다. 대법원은 1880년부터 1931년 사이 '자유'라는 명분 아래 파업과 조직적 보이콧에 대해 2,000건이 넘는 금지명령을 내렸다. 노동운동가 플로렌스 켈리(Florence Kelley)는 여성과 아동의 노동환경 개선 노력이 법원에 의해 번번이 좌절되는 것을 목격하고, "공화국적 자유라는 허울 아래 우리는 가짜 시민들의 나라로 전락했다"라고 탄식했다.[7]

시민들은 결코 백만장자들의 무기고로 쳐들어가지 않았지만, 백

• 미국 대법원이 1905년에 내린 판결로, 뉴욕주가 제빵업 노동자의 일일 근무시간을 10시간으로 제한한 법률을 위헌이라고 결정했다. 이 판결은 '계약의 권리'를 보호한다는 명목 아래 노동조건 개선을 위한 입법적 노력을 제약하는 결과를 낳았다.

     민영화라는 느린 쿠데타

만장자들이 내세운 민주주의와 자유의 개념도 받아들이지 않았다. 프랭클린 루스벨트 대통령이 '네 가지 자유(Four Freedoms)'*를 선언하기 훨씬 전부터 시민들은 이미 자유를 스스로 재정의하기 시작했고, 그 재정의가 사회에 파급되도록 만들었다. 새 대통령과 임명직 공무원들의 사무실로 수많은 항의 편지가 쏟아졌다. 그 속에서 고통받던 미국인들은 자유를 단순히 고용 계약서에 서명할 권리에 그치지 않고, 생존을 포함한 더 넓은 권리로 재정의했다. 뉴욕의 한 여성은 이렇게 주장했다. "나는 이 나라가 모든 남성, 여성, 그리고 어린이에게 최소한의 생계를 보장해야 한다고 믿습니다. 사기업이 우리의 생계를 책임질 수 없다면, 정부가 책임져야 합니다." 그녀는 이어 생존할 권리가 "이 나라에 사는 모든 이가 가진 양도할 수 없는 권리"라고 강조했다.[8]

계약의 권리는 대중을 자유롭게 만들지 못했고, 오히려 노예로 만들었다. 어느 시민은 노동자들을 '대공황의 노예(slaves of the depression)'라고 불렀다. 또 다른 이는 루스벨트가 "이 시대의 또 다른 링컨이 되어 우리를 현재의 노예 상태에서 해방시켜주어야 한다"라고 주장했다. 또 어떤 이는 "진실로, 경제적 노예제라는 것이 존재한다"고 결론 내렸다. 이 노동자들의 주장은—심지어 오늘날까지도 되풀이되는—정부가 우리 모두를 "예속의 길(The Road to Serfdom)"(1944년 발간된 프리드리히 하이에크Friedrich Hayek의 저서명)로 몰아넣고 있다는 자유 방임주의적 주장을 정면으로 뒤집는 것이었다. 루스벨트에게 호소한 시민들은 권리

---

* 루스벨트 미국 대통령이 1941년 연두교서 연설에서 제시한 자유의 기본 원칙으로, 언론과 표현의 자유, 신앙의 자유, 궁핍으로부터의 자유, 공포로부터의 자유를 포함한다.

를 보호할 정부의 개입 없이는 시민이 아니라 노예로 살 수밖에 없다고 강조했다. 그 1930년대 중반 무렵, 루스벨트는 이 노동자들의 주장을 반영해 선언했다. "경제 질서의 왕당파들은 경제적 노예제가 누구의 문제도 아니라고 주장해왔지만, 나는 자유가 결코 반쪽짜리일 수 없다는 원칙에 전적으로 헌신할 것입니다. 평범한 시민이 투표소에서 평등한 기회를 보장받는다면, 시장에서도 평등한 기회를 보장받아야 합니다."[9]

오늘날 보수주의자들은 미국 노동자들과 그들이 압도적으로 선출한 공무원들이 만들어낸 뉴딜 정책을 전제정치의 한 형태로 인식한다. 이들은 적극적인 정부라는 개념과 그것이 함의하는 시민권, 민주주의, 책임, 자유와의 연결을 끊어내려 한다. 그러나 적극적인 정부의 등장은 사회주의를 확대하려는 연속적인 독재적 결정의 결과가 아니었다. 오히려 자유에 대한 인식이 확장되고 민주주의에 참여하는 시민들의 무리가 점점 더 커지면서 나타난 것이었다. 뉴딜 정책은 불완전했으며, 특히 소수인종을 자주 배제한 한계가 있었다. 그러나 시간이 흐르면서 그것은 하나의 길을 밝혀왔다. 시민들은 투명성과 자유, 공익을 위한 공공정책이라는 가치를 포괄하는 민주주의와 자유를 지키는 정부를 만들어냈다. 그러나 이러한 공적 노력은 언제나 이 모든 가치에 적대적인 사익과 맞서야 했다.

민주주의와 민영화는 양립할 수 없다

뉴딜 정책 이후에는 자유가 경제적 자립, 곧 궁핍에서 벗어날 자

     민영화라는 느린 쿠데타

유를 포함해야 한다는 데 거의 이견이 없었다. 그러나 레이건 시대는 프랭클린 루스벨트의 성과를 완전히 뒤집는 데 성공했다. 이제 억압의 주체로 지목된 것은 독점기업이 아니라 노조와 정부였다. 예속을 낳은 것은 계약의 권리가 아니라 세금이었다.

그럼에도 레이건의 경제 자문관들과 자유주의 동조자들은 유권자들에게 기본적인 정부 복지를 포기하라고 설득하는 일이 성공할 수 없다는 사실을 잘 알고 있었다. 그러나 민영화라는 도구가 있었기에 더 주저할 필요는 없었다. 리즌 재단의 설립자 로버트 풀은 민영화를 "인구 대부분이 자유주의적 유토피아의 논리에 설득되기를 기다리기보다는 국가를 단계적으로 해체해 나가는" 점진적 접근으로 설명했다. 헤리티지 재단에 글을 기고한 스튜어트 버틀러는 민영화의 "묘미"와 "비밀"이 "정부 지출에 대한 수요를 민간부문으로 돌리는 방식"에 있다고 보았다. 즉, 정치인들은 유권자들에게 '아니오'라고 말하는 대신에 지출 감축을 더 받아들이기 쉬운 방식으로 포장할 수 있었다.

이 접근법에는 상당한 기만이 숨어 있었지만, 경제적 보수주의의 선봉에 선 이들은 전혀 개의치 않았다. 국민의 뜻을 존중하는 일은 그들에게 곧 위험을 의미했다. 민주주의는 다수의 요구에 따라 정부가 세금을 거둘 수밖에 없게 만들었고, 그 결과 개인의 재산권을 온전히 지켜내지 못하는 제도로 비쳤다. 일부 반공공 경제학자들은 "자유를 지켜내는 데 실패한 민주주의"를 한탄하기도 했다. 진보적 역사학자 낸시 맥클린(Nancy MacLean)은 이러한 반정부적 세계관을 간명하게 요약했다. 그들의 시각에서 볼 때 민주주의는 혼란스럽고, 정치는 "착취와 강제"의 영역이다. 반면 경제는 자유와 자발적 교환의 세계다. 이런 관점에서 보면 자본주의, 자유시장, 계약의 권리로 대표되는 경제적 자유는 민주주의와 필연적으로 연결된 것이 아니라 오히려 민주주의의 희생양이다.[10]

정치인들과 민간부문은 민영화를 더 저렴하고 효율적인 대안으로 내세우지만, 그 진짜 목적은 민주적 통제를 서서히 해체하려는 데 있다. 민영화가 실제로 저렴하지도 빠르지도 더 낫지도 않더라도 정부의 영향력을 줄이는 효과만 있으면 충분하다. 따라서 민영화의 실패는 감춰져야 한다. 그렇지 않으면 사람들이 공공이 다시 통제권을 쥐도록 지지할 수 있기 때문이다. 이 때문에 투명성은 대개 민영화에서 가장 먼저 희생된다. 개방성은 이 움직임에 불리하기 때문이다.

이 비밀주의는 민영화가 통제 범위를 축소하고 책임을 회피하는 방식과 깊이 연결되어 있다. 그리고 이 모든 것은 권력 분립이라는 민주주의의 토대를 잠식한다. 공공재를 민영화하면 여러 일이 벌어진다. 계약이 종종 법률보다 우선하고, 행정부의 정무직 공무원들은 공적 감시를 우회할 권한을 부여받는다. 이는 입법부와 사법부의 상호 감시 기능을 약화시킨다. 의사결정과 자금은 기업의 사적 회로를 따라 흐르며 공공의 책임으로부터 멀어진다. 그 결과로 규제받지 않는 민간기업과 밀실 거래를 통해 운영되는 한층 더 강력한 행정부가 등장한다. UCLA 법학과 교수 존 D. 마이클스(Jon D. Michaels)가 지적했듯이 최종 결과는 더 작고 약한 정부가 아니라 오히려 **더 강한** 국가 권력이 남는다.

정부는 실제로 변모하고 있다. 오늘날 국가는 과거 어느 때보다 크고 강력하다는 점을 부정할 수 없다. 다만 그 모습이 달라졌을 뿐이다. 민영화와 시장화, 그리고 단연코 기업식 논리에 따라 전반적으로 재편된 결과다. 다시 말해 레이건은 '보모 국가'를 없애지도 않았고 없앨 수도 없었다. 그러나 그는 우리가 익숙하게 알던 옛 보모를 상업적 신생 기업, 곧 '보모 기업'으로 바꿔놓았을 뿐이다.[11]

민영화는 민주주의의 권리와 자유가 광범위하게 상실될 것을 예고한다. 우리의 가장 중요한 자유들은 사적 영역에 흡수되거나 계약을 통해 양도되는 순간 더는 보장되지 않는다. 더불어 공공의 의사결정에 참여할 권리와 능력 또한 자주 사라진다.

투표권법과 민권법이 통과되기 전까지 미국 법은 헌법이 암시했던 자유와 공공의 폭넓은 정의를 인정하지 않았다. 미국 민주주의는 여전히 불완전하고 지금도 공격받고 있지만, 여전히 존중받고 있다. 그렇기에 공공재에 대한 시민의 요구를 인정하기 싫어하는 세력은 민영화를 은밀한 전술로 삼는다. 이들의 느린 움직임은 정부를 국민에게서 더 멀어지게 만들었고, 행정부는 더욱 강력해졌으며, 정책 결정은 더욱 불투명해졌다. 그리고 국민은 덜 자유로워졌다.

10

빛을 잃은 민주주의

민영화가 드리운 투명성의 그늘

맥시머스는 1990년대 사회복지 분야의 민영화를 이끌었던 상장 기업이다. 2013년 이 회사는 코네티컷주와 계약을 맺고 주 의료보험 거래소(State's Health Care Exchange)[*] 콜센터 운영을 맡았다. 맥시머스는 이 업무로 3년간 총액 1,500만 달러 규모의 계약을 체결했다고 밝혔다.

그러나 코네티컷주의 납세자들은 이 1,500만 달러를 대가로 실제로 무엇을 얻었을까? 얼마나 많은 통화가 처리됐고, 분당 비용은 얼마였을까? 과연 좋은 계약이었을까? 한 지역 공영 라디오 방송국은 비

---

[*] 오바마케어에 따라 각 주가 운영하는 공공 플랫폼으로, 민간 의료보험 상품을 비교·구매할 수 있게 한다. 한국의 보험회사 가격 비교 사이트와 유사해 보일 수 있으나, 미국은 전 국민 건강보험이 의무화되어 있지 않기 때문에 이 제도가 사실상 공공서비스의 성격을 띤다.

민영화라는 느린 쿠데타

용 내역 문서를 확인하기 위해 정보공개 청구를 했지만, 돌아온 답변은
다음과 같았다.

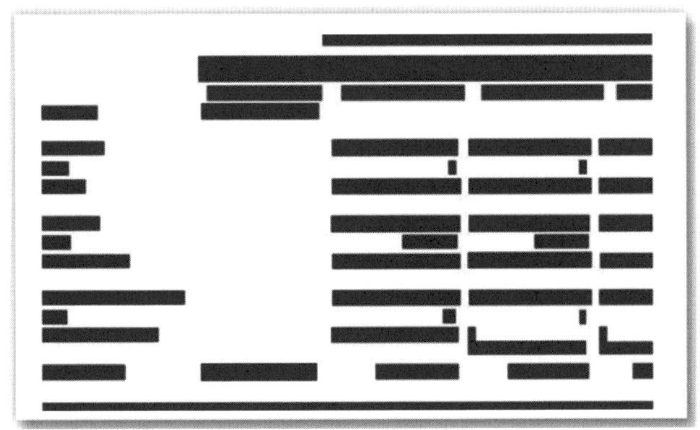

맥시머스는 "경쟁사가 우리의 가격 책정 방식을 알게 되면 정당
한 노력 없이 이익을 얻게 된다"는 이유로 정보 공개를 거부했다. 이런
일은 민간기업이 공공서비스를 장악할 때마다 되풀이된다. 한때 당연히
공개 정보였던 것이 갑자기 보호되어야 할 영업 비밀로 바뀌는 것이다.
설사 공적 자금으로 운영되는 정보라 하더라도 말이다.[1]

투명성은 곧 기업의 악재

차터 스쿨 운영자들은 종종 비밀주의에 숨곤 하는데, 교육 영역
에서 이처럼 영업 비밀을 주장하는 행위는 우스꽝스럽기 짝이 없다. 차
터 스쿨 옹호자들조차 '무법지대'로 우려하는 오하이오주에서, 영리학

교 운영사 화이트 햇(White Hat)은 여러 비영리 학교 설립에 관여한 뒤, 그 학교들의 운영권을 다시 자신들이 따내는 계약을 체결했다. 이것은 차터 스쿨 회사들이 이윤추구를 제한하려는 법망을 교묘히 피해가기 위해 자주 활용하는 전형적인 '눈속임 수법(shell game)'이었다. 그러나 화이트 햇이 설립한 학교들 가운데 일부는 오히려 반기를 들고, 교재와 자료의 소유권을 둘러싸고 운영사를 상대로 소송을 제기했다. 그제서야 그들은 화이트 햇이 공적 자금을 어떻게 쓰고 있는지 전혀 알 수 없다는 사실을 깨달았다. 이 사건은 화이트 햇에 큰 비난 여론을 불러왔지만, 회사는 오히려 지출 내역을 공개하는 것이 더 큰 타격이 될 것이라 판단한 듯했다. 화이트 햇은 해당 정보가 "영업 비밀"이라며 방어에 나섰다. 그러나 판사의 추궁을 받자, 변호사는 그 말이 실제로 무엇을 의미하는지 분명히 밝혔다.

법원: 왜 그 정보가 보호돼야 하는지 설명해 주시겠습니까?

화이트 햇 변호인단: 존경하는 재판장님, 원고들이 이 법정의 소송 맥락을 벗어나 부적절하게 정보를 공개할 우려가 있기 때문입니다.

법원: 지금 말씀은 말이 되지 않습니다.

화이트 햇 변호인단: 그리고 의도가 잘못됐습니다.

법원: 어떤 의도가 잘못됐다는 겁니까?

화이트 햇 변호인단: 여론을 호도하려는 겁니다. 존경하는 재판장님도 언론을 보셨겠지만, 화이트 햇이 부정한 일을 하고 있다고 믿게 만들려는 의도입니다.

민영화라는 느린 쿠데타

이때 공적 자금이 투입된 '비영리' 차터 스쿨의 '영리' 운영관리 회사는 학교 운영이 "영업 비밀"이라고 주장했다. 그 논리는 단순했다. 공공이 운영 전반에 문제를 제기하며 회사를 "부정하다"고 공격하면 화이트 햇의 경쟁력과 수익성이 약화될 수 있다는 것이었다. 결국 화이트 햇 대표의 법정 발언처럼, 보호돼야 할 것은 공중의 이익이 아니라 민간 기업의 이익이라는 점이 근거로 제시됐다.[2]

역(逆)정보공개청구법과 투명성

민간기업이 공적 약속을 하고 그 대가로 무언가를 받았다면, 공공은 그 약속이 제대로 이행되었는지 확인할 권리가 있다. 그러나 민간기업들은 종종 정보공개를 거부한다. 2013년, 캐나다 버스 제조업체 NFI 그룹의 미국 자회사인 뉴플라이어 오브 아메리카(New Flyer of America, Inc.)는 로스앤젤레스 광역교통공사(LACMTA)에 900대의 압축천연가스 버스를 공급하는 조건으로 5억 달러 규모의 계약을 체결했다. 이 회사가 수주할 수 있었던 이유는 해당 지역과 미국 내에서 69개의 일자리를 창출하고, 최저임금이 아닌 생활임금과 복리후생을 지급하겠다고 약속했기 때문이다. LACMTA는 이 약속에 따라 임금과 복리후생의 총액을 평가하여 뉴플라이어에 1,800만 달러의 계약비용 감면 혜택을 부여했다. 덕분에 뉴플라이어는 경쟁 입찰에서 가격 우위를 확보했다. 여기에는 분명한 원칙이 있다. 수백만 달러의 공적 자금은 단순히 버스를 구매하는 데 그쳐서는 안 된다. 심화되는 경제적 불평등 같

은 공공 문제를 완화해야 하며, 저임금 일자리를 양산해 불평등을 악화
시켜서도 안 된다. LA에 기반을 둔 비영리 단체 잡스 투 무브 아메리카
(Jobs to Move America)는 뉴 플라이어가 약속을 지켰는지 확인하기 위
해 LACMTA에 사업 이행 보고서를 요청했다. 이는 당연히 문제 될 일
이 아니었다. 기업은 분기별로 고용 자료를 포함한 보고서를 제출하도
록 의무화되어 있었기 때문이다. 그러나 기관이 이 요청을 처리하기도
전에 뉴 플라이어는 곧바로 '역정보공개청구(reverse FOIA)' 소송을 제기
해, 정보공개법이나 주 차원의 동등한 법에 따른 공개 자체를 차단하려
했다. 결국 LACMTA는 한발 물러섰고, 뉴 플라이어가 버스 제작 과정
에서 얼마를 인건비로 지출했는지 '영업 비밀'로 간주한 입장을 끝내 바
꾸지 못했다. 이 사안이 입찰 심사에서 핵심적인 경쟁력으로 작용했음
에도 불구하고 말이다.

　　잡스 투 무브 아메리카는 인 더 퍼블릭 인터레스트(In the Public
Interest), 정부 감시 프로젝트(Project on Government Oversight), 푸드&워
터 워치(Food & Water Watch), 미디어와 민주주의센터(Center for Media
and Democracy), 오픈 더 거버먼트(Open the Government), 코퍼레이트 어
카운터빌리티 인터내셔널(Corporate Accountability International), 캘리포
니언스 어웨어(Californians Aware) 등 여러 정부 투명성 단체 연합과 함
께 역정보공개청구 소송에 맞서 싸웠다. 재판부는 이들의 활동에 "투명
성을 보장하는 데 상당한 공익이 있다"고 인정했다. 더 나아가 재판부
는 LACMTA가 시민들의 알 권리를 지키는 데 실패해 생긴 공백을 잡스
투 무브 아메리카가 메우며 사실상 공공의 변호인 역할을 했다고 인정했
다. 따라서 법원은 시민단체가 지출한 소송비용을 뉴 플라이어가 부담하

　　　　　　　　　　　　　　　　　　　민영화라는 느린 쿠데타

라고 명령했다. 이것은 명쾌하고도 놀라운 승리였다 그러나 정의가 실현되고 공익이 보호되기까지는, 잡스 투 무브 아메리카가 처음으로 뉴플라이어의 약속 이행 여부를 문의한 시점으로부터 무려 3년이 걸렸다.[3]

이 승리는 개별 계약을 넘어 새로운 정책과 관행을 만들어냈다. 사건이 마무리되자 LACMTA는 앞으로 체결되는 계약에서 임금과 수당 정보를 더 이상 영업 비밀로 간주하지 않겠다고 명시했다. 이제 고용과 임금 자료는 기관의 표준 관행에 따라 공개되는 자료로 자리 잡았다.

공공정책이 '영업 비밀'이 될 때

"햇빛은 최고의 소독제라고들 한다." 루이스 브랜다이스(Louis Brandeis)는 1914년에 이렇게 말하며, 공공성과 개방성이 부패와 '사회적·산업적 질병'을 해결하는 최선의 방법이라고 강조했다. 오하이오주 입법자들은 주의 강력한 '선샤인 법(Sunshine Laws)'을 통과시키며, 공공기관 정보에 대한 공개적 접근을 보장하는 것이 민주주의에 필수적임을 인정했다. 그러나 화이트 햇과 뉴 플라이어 같은 민간기업이 공적 기능을 수행할 때는 중요한 정보를 어둠 속에서 끌어내기 위해 기나긴 법정 다툼이 필요한 경우가 적지 않다.

경제개발국의 민영화된 형태인 잡스오하이오(JobsOhio)의 사례에서 보면, 유력한 이익집단은 법에서 스스로를 제외시켜 투명성과 불편한 법정 소송을 피해갔다. 오하이오주 법에 따르면, 잡스오하이오는 공공기록법의 적용 대상인 공공기관이 아니다. 오하이오에서 이런 식의 면제를 받는 공공기관은 많지 않다. 주 고용·가족복지부, 아동사망사건 검토위원회, 조직범죄수사위원회 등이 개인정보 보호와 안전을 이유로 예외를 적용받는다. 그런데 기업에 세금 감면과 인센티브를 제공하는 잡스오하이오가 폭력조직이나 아동학대 사건을 수사하는 기관들과 같은 수준의 비밀성을 누리고 있는 것이다.[4]

존 케이식(John Kasich) 주지사는 2011년 경제개발국을 대체하기 위해 잡스오하이오를 세웠다. 그는 이를 민관 파트너십의 형태로 창설하고 직접 고른 기업인들로 인선을 꾸렸다. 잡스오하이오의 역할은 오하이오 기업들이 다른 주나 국가로 떠나지 않도록 세금 감면과 보조금을 마련해 제공하는 것이다. 잡스오하이오는 자신들이 정책을 수립하는 것이 아니라 권고만 한다고 주장하지만, 권고안을 승인하는 별도의 위원회가 거부권을 행사한 적은 없는 것으로 보인다. 잡스오하이오가 공공정책을 주도한다는 데에는 의문의 여지가 없다. 그러나 바로 그 구조와 범위, 그리고 '더 저렴하고, 더 빠르고, 더 나은' 정책을 약속했던 케이식의 구상은 잡스오하이오가 시민들의 시선을 피할 수 있도록 했다.[5]

첫해에 이 조직은 세제 혜택과 융자를 제공하며 154개 기업에 공적 지원을 신속히 내주었다. 그러나 결정은 어떻게 내려졌을까? 기업들은 어떤 기준으로 선정됐을까? 특정 세금 감면이나 융자가 오하이오 납세자들에게 좋은 거래인지 여부는 어떤 방식으로 판단됐을까? 잡스오하이오의 대답은 그 과정이 "영업 비밀"이라는 것이었다. 만약 공개된다면 다른 주들이 그 방식을 악용해 오하이오에서 기업을 빼앗아갈 수 있다는 것이 그 이유였다. 잡스오하이오는 공공기관이라기보다 민간에 가까운 성격이었기 때문에, 시민들에게 정보를 공개할 의무가 거의

    민영화라는 느린 쿠데타

없었다.[6]

예컨대 잡스오하이오는 2012년에 690만 달러의 민간 기부금을 받았는데, 누가 그 돈을 냈는지 공개하지 않아도 됐다. 이렇게 비밀 기부금은 잡스오하이오라는 은밀한 기관으로 흘러들어갔고, 잡스오하이오는 오하이오 기업들에 얼마의 공적 자금을 지원할지를 사실상 비공개로 결정했다. 여기서 문제를 발견하는 데 그리 큰 냉소주의자가 될 필요는 없다. 게다가 탐사보도 기자들은 9명의 위원 가운데 6명이 주 보조금으로 개인적 이익을 얻은 사실을 밝혀냈는데, 일부는 위원회에 합류하기 전부터 그랬다. 2013년, 주 윤리위원회는 잡스오하이오 직원 22명 중 9명에게 이해충돌의 가능성이 있다고 경고했다. CEO이자 회장은 2017년 51만 6,458달러의 연봉을 받았고, 직원 평균 보수는 14만 2,000달러였다. 이 시점에 기관 직원은 81명으로 늘어난 상태였다. 그런데 이는 급여만 반영된 수치였다. 복리후생에 대한 추가 정보는 공개되지 않았다. 그럴 필요가 없다고 여겼기 때문이다.[7]

주 감사관이 잡스오하이오의 기록 비공개 시도에 굴하지 않겠다고 밝히자, 케이식 주지사는 재빨리 감사관을 저지할 법안을 제출했다. 주지사 대변인은 "감사관의 의무를 지나치게 개입하는 방식으로 잘못 해석하면 일자리 창출에 위축 효과가 생길 수 있기 때문에 기밀을 유지해야 한다"고 설명했다. 주 의회는 이 법안을 제출한 지 몇 시간 만에 통과시켰다. 주 감사관은 이 법안을 "수많은 예외"와 "다소 난해한 문구"로 가득 찬 난해하고 "복잡한" 법이라고 말하며, "그 모든 법적 함의를 확실히 알 수 없다"고 지적했다.[8]

다른 함의는 더 확실하다. 잡스오하이오는 민주주의를 거부하며,

공적 자금과 오하이오 경제에 관한 결정을 시민에게 맡길 수 없다고 주장한다. 시민은 심지어 이 결정들이 어떻게 내려지는지조차 알아서는 안 되고, 시민의 적절한 역할은 부유하고 유력한 사람들이 대신 결정하는 대로 따르는 것이다.[9]

불투명성은 민간부문의 본능적 반응이다. 자동차나 스마트폰의 판매 경쟁에 나선 기업은 경쟁자가 자사의 운영 방식을 너무 자세히 알기를 바라지 않는다. 그러나 민주적 공공부문에는 정반대의 모델이 필요하다. 민주주의는 행정부에서 입법부로, 그리고 세금을 내는 시민들에게까지 이어지는 정보의 흐름에 의존하기 때문이다. 조직이 의사결정 과정을 숨기고 그 결정이 어떻게 작동하는지 보여주기를 거부할 때, 권력은 유권자에게서 멀어져 지도자에게 집중된다. 그렇게 되면 정책을 공공의 이익에서 벗어나게 몰아가는 일은 아주 쉬워진다.

민영화라는 느린 쿠데타

11

위험을 짊어지다

민영화의 굴레에 갇힌 환경과 도시계획

계약이 곧 왕이다. 재산권을 최우선으로 여기는 이념, 그리고 정부의 권한을 축소해 시민 참여마저 제한하려는 이들에 따르면, 계약은 공공정책의 선택이나 공동선보다 더 우위에 설 수 있다. 민영화 계약은 특정 정책을 고착화해 민주적 정부가 수세대 동안 그 정책을 따르도록 강제함으로써 공공재에 대한 공적 통제력을 빼앗는다.

환경정책은 특히 취약하다. 효과를 내려면 장기적이어야 하고, 유연해야 하며, 여러 절충안을 균형 있게 조율해야 하기 때문이다. 그렇기에 이런 정책들은 민영화 계약과 정면으로 충돌하곤 한다. 민영화 계약은 협소한 이익에 맞춰 설계되어 있고, 시민들이 할 수 있는 일을 의도적으로 제한하기 때문이다. 지구온난화라는 거대한 환경 재앙은 결집력 있는 공적 노력으로만 대응할 수 있지만, 이런 민영화 계약은 이를 전혀 고려하지 않는다. 공중보건도, 시민들의 신뢰도, 민주주의 자체도 마찬가지다.

계약의 굴레, '손실 보전'의 힘

시카고는 주차료 징수기 사업을 모건 스탠리에 임대하면서, 공적 결정으로 일정 기간 징수기를 철거하거나 가동을 중단할 경우 그 손실을 보상하기로 합의했다. 계약서에는 이를 **손실 보전**(compensation events)'이라는 표현으로 명시했다. 거리 축제, 시설 개선을 위한 철거, 도로 공사로 인한 주차 차로의 임시 폐쇄 등이 모두 여기에 해당한다. 모건 스탠리는 추정 수익 손실을 이유로 시를 거세게 압박했는데, 도로 폐쇄 문제로 소송을 벌여 6,100만 달러를 따냈다. 그러나 거기서 끝나지 않았다. 2017년 손실 보전 비용은 총 2,170만 달러, 2018년에는 2,000만 달러에 달했다. 이제는 교통 혼잡 완화나 새로운 친환경 교통수단 도입을 검토할 때마다 손실 보전 발생 여부가 변수로 작용한다. 이 계약은 대기오염과 온실가스 감축 등과 관련한 정책을 좌우할 만큼 지나치게 큰 영향력을 행사하며, 도시의 최우선 이익과 종종 충돌한다.[1]

시카고는 한때 급행버스(Bus Rapid Transit, BRT) 노선 20개를 계획했다. 이는 혼잡한 도로에서 매력적이고 저렴한 대안이었지만, 갓길 차로를 없애야 했다. 그러나 주차료 징수기 계약이 발효된 뒤, 시는 BRT를 도입할 때마다 새로운 위치에 징수기를 설치하거나 임대 기간 내내 수익 손실을 보전해야 했다. 그 결과, 도시의 장기 계획은 큰 위기에 놓

민영화라는 느린 쿠데타

이게 되었다.

시카고는 한때 2020년까지 645개의 자전거도로와 버스전용차로를 설치한다는 계획도 세웠다. 그러나 이를 위해서는 주차료 징수기를 옮기거나, 회전차로를 더 길게 만들기 위해 블록 끝의 주차 공간을 없애고, 원활한 공사를 위해 일부 주차 기능을 중단해야 했다. 이제 이 계획들은 복잡한 행정 절차에 발목이 잡혀 있다. 프로젝트 담당 기획자는 답답한 심정을 드러내며 이렇게 설명했다. "이 계약만 아니었더라면 바로 주차료 징수기를 철거하고 공사를 끝낼 수 있었을 겁니다. … 이렇게 간단한 일인데도 우리의 손발이 꽁꽁 묶였습니다."[2]

이 계약은 단순히 주차료 징수기 사업권을 외부에 넘긴 것에 그치지 않았다. "주차료 징수기 임대 계약은 거리 위에 새로운 관할권을 만들어냈습니다." 한 도시 교통국 공무원이 이렇게 말했다. 또 다른 공무원은 "도시가 미래의 도시 행정 권한을 포기한 겁니다"라고 덧붙였다. 계약상 '손실 보전' 조항은 모건 스탠리에 시카고의 도로와 주차장 운영에 대한 사실상의 권한을 부여하면서, 선출되지도 책임지지도 않는 권력이 공공 의사결정에 개입하게 만들었다.[3]

민관 파트너십의 상대편에 선 기업들은 대체로 시민들이 바라고 지속 가능하다고 여기는 방향과는 거꾸로 간다. 이 기업들은 도로에 더 많은 차가 다니고, 더 많은 주차 공간이 생기며, 대중교통이 줄어들기를 바란다. 민간 상수도 기업은 물을 더 쓰고 **덜 절약하길** 바라며, 심지어 물을 아끼는 데에도 요금을 부과할 수 있는 위치에 있다. 민영화된 쓰레기 처리 기업들은 더 많은 쓰레기를 원한다. 쓰레기 처리에 특화된 민간 기업이 더 많은 폐기물과 낭비를 바라게 되는 것은 쉽게 짐작할 수 있

다. 그러나 일부 민간 폐기물 처리 기업들은 여기서 더 나아가 민간 소
각장을 운영하기에 이르렀다.

'무조건 지급' 그리고 쓰레기 소각

무조건 지급(Put or Pay)**•**은 지방정부가 한 기업에 정해진 양의
폐기물을 공급하지 않으면 수수료를 내야 하는 계약 조항을 가리킨다.
이 조항은 소각 기업이 전기를 생산하기 위해 쓰레기를 소각하려 할
때 자주 등장한다. 플로리다주 레이크 카운티는 1988년 코반타 에너지
(Covanta Energy)가 소유한 오카훔프카 소각장과 얽히며 복잡한 인연을
시작했다. 당시 카운티는 7,900만 달러 규모의 거대한 소각장 건설을
지원했는데, 시설은 코반타가 소유하고 자금 조달은 카운티가 저비용
지방채를 발행해 뒷받침했다. 2004년, 코반타에 수익이 꾸준히 들어가
도록 하기 위해 카운티는 매년 소각장에 16만 톤의 폐기물을 공급하겠
다고 약속했다. 일이 잘 풀린다면 레이크 카운티는 전기 판매로 매달 50
만 달러 조금 넘는 수익을 얻어, 이를 코반타에 지급하는 비용을 상쇄하
고 채권 상환에 활용할 수 있었다.[4]

　　그러나 이 위태로운 계약은 2008년 금융위기의 파장을 전혀 예
상하지 못했다. 위기가 닥치자 사람들은 소비를 줄이고 가진 것도 내다

• 'Put or Pay'는 직역하면 '투입하거나 지불한다'는 뜻으로, 약속된 물량을 공급하지 못하면
  부족분을 현금으로 보전해야 하는 계약 조항을 말한다. 폐기물 처리·소각 계약에서 자주 쓰
  이지만, 에너지·자원 분야 계약 등에도 활용된다.

　　　　　　　　　　　　　　　　　민영화라는 느린 쿠데타

버리지 않으려 했다. 어느 분기에는 쓰레기 양이 16퍼센트나 줄었다. 계약 조건상, 쓰레기 물량이 70퍼센트 밑으로 떨어지면 레이크 카운티는 전기 판매 수익금 50만 달러를 받지 못하게 돼 있었다. 상황이 그렇다 보니 레이크 카운티는 쓰레기를 찾아 나섰다. 한 기자의 보도에 따르면, 공무원들이 인근 소도시로 가서 "코반타 시설에 쓰레기를 제발 버려달라"고 애원하기까지 했다. 한 레이크 카운티 공무원은 이렇게 말했다. "우리는 폐기물을 찾으려고 사방을 샅샅이 뒤지고 있습니다. 이렇게 하지 않으면 정말, 정말 큰 대가를 치르게 될 겁니다." 자신들이 만들어낸 괴물을 먹이기 위해 일곱 개 도시의 협조를 구하는 동안, 레이크 카운티의 한 공무원은 이렇게 덧붙였다. "그렇다 보니 재활용을 적극적으로 장려할 처지가 아닙니다."[5]

이 지방정부는 '쓰레기를 에너지로 바꾸겠다'는 약속에 이끌려, 자유시장식 덫에 빠져들었다. 소각장은 겉보기에는 공공과 민간의 이해 관계가 일치하는 듯한 착시 효과를 만들어내지만, 실제로는 그 반대다. 이런 계약은 지방정부를 장기적인 의무에 묶어두고, 재활용을 기피하도록 유인하는 구조를 만든다. 역설적으로, 가장 뜨겁게 타며 에너지를 많이 내는 폐기물일수록 재활용 수익률 또한 가장 높다. 예를 들어 새 종이를 생산하는 데는 헌 종이를 재활용할 때보다 세 배에서 다섯 배의 에너지가 든다. 그 종이를 태워 전기를 생산하더라도 투입된 에너지의 5분의 1만 회수할 뿐이며, 그 과정에서 상당량이 온실가스로 바뀐다.[6]

사실 소각장은 재정적·환경적 유인이 거의 없음에도 남아 있었다. 디트로이트시는 1980년대에 시 경계 안에 지어져 증기 배관망을 통해 도심에 열을 공급하던 소각장을 짐처럼 떠안고 있었다. 시는 시설을 건설하고 운영하기 위해 4억 7,800만 달러 규모의 채권을 발행했지만, 가동 2년 만에 한 민간기업에 5,400만 달러에 매각했다. 이후 20여 년 간 이자와 개보수 비용이 더해지면서 디트로이트에는 12억 달러의 부담이 쌓였다. 대안을 찾을 자금이 전혀 남아 있지 않았던 시는 다른 선택지가 없었고, 민간 운영자에게 수익을 보장해주는 '무조건 지급' 계약을 맺을 수밖에 없었다. 그러나 주민들이 이 시설에 막대한 돈을 들였음에도 디트로이트는 폐기물 1톤당 172달러라는 비용을 떠안아야 했다. 반면 이 시설은 디트로이트의 부유한 교외 지역에서 들어오는 쓰레기를 1톤당 10달러에 처리하면서 불평등한 부담 구조를 자리 잡게 했다.[7]

디트로이트시는 소각장이 위치한 땅을 소유하고 있었으나 "운영에 대해서는 직접적인 권한이 없었다"고 한 시 공무원이 밝혔다. 책임을 지지 않은 채 무관심한 태도로 일관한 소각장 운영사가 디트로이트 폐기물의 70퍼센트를 처리하면서, 시 당국은 재활용을 확대할 능력이 크게 제약되었다. 미국 전체의 재활용률이 34퍼센트였던 데 비해, 디트로이트는 고작 7퍼센트에 그쳤다는 추정이 나올 정도였다. 한편 소각장 인근 지역의 건강 문제는 또 다른 비용을 뜻했다. 미시간주 보건부가 "천식의 진앙지"라고 부른 이곳에서는 아동 천식 발생률이 주 평균보다 네댓 배 높았다. 마침내 수백 건의 위반 사례가 증거로 제시되면서 환경소송의 위협이 커지자, 소각장 소유주는 2019년 갑작스럽게 문을 닫았다. 디트로이트시는 이 재앙에서 벗어났지만 또 다른 곤경에 처했다. 적절한 고형폐기물 처리 계획이 마련돼 있지 않았기 때문이다.[8]

인디애나주 인디애나폴리스 역시 끊임없이 쓰레기를 투입해야 하는 발전용 소각장을 운영하고 있는데, 재활용률이 마찬가지로 낮았

민영화라는 느린 쿠데타

다. 코반타가 소유·운영하는 이 소각장은 1980년대부터 가동돼왔고, 2008년에는 매년 30만 톤의 폐기물을 보장받는 '무조건 지급' 조항이 포함된 10년 계약이 체결되었다. 당시 계약은 시장이 시나 지역 의회의 승인 없이도 계약을 연장할 수 있도록 했다. 또 한 번 계약이 민주적 의사결정을 대신한 것이다. 도시는 반복적으로 목표 물량을 채우는 데 실패했고, 2015년까지 총 230만 달러를 보상금으로 지출해야 했다. 결국 이 돈은 소각장에 충분한 쓰레기를 공급하지 못한 대가로 쓰인 것이었다.[9]

코반타는 계약이 막바지에 이르자 여론을 의식해 재활용 기업으로 변신했다. 인디애나폴리스의 모든 쓰레기를 분류해 재활용품을 골라내고, 나머지만 소각하겠다는 방식이었다. 시는 일시적으로 '무조건 지급' 조항의 부담에서 벗어날 수 있었으나, 코반타의 재활용 투자가 수익을 내도록 새로운 약속을 해야 했다. 시장은 2028년까지 인디애나폴리스가 새로운 재활용 사업에 착수하지 않고, 기존의 소규모 프로그램도 5퍼센트 이상 확대하지 않겠다고 약속했다. 이를 위반할 경우에는 계약 만료 시까지 매년 최대 400만 달러를 지불해야 한다. 이제 도시는 소각할 만큼 충분한 쓰레기를 내지 못해도, 재활용을 지나치게 많이 해도 처벌을 받는 처지에 놓였다.[10]

이것이 바로 민영화가 정책 결정자의 재량을 제약하고 민주적 의사결정을 방해하는 방식이다. 특히 이 계약이 승인된 과정은 더욱 심각했다. 시장실은 이것이 단순히 기존 계약의 연장일 뿐이라고 주장했다. 그러나 이 계약에는 새로운 시설과 제재, 향후 정책 결정에 대한 제약, 그리고 코반타에 돌아간 400만 달러 규모의 세금 감면 혜택까지 포함돼 있었다. 그럼에도 불구하고 기업과 시장 모두 새로운 재활용 프로그램이 납세자들에게 아무런 부담도 주지 않는다고 주장했다.[11]

처음부터 끝까지 문제투성이인 거래이기도 했지만, 민주적이지 않다는 이유로 결국 무효가 되었다. 인디애나주 항소법원은 이 계약이 공공 입찰과 시민 참여 절차를 무시했다는 이유로 계약을 뒤집었다. 시는 새로운 시설이 민간 소유이기 때문에 공적 검증 대상에서 제외된다고 주장했다. 그러나 법원은 법정조언서(amicus brief)를 인용해 정반대의 결론을 내렸다. "이 시설을 만들기로 한 결정이 민간기업에서 비롯되었고, 적어도 부분적으로는 이윤추구 욕망에서 비롯되었다는 사실은 오히려 개방적이고 투명한 의사결정 과정의 중요성을 더욱 강조할 뿐이다."[12]

밀실과 가짜 군중: 계약을 따내고, 민주주의를 흔들다

시정을 사적으로 굴리고 싶은 이들은 시민 참여가 필요한 공개적이고 투명한 절차를 결코 원하지 않는다. 인디애나폴리스에서처럼 이를 피해 갈 수 없을 때는 독재정치가 떠오를 만한 전략에 의지한다. 연 매출 110억 달러에 이르는 에너지 기업 엔터지(Entergy)는 루이지애나주 뉴올리언스에 가스발전소를 세우려 했다. 시의회 회의에서 시민들의 반대가 일어날 것을 예상한 이 회사는 반대 세력을 공격하기 위해 홍보회사를 고용했다. 이 홍보회사는 크라우즈 온 디맨드(Crowds on Demand)라는 업체였는데, 이곳은 가짜 여론 조성, 즉 '아스트로터핑

(astroturfing)'• 전문 업체였다. 크라우즈 온 디맨드는 자사 웹사이트에서 이렇게 자랑한다. "시위대가 필요하다면 저희가 군중을 거리로 불러낼 수 있습니다. 때로는 단 24시간 안에도 가능합니다. 시의회 회의에서 발언자가 필요하다면, 저희는 해당 사안을 지지하는 유능하고 언변 좋은 인물을 제공할 수 있습니다." 실제로 뉴올리언스에서 이들은 주황색 셔츠에 "청정 에너지, 좋은 일자리, 안정적인 전력(Clean Energy. Good Jobs. Reliable Power.)"이라는 문구를 새긴 돈을 받고 동원된 "시위대"를 채워 넣어 시의회 회의장을 가득 메웠다. 일부는 발전소를 환호하고 풍력이나 태양광 같은 대안이 언급될 때마다 야유를 퍼붓는 대가로 각각 60달러를 받았다. 또 다른 이들은 발언자 역할에 오디션을 본 전문 배우들이었고, 준비된 연설문을 읽어 내려갔다. 그중 한 명은 나중에 기자에게 "저는 정치적인 사람이 아니에요. 그땐 단지 호텔방 값을 마련해야 했을 뿐이에요"라며 자신이 광고 촬영에 고용된 줄 알았다고 털어놓았다.[13]

단순히 시민과 시의원들의 의견에만 영향을 주려는 게 아니었다. 이들은 회의장을 일찍 채워 발전소에 반대하는 이들이 들어오지 못하게 했다. 다시 말해, 반대 의견을 억누르고 시민의 목소리를 잠재우며 민주적 절차를 훼방 놓는 것이 계획의 일부였다. 그리고 이 전략은 섬뜩할 만큼 효과적이었다. 시의회는 엔터지에 유리하게 표를 던졌다. 시의원 가운데 한 명은 돈으로 군중을 동원한 계략에 대해 알게 된 뒤 이를

• 특정 사안에 대해 시민들이 자발적으로 내놓은 의견처럼 가장해 여론을 조작하는 방식을 뜻한다. 이 용어는 인조잔디 브랜드명 '아스트로터프(AstroTurf)'에서 따온 것으로, '가짜 풀뿌리 운동'을 빗댄 말이다.

"윤리적으로 비난받아 마땅하다"고 표현하며, "여론에 엄청난 영향을 끼쳤다"고 밝혔다.[14]

쓰레기를 어떻게 처리하고, 대기 중에 무엇을 내보내는가는 모두에게 영향을 미친다. 우리는 물과 공기, 토지를 제한된 자원으로 바라봐야 한다. 기업이 이를 오염시키면 공공이 이용할 수 없게 되고 사실상 소비재가 된다. 이 자원들에 대한 공적 통제를 유지하는 것은 이익을 제한하거나 자유를 억제하는 일이 아니다. 그것은 기업과 개인이 자기 선택의 결과에 대해 책임을 지도록 하는 일이다. 그러나 이는 우리의 선출직 대표들이 민간기업의 수익성을 시민들의 깨끗한 환경과 더 나은 도시계획 요구보다 우선시하고, 기업이 어떤 재정적 위험에도 노출되지 않도록 설계된 계약에 동의할 때는 쉽지 않다. '손실 보전'과 '무조건 지급' 조항은 단순한 계약 문구가 아니다. 그것들은 환경에 해로울 뿐 아니라 민주적 의사결정을 옭아매는 족쇄다.

 민영화라는 느린 쿠데타

12

자유에도 가격표가 있다

사법제도에 대한 위협

2000년대 막바지, 콜로라도주 정책입안자들은 10년 동안 범죄율이 30퍼센트 넘게 줄어드는 기적적인 변화를 확인했다. 수감자보다 교도소가 남는 상황이 되자, 2012년 주 정부는 어떤 교도소를 닫고 어떤 교도소를 계속 운영할지 결정하기 위한 연구에 착수했다.

그러나 콜로라도주에는 교정 기업 CCA가 세 곳의 민영 교도소를 운영하고 있었다. 교도소가 폐쇄되는 상황을 원치 않았던 CCA는 주 정부를 노골적으로 압박했다. 연구 결과가 나오기도 전에 당장 교도소 한 곳을 닫아 주 정부를 곤란하게 만들겠다는 것이었다. 여기에 주지사가 민감하게 반응하자, CCA는 불편한 공공의 의견을 배제한 채 은밀하고 일방적인 협상에서 유리한 결과를 얻었다.[1]

CCA는 업계에서 위험을 줄이고 주주를 안심시키는 가장 효과적인 장치를 새로운 협정에 끼워 넣는 데 성공했다. 바로 '수감 인원 보장(bed guarantee)'이었다. 이는 소각장의 '무조건 지급' 방식과 원리가 같았고, 시카고 주차료 징수기 계약의 '손실 보전'과도 매우 유사했다. 실제로 수감자가 채워졌든 아니든, 주 정부가 일정한 수감 인원에 대한 비용을 지급하도록 보장하는 제도였다. 이 방식은 위험을 줄이고 수익을 보장할 뿐 아니라, 공공의 선택을 제약하고 공공정책의 방향을 바꿔놓는 효과까지 낳는다.[2]

콜로라도주가 처음 CCA의 교도소 운영을 허용했을 때는 초과 수감자를 수용하기 위한 임시방편으로만 민간시설을 활용하려 했다. 그러나 '수감 인원 보장' 조항이 들어가면서 민영 교도소가 우선권을 차지하게 되었다. 그 결과는 처음의 공공정책 목표와 정반대로 이뤄졌으며, 그 정책 전환은 어떠한 공적 논의나 시민 참여도 없이 이루어졌다. 모든 것이 계약 속에서 이뤄진 일이었다.

그러나 계약서 안에서 일어나는 일은 결코 계약서 안에만 머물지 않는다. 만약 당신이 입법자이고 이미 비용을 치른 빈 침상이 있다면, 모범수감자의 조기 석방을 허용하는 사법 개혁안을 지지할 수 있을까? 재사회화 프로그램은? 가석방이나 보호관찰의 확대는? 보석제도 개혁은? 아니면 이미 빠듯한 주 예산 속에서 유지되고 있는 기존 정책들에 만족해할 수 있을까? 한 시민단체는 콜로라도주가 CCA와의 거래에서 200만 달러의 손실을 입었다고 추정했다. 다른 선택지에 쓸 수 있는 돈이 200만 달러 줄어든 셈이었다. 민영 교도소 산업의 존재 자체는 이윤을 위해 사람들을 가두도록 분위기를 조성하고, 다른 대안을 점점 더 비

싸고 비현실적인 것으로 만든다.[3]

　　우리가 공공의 의사결정이 아닌 계약에 의해 지배당하는 것을 인정한다면, 결국 민영 교도소와 민영 보호관찰 기업의 손에 상당한 자유를 잃게 될 것이다. 준법정신이 투철한 시민들이 이런 상황에 영향을 받지 않는다고 느끼더라도, 고용계약부터 신용카드 약관까지 모든 것에 포함된 강제중재 조항을 피할 수는 없다. 이는 사실상 민법 전반의 민영화와 같다. 민영화 지지자들은 계약의 권리를 다른 모든 자유에 우선하는 권리로 떠받들어왔다. 그러나 기업이 이 권리를 행사할수록 공공의 자유는 오히려 줄어든다.

감금된 민주주의, 민영 교도소가 무너뜨린 자유

　　콜로라도주의 경험은 특별한 일이 아니었다. 비영리 연구기관인 인 더 퍼블릭 인터레스트가 2013년에 발표한 연구에 따르면, 확보한 교도소 계약 가운데 약 65퍼센트에서 수용률 보장 조항이 발견됐다. 이 계약에 따라 실제 수감자 수가 적더라도 주 정부는 80퍼센트에서 100퍼센트까지 채워진 것으로 간주해 비용을 지급해야 했다. 애리조나주에서는 모든 민영 교도소가 실제로는 비어 있더라도 100퍼센트 수용된 것으로 인정되어 비용을 지급받았다. 그 결과 범죄율이 떨어져도 이들 주의 교정 지출은 크게 줄지 않았다.[4]

　　2016년, 민영 교도소 산업은 존속이 위태로워졌다. 법무부가 계약을 갱신하지 않겠다고 천명했고, 민주당 대선 후보들은 계약을 끝내겠다고 약속했으며, 여론도 등을 돌렸다. 반면 도널드 트럼프는 민영 교도소가 "훨씬 더 잘 작동하는 것 같다"고 주장했다. 트럼프가 어디서 이런 생각을 했는지는 불분명하다. 굳이 따지자면, 그의 대선 캠프에 아낌없이 기부했던 민영 교도소 정치활동위원회(PAC)에서였을 것이다.[5]

민영 교도소가 '훨씬 더 잘 작동한다'는 주장은 사실이 아니다. 공공기관과 민간이 각각 실시한 연구 모두 그 반대의 결과를 보여준다.

민영 교도소는 결코 저렴하지 않다. 일부만 꼽아도 미국 법무부 산하 연구소, 회계감사원, 유타대학교, 애리조나 교정부, 조지아의 감사 기관, 미시시피 교정부 등이 연구를 수행했다. 대부분의 경우 민영 교도소가 더 비쌌다.[6]

더 안전하지도 않다. 법무부는 공공 교도소 시설과 비교했을 때 민영 교도소에서 "심각하거나 제도적인 안전·보안 결함"이 드러났다고 지적했고, 재소자가 교도관을 공격하는 비율이 38퍼센트 더 높게 나타나는 등 폭력 사건 발생률이 전반적으로 높다는 사실을 확인했다. 폭행 발생 건수는 미시시피주 민영 교도소에서 세 배, 아이다호주에서는 네 배에 달했다.[7]

재사회화 프로그램도 뒤처졌다. 일부 집중 연구에서는 공공 교도소와 민영 교도소 간에 차이가 거의 없는 것으로 나타났지만, 더 광범위하게 접근한 연구에서는 민영 교도소에서 재범률이 훨씬 더 높게 나타났다. 미네소타주 교정국은 20가지 통계모형을 적용한 결과, 모든 경우에서 민영 교도소가 "재범 위험이 더 크다"는 사실을 확인했다. 오클라호마주 연구에 따르면 민영 교도소는 재범 확률이 최대 17퍼센트까지 높았다. 재범은 민영 교도소 운영자에게는 사업 기회일 수 있지만, 납세

    민영화라는 느린 쿠데타

자에게는 또 다른 부담이다. 반복적인 범죄자는 주와 사회에는 부담이지만, 민영 교도소 기업에게는 단골손님일 뿐이다.[8]

민영 교도소는 더 안전하지도 않다. 미국 연방 교도국 연구·평가실이 실시한 연구는 민영 교도소의 탈옥률이 더 높다는 사실을 확인했다. 조사 기간 중 공공 교도소는 민영 교도소보다 17퍼센트 더 많은 수감자를 관리했음에도 단 한 건의 탈옥만 있었다. 반면 민영 교도소에서는 시설 내부에서 18건, 이송 중 5건의 탈옥 사건이 발생했다.[9]

민영 교도소에서 벌어진 피비린내 나는 추문과 끔찍한 이야기들은 책 몇 권으로도 모자랄 정도다. 그 가운데는 아이다호 교정센터(Idaho Correctional Center, ICC)가 있다. 이 시설에서는 아이다호의 다른 7개 주립 교도소를 모두 합친 것보다 더 많은 폭력 사건이 발생했다. ICC의 별명인 '글래디에이터 학교(Gladiator School)'는 끔찍한 폭력 수준 때문만이 아니라, 교도관들이 폭력을 조장하고 태연히 방관했다는 사실에서 비롯됐다.[10]

전체 목록에는 미시시피주의 월넛 그로브 청소년 교정시설도 포함된다. 미국에서 두 번째로 큰 민영 교도소 기업인 지오 그룹(GEO Group)이 소유한 이 시설은 권고된 수감자와 교도관 비율 12대 1을 무시하고 훨씬 '경제적인' 60대 1 비율로 운영했다.[*] 그 결과는 한 전직 수감자의 표현대로 "지옥의 가장 깊은 곳"이었다. 사실상 무정부 상태

---

[*] 참고로, 지오 그룹은 2025년 9월 조지아주에서 발생한 한국인 대규모 구금 사태와 관련이 있다. 이 회사는 현재 미국 이민세관단속국(ICE)과 계약을 맺고 여러 구금시설을 운영하고 있으며, 한국인들이 불법적으로 수용되었던 포크스턴 ICE 구금센터(Folkston ICE Processing Center)도 지오 그룹에 의해 위탁 운영되는 시설이다.

였고, 통제되지 않는 밀수품, 교도관과 수감자 간의 성관계, 약탈을 일삼는 갱단, 그리고 교도관과 수감자가 함께 연루된 만연한 폭력이 난무했다. 이 모든 것은 미국 법무부가 말한 "고의적 무관심(deliberate indifference)" 속에 방치되었다.[11]

목록에는 오하이오주의 레이크 이리 교정시설도 포함된다. 이곳은 민간기업에 매각된 최초의 주립 교도소다. CCA는 교도소를 인수하며 좋은 일자리로 지역경제를 되살리겠다고 약속했지만, 대신 허술한 보안으로 밀수를 부추겼다. 인근 소도시 코니엇은 교도소로 향하는 밀수 공급망이 되면서 범죄가 눈에 띄게 증가했다. CCA 운영 첫해에 지역 경찰은 지난 5년 전체를 합친 것보다 네 배 더 많은 교도소 관련 범죄에 대응해야 했다.[12]

민영 교도소가 "훨씬 더 일을 잘한다"는 대선 후보 당시 트럼프의 주장에는 근거가 전혀 없다. 민영 교도소는 모든 면에서 실패했다. 그럼에도 일정한 수익을 거두며 운영이 이어지는 이유는 우월한 상품으로 자유시장 경쟁에서 승리했기 때문이 아니다. 오히려 영업술과 로비, 선거자금 기부, 그리고 교묘한 계약 협상 덕분이다.

민영 교도소 산업의 부상에는 몇 가지 사회적 전제조건이 필요했다. 무엇보다 민영화를 그 자체로 선(善)이라 믿는 사람들이 정부를 장악해야 했다. 또한 수감자에 대한 대중의 무관심이 확고히 자리 잡아야 했으며, 영향력과 이념적 논리를 이용해 계약을 따낼 줄 아는 새로운 사업가 계층이 등장해야 했다. 그들은 남북전쟁 이후 재건기 시절 수감자를 통해 이윤을 추구했던 기회주의자들의 직접적 후예로 볼 수 있다. 당시 남부의 대지주들은 노예제 폐지 이후 노동자와 임금을 협상할 필요 없이 죄수들을 노예의 대체물로 사용할 수 있다는 사실을 깨달았다. 광범위하게 시행된 죄수 임대제(convict leasing)는 '다른 방식의 노예제'로 불렸고, 결국 심판의 순간을 맞았다. 1887년, 의회가 개입해 연방 수감자 임대를 금지한 것이다. 세기가 바뀔 무렵 교도소 대부분과 수감자 처우는 다시 공공의 손에 돌아왔지만, 교도소 산업이 부추긴 대량 수감 정책은 우리를 다시 원점으로 되돌려 놓았다.[13]

교도소로 돈을 벌고 싶다면 정치에 관여하고 정책을 만들어야 한다. 처벌의 사회적 의미를 왜곡해야 하고, 수감자들이 대개 소수인종이라면 더 유리하다. 그다음에는 로비를 해야 한다. 지오 그룹의 기업 관계 담당 부사장은 이렇게 주장했다. "우리는 행위를 범죄화할지 여부, 형량, 개인의 수감이나 구금의 근거와 기간 등에 대해 어떤 입장을 취하거나, 이를 옹호하거나 반대하지 않습니다."[14]

그럼에도 이 업계는 특정한 이익을 위해 꽤 많은 돈을 쏟아붓는다. 주로 더 긴 형기를 옹호하고 민간 교도소 기업에 계약을 몰아주는 정치인들을 적극적으로 후원한다. 또 미국입법교류협회(ALEC)에서 특히 활발히 활동했는데, 이 단체는 '강력처벌' 법안을 만드는 데 중요한 역할을 했다. CCA는 20년 넘게 ALEC 회원이었고, 최대 기여자 가운데 하나였다. CCA의 대표들은 국토안보위원회와 공공안전 TF 같은 핵심 위원회에까지 파고들어, 심지어 공동위원장을 맡기도 했다. 이 시기 위원회들은 의무적 최소형량제, 삼진아웃 양형법, 가석방을 제한하거나 없애는 '양형 정직성 법률' 같은 표준 법안을 만들어내고 추진했다.[15]

범죄와 형벌을 다루는 표준 법안 85가지는 CCA가 ALEC에 깊이 관여하던 동안 쏟아져 나왔다. 그러나 CCA는 이 입법안에 표를 던지지도 않았고 의견조차 밝히지 않았다고 주장한다. 그러면서 그저 같은 자리에 앉아 있었을 뿐, 자사 수익에 수백만 달러를 보태줄 정책들에 대해서 아무런 입장도 취하지 않았다고 우리가 믿어주길 바랐다. 그래, 좋다. 하지만 우리는 여기서 또 다른 패턴을 눈여겨봐야 한다. 이 법들은 의도적으로 판사와 법원의 손발을 묶었다. 이른바 '강력범죄 대응' 운동은 적법절차와 권력분립의 균형을 무너뜨린 흐름이었다. 이는 '교도소 수용률 보장'이나 '무조건 지급' 조항과 마찬가지로, 기업이 위험은 줄이고 이윤은 보장받는 또 하나의 장치, 즉 시민의 권리를 제한함으로써 수익을 확실히 보장하는 구조였다.

가혹한 양형법의 확산과 폭발적으로 늘어난 수감자 수조차도, 21세기 초 범죄율 감소라는 흐름에서 민영 교도소 산업을 지켜주지 못했다. 사회 전체에는 긍정적인 일이 산업의 수익성에는 위협이 되었고, 주가는 곤두박질쳤다. 기업은 새로이 가둘 대상을 찾아야 했다. 그 성장 영역으로 이민자 구금에 집중했다. 여기서도 업계의 운명은 정책 결정과 긴밀히 얽혀 있었다. 주된 표적은 유색인종이었으며, 공공정책 과정은 이들의 개입으로 왜곡되었다.

2009년, 애리조나주 하원의원 러셀 피어스(Russel Pearce)는 CCA 대표들이 포함된 ALEC의 공공안전 TF에 한 가지 아이디어를 제안했다. 남부 빈곤법률센터(Southern Poverty Law Center)에 따르면 그는 "경악할 만한 수준의 편집증과 편견에 사로잡힌" 인물이었다. 이 회의에서 나온 결과가 바로 악명 높은 주 법안 '1070호(SB1070)'였다. 이 법안은 모든 치안기관이 '의심만으로도' 시민권 증명을 요구할 수 있도록 하는 내용을 담고 있었다. 반대자들은 이 법이 인종 프로파일링을 허용하고, 사실

  민영화라는 느린 쿠데타

상 시민들에게 출생증명서나 여권 같은 서류를 항상 지니고 다니라고 요구한다며 맹렬히 비판했다.

이 비밀회의가 보도되자, CCA는 당연히 자신들이 해당 표준 입법 초안을 만드는 데 어떤 역할도 하지 않았다고 부인했다. 그러나 문제는 그 회의만이 아니었다. 2010년, 이 법안에 열성적으로 서명한 주지사 잰 브루어(Jan Brewer)는 민영 교도소 로비스트 출신 핵심 자문관 두 명을 고용하고 있었다. 법안 발의 직후 몇 달 동안 공동 발의자 36명 가운데 30명이 CCA와 지오 그룹으로부터 후한 선거 자금을 받았다. SB1070 법안은 계속 추진되었다. 다른 주에서도 이 표준 입법안이 받아들여졌고, 연방 정부도 무관용 정책으로 도왔다. 이런 상황에서 지오 그룹의 웨인 칼러브리지(Wayne Calabrese) 사장은 투자자들에게 이렇게 말했다. "국경을 넘어오다 붙잡힌 사람들은 반드시 구금될 것이고, 적어도 제 생각에는 우리가 하는 일에 훨씬 더 많은 기회가 생길 겁니다."[16]

민영 교도소가 속속 늘어나기 전까지 연방 교도소의 수용 능력은 대부분 필요에 따라 결정됐다. 체포되어 구금되는 사람들의 숫자가 정책입안자들이 얼마나 교도소를 지을지 정하는 기준이었다. 그러나 2006년 의회는 이 흐름을 바꿔버렸다. 그해 2월, 텍사스 출신 의원 몇 명이 하원 국토안보위 소위원장과 이민세관단속국(ICE) 차관보를 만나 "남아도는 수백 개의 침상"과 "겨우 3분의 1만 찬 구금 시설들"에 대해 항의했다. 2009년 제정된 법은 국토안보부가 "최소 3만 4,000명 수용 규모"를 확보해야 한다고 규정했다. 이후 강경파 의원들은 ICE가 이 조항을 단순한 목표가 아니라 "침상을 채우라는 의무"로 받아들이라고 압박했다. 이 부조리함은, 억지로 사람을 찾아 구금하라는 압력을 직접 겪은 전직 ICE 국장의 말에서 잘 드러난다. "얼마나 많은 사람들이 공공안전을 위협하거나 제도의 건전성을 해치는지 상관없이, 정해진 숫자만큼 사람을 구금하라는 명령이 있다는 건 말이 안 됩니다. 구금 수요는 실제 숫자에서 나와야지, 임의로 정한 숫자가 운영을 좌우해서는 안 됩니다." 그러나 그의 이런 상식적인 견해는 민영 교도소 수감자가 늘어나고, 민영 교도소 기업들이 **수익을 노리고** 시설을 더 짓기 시작하면서 점점 밀려났다. 2017년이 되자 이민 구금자의 거의 4분의 3이 영리 목적 교도소에 수감되고 있었다.[17]

트럼프 행정부는 아이들을 철창에 가둔 사건으로 영원히 기억될 것이고, 그 스캔들의 오점은 민영 교도소 기업에도 남아야 한다. 이들은 정치인들이 이민 문제를 정치적 무기로 활용하도록 뒷받침하며 트럼프의 반이민 정책에 힘을 실어주었고, 망명 신청자들을 구금하는 새로운 정책에서 막대한 이익을 챙겼다. 아동 격리 정책(child separation policy)● 아래에서 이들의 계약 규모와 주가는 뛰어올랐고, 트럼프가 가족 구금 정책으로 방향을 틀자 또 한 번 상승했다. 이들은 "짓기만 하면 채워진다(if you build it, they will come)"는 발상에 따라 신규 시설을 계속 늘려왔기에, 정부가 새로운 구금 시설을 필요로 할 때 이미 준비된 상태였다. 수용 공간이 부족해지면 조악한 천막촌을 세웠고, 그로 인해 생겨난 비인간적인 환경은 비밀에 가려졌다. 정부에는 여러 정책적 선택지가 있었으나, 민영 교도소 산업은 그중 최악의 선택을 가장 실행 가능하고

● 트럼프 행정부가 2018년 시행한 '무관용' 이민정책의 하나로, 국경에서 붙잡힌 부모와 자녀를 강제로 분리해 각각 다른 수용 시설에 가둔 조치를 이른다. 아이들이 철창형 우리에 갇힌 사실이 공개되며 국제적 파문을 불러왔다.

민영화라는 느린 쿠데타

손쉬운 길로 만들어버렸다. 이어서 이들은 자신들에게 우호적인 정치인을 공적 비판으로부터 보호했고, 그 과정에서 막대한 이윤을 챙겼다.[18]

트럼프가 당선된 뒤 지오 그룹의 주가는 63퍼센트, 코어시빅의 주가는 81퍼센트 올랐다. 우호적인 정치인들과의 관계에 비교적 적은 돈을 쏟아부은 대가치고는 탄탄한 수익이었다. 그 대선 과정을 거치며 민영 교도소 산업은 공화당의 골수에 깊숙이 뿌리내렸다. 2016년 업계의 정치자금 기부 가운데 85퍼센트가 공화당으로 향했다. 대부분의 기업들이 냉소적으로 양쪽 모두에 돈을 대는 것과 달리, 이 업계는 자신들의 운명이 한 정당의 성공과 그 정당이 퍼뜨리는 인종차별적이고 비인간적인 이념의 확산에 달려 있음을 분명히 알고 있었다. 이후 민영 교도소 기업들은 민주주의의 감시와 견제라는 불편을 피해 밀실에서 영향력을 공고히 하는 데 이익을 쏟아부었다.[19]

석방, 영리를 좇는 보호관찰기업

주디셜 코렉션스 서비스(Judicial Corrections Services, JCS)는 '비용 없는 이익'이라는 민영화의 거짓 명분을 완벽히 구체화했고, 미시시피주 그린우드시는 그 제안에 응했다. JCS는 시 당국에 비용 부담 없이 보호관찰 서비스를 운영하겠다고 약속했다. 대신 보호관찰 대상자들이 비용을 내고, 기업이 그들을 관리하는 구조였다. 세수가 빈약하고 평균 소득이 1만 4,000달러에 불과한 도시에서, 이 제안은 적어도 당시에는 충분히 그럴듯하게 들렸다.

8개월 만에 그린우드 인구의 거의 10퍼센트가 보호관찰을 받게 된 것이다. 이 도시가 범죄자들로 가득 차서가 아니라, 사소한 위반에 부과된 벌금이 보호관찰과 추가 비용으로 이어졌기 때문이었다. 그 사이 JCS는 매달 4만 8,000달러를 벌어들였고, 그린우드는 심각한 경제 위기 직전까지 내몰렸다. 인구 1만 5,000명의 도시에서 1,200명의 주민이 이 민간기업에 종속돼 있었고, 그 가운데 300명은 벌금을 내지 못해 징역형에 처할 위기에 있었다. 또한 주민들의 수입에서 매달 4만 8,000달러가 보호관찰 비용으로 빠져나가면서, 식료품이나 집세, 아기 분유에 쓰일 돈이 사라졌다. 그린우드는 그나마 다행이었다. 계약을 취소할 수 있었으니까.[20]

최고의 고객은 선택권이 없는 고객이다. 그렇기 때문에 민영 보호관찰 기업들은 성업을 이어가면서도, 동시에 개인의 권리와 자유에는 심각한 해를 끼친다. 민영 보호관찰은 우리의 사법제도를 잠식하며, 선택권을 잃은 소비자와 계층화된 시스템을 만들어내기 위해 사법의 DNA 자체를 바꿔놓는다. 이는 보호관찰이 지향해야 하는 것과 정반대다. 보호관찰을 처벌로 집행하는 이유는 당사자의 자기 교정 능력을 존중하고 감옥보다 사회가 더 나은 영향을 줄 것이라는 원칙에서 비롯되었다. 보호관찰은 원래 달성 가능한 목표와 분명한 종착점을 가진 재사회화의 기회여야 하며, 공익과 개인의 권리 사이의 세심한 균형 속에서 정의되어야 한다. 그러나 여러 주에서 보호관찰을 민영화하면서, 그것은 두 번째 기회가 아니라 사실상 '빚 노예제(indentured servitude)'로 변질되고 말았다.

민영 보호관찰은 범죄자가 스스로 재사회화 비용을 부담해야 한

민영화라는 느린 쿠데타

다는 개념을 바탕으로 설계되었다. 법원은 범죄자를 민간기업에 넘겨 보호관찰을 감독하게 하고, 그 과정에서 발생하는 수수료와 벌금을 징수하도록 한다. 물론 민영 보호관찰 기업 역시 수익을 올리려고 한다. 그래서 이들은 보호관찰 대상자의 재사회화나 범죄 재발 방지에 집중하기보다, 마치 급전 대출업자(payday lender)처럼 가능한 한 오래 보호관찰 대상자들의 돈을 뜯어내는 쪽으로 행동한다. 흔히는 경범죄자가 벌금형을 선고받는 경우부터 시작한다. 절도 혐의 초범이나 길거리 음주로 체포된 사람 같은 경우다. 당장 벌금을 낼 여력이 없는 범죄자는 보호관찰 기간 동안 나눠 갚도록 강제되며, 보호관찰이 끝나는 시점은 결국 벌금을 완납했는지 여부에 달려 있다.

그러나 민간기업이 맡자마자 더 많은 비용이 끼어든다. 벌금 위에 서비스 요금이 붙고, 정기적인 신원조사 비용도 추가된다. 본래 범죄가 마약과 무관하더라도 마약 검사 비용이 더해진다. 법원이 보호관찰 대상자에게 분노조절 훈련을 명하면, 그것 역시 또 다른 청구의 빌미가된다. 위치추적을 요구하면 민영 보호관찰 기업이 최신 장비를 제공하고 수수료를 얹어 보호관찰 대상자에게 비용을 청구한다. 한 기업은 심지어 법원의 명령에 따른 사회봉사 시간을 채우는 데도 추가 요금을 부과했다. 어려움에 처한 보호관찰 대상자들은 이렇게 각종 비용에 발목이 잡혔다. 휴먼 라이츠 워치(Human Rights Watch)의 조사에 따르면, 원래의 벌금이나 보호관찰 비용을 내지 못해 수감된 사례보다 이런 추가 비용을 내지 못해 수감된 사례가 훨씬 더 많았다.[21]

테네시주의 민영 보호관찰 기업 프로비던스 커뮤니티 코렉션스 (Providence Community Corrections, PCC)의 감독을 받던 신디 로드리게스

(Cindy Rodriguez)는 허리 부상으로 장애 보조금에 의지해 살았지만, 보호관찰이 시작되면서 법원에 벌금과 수수료 578달러를 부담하게 되었다. 이후 PCC는 대출업체처럼 자체 비용을 추가했고, 납부금은 원래 벌금이 아니라 PCC의 수수료를 갚는 데 우선적으로 쓰였다. 1년이 지나 로드리게스가 낸 돈은 원래 벌금을 거의 다 청산할 만큼이었지만, 그 대부분은 PCC가 챙겨갔고 법원은 여전히 512달러를 요구했다. 휴먼 라이츠 워치의 조사에 따르면, 750달러였던 원래 벌금이 2,465달러로 불어나고, 250달러의 제재금이 2,231달러라는 풍년 같은 수확으로 불어나는 경우가 있었다. 이는 기업의 수익에는 도움이 되었지만, 급류에 휩쓸린 사람들에게는 감옥행, 일자리 상실, 집과 자녀 양육권을 잃을 위험으로 이어졌다.[22]

　　민영화된 보호관찰의 결과는 법원 제도와 절차를 위에서부터 오염시키는 동시에 삶을 아래에서부터 파괴한다는 것으로 요약된다. 법원은 감당할 수 없는 부담임이 인정될 때 보호관찰 비용을 면제할 권한을 갖고 있다. 그러나 조사자들이 인터뷰한 판사와 피고 측 변호사들에 따르면, 영리 보호관찰 기업이 개입한 경우에는 그런 권한이 사실상 거의 집행되지 않는다. 판사들은 인터뷰에서 한 가지 충격적인 이유를 솔직히 털어놓았다. "보호관찰 감독 비용을 면제하면, 이 기업들은 그 비용에 의존해 운영되기 때문에 부정적인 영향을 받게 됩니다." 결국 정의의 저울은 하층을 파고들며 살아가는 기업들의 이윤과 존속을 보장하기 위해 기울어지고 만다.[23]

　　조사에 따르면, 미주리주와 테네시주의 법원에서는 시민의 보호관찰 연장 여부를 판단하는 심리에서 민간 보호관찰관들의 증언을 자주 받아들였다. 이는 정의의 저울을 어처구니없을 만큼 기울이는 일이었다. 다시 곱씹어보자. 법원이 **보호관찰이 이어지는 데서** 수익을 얻는 기업 직원의 증언으로 보호관찰 종료 여부를 결정했다는 사실을 과연 어떻게 납득할 수 있겠는가.

크리스털 브래드퍼드(Crystal Bradford)는 테네시주의 월마트에서 절도 혐의로 체포됐다. 친구가 아기용 감기약을 슬쩍 호주머니에 넣었고, 계산원이 카트 밑에 있던 생수 한 팩을 계산하지 않아 사건 전체가 절도로 처리된 것이었다. 브래드퍼드는 최대로 허용된 12개월에 못 미치는 보호관찰 처분을 받았다. 판사는 이 기간 동안 법원 비용을 변상하기 위해 매달 100달러, 보호관찰 감독 비용으로 매달 50달러를 내야 한다고 고지했다. 브래드퍼드는 자가면역 질환과 끊이지 않는 통증으로 장애 보조금에 의존하고 있었기에, 돈을 낼 수 없다고 판사에게 호소했다. 그러나 판사는 그 문제를 민영 보호관찰 기업에 떠넘겼다.

브래드퍼드는 당시 상황을 이렇게 회상했다. 민간 보호관찰관은 자신을 압박하면서도 태연히 밝게 말했다. "이번 달 말까지나 보호관찰이 끝날 때까지 돈을 다 내지 못할 것 같으면, 그냥 미리 알려주세요. 저희가 바로 체포영장에 서명하면 되니까요." 보호관찰관은 또 마약 검사를 요구했는데, 이는 그녀의 원래 범죄와는 전혀 관련이 없었다. 브래드퍼드가 복용하는 약 때문에 위양성이 나올 수도 있다고 설명했지만, 보호관찰관은 그녀가 생계를 빠듯하게 이어가고 있다는 사실을 알면서도 훨씬 더 비싼 모발 검사를 억지로 받게 했다.[24]

보호관찰은 재사회화로 이어지는 처벌이어야 한다. 이는 타인에게 피해를 끼친 이들의 자유를 신중하게 제한함으로써 공익을 지키려는 사법제도에서 비롯되었다. 그러나 민영 보호관찰은 이윤을 추구하는 과정에서 자유를 제한하고, 제도 전체에 압력을 가한다. 동시에 이중 사법제도를 낳으며, 판결을 왜곡시키고, 피고인이나 유죄 확정자의 운명을 결정할 때 특수이익을 대변하는 목소리가 된다. 보호관찰이 민영화되는 순간, 그것은 자유를 지키는 제도가 아니라 그 정반대가 된다.

서명으로 포기된 권리,
강제조정이 미국인의 권리를 재구성하는 방식

우리는 지금 사법제도에 대한 조용한 혁명, 혹은 침묵 속의 체제 전환 한가운데에 있다. 레이건 대통령이 임명한 연방 법원 판사 윌리엄 G. 영(William G. Young)의 말대로, 우리는 "법의 역사에서 가장 중요한 변화"를 겪고 있다. 과장이 아니다. 기업들은 기본적인 헌법적 권리가 적용되지 않는, 완전히 민영화된 유사 사법제도를 구축했다. 연방대법원의 보수 성향 판사들은 소비자와 노동자에게 불리한 판결을 내림으로써 이 대체 사법제도를 승인했다. 영 판사는 이렇게 경고했다. "기업은 아예 사법제도에서 완전히 벗어나, 어떤 비난도 받지 않은 채 부정행위를 저지를 좋은 기회를 얻었습니다."[25]

이 메커니즘은 겉보기에는 간단하다. 소비자는 끝도 없이 이어지는 아주 작은 글씨로 쓰여진 계약서에 서명한다. 혹은 새로 채용된 직원이 고용의 조건으로 제시된 근로계약서에 서명한다. 그 안에는 모든 분쟁을 사적 중재로 해결한다는 조항이 들어 있다. 소비자는 지루하고 끝

민영화라는 느린 쿠데타

없는 세부 조항을 일일이 읽을 여유가 없어 서명한다. 신입사원은 일자리가 필요하기 때문에 서명한다. 이렇게 해서 둘 다 공공법정에서 정의를 구할 헌법적 권리를 포기하게 되는 것이다.

1992년, 중재 조항은 아직 낯선 존재였다. 노동자의 2퍼센트만이 강제중재 조항 아래에서 일했다. 그러나 21세기 초반에는 그 비율이 25퍼센트로 늘어났다. 2018년에는 비노조 민간부문 노동자의 56퍼센트가 고용주와 분쟁에 휘말릴 경우 법정에서 재판을 받을 권리를 거부당할 수 있었다. 소비자들도 권리가 박탈되고 있다는 분명한 현실을 마주하게 됐다. 신용카드 회사의 절반가량이 강제중재를 요구했고, 저임금 미국인들이 주로 이용하는 금융상품은 상황이 더 심각했다. 학자금 대출 회사의 86퍼센트, 직불카드의 92퍼센트가 중재를 요구했으며, 급전 대출업체의 경우 사실상 전부(99퍼센트)가 모든 분쟁을 중재로 해결하라고 강요했다. 기업의 힘이 커질수록 소비자는 더욱 취약해졌고, 강제중재가 공공 사법제도를 대체할 가능성도 더욱 높아졌다. 실제로 대형 요양원의 90퍼센트가 입소 서류에서 중재를 강제한다는 추정치가 있다.[26]

민사재판과는 달리 중재 절차는 보통 피고 기업이 미리 선정한 개인이나 영리기업에 의해 진행된다. 절차는 원고의 거주지에서 멀리 떨어진 도시에서 열릴 수 있으며, 기업 변호사의 사무실에서 이뤄지기도 한다. 은퇴한 판사가 감독하거나, 기업 변호사가 주재할 수도 있고, 법적 전문지식이 전혀 없는 사람이 맡을 수도 있다. 일부 중재 계약은 원고를 종교 지도자가 운영하는 신앙 기반의 중재로 강제로 끌어들이기도 한다.

껍데기만 남은 절차에는 증거 규칙도, 증거개시도, 소비자나 노동자의 권리에 대한 존중도 없다. 원고가 어떤 증거를 얼마나 제시할 수 있는지 누가 결정할까? 중재인이다. 기업이 얼마나 많은 증거를 숨길 수 있는지 누가 결정할까? 역시 중재인이다. "어떤 증거 규정이 적용되나요?" 한 중재 회사의 FAQ 웹페이지에 나온 질문이다. 회사는 이렇게 시인했다. "간단히 말해, 없습니다." 놀랍게도 이것이 바로 그들의 판매 포인트였다.[27]

판사들은 원칙과 윤리에 구속된다. 그러나 민영화된 제도의 중재인들은 그렇지 않다. 그 결과는 도덕적 분노를 일으킨다. 여든일곱의 수녀 아이린 모리세트(Irene Morissette)는 요양원에서 성폭행을 당했다고 경찰에 신고했다. 경찰은 상당한 물적 증거를 확보했지만 용의자를 특정하지는 못했다. 그녀와 가족은 요양원을 과실로 고소하기 위해 CCTV 영상 보존을 요청했지만, 시설은 이를 무시했다. 결국 이들은 어쩔 수 없이 중재 절차에 맡겨야 했다. 그 자리에서 가족은 의료감정서에 기록된 심각한 상처가 가해자가 아니라 피해자인 수녀 본인이 지나친 자위행위로 스스로 입힌 것이라는 황당한 추측성 전언 증언까지 견뎌야 했다.

소문과 추측에 근거한 이런 질문은 공개 법정에서라면 빛을 볼 가능성이 거의 없었을 것이다. 그러나 영리를 목적으로 한 중재 심리에서는 그런 규칙이 전혀 적용되지 않았다. 공개 법정에서 판사가 타인의 감정을 근거로 판결을 내렸다면 즉각 항소되어 기각됐을 것이다. 하지만 이 사건에서 중재인은 모리세트가 실제로 성폭행당하지 않았다고 판단하며 이렇게 말했다. "성폭행을 당했다고 진술하는 사람에게서 기대되는 감정을 모리세트에게서는 전혀 찾을 수 없었습니다." 모리세

　　　　　　　　　　　　　　　　　　민영화라는 느린 쿠데타

트의 가족은 소송에서 패소했을 뿐 아니라, 심리 장소 비용 명목으로 3,000달러의 청구서까지 받았다.[28]

이해충돌은 민영화 방식에 내재한 문제이며, 중재도 예외가 아니다. 중재인은 시간당 300달러에서 600달러를 받는다. 자신을 중재인으로 선임했고 앞으로도 다시 지명할 수 있는 기업을 만족시켜야 한다는 압박은 피할 수 없다. 『뉴욕 타임스(New York Times)』는 탐사보도의 일부로, 인종차별 사건에서 원고에게 유리한 판정을 내렸다가 이후 모든 고용 사건에서 블랙리스트에 오른 한 중재인의 널리 알려진 사례를 전했다. 익명으로 취재에 응한 거의 40명의 중재인들은 자신들이 기업들에 "예속되어 있다"는 기분을 느낀다고 고백했다. "모든 결정의 밑바탕에는, 일자리를 잃을지도 모른다는 두려움이 자리 잡고 있었습니다." 한 중재인은 실명을 밝히며 더 노골적인 이유를 지적했다. 동료 중재인들이 왜 원고들에게 냉담할 수 있는지 묻자 그는 이렇게 말했다. "다시 볼 일도 없는 사람에게 왜 잘해주겠습니까?"[29]

가장 최근에 이뤄진 종합 조사에 따르면, 노동자는 중재에서 고작 21퍼센트만 이겼고 소비자는 단 9퍼센트만 승소했다. 두 경우 모두 공공 법정에서는 훨씬 더 높은 승률을 기록했다. 보통 한 해에 미국 전역에서 680만 명의 소비자가 집단소송을 통해 일정한 구제를 받으며, 변호사와 소송 비용을 제하고도 그 규모는 4억 4,000만 달러에 이른다. 반면 중재에서 승소하는 소비자는 고작 16명에 불과했고, 이들이 받은 구제금은 합쳐서 8만 6,000달러였다.[30]

이 게임은 처음부터 끝까지 정교하게 짜인 판이었다. 그러나 가장 충격적인 것은 대법원 보수 다수파가 사법제도를 새로 짜려는 이 혁명적 프로젝트에 얼마나 쉽게 동조자가 되었는가 하는 점이다. 집단소송을 무력화하려는 시도는 1990년대 말로 거슬러 올라간다. 뱅크오브아메리카(Bank of America), 체이스(Chase), 시티그룹(Citigroup) 같은 거대 금융기업의 변호사들이 중재의 가능성을 보고 시험적 사건을 만들면서 시작됐다. 훗날 대법원장이 된 존 로버츠(John Roberts)가 주도한 이 사건은 대법원까지 거의 올라갈 뻔했다. 당시 디스커버 뱅크(Discover Bank)를 대리하던 로버츠는 기업 간 중재 합의를 관장하는 1925년 '연방 중재법(Federal Arbitration Act)'이 생각보다 훨씬 폭넓게 적용될 수 있다고 주장했다. 이를 소비자에게 적용한다면, 집단소송에 참여할 권리를 강제로 포기하게 만드는 데 쓰일 수도 있었다.[31]

당시 연방대법원은 로버츠의 주장을 심리하지 않았지만, 그가 대법원장으로 취임한 뒤 유사한 사건이 새롭게 '기업 친화적'으로 변한 법원에 올라왔다. 2011년 'AT&T 모빌리티 대 콘셉시온(AT&T Mobility v. Concepcion)'• 판결에서, 대법관 안토닌 스캘리아(Antonin Scalia)는 젊은 시절 기업 변호사로서 집단소송을 무력화하려 했던 로버츠가 내세운 논리를 거의 베껴 쓰다시피 했다. 이 판결로 법원은 소비자로서 우리가 가진 집단소송권을 기업이 박탈할 수 있는 권한을 넘겨주었다. 그리고 2018년, 법원은 '에픽 시스템스 대 루이스(Epic Systems v. Lewis)'•• 사건

• 소비자 빈센트 콘셉시온 부부가 AT&T 모빌리티를 상대로 낸 집단소송 사건. 계약에 포함된 강제중재 조항 때문에 소송이 기각되었고, 대법원은 연방 중재법을 근거로 AT&T의 손을 들어주었다. 이 판결은 기업이 소비자 집단소송을 회피하는 길을 열어준 판례로 꼽힌다.
•• 의료용 소프트웨어 기업 에픽 시스템스와 직원 제이컵 루이스(Jacob Lewis) 사이의 임금 분쟁 사건. 루이스는 집단소송을 제기하려 했으나 회사는 고용계약 중재조항을 근거로 거부했고, 대법원은 기업이 직원에게 집단소송 제기 권리 포기를 강제할 수 있다고 판시했다.

　　　　　　　　　　　　　　　　민영화라는 느린 쿠데타

을 통해 같은 논리를 노동자에게까지 확대했다. 대법원은 5대 4의 보수 다수 의견으로 기업이 근로자들에게 집단소송권 포기를 강제할 수 있다고 판결했고, 그 근거로 다시 한 번 1925년의 연방 중재법을 들었다.[32]

그러나 이 판결은 억지 논리를 정당화하기 위해 기존 법리를 거스르는 잘못을 저질렀다. 왜냐면 1934년 제정된 전미노동관계법(National Labor Relations Act)이 명확히 규정하고 있었기 때문이다. 노동자는 단결권뿐 아니라 "상호 원조나 보호를 위한 기타 공동 활동"을 할 권리가 있다고 되어 있었다. 하지만 대법원의 보수 다수파는 근거는 빈약하면서도 지나치게 확장된 논리를 내세웠다. 그들은 "기타 단체 활동"에 집단소송이 포함되지 않는다고 주장했다. 이유는 세 가지였다. 첫째, 법 조항에 '집단소송'이 명시되어 있지 않다는 점, 둘째, 해당 문단의 앞부분이 법정 소송과 관련이 없다는 점, 셋째, 의회가 연방 중재법을 명시적으로 언급하지 않았다는 점이었다.[33]

"기타 단체 활동"이라는 표현을 좁게 해석해, 비노조 노동자들이 사실상 의지할 수 있는 유일한 수단인 집단소송이 그에 포함되지 않는다고 주장하려면 상당히 편향적이고 억지스러운 논리를 끌어와야 한다. 또 연방 중재법이 애초에 고용주와 노동자 간 계약에 적용될 의도로 제정된 것이 아님에도, 이를 명시적으로 폐지하지 않았다고 의회를 탓하는 것은 노골적인 눈속임에 불과하다. 대법원의 이 판결은 결국 의회가 수십 년 뒤 법원의 과도한 중재법 확대 해석을 미리 예상하지 못해 노동자들을 보호하지 못하게 된 책임을 의회에 돌린 셈이었다.

그러나 대법원 보수파의 주장을 잘 들어보라. 이제 기업이 시민들의 헌법적 권리를 무시해도 된다는 논리다. 이는 **계약의 권리**라는 법 논리로의 회귀인데, 그 논리는 도금시대(Gilded Age)의 불평등을 심화시키고 노동조합을 무너뜨렸으며, 최저임금을 금지하고 각 주가 노동시간 상한을 두는 것을 막았고, 아동 노동을 금지하려던 분노한 국민의 손발마저 묶어버렸던 바로 그 논리다. 이 관점은 우리의 모든 권리와 자유를 단 하나로 축소한다. 즉, 계약을 맺을 권리다.

닐 고서치(Neil Gorsuch) 판사는 '에픽 시스템' 사건의 다수 의견을 쓰면서 이렇게 물었다. "고용주와 피고용인이 원한다면, 그들 사이의 모든 분쟁을 일대일 중재로 해결하도록 합의할 수 있어야 하지 않겠나?" 수사적인 질문이었지만, 많은 것을 드러내는 질문이었다. 이 나라의 노동자들은 실제로 그런 선택을 할 만한 경제적 자유를 거의 갖고 있지 않다. 기업들은 피고용인들이 자발적으로 중재 합의에 들어가도록 "허용"하는 것이 아니라, 이를 고용조건으로 **강제**한다. 권력의 격차는 이보다 더 극명할 수 없고, 불평등한 결과는 이보다 더 예측 가능할 수 없다.[34]

공공재의 민영화는 종종 민주적 정부에서 민간기업으로 권력이 이전되는 것을 뜻한다. 공공서비스를 수행하는 기업이 정보를 영업 비밀로 감추면 공공의 권한은 줄어든다. 정부가 특정 정책을 따르지 않을 경우 보상해야 하는 구속적 계약에 얽매이면, 선출직 공무원들은 공공정책에 대한 통제권을 잃는다. 정부를 자기편으로 끌어들이는 로비 능력에만 의존하는 기업을 우리가 지지할 때, 우리의 목소리는 약화된다. 우리를 가두거나 보호관찰 상태에 두어 이익을 얻는 기업에 인센티브를 주면, 우리는 자유 자체에 대한 통제권을 잃는다. 그럼에도 고서치 판사나 스튜어트 버틀러 같은 보수 지식인들은 계약지상주의를 지켜내기 위해 이 모든 것을 그대로 내버려두려 한다.

계약의 지배가 통하지 않을 때

일부 사람들에게는 시민들을 불공평한 계약으로 옥죄는 이런 과정이 이미 도를 넘은 것으로 보였다. 민간 보호관찰 제도가 그 전환점이 되었을지도 모른다. 2016년, 아칸소주에서 토미 파울러(Tommy Fowler)와 데이비드 볼링(David Boling) 두 판사는 크레이그헤드 카운티 지방 법원 판사직에 출마하면서 이렇게 약속했다. 카운티의 '채무자 감옥(debtors' prison)'과 같은 민간 보호관찰 제도를 끝내겠다는 것이었다. 두 사람 모두 공화당 주지사에 의해 공석을 메우기 위해 임명된 판사였고, 내부에서 직접 그 문제를 목격한 경험이 있었다.

파울러는 기자에게 보호관찰이 "정부의 돈벌이 수단"은 아니라고 말했다. 그러나 민영화가 되고 나면 "결국 남는 건 그뿐"이라고 덧붙였다. 이 카운티는 20년 동안(1997~2017) 경범죄 보호관찰 사건을 모두 민간 보호관찰 기업 더 저스티스 네트워크(The Justice Network, TJN)에 맡겨 처리해왔다. 다른 민영 보호관찰과 마찬가지로 비용은 보호관찰 대상자가 회사에 냈다. TJN과 카운티가 맺은 계약에는 회사가 각종 추가 비용과 서비스를 붙일 수 있는 여지가 포함되어 있었다. 비용을 내지 못하면 진술서가 법원에 제출됐고, 이어서 언제나 강제 징수가 뒤따랐다.[35]

그 시점에서 파울러와 볼링이 이 제도에 종지부를 찍었다. 형벌은 판사만이 정할 수 있다고 명시하며, 두 사람은 과도하다고 판단한 부채를 "탕감"하고, TJN의 보호관찰을 사례별로 재검토하기 위해 "사면" 프로그램을 시행했다.

존속 위기에 처한 TJN은 "계약상 권리를 집행하기 위한" 소송을 제기했다. 회사는 법원이 "TJN이 보호관찰 대상자와 맺은 계약관계에 불법적으로 개입해 민권을 침해했다"고 주장했다. 또한 헌법에 보장된 "어떠한 법률도 계약의 의무를 침해해서는 안 된다"는 조항을 내세우며, "계약이야말로 최상위 원칙"이라고 강변했다. 요컨대 그들의 논리는 자신들이 보호관찰자들과 맺은 계약이 법원의 권한보다 우위에 있다는 것이었다.

미국 연방지방법원과 제8순회항소법원은 여러 사유를 들어 TJN의 소송을 기각했다. 그중 핵심적인 이유는 명백했다. 법원이 단지 판사로서 당연히 해야 할 일을 했을 뿐이라는 것이다. 즉 "피고에게 보호관찰을 명령하고, 보호관찰 수수료 납부를 요구하며, 재량에 따라 보호관찰을 면제하거나 벌금 부과를 유예하고, 보호관찰 조건을 변경하는 일"—이 모든 것은 자유에 조건을 부여하는 공적 결정이지, 수익을 기준으로 판단할 사안이 아니다.[36]

사건은 긍정적으로 마무리되었으나, 그레이그헤드 카운티의 보호관찰 대상자들은 두 판사의 양심적인 개입이 없었다면 멍에에서 벗어나지 못했을 것이다. 하지만 이 사건은 계약이 시민들의 권리를 제약하거나 없애버릴 수 있는 구조적 문제 자체를 근본적으로 해결하지 못했다. 그리고 우리는 계약을 중시하는 연방대법원이 이에 대해 어떻게 언급할지 궁금할 따름이다.*

민영화라는 느린 쿠데타

대법원의 보수파 다수는 중재 사건에서 이미 많은 말을 했다. 이들은 이러한 계약들을 사실상 일방적으로 만드는 막대한 권력 격차를 의도적으로 외면하고, 정부의 주된 역할이 부자를 나머지 국민들로부터 보호하는 것이라고 믿는 듯하다. 민주적 결정이 아닌 계약이 지배하는 사회라는 그들의 구상은 민영화가 만들어내는 불평등한 권력 접근성에 기대고 있다. 민영화는 그들에게 완벽한 도구다. 민주주의를 제약할 뿐 아니라 불평등을 심화시키기 때문이다. 다음 장에서 그 과정을 살펴볼 것이다.

• TJN이 연방대법원에 상고하지 않아 해당 판결이 확정되었다.

제 V 부

한 푼도
남김없이

–

**찢겨진 사회적 안전망과
확산하는 불평등**

전자복지급여(Electronic Benefits Transfer, EBT) 카드는 직불카드처럼 작동하는 방식으로, 2002년 종이쿠폰 형태의 푸드 스탬프(Food Stamps)를 대체하며 공적 현금지원의 기본 체계가 되었다. 이 카드는 눈에 잘 띄지 않고 편리하며 활용도가 높을 뿐 아니라, 도난과 사기로부터 안전하다는 점에서 잠재적으로 진일보된 수단이다. 실제로 대부분의 현금자동입출금기(ATM)와 식료품점에서 사용할 수 있다. 그러나 EBT 카드가 도입된 시기는 대대적인 민영화와 금융서비스 산업의 부상이 동시에 일어나던 시기였다. 따라서 원래는 공공복지의 더 나은 지원 방식이 될 수도 있었던 제도가 결과적으로 또 하나의 불평등을 생산하는 수단이 되어버렸다.

연방 정부는 EBT 카드를 도입하면서 금융기업에 단순히 '거래'만 맡긴 것이 아니라, 제이피모건(J.P. Morgan), 제록스(Xerox), 피델리티 내셔널 인포메이션 서비스(FIS) 등 거대 기업들에 시스템의 운영과 규칙, 관리에 대한 통제권까지 넘겼다. 이에 따라 주 정부들은 이들 기업 가운데 한 곳과 계약을 맺고, 수급자 1인당 매달 일정 금액을 지급했다. 예컨대 뉴욕주는 제이피모건과 계약을 체결하고 매달 1인당 95센트를 지급했다.[1]

이 정도에서 끝났더라면 중요한 역할에 대한 합리적인 대가로 받아들여졌을지 모른다. 그러나 EBT 카드 이용자들이 부담해야 하는 비용은 거기서 멈추지 않았다. 이 제도를 운용하는 금융사들은 어디에 수수료를 붙여야 이익이 되는지 누구보다 잘 알고 있었다. ATM에서 잔액을 조회하거나 고객센터에 전화를 걸고 싶다면? 그때마다 25센트씩 부과되며, 금액은 곧바로 이용자의 계좌에서 빠져나간다. 게다가 공적 보조금이 입금될 때조차 수수료가 붙는 경우가 많고, 현금을 찾을 때도 건당 최대 3달러까지 내야 한다.

애리조나주에서는 이 납득하기 어려운 법 때문에 하루 인출 한도가 25달러로 묶여 수혜자들이 거의 매일 ATM을 찾아 헤매야 하고, 그만큼 더 많은 수수료를 문다. 이런 수수료가 월 수백 달러 남짓한 급여에 붙는 것이다(2020년 기준, 빈곤가족 임시생활지원정책의 월 급여는 492달러였다). 300달러 급여로 근근이 버텨야 하는 가정에는 이 수수료가 크게 체감되는 부담이다.[2]

그중 일부는 애리조나주 법처럼 공적 보조금 수혜자들이 지원금을 편히 쓰지 못하도록 제도를 일부러 어렵게 만들어서 벌어진 일들이다(그들은 "안전망은 필요하지만, 늘어져 지내는 해먹이 되어서는 안 된다"는 식으로 불평한다). 그러나 민영화는 한걸음 더 나아간다. 가난한 사람들은 더 많은 고통을 겪고, 반대로 이미 거대한 부를 가진 자들은 한 푼이라도 더 챙기려 한다.

이는 극히 노골적인 형태의 부의 역류다. 하루하루를 버티며 살아가는 사람들의 주머니에서, 그 몇 푼씩이 한꺼번에 거대한 부를 만들어낼 권력자들의 손으로 흘러들어간다. 오늘날 조부유층과 기초생계를 이어가는 노동 가정 사이의 간극이 점점 벌어지는 사회에서, 민영화는 그 격차를 적극적으로 확대하는 장치로 작동한다. 민영화는 가진 자들에게 더 많이 쏠리도록 설계된 구조, 곧 가진 것이 가장 적은 사람들로부터 가장 많은 사람들에게로 돈이 옮겨가는 제도를 만들어낸다. 공공이 공공부조의 통제권을 내주는 순간, 그 제도들은 불평등을 재생산하는 엔진으로 바뀐다.

공정하고 효율적인 공공부조 프로그램은 공공재다. 여기에는 아이들이 굶주리지 않도록 막아주는 지원과 우리 모두가 누릴 수 있는 사회적 안전망이 포함된다. 또한 퇴역군인과 부상자, 노숙자들을 위한 예방과 개입 프로그램도 있다. 공공부조에는 대학 등록금이나 직업훈련 때문에 고군분투하는 청년들을 위한 학자금 보조도 포함된다. 이 청년들이 장차 부와 일자리를 창출하고 혁신을 일으킨다면 우리 모두 혜택을 입게 될 것이다. 공공부조에는 공중보건과 복지를 개선하는 메디케이드도 있다. 이 모든 지원은 공공재다.

우리 모두에게 이익을 주며, 가진 것 없는 이들을 돕는 것이 옳기 때문이다.

민영화는 사회적 안전망을 갈기갈기 찢어놓는 동시에 더 많은 사람들이 바로 그 똑같은 사회적 안전망에 의지해야만 하는 상황을 만들어낸다. 정부가 공공서비스를 외주화할 때, 직원들은 결국 더 낮은 임금과 줄어든 복리후생을 감내하면서도 노조조차 만들지 못한다. 그러나 이런 정부 계약 기업의 경영진은 언제나 공공부문의 감독관이나 관리자들보다 천문학적으로 많은 보수를 챙긴다. 공적 자금으로 쌓인 부는 결국 위로만 흘러갈 수밖에 없다.

민영화의 희생자와 부유한 수혜자 간의 격차는 더 벌어질 수 없을 만큼 커졌다. 그런데도 반공공 정치인들은 벌어질 결과를 뻔히 알면서도 영리든 비영리든 민간기업들을 미국 가정에 풀어놓으려 한다. 민간부문 역시 마찬가지다. 빈곤에서도 돈벌이가 되기 때문이다.

13

가난을 벌주는 사회

민영화와 빈곤층의 충돌

공공부조의 민영화에서 혜택을 보는 기업들은 단순히 투자자들의 수익을 추구할 뿐일지 모른다. 그러나 이 계획들을 지지하는 정치인들은 도덕적 신념에 따라 움직인다. 이들은 빈곤 프로그램, 의료보험, 교육 등 공적 지원이 공공재라는 사실과 빈곤이 사회 전체의 문제라는 점을 부인한다. 또한 인종차별이나 기회의 부족 같은 구조적 요인을 부정하고, 빈곤의 대물림이 개인적 선택의 결과라고 주장한다. 이런 입장은 1996년 복지개혁에 큰 영향을 미쳐, 직접 지원에서 한발 물러나게 했다. 주 정부가 직접 지원 대신 결혼 장려와 노동윤리를 고취하는 프로그램에 예산을 돌릴 수 있도록 한 것이다. 이런 프로그램은 종종 민간기업이나 비영리단체가 운영하며, 가난을 겪는 사람들에게 필요한 것은 더 나은 가족 구조와 더 성실한 노동 태도라는 가정

한 푼도 남김없이

위에 세워졌다. 요컨대 레이건이 말하던 '복지 여왕(welfare queens)'•을 마치 과거 상류층 여성들을 위한 '신부학교(finishing school)'에 보내듯 대하는 셈이다.[1]

앞서 언급한 시혜적 프로그램들은 수혜자들의 상황을 분명히 더 악화시켰지만, 1996년 복지개혁과 비교하면 상대적으로 '부드러운' 조치였다. 1996년 복지개혁은 수급 기간을 엄격히 제한했고, 직접 보조금도 대폭 줄였다. 이는 단순히 돈을 아끼려는 게 아니었다. 루디 줄리아니(Rudy Giuliani) 시절 뉴욕시의 한 행정관은 "복지 수혜자들의 삶에 위기를 조장해, 결국 굶주림과 노숙 같은 극한 상황에 내몰리게 하는 것"이 목표라고 말했다. 그래야만 가난한 사람들이 공적 지원금에서 벗어나게 될 것이라는 논리였다. 실제로 2020년, 각 주에서 제공한 급여는 턱없이 부족했다. 단 한 주도 복지급여만으로 가구 소득을 최저생계비 기준선의 60퍼센트 이상으로 끌어올리지 못했다. 방 두 칸짜리 아파트의 임대료를 감당할 수 있는 급여 패키지도 없었다. 인플레이션을 고려하면, 2020년 기준 33개 주는 1996년보다 20퍼센트 낮은 수준의 급여만 제공하고 있었다.[2]

미국의 사회적 안전망은 오랫동안 공공의 역할을 축소하고 공공재를 약화시키려는 이들에게 가장 매력적인 공격 대상이었다. 복지 수혜자들에 대한 공격은 대개 인종 문제를 중심으로 이루어졌으며, 흑인이 백인보다 더 많은 혜택을 받는다는 허위의 인식에 기대어왔다. 이런

• 1970년대 미국 보수파가 만들어낸 비하적 용어다. 흑인 여성 빈곤층이 복지제도를 악용해 사치스럽게 산다는 고정관념을 담고 있다. 로널드 레이건이 정치 연설에서 반복적으로 사용하면서 널리 퍼졌고, 이후 복지제도를 축소·개편하려는 정치적 명분으로 활용되었다.

공격은 우리 사회를 분열시키는 데 매우 유용한 수단이었다. 그 결과로 우리는 더 이상 하나의 응집력 있는 공공으로서 존재하기 어렵게 되었고, 이런 문제들에 함께 대응할 힘도 잃게 되었다. 그리고 공공이 밀려나는 자리마다 사적 이익집단이 발 빠르게 들어서고 있다. 그들은 빈곤층에 대한 가혹한 대우가 오히려 그들을 위한 것이라는 메시지를 준비해두고 있다.

가난한 이들에 대한 혐오를 부추기다

거의 완벽한 승리를 거둔 복지개혁에 힘입어 여러 주들이 메디케이드를 다음 표적으로 삼았다. 예산 삭감을 정치적으로 가장 잘 위장하는 방법은 이를 '부정과의 전쟁'처럼 포장하는 것이었고, 최근 등장한 HOPE 법(HOPE Act)•도 이 낡은 방식을 그대로 따랐다. HOPE 법은 "모두에게 희망과 기회, 번영을 되찾아주는 법"으로 홍보되었지만, 가난하고 아픈 이들을 돕기 위한 새로운 프로그램이나 혁신은 전혀 담겨 있지 않았다. 그저 사람들을 공공부조와 메디케이드에서 제외하는 민간기업에 보상을 안겨주었을 뿐이다.

이 표준 입법안은 보수 성향 싱크탱크인 정부 책임성 재단(Foundation for Government Accountability, FGA)이 설계한 것으로, 적어도 16개

• HOPE는 Hope(희망), Opportunity(기회), Prosperity(번영), Everyone(모두)의 머리글자를 딴 것으로, 정식 명칭은 'An Act to Restore Hope, Opportunity and Prosperity for Everyone'이다.

한 푼도 남김없이

주 의회에 상정되었다. 2020년 말까지 테네시, 아칸소, 미시시피, 콜로라도, 오클라호마 등 다섯 개 주가 원안에 거의 충실한 형태의 HOPE 법을 통과시켰으며, 최소 28개 주가 법안의 일부를 채택했다. HOPE 법은 메디케이드 부정수급 조사와 집행이라는 번거로운 업무를 영리기업에 맡기고, 수급자를 얼마나 줄였는지에 따라 이들에게 보상금을 지급하는 방식으로 설계되었다. 결국 이들 기업의 수익은 얼마나 효율적으로 아프고 가난한 이들의 의료 서비스와 공공부조를 거부하느냐에 달려 있었다.[3]

진짜 부정행위는 수혜자가 아니라 서비스 제공자들이 저지른다. 예를 들어 필립 에스포메스(Philip Esformes)가 운영하던 요양원 체인은 메디케이드와 메디케어를 통해 13억 달러를 청구하는 사기 행각으로 유죄판결을 받았다. 그는 20년형을 선고받고, 복역한 지 불과 몇 년 만에, 도널드 트럼프 대통령의 형 집행 정지로 석방되었다.

복지 수혜자에 의한 메디케어 부정수급은 실제로는 매우 드물다. 그러나 HOPE 법을 채택한 주들에서 활동하는 조사기업들은 실제 부정수급을 많이 찾아낼 필요가 없다. 서류를 늦게 제출한 사람만 찾아도 충분하기 때문이다. 이 법안의 전형적 특징은 요청이 있을 경우 민간 위탁업체에 열흘 안에 개인정보를 제출하도록 의무화한다는 점이다. 이 기한을 맞추지 못하면 수혜 자격이 박탈된다. 자격 심사 서류는 매우 복잡한 데다 위탁업체는 1년에 네 차례까지 수혜자들을 심사할 권한이 있다. 압박이 심해질수록 누군가는 탈락할 가능성이 커진다. 그리고 수혜자 수를 줄일수록 보상이 커지는 인센티브 구조 때문에 대규모 '조사'가 불가피하다.[4]

　　몇몇 주에서는 이 프로그램을 시행해도 실제로 비용 절감 효과가 없을 수 있다는 사실을 깨달았다. 그러나 HOPE 법을 추진하는 세력은 전혀 흔들리지 않았다. 테네시주 하원의원 댄 하월(Dan Howell)은 "우리는 이것을 도덕적 문제로 본다"고 주장했다. 이 표준 입법안을 주도적으로 작성한 FGA의 테런스 브랙던(Terrence Bragdon)은 자신의 모든 노력이 "더 많은 미국인에게 노동이 삶을 바꿀 수 있다는 믿음을 심어주기 위한 것"이라고 강조했다. 그러나 일을 할 수 없는데도 열흘 기한을 놓쳤다는 이유로 갑자기 의료 서비스를 거부당한 사람에게 이 말이 어떻게 적용되는지는 불분명하다. 분명한 것은, 이것이 충분히 숙고된 정책 결정이라기보다는 도덕을 가장한 십자군 운동에 가깝다는 점이다.[5]

　　이처럼 미국의 긴 역사에서 공공부조는 실용성보다 늘 위선적인 도덕성이 앞세워졌다. 또 이 과정에서 빈민층에게 필요한 윤리를 주입하는 일은 늘 그렇듯이 민간부문에 맡겨졌다. 민영화는 결코 우연히 등장한 것이 아니다.

적선하게 하라

　　1876년, 뉴욕 브루클린의 열성적인 개혁가들은 빈곤층에 대한 구호금 지급을 중단하고, 대신 그 자금을 민간자선단체에 맡기라고 시 감독관들을 설득했다. 이는 단순히 서비스 제공 주체만 바꾸라는 뜻이 아니었다. 시는 이른바 '옥외 구호(outdoor relief)'●라 불린 식량, 석탄, 현

　　　　　　　　　　　　　　　　　　　한 푼도 남김없이

금을 지원했지만, 민간자선단체들은 자신들이 운영하는 구빈원(救貧院)에 빈민들을 수용했다. HOPE 법처럼 구빈원은 자격 있는 빈민과 그렇지 않은 빈민을 가려내고, 부정수급을 색출하며, 노동윤리를 가르치겠다고 약속했다. 이 모든 것은 민간자선단체라는 사적 수단을 통해 이뤄졌다.

민간자선단체와 비영리단체는 우리 사회의 안전망 중 중요한 일부다. 그러나 이들은 공공부조를 보완하는 역할에서 벗어나, 이제는 공공이 공공재에 대해 필수적으로 가져야 할 통제권을 부정하는 방식으로 전락하기도 했다. 때로는 도덕적 동기로 작동하고, 때로는 선행을 가장한 탐욕이, 또 때로는 그 둘이 뒤섞여 있기도 하다.

19세기 구빈원은 주거시설이었다. 주로 민간에서 운영했지만 때로는 민간 자금과 공적 자금이 함께 지원됐고, 그 목적은 이중적이었으며 종종 서로 충돌했다. 한편으로는 게으른 이들에게 교훈을 주려는 장소였고, 다른 한편으로는 '자격 있는' 빈민들, 즉 부상이나 노령, 혹은 자기 잘못이 아닌 이유로 노동할 수 없는 이들을 돕는 곳이기도 했다. 그러나 실제로 이런 구분은 거의 의미가 없었고, 모두가 똑같이 끔찍한 조건 속에서 살아야 했다. 뉴욕주 상원 위원회는 "구빈원 수용자들보다 평범한 가축들이 더 인간적으로 보살핌을 받는다"고 지적했다. 고상한 말과는 달리, 구빈원은 가난한 이들을 벌주기 위해 보내는 장소였다.[6]

• 16세기 영국 구빈법에서 유래한 제도로, 빈민을 구빈원에 수용하지 않고 가정에 머무르게 하면서 현금, 식량, 연료 등을 직접 지원하는 방식이다. 이에 비해 구빈원 수용은 옥내 구호(indoor relief)라 불렸다. 19세기 미국에서는 옥외 구호가 게으름을 조장한다는 비판 속에 점차 폐지되고 구빈원으로 대체되었다.

직접적인 현금지원과 비교해 이 기관들은 그다지 효율적이지 않았다. 한 분석에 따르면 비용이 거의 네 배나 더 들었다. 그러나 이 문제가 실용적 판단이 아니라 도덕적 문제로 여겨졌기 때문에, 브루클린의 시 감독관들은 모든 옥외 구호를 폐지하기로 했다. 이후 자선단체들이 그 공백을 메우며, '어쩔 수 없이 가난한 사람들'과 '그렇지 않은 사람들'을 가려냈다. 그리고 '그렇지 않은 사람들'로 분류된 이들은 모두 구빈원에 수용되었다.

감독관들은 이 계획을 밀어붙였다. 이는 간호사 임금을 깎고 고아 대상 모기장 지원 사업을 폐지하는 등 여러 긴축 조치 가운데 하나였다. 굶주린 시민들이 집과 사무실로 몰려와 음식을 구걸하자 몇몇은 마음을 돌렸지만, 대부분은 눈앞에서 벌어지는 참사에도 요지부동이었다. 얼마 지나지 않아 그들은 스스로 승리를 선언했다. 그들은 '사기꾼'을 솎아냈다고 주장했으며, 수혜자 수는 절반으로 줄었다. 이제 남은 사람들은 구빈원이 내세운 도덕적 지침 아래에서 최소한의 지원만 기대할 수 있게 되었다.

그러나 동시에 고아원에 들어간 아동 수는 급격히 늘어 1880년까지 55퍼센트 증가했다. 한 보고서는 이렇게 설명했다. "여러 가정이 어쩔 수 없이 흩어졌다. 부모나 한쪽 부모는 구빈원으로 가고, 아이들은 돌봄을 받기 위해 지방정부 재정으로 운영되는 보호시설에 맡겨졌다." 고아 한 명을 돌보는 비용은 한 달에 약 40달러였는데, 보고서 작성자는 "매달 4~8달러의 공공부조만 있었어도 아이들은 자신들의 작은 집에서 가족과 함께 지낼 수 있었다"고 주장했다.[7]

구빈원은 비인간적일 뿐 아니라 돈도 많이 들고 모순으로 가득

한 제도였다. 무엇보다 민간기업에 권한을 넘기는 구조라 부패에 쉽게 노출됐다. 직접 지원을 없애자고 앞장섰던 지역 사업가들이 결국 그 제도의 수혜자가 되었다. 뉴욕주에서 19세기 초에 진행된 한 조사에 따르면, 구빈원 운영은 공무원이 아니라 지역 농민들과 얽힌 상인들에게 맡겨지는 경우가 많았다. 그들은 이런 지위를 이용해 자기 가게 물건을 구빈원에 필요한 물품으로 내다 팔며 터무니없는 값을 붙였다. 더 큰 문제는, 수용자들에게 숙식을 빌미로 노동을 강요하면서 사실상 착취가 이뤄졌다는 점이다. 한 조사 보고서는 이렇게 꼬집었다. "빈민들에게서 짜낼 수 있는 모든 노동으로 사적 이익을 챙길 수 있도록 허용되었다."[8]

오늘날의 감각으로 보면 충격적인 일이지만, 구빈원은 이제 거의 잊혀졌다. 그러나 그 가치관과 운영 방식만큼은 사라지지 않았다. HOPE 법 역시 '사기꾼'을 솎아내는 데 초점을 맞추고 있다. 두 제도 모두 빈곤층은 그저 "노동이 삶을 바꾼다"는 믿음을 받아들이기만 하면 된다고 여긴다. 하지만 아이들을 고아원으로 내몰고, 의료가 절실한 사람들을 배제하는 등 자신들이 불러온 결과에는 눈을 감는다. 더 중요한 점은 두 제도 모두 실행을 민간단체에 맡겼다는 사실이다. 바로 이것이 핵심이다. 보수적이고 반공공적인 사고 속에서는 오직 민간부문만이 빈곤을 해결할 수 있다고 믿고 있다.

권리가 아닌 호의, 공공재의 박탈

오늘날 사회적 안전망을 축소하고 민영화하자고 주장하는 이들의 목소리와 이들이 상상해낸 철저히 민영화된 빈곤 구제의 역사를 들을 때 구빈원을 떠올려야 한다. 그들의 이야기 속에서 미국은 모두가 풍요로웠고, 일자리는 늘 손 닿는 곳에 있었다. 그것만으로 부족할 때는 교회와 지역사회단체가 (대개 비상시에) 나서 도왔다. 조지 H. W. 부시(George H. W. Bush)가 구호로 내세운 "수천 점의 불빛(Thousand points of light)"•은 이런 생각을 잘 드러낸 말이었다. 공화당 상원의원 마이크 리(Mike Lee)는 "우리는 건국 초기부터 빈곤과의 전쟁에서 단순히 싸웠을 뿐 아니라 이미 승리하고 있었다"라고 주장하며 같은 생각을 되풀이했다. 그리고 그 승리는 정부가 아니라 '자발적인 시민사회' 덕분이었다. 빈곤 구제는 정부가 그냥 나눠준 것이 아니라 마음에서 우러난 선물이었다. 리에 따르면, 뉴딜 시기 정부가 개입하면서 이 전쟁은 패배로 끝났다.[9]

그 어떤 진지한 역사학자도 이 보수적인 주장을 사실로 받아들이지 않는다. 빈곤 구제 프로그램, 특히 민간 주도의 프로그램은 결코 '승리'한 적이 없었고, 부족한 부분을 제대로 메워준 적도 없다. 구빈원은 더더욱 그렇지 않았으며, 리와 부시가 내세우는 너그럽고 따뜻한 이상과 거리가 멀었다. 과거에 비정부적 빈곤 구제가 황금기를 누렸다는 생각은 철저한 허구이자, 극도로 위험한 신화다.[10]

1931년, 곧 대공황으로 불리게 될 경제위기의 규모는 이미 참혹할 정도로 분명해지고 있었다. 그러나 허버트 후버(Herbert Hoover) 대통

• 조지 H. W. 부시가 1988년 대선과 대통령 취임 연설에서 내세운 정치적 구호다. 미국 사회 곳곳에서 활동하는 교회, 지역단체, 자원봉사자들을 별빛에 비유하며 정부가 아닌 자발적 시민사회의 구호 활동을 강조한 표현이었다.

령은 자발적 기부를 통한 자선과 상호부조의 정신을 유지하지 않는 한 어떤 구제 프로그램도 받아들일 수 없다고 버텼다. 정부가 직접 구호에 나서기라도 하면, 나라가 "사회주의와 집단주의의 수렁에 빠질 것"이라는 게 그의 신념이었다. 그래서 그는 적십자사에 가난하고 실직한 이들에게 식량을 지원해달라고 설득하려 했다. 하지만 여기서 빈곤을 부도덕과 동일시하는 미국 특유의 사고방식에서 비롯된 저항에 부딪혔다. 적십자사는 "기근이 자연재해(또는 전쟁)에 의해 발생한 경우에만" 돕도록 설계되어 있었으며, 이 원칙이 그들의 모금 성공의 핵심이기도 했다. 후원자들은 자신들의 돈이 '도움을 받을 자격이 있는' 사람들에게만 쓰이기를 원했기 때문이다.[11]

민주당 의원들은 적십자사가 식량 구호에 2,500만 달러를 쓰도록 예산안을 추진했다. 그러나 공화당 의원들은 적십자사가 먼저 1,000만 달러를 자체적으로 모금할 때까지 집행을 미루자는 개정안을 내놓으며 맞섰다. 자원봉사와 자선의 이상적인 의미에는 더 충실해 보였지만, 그 대가가 무엇이었을까? 적십자사 추산으로도 이미 백만 명이 굶주리고 있었다. 그럼에도 공화당이 장악한 의회는 구호 예산을 통과시키는 대신 적십자사의 정체성을 지킬 방법을 조사하는 데 몰두했다. 공화당 하원 원내대표 존 틸슨(John Tilson)은 이렇게 말했다. "적십자사를 죽여 차갑고 생명 없는 존재로 만들어야 합니까? 정부 부처로 바꿔 관료주의 절차에 얽매인 채 연방의 시혜금이나 나눠주는 곳으로 만들자는 겁니까?"[12]

백만장자 후원자들은 입장을 분명히 밝혔다. 존 D. 록펠러(John D. Rockefeller)는 25만 달러를 기부하겠다고 약속했지만, 적십자사가 공적 자금을 **단 한 푼**이라도 받게 된다면 그 돈을 모두 거둬들이겠다며 사람들의 삶을 정치적 흥정거리로 삼았다. 아칸소주 민주당 상원의원 새디어스 캐러웨이(Thaddeus Caraway)는 이런 분위기를 두고 "무책임한 어리석음"이라고 비판했다. 그는 이렇게 말했다. "곳곳에서 지식인들이 연방의 구호금에 반대한다는 말을 듣습니다. 하지만 정부가 주는 자선이 적십자사를 통한 자선과 무슨 차이가 있단 말입니까?"[13]

"무책임한 어리석음"이라는 비판은 분명 옳았지만, 캐러웨이는 왜 공화당과 기업 협력자들이 그토록 고집을 부렸는지 놓치고 있었다. 원조가 민간에서 제공되면 자선이지만, 정부에서 나오면 권리가 된다. 부유한 후원자가 제공하면 그것은 도덕적이며 '받을 자격이 있는' 이들에게 향한다. 그러나 정부가 제공하면 부패한 것이고, 무차별적으로 퍼진다고 여겨졌다. 자선은 위에서 아래로 흐르는 후원 관계를 유지하지만, 공적 혜택은 시민들 사이의 수평적 관계를 만들어낸다. 이해관계가 이처럼 크다 보니, 미국인들이 굶주리더라도 정부가 혜택을 제공하는 일은 철저히 막아야 했다.[14]

1934년이 되자, 미국가족복지협회의 린턴 스위프트(Linton Swift) 처럼 처음에는 '공적 구호'를 반대하던 지도자들마저 "실업자와 비슷한 어려움에 처한 이들을 구제하는 일이 지역과 주, 그리고 연방 정부의 1차적 책임"이라는 점을 받아들이게 되었다. 그럼에도 끝내 민간 자선만이 해법이라고 믿는 완강한 집단이 남아 있었다. 그리고 그들은 오늘날까지도 존재한다.[15]

민간 자선이 공적 지원을 대신해야 한다고 주장하는 이들은 1929년에서 1932년 사이에 들었던 바로 그 노래를 오늘날에도 반복하고 있다. 그들은 어려운 사람들을 이웃이나 동등한 시민으로 받아들이기보다 부유한 후원자와 도덕을 설교하는 사회 프로그램 앞에 고개 숙이길 바라왔다. 굳어진 인종적 편견은 그들의 일을 한층 더 쉽게 만들었다. 그들은 우리를 '주는 자'와 '받는 자'로 갈라놓으며, 모두가 이바지한다는 생각을 조금씩 갉아먹어왔다.

그렇다. 모두가 이바지한다. 대공황 시기의 실업자들은 전쟁에 나섰고, 전후 유럽을 부양하기 위해 세금을 냈으며, 대기업이 막대한 부를 쌓도록 노동했다. 이들에게는 어려움에 처했을 때 정부가 도와줄 것이라 기대할 권리가 있었다. 오늘날 최저임금을 받는 노동자들은 임원과 투자자들이 거대한 부를 이루는 데 공헌하면서, 이틀 배송이나 대형 마트의 최저가 혜택 같은 편리함을 가능하게 한다. 그러나 일부 지도자들은 이 노동자들이 건강보험을 누릴 자격이 있음을 부정한다. 빈곤가정 임시지원(TANF)을 받는 한부모 가정의 부모들은 아이를 키우지만, 그 돌봄의 노동은 일로 인정받지 못한다. 일터에서 부상을 입고 장애 급여에 의지하게 된 사람들은 기생충 취급을 받는다. 우리가 그들이 불의의 사고를 당하기 직전까지 일하던 사람들이었다는 사실을 잊기 때문이다. 그럼에도, 그들 모두가 기여한다.

'주는 자'와 '받는 자'라는 개념을 지워버리면, 남는 것은 상호적인 의무와 공적 혜택이 곧 공공재라는 깨달음이다. 그렇기에 그것은 공적 통제 아래에 있어야 한다. 공적 통제를 없애는 순간, 탐욕과 부패, 이념적 비효율이 들끓는다. EBT 카드는 아이들에게 음식을 주는 대신 거대 은행에 수수료를 안겨주고, 민간 채권추심업체는 부도수표와 미납 수도요금을 사실상의 채무자 감옥으로 바꾸며, 민간 조사원들은 보상금

을 받기 위해 어떻게든 사람들을 메디케이드 밖으로 내쫓는다. 자선단
체들 역시 굶주린 사람들에게조차 빵을 나눠주길 거부한다. 그들 가운
데 일부가 스스로 불러온 굶주림일지 모른다고 의심하기 때문이다.

14

'돌봄'을 거부하는 자들

의료보험의 민영화

우리 사회는 대체로 메디케어를 받아들여왔다. 그 수혜자는 우리의 부모일 수도, 조부모나 우리 자신일 수도 있다. 이 소중하고 성공적인 제도를 광범위하게 민영화하는 일은 정치적으로 위험하다. 그러나 빈곤층을 위한 의료 지원 제도인 메디케이드는 보수 정치인들에게 여전히 매력적인 표적이고, 민영화는 이를 겨냥하는 흔한 방식이다.

2009년, '오바마케어(Obamacare)'라는 이름으로 더 잘 알려진 '건강보험 개혁법(Affordable Care Act, ACA)'은 메디케이드를 더 많은 인구로 확대할 수 있도록 주 정부에 추가 자금을 제공했다. 자격 기준이 되는 소득선을 낮춰 더 많은 저임금 노동자들이 혜택을 볼 수 있게 한 것이다. 2020년 11월까지 36개 주가 제도를 확대해 미국인 2,000만 명이 새로 포함됐다. 2개 주는 확대를 승인했으나 아직 시행하지 않았고, 12개 주는 완강히 거부했다. 유타주 상원의원 오린 해치(Orrin Hatch, 공화당)는 이들 주의 거부 논리를 이렇게 대변했다. "진짜 빈곤층을 돕는 방법은 정부가 점점 더 많은 좌파 정책을 밀어붙여서 되는 게 아닙니다."[1]

이 상원의원의 지역 유권자들은 분명 다른 생각을 했다. 유타주는 메디케이드 확대를 주민투표로 통과시킨 6개 주 가운데 하나였고, 주민들은 오바마케어 전면 폐지를 원하던 보수 성향의 주·연방 의원들의 반대를 스스로 넘어섰다. 메디케이드 확대를 위한 ACA 주민투표가 부결된 적은 한 번도 없었다. 미국인들은 이 제도를 지지하며, 건강보험 지원을 '가난한 사람들'을 위한 시혜로만 보는 인식을 점점 거부하고 있다. 실제로 수백만 명이 메디케이드를 이용해왔다. 백인, 흑인, 라틴계를 포함한 유색인종, 중산층 가정의 성인 자녀들, 오피오이드 중독으로 고통받는 농촌 지역과 공화당 우세 지역의 주민들, 그리고 고용주가 보험을 제공하지 않고 개인보험에 가입할 만큼 임금을 받지 못한 노동자들까지 포함된다. 2015년, 공화당 지지자의 43퍼센트가 자신이나 자녀가 메디케이드 혜택을 받고 있거나 받은 경험이 있다고 답했다. 민주당 지지자도 40퍼센트가 같은 응답을 했다.[2]

그러나 오바마케어 폐지 요구는 여전히 거세다. ACA의 인기가 높아지는 가운데, 폐지를 주장하는 이들은 언제나 더 나은 제도로 대체하겠다고 약속했다. 하지만 실제로 구체적인 계획을 내놓은 경우는 거의 없었다. 예외가 있다면 보수 정치인들이 민영화를 통해 인기 있는 제도를 잠식하려는 오랜 수법을 동원했을 때였다.

텍사스의 민영화된 의료 수송 프로그램이 그 실례다. 연방 정부는 메디케이드 자금을 받기 위한 조건으로, 스스로 이동하지 못하는 사람들이 진료와 치료를 받을 수 있도록 수송 프로그램을 두도록 강제한다. 그러나 텍사스주는 지역별 독점권을 부여하고, 해당 지역에서 운송 서비스를 제공하는 민간 계약업체에 정액 요금제로 지급하는 방식을 택했다. 그 결과, 주 정부는 거의 완전히 손을 뗀 채 수표만 써주는 역할로 물러났다. 결과는 참담했다. 『휴스턴 크로니클(Houston Chronicle)』의 요약에 따르면, "프로그램을 이용하는 메디케이드 수혜자는 35만 명에서 15만 명으로 줄었고, 정식으로 접수된 불만 건수는 두 배로 늘었으며, 행정비용은 네 배로 증가했고, 1회 이용당 공공의 부담 비용은 거의 세 배로 뛰었다." 가장 충격적인 것은 '행정비용'의 폭증이었다. 여기에는 경영진 급여 같은 항목이 포함됐는데, 민영화 이전인 2011년에는 프로그램 비용의 11퍼센트였던 행정비용이 2016년에는 전체 예산의 거의 절반(48퍼센트)을 차지하게 되었다. 그런데도 이 자유시장이라는 효율성의 화신은 환자를 '더 많이'가 아니라 **더 적게** 지원했다. 결국 '행정비용'이란 것은 다름 아닌, 납세자의 세금을 부유층에게 이전하기 위해 동원된 민영화의 또 다른 언어에 불과하다.[3]

(메디케이드 확대를 수용한) 아이오와주와 (주지사가 거부권을 행사한) 캔자스주는 서비스 제공뿐 아니라 수혜자 관리까지, 심지어 치료를 거부할 권한까지 완전히 민영화하고 기업화했다. 이런 사례들은 세금과 저소득층을 위한 공적 혜택이 멀리 떨어진 기업 이익으로 대규모 전용되는 모습을 보여준다. 또한 돌봄과 지원을 거부함으로써 어려운 사람들을 짓누르고 억만장자들의 위상을 더욱 높여주는 것이기도 하다.

아이오와주는 2016년 전체 메디케이드 제도를 민영화했고, 이는 공공재를 공공의 손에서 떼어낼 때 어떤 광범위한 결과가 나타나는지 보여주는 극단적인 사례가 됐다. 가장 먼저 사라진 것은 투명성이었다. 개방된 제도는 시민들 사이의 상호적 합의를 보여주는 신호이지만, 아이오와주의 메디케이드 민영화는 처음부터 그렇지 않겠다는 신호를 보냈다. 이 공공서비스를 넘겨받으려는 입찰자들은 서로 완전히 다른 두 부류의 제안서를 제출했다. 하나는 주 정부 고위 의사결정자들만 비밀리에 열람할 수 있도록 했고, 다른 하나는 대폭 삭제된 채 공개 검토용으로 제출됐다. 그 삭제 수준은 황당할 지경이었다. 한 기업은 CEO의 이름조차 공개하지 않았고, 또 다른 기업은 두 쪽짜리 요약문 전체를 지워버렸으며, 세 번째 기업은 "대중과의 의미 있는 소통" 계획 전체를 역설적으로 까맣게 먹칠했다.[4]

이런 입찰을 통해 아이오와주는 마침내 네 곳의 관리의료기관(Managed Care Organization, MCO)을 선정했다. 아메리그룹 아이오와(Amerigroup Iowa), 유나이티드 헬스케어 플랜 오브 더 리버 밸리(United Healthcare Plan of the River Valley), 웰케어 오브 아이오와(WellCare of Iowa), 아메리헬스 카리타스 아이오와(AmeriHealth Caritas Iowa)였다. 이들은 메디케이드 수혜자 관리, 진료 네트워크, 그리고 치료 거부 절차까지 모두 맡게 되었다. 그 순간부터 주 정부는 공공자금의 통로에 불과한 존재가 되었고, 이들 MCO는 불과 몇 달 만에 50년간 유지되어온 항소 절차의 투명성을 끝장냈다. 민영화 이전에는 의료 서비스를 거부당한 시민이 주 정부 기관에 공식적으로 항소할 수 있었다. 하지만 새로운 체제에서는 이윤을 추구하는 MCO에 이의제기해야 했다. 과거에는 개

인정보가 보호되었지만, 이의제기 내용은 공공기록으로 남았다. 하지만 이제 항소 기록은 "영업 비밀"로 분류되었다. 심지어 이의를 제기한 본 인조차 그 정보의 전부를 열람할 수 없다. 디모인의 한 주민은 기자에게 이렇게 말했다. 아이오와주의 MCO 중 하나인 아메리그룹은 췌장암에 걸린 아내의 치료를 거부하기 위해 무려 78건의 증거서류를 제출했지만, 자신은 그중 어떤 자료도 열람할 수 없었다는 것이다. 이 환자들과 가족들은 공적 의료 서비스를 이용하기 위해 정보를 열람하려는 시민들이다. 그러나 민영화 이후 그들은 적대적인 침입자로 취급받고 있다. 『레지스터(Register)』 논설위원진의 표현에 따르면, 민영화 지지자들은 "메디케이드가 공적 자금으로 운영되는, … 공공에 책임을 져야 하는 제도라는 사실을 잊은 듯하다."[5]

MCO가 환자당 실제 의료 지출을 줄이는 동안(최대 28퍼센트 감소), 행정비용은 오히려 상승했다. 전체 프로그램에서 행정비용이 차지하는 비중은 50퍼센트에서 많게는 200퍼센트까지 폭등했다. 이는 환자들을 위한 지출이 아니라, 단순히 제도를 운영하는 데 들어간 비용일 뿐이었다. 바로 그 지점이야말로 자유시장 효율성이 발휘되어야 한다고 칭송받던 부분이었다. 그러나 실제로는 정반대로 환자들을 위한 의료가 대폭 삭감되었다.[6]

'행정비용'은 종종 '임원 연봉과 특혜'를 뜻하는 민영화 용어다. 그래서 2016년 말 청문회에서 한 의원이 CEO들과 임원들이 실제로 얼마나 받고 있는지 물었다. MCO 관계자들은 자신들이 충분한 대가를 받지 못한다고 주장하고 있었다. 큰 폭의 연봉 인상이 예정돼 있느냐고 물었다. 이에 아메리헬스 카리타스 사장 셰릴 하딩(Cheryl Harding)

은 "우리는 이런 문제를 공개 석상에서 논의하지 않습니다"라고 답했다. 만약 그녀가 수십억 달러 규모의 주 정부 프로그램을 운영하는 공무원이었다면 따로 물어볼 필요도 없었을 것이다. 이미 다 공개됐을 테니말이다. 기업의 이런 불투명성 앞에서는 더 큰 그룹 차원의 상황을 들여다볼 수밖에 없다. 아메리그룹 아이오와는 상장 기업인 앤섬(Anthem, Inc.)의 계열사다. 앤섬의 핵심 임원들은 2015년에 2,200만 달러를 받았고 2017년에는 3,740만 달러를 받았다. 같은 기간 유나이티드 헬스케어 임원들도 4,300만 달러에서 7,200만 달러로 급여가 뛰었다. 앤섬의 전임 CEO는 1,360만 달러에서 1,850만 달러로, 유나이티드 헬스케어의 CEO는 1,150만 달러에서 1,730만 달러로 더 큰 폭의 인상을 누렸다. 2017년 앤섬은 주주들에게 7억 3,200만 달러를, 유나이티드 헬스케어는 28억 달러를 배당했다. 이들은 아이오와 사업에서 적자가 심하다고 주장했지만, 정작 행정비용은 늘리고 환자당 지출은 줄이며 임원 보수만은 끝없이 올리고 있었다.[7]

이들의 연봉이 오르는 동안 돌봄은 줄어들었다. 과거 공공 메디케이드 아래에서 네이선 맥도널드(Nathan McDonald)는 뇌성마비로 인해 스스로 할 수 없는 기본적인 기능을 도움받기 위해 정기적으로 가정방문 요양서비스를 받았다. 그러나 아메리헬스는 방문 횟수를 주당 다섯 차례로 줄였다. MCO의 대표는 청문회에서 맥도널드의 위생 문제에 돈을 들일 필요가 없다고 설명했다. "혼자서 온전히 몸을 씻지 못하는 사람들도 매일 배변을 합니다. 그렇다고 우리가 그걸 크게 문제 삼지는 않습니다. ⋯ 저는 며칠 정도는 조금 더러운 상태로 두어도 괜찮다고 생각합니다."[8]

아이오와주의 빈곤층과 장애인을 대상으로 한 이들 민영 의료기업에는 돌봄을 거부하는 것이 곧 이윤이다. 그래서 이들은 환자들이 얼마나 지저분해도 괜찮은지, 누가 어떤 치료를 받을 자격이 있는지를 두고 늘 한계를 시험하는가 하면, 서류 절차로 환자들을 옭아매는 데에도 기발한 수법을 발휘했다. 2017년 4월, 한 행정법원 판사는 아메리그룹이 한 환자에게 '사소한 서류' 제출 고지를 최대한 늦춘 뒤, 마감일이 지났다는 이유로 항소를 기각시킨 사례를 지적했다. 판사는 이를 "사건의 본안 판단을 피하기 위해 아메리그룹이 사용한 일종의 '꼬투리 잡기' 전술"이라며, "기본적인 적법 절차 원칙에 정면으로 위배된다"고 강하게 비판했다. 아이오와주의 장기요양 옴부즈맨도 MCO들의 항소 절차에서 나타난 '체계적 문제'를 지적했다. MCO들은 항소 절차를 몇 달씩 끌었고, 법원에서 제재를 받은 뒤에도 불과 몇 달 후 같은 이유로 치료를 또다시 거부했다. "이렇게 하면 수혜자들이 계속 항소 절차 속에 갇혀 있게 됩니다." 옴부즈맨은 아이오와의 '이윤이 사람보다 앞서는 메디케이드 체제'를 이렇게 요약했다. "MCO들의 반복된 치료 거부와 끝없는 항소 절차는 고집스럽고 터무니없으며, 공정심리 제도의 존재 자체를 조롱하는 행태입니다."[9]

아이오와주의 메디케이드 수혜자들은 의료혜택을 거부당했을 뿐 아니라, 더 이상 정당하게 목소리를 내고 항소할 수 있는 시민이 아니었다. 이제 그들은 대기업의 고객이 되어 있었다. 그렇다면 이렇게 큰 비용과 맞바꾼 편익은 무엇이었을까? 아이오와주는 민영화를 통해 무엇을 절약했을까? 결산 결과는 곧바로 논란에 휩싸였다. 주지사는 2018 회계연도에 2억 3,200만 달러 절감을 약속했으나, 첫 결산 결과 실제 절감액은 4,710만 달러에 불과했다. 만족스럽지 않은 액수였고, 이에 주 보건복지부 국장은 재검토를 약속한 뒤 그럴듯한 새 수치를 내놓았다. 1억 4,100만 달러였다. 당연히 의원들은 어떻게 새 추정치가 이전보다 세 배 가까이 불어났는지 의문을 제기했다. 대변인은 이것이 연간 절감액이 아니라 시행 이후 **누적** 절감액이라고 설명했다. 그런데 바로 다음날, 같은 인물이 다시 말을 바꿨다. "아니, 사실은 연간 절감액입니다." 주 상원의원 팸 조쿰(Pam Jochum)은 믿을 수 없다는 반응을 보였다. "그들이 제공한 정보를 검증할 방법이 전혀 없습니다." 공식 자문위원회의 위원장도 이 발표가 "아무것도 설명하지 못한다"고 잘라 말했다. 그러나 한 가지 점에서 이 엉터리 같은 수정 논쟁은 민영화 세력에게는 성공적이었다. 구체적인 수치를 두고 다투는 사이, 절감액이 애초 약속과 다르다는 사실이 가려졌다. 그리고 전체 지출에서 따져봐도 절감액은 어처구니없을 만큼 적었다. 아무리 후하게 잡아도 0.9퍼센트에서 2퍼센트 사이에 불과했다.[10]

오래지 않아, 2017년까지 100만 달러가 넘는 벌금을 물었던 아메리헬스 카리타스가 아이오와를 떠났다. 주 정부가 남은 세 MCO에 1억 300만 달러를 추가로 지원했음에도―"소파 구석을 뒤져서 나올 수준의 돈이 아니다"라고 한 주 상원의원이 농담했듯이―이 거대 기업은 '호크아이주(Hawkeye State, 아이오와주의 별칭)'에서 얻은 이익률이 기대에 못 미친다고 판단했다. 아메리헬스는 아이오와에서 가장 큰 MCO로 20만 명이 넘는 환자를 보유하고 있었지만, 시장점유율 확대가 충분한 수익으로 이어지지는 않았다. 아메리헬스는 2017년 핼러윈데이에 시장 철수를 발표했고, 11월 말까지 완전히 떠났다. 그들이 남긴 '작별 선물'

　　　　　　　　　　　　　　　　　　　한 푼도 남김없이

은 1,400만 달러가 넘는 미지급금이었다. 지역 의료용품 회사, 비영리 단체, 그리고 아이오와대학병원 및 클리닉 같은 소규모 의료 제공자들이 그 빚을 떠안게 되었다. 아이오와대학병원만 해도 100만 달러를 받지 못했다. 애초에 공적 자금으로 운영되던 아메리헬스가 갚았어야 할 빚을 결국 소규모 기관들이 떠안거나 손실 처리해야 했다. 그 여파로 이 기관들은 직원 임금 지급과 취약계층 진료 역량에 장기적인 타격을 입었다. 이런 사례는 민영화 실험이 얼마나 쉽게 통제 불가능해질 수 있는지를 보여주는, 특히나 슬픈 예다. 민영화의 실패는 늘 그렇듯이 시스템 전체로 번져나간다.[11]

가장 절박한 사람들에게서조차 이윤을 남기려는 시도는, 정부가 보조금을 지급하더라도 쉽지 않다. 사회 주변부에서 살아가는 시민들, 소득 하위 10퍼센트는 세전 소득의 35퍼센트가량을 의료에 쓴다. 반면 소득 상위 10퍼센트는 3.5퍼센트만 쓴다. 금액으로 환산하면, 하위층은 연간 2,119달러를 쓰는 데 그치지만 상위층은 8,720달러를 쓴다. 이 통계는 우리 사회의 노골적인 불평등을 드러낸다. 상위 10퍼센트가 누리는 돌봄의 수준은 하위 10퍼센트에게는 충격적일 만큼 닿을 수 없는 세계다. 하위층이 그 수준에 가까워지려면 지금보다 네 배 이상을 써야 하지만, 상위층에겐 그 돈이 푼돈에 불과하다. 정치인이 공공 의료보험을 이윤추구에 몰두하는 민간에 넘길 때마다 그 부담은 가장 형편이 어려운 사람들에게 더 크게 돌아간다. 그 결과는 늘 같다. 더 아프고 더 가난해지는 집단이 생겨난다. 정치인들은 이를 자유시장, 효율성, 소비자주의라는 이름으로 포장하며 책임을 면한다. 동시에 이는 부유한 기업들에 면허를 내주는 셈이 된다. 가장 절실한 시민들로부터 공적 자금을

CEO와 주주에게 철저히 이전시킬 권리, 이미 밑바닥에 있는 이들을 더 깊이 짓누르면서 그 푼돈으로 금권정치의 상층부를 금빛으로 치장할 권리 말이다.[12]

15

월스트리트가 챙긴 것들

공공복지를 집어삼킨 거대 금융

사회적 안전망은 우리 모두를 위한 것이다. 메디케이드는 우리가 장애를 입거나 질병에 걸렸을 때를 대비해 존재한다. 구급차는 우리가 필요할 때 곁에 있다. 그러나 추락을 미리 염두에 두지 않는 것이 인간의 습성이기에, 우리는 발밑의 안전망을 무시하는 데 익숙하다. 그래서 이 안전망은 이윤을 노리는 자들에게 매력적인 표적이 된다. 대중은 종종 그 안전망이 어디가 얼마나 닳아 해진지 모른 채, "더 나은 품질, 더 낮은 비용"을 약속하는 시장의 마법에 현혹된다. 우리는 이른바 '민간부문'이라 불리는 영역이 이제는 무언가를 생산하거나 고객에게 서비스를 제공하는 기업이 아니라, 기업을 약탈하고, 부채를 사고팔며, 타인의 재정적 절망을 이용해 이익을 취하는 금융기관들로 채워지고 있다는 사실을 잊는다.

현재 가동 중인 구급차 운용업체의 약 25퍼센트가 민간 소유다. 놀라운 통계지만, 이들 민간사업자 다수에게 이런 필수 서비스의 독점권은 예상과 달리 '황금알을 낳는 거위'가 되어주지 않았다. 민간 구급차 업체 트랜스케어(Transcare)와 퍼스트 메드(First Med)는 사모펀드의 거대 투자자들을 끌어들였지만, 투자사들이 기대한 '엄청난 성장 잠재력'을 증명하지 못하고 파산했다. 미국 최대 민간 소방·구급 서비스 업체 루럴/메트로(Rural/Metro) 역시 마찬가지로 파산보호에 들어갔지만, 새 월가 투자자들과 함께 응급 서비스를 수익화하는 새로운 방식으로 다시 등장했다.

응급구조(Emergency Medical Technician, EMT) 서비스는 공공기관이 제공하더라도 무료가 아니다. 그러나 지방정부들은 보통 징수에 신중하기 때문에 미납금과 손실이 뒤따른다. 이것이 서비스를 보편적이고 누구나 이용할 수 있게 유지하는 데 드는 대가다. 반면 민간기업은 이 미납금을 '숨겨진 금맥'으로 여기고, 새로운 청구를 성장의 기회로 본다. 이들은 적극적이고 단호하게 움직이며, 저항에 부딪히면 채권추심업체나 부담스러운 소송에 의지한다.

샌디에이고에서 한 기자는 루럴/메트로가 정식 청구 절차는 아예 거치지 않고, 첫 연락부터 추심업체가 맡는 사례들을 다수 밝혀냈다. 루럴/메트로는 구급대원들에게 교육자료를 주고서는, 응급처치를 제공하는 동안 막대한 요금을 승인하고 환자의 이의제기 권리를 제한하는 서명을 받아내도록 했다. 만화책 형식의 안내문에는 이렇게 적혀 있었다. "환자가 의식이 있다면 거의 언제나 서명을 받을 수 있습니다." 환자가 서명을 못하거나 거부하면 가족이나 간호사가 대신한다. 안내문

속 명랑한 루럴/메트로 직원 캐리커처는 이렇게 말했다. "그들은 서명할 거예요. 왜냐면 저는 절대 포기하지 않거든요." 실제로 루럴/메트로는 좀처럼 포기하지 않았다. 『뉴욕 타임스』는 루럴/메트로가 환자들을 상대로 제기한 소송들을 어렵지 않게 찾아냈는데, 청구 금액이 수백 달러에서 5만 9,000달러에 달했다. 이런 회사는 법적 수단과 관행을 기업 구조에 내장하고 있으며, 이를 활용하는 데 주저하지 않는다(앞 장에서 다룬 아이오와주의 MCO도 마찬가지로, 행정법원에서 뜻대로 되지 않으면 환자들을 지방법원에 세우곤 했다).[1]

이 능수능란한 투자자들에게 공공부조는 수익을 창출할 기회다. 다른 누군가의 빚은 이들의 자산이 되고, 다른 누군가의 고통은 또 다른 기회가 된다. 이 투자자들은 자선가가 아니다. 이들이 개입하는 순간, 공공재에서 돈을 빼내 사적 부로 전환함으로써 불평등을 심화시킨다.

사회성과연계채권과 "수익화된 예방"

낡고 허술해진 공적 부조망 속에서 예방과 지원 프로그램은 가장 비난이 덜하면서도 동시에 가장 예산이 부족한 분야다. 예컨대 범죄를 다룰 때 큰 정부에 반대하는 정치인들은 교도소나 경찰 인력을 늘리는 데에는 돈을 쓰면서도, 근본 원인을 해결하는 프로그램에는 공적 자금을 쓰기를 완강히 거부한다. 다만 예외가 있기는 하다. 자금이 민간 비영리단체로 흘러가거나 사회성과연계채권(Social Impact Bond, SIB) 같은 자유시장식 해법에 기대는 경우다.

SIB는 월가가 내놓은 신종 금융 기법이다. SIB에 대해 알아야 할 첫 번째 사실은, 그것이 채권이 아니라는 점이다. 일반적인 채권은 정부가 낮은 이율로 자금을 조달하는 방식이다. 반면 SIB(가끔은 '성과 기반 지급pay for success'이라 부른다)는 민간투자자들이 사회복지 프로그램에 자금을 대고, 프로그램이 성공하면 공공재원에서 원금과 높은 수익을 돌려받는 구조다. 실패하면 투자자는 손실을 본다. 정부, 민간자본, 그리고 서비스를 수행하는 기관이나 비영리단체 사이에는 자금과 사업을 관리·감독하는 중간 기관이 존재한다. SIB는 구조가 매우 복잡하지만, 시장 주도형 해법이라는 약속이 이를 가려버린다. 그 매력은 쉽게 거부할 수 없을 만큼 강력해졌고, 많은 이들이 이를 '자선의 미래'라고 부른다.

공화당과 민주당 입법자들은 SIB의 개념에서 공통기반을 찾았다. 미국진보센터(Center for American Progress)와 미국기업연구소(American Enterprise Institute)처럼 이념적으로 상반된 옹호 단체들이 이 개념을 사실상 만병통치약처럼 치켜세웠다. 자금은 뱅크오브아메리카, 메릴린치(Merrill Lynch), 골드만삭스, 노던트러스트(Northern Trust), 베인캐피털(Bain Capital) 등에서 흘러들어왔다. 중개 브로커의 핵심 역할은 역동적인 신생 '디스럽터(disruptor)'들이 이끄는 새로운 조직들이 맡았다. 2018년, 의회는 양당의 지지를 받아 '성과 기반 지급을 위한 사회성과 파트너십법(Social Impact Partnerships to Pay for Success Act)'을 통과시켰고, SIB 프로그램에 9,200만 달러를 배정했다. 최소 24개 주가 SIB 프로그램을 검토하거나 이미 시행에 들어갔으며, 11개 주는 연방 SIB 입법의 자체 안을 마련했다.[2]

한 프로그램은 2018년 말 시작되면서 큰 호평을 받았다. 비영리

SIB 전문 기관인 소셜 파이낸스(Social Finance)가 모은 민간자본 덕분에, 480명의 퇴역군인들이 맞춤형 집중 직업 상담을 받을 수 있었다. 퇴역군인들이 겪는 어려움을 잘 알고 있는 보훈부의 한 고위 공무원은 기자들에게 이렇게 말했다. "우리가 말하는 것은 단순히 취업이 아닙니다. PTSD로 고통받는 분들에게 더 나은 건강 성과를 내는 일입니다. 우리의 바람은 퇴역군인이 삶의 궤적 자체를 바꾸는 것입니다. … 우리는 이것을 자살을 막는 방법으로 보고 있습니다." 보훈부는 이미 자체적으로 이 프로그램을 시범 운영하며, 단기 일자리나 재활훈련보다 지속 가능한 경력으로 정착하는 데 초점을 맞추는 것이 더 효과적이라는 사실을 확인했다. 이후 소셜 파이낸스의 SIB는 더 큰 규모의 퇴역군인 집단을 대상으로 이 프로그램을 이어 진행했고, BNP 파리바(BNP Paribas), 노던 트러스트(Northern Trust), 다코타재단(Dakota Foundation), 도이체 방크(Deutsche Bank), 로빈후드 재단(Robin Hood Foundation) 등에서 510만 달러를 조달했다. 투자자들은 프로그램에 참가한 퇴역군인의 상당수가 지속적으로 취업 상태를 유지하고 소득을 늘리면 원금 전액을 돌려받고, 추가로 약 18퍼센트의 수익을 얻게 되어 있었다.[3]

혁신적인 금융 방식, 소셜 파이낸스 CEO의 열정, 그리고 피할 수 없는 '윈-윈-윈' 전략이라는 찬사가 쉴 새 없이 프로그램에 쏟아졌지만, 아주 기본적인 질문에는 답하지 못했다. 또 그 핵심에 놓인 불편한 윤리적 질문은 언급조차 하지 못했다. 우리는 그런 시도를 평가할 때 먼저 스스로에게 물어야 한다. 왜 퇴역군인을 돌보기 위해 대형 은행에 자금을 구걸하고, 터무니없는 투자수익을 보장해야 하는가? 우리 사회는 정말로 전쟁에서 싸운 이들을 위해 510만 달러조차 마련할 수 없을까?

그리고 보훈부가 지적했듯, 퇴역군인의 자살을 막기 위해서조차 그 정도 돈을 마련할 수 없을까?

우리가 던져야 할 두 가지 질문은 여기까지다. 그런데 사실 또 하나의 질문이 더 있다. SIB는 본래 공공 주도로 개발·시행된 시범 프로그램을 바탕으로 만들어졌고, 중요한 시험 운영에서 이미 성과가 입증된 바 있다. 따라서 대형 은행 입장에서는 사실상 투자 위험이 없다. 결국 보훈부는 사회 프로그램을 운영하기 위해 18퍼센트의 할증을 얹어 **대출**한 셈이었다. SIB 열풍이 워싱턴주에 불어닥쳤을 때, 주 의원 로스 헌터(Ross Hunter)는 이렇게 물었다. "투자를 정당화할 증거가 있다면, 그 돈을 애초에 예산으로 따로 책정해 두면 되지 않을까요?" 이에 대한 전형적인 답변은 정부가 그런 돈을 따로 마련할 수 없기 때문에 SIB가 필요하다는 것이다. 하지만 그 답변은 헌터의 질문이 재정적인 동시에 도덕적인 질문이라는 사실을 외면한 것이다.[4]

그러나 월스트리트의 지원 없이 좋은 프로그램을 운영할 수 없다는 주장은 거짓이다. 정부가 이런 프로그램에 참여한다는 것은 결국 투자자들에게 돈을 갚겠다고 약속을 하는 것이다. 그리고 부유한 투자자들이 깔끔한 수익을 챙길 수 있도록 조금 더 떼어 배정한다. (씁쓸하게도, 부유한 투자자들에게 제공되는 세금 감면이야말로 정부 재원이 그렇게 "제한적"일 수밖에 없는 이유를 설명해주는 핵심 요인이다.) 헌터 하원의원이 SIB 교육 법안을 문제 삼으며 지적했듯이, 이 투자자들이 몇 푼짜리 이익에 만족할 리는 없다. "민간투자자라면 어느 정도의 이율을 요구하겠습니까? 11퍼센트? 9퍼센트? 반면에 정부가 발행하는 수익채권 이자율은 4퍼센트 이하로도 조달 가능합니다. 유아교육이 정말 좋은 생각이라면, 차라리

　　　　　　　　　　　　　　　한 푼도 남김없이

채권을 발행해 그 비용을 충당하면 됩니다."[5]

그마저도 헌터가 SIB의 수익률을 다소 낮게 추정한 것으로 드러났다. 실제로 투자자들은 훨씬 더 많은 수익을 거두었다. 시카고에서 골드만삭스는 SIB를 통해 이미 입증된 유아 예비교육 프로그램을 여섯 개 학교로 확대했다. 시 당국은 "시카고 공립학교와 교사들이 이 학교들에서 확대된 프로그램을 운영할 것"이라고 설명했다. 이후 이 프로그램은 "추가 학교들"로 확대될 예정이었다. 여기서 골드만삭스는 이미 검증된 프로그램, 숙련된 공무원, 그리고 기존의 학교 인프라를 활용하고 있다. 성공 기준이 낮고, 유아 예비교육이 효과적이라는 사실은 이미 공공이 확인했기 때문에 사실상 위험도 거의 없다. 골드만삭스는 1,660만 달러를 투자했고, 이 거래로 3,000만 달러 이상을 벌어들일 것으로 기대한다. 그리고 그 대가는 시카고 공립학교가 치르게 된다.[6]

왜 이런 일을 SIB로 해야 하는가? 조기 교육은 이미 폭넓은 정치적 지지를 받고 있고, 성과도 입증됐으며, 숙련된 공공 인력도 충분하다. 그런데도 정부는 시민을 돕는 데 월스트리트의 승인을 받아야 하는 듯 행동한다. 사회복지 연구자들은 SIB가 혁신·비용 절감·효율성이라는 약속을 이행하지 못한 사례를 분석한 뒤, 이것이 "정치와 정책을 포함한 일상의 모든 영역에서 시장주의 원칙이 문화적으로 우위를 차지하고 있음을 보여주는 실례"라고 결론 내렸다. 그 시장주의 원칙은 정부가 스스로 일을 제대로 해낼 수 없으며, 민간부문의 외부 행위자가 지출과 의사결정을 통제해야 한다는 군은 믿음을 담고 있다. 역설적으로, 2008년 금융위기를 일으킨 골드만삭스가 이제는 공공부문에 성과를 내는 법을 가르치고 있는 현실이 **지극히** 당연한 듯이 굴러가고 있는 것

이다.[7]

지금까지 이 시장 논리는 사회복지부문에 어떤 영향을 미쳤을까? 이 개념이 태동한 영국에서 연구자들은 10개 프로그램 가운데 9개에서 SIB가 눈에 띌 만한 절감 효과를 내지 못했다고 밝혔다. 미국에서 맥킨지 & 컴퍼니(McKinsey & Company)가 실시한 평가에 따르면, "SIB는 프로그램을 확대하는 더 비싼 방식"이었다. 옹호자들은 정부가 프로그램이 실패하면 비용을 내지 않으므로 이 추가 비용을 일종의 보험으로 봐야 한다고 주장한다. 하지만 사실과 다르다. 뉴욕에서 실패한 SIB를 분석한 결과, 이 방식은 "시 정부 고위 인사들과 직원들의 상당한 행정적·비금전적 지원을 요구했다"는 결론이 나왔다. 이것은 엄연한 비용이다. 결국 그 실패의 대가는 시민이 떠안았다.[8]

SIB 사기극의 옹호자들은 민간부문이 효율성과 혁신을 보장한다고 주장한다. 그러나 영아 돌봄과 퇴역군인 사례에서의 '투자'는 이미 검증된 프로그램에만 들어갔다. 대부분의 투자자들은 큰 위험을 감수하지 않았고, 지금까지 SIB 프로젝트는 거의 실패한 적이 없다(실패한 사례조차 시장의 성공으로 포장되었다). 투자자들은 거의 언제나 이겼다. 이윤 유인을 도입한 SIB는 혁신을 장려하기는커녕 오히려 억눌렀다. 경제학자들이 이를 지적하자, 대체로 SIB에 우호적인 정부 회계감사원조차 이렇게 밝혔다. "투자자들은 이미 철저히 입증된 프로그램을 후원하길 바랍니다. 그런 프로그램이 성공할 가능성이 크기 때문이죠." 최전선의 서비스 제공자들도 같은 경험을 전했다. 한 사회복지사는 연구자에게 이렇게 말했다. "굳이 말하자면 유연성이 더 적었어요. SIB에 도입된 관리 구조가 워낙 많다 보니 기동성이 떨어졌습니다. 무언가 하려면 다 이사회 승인을 거쳐야 했어요."[9]

　　SIB 옹호자들은 혁신을 내세울 때마다 난처해진다. 그들은 홍보와 로비에서 민간부문의 창의성, 파괴적 혁신, 과감함 같은 말을 쓴다. 하지만 동시에 투자자를 설득해야 하는데, 그러려면 애초에 정책 입안자들과 싱크탱크를 끌어들였던 요소들을 스스로 깎아내릴 수밖에 없다. 소셜 파이낸스 CEO 트레이시 팔란지안(Tracy Palandjian)은 기자에게 SIB가 '시범사업(test cases)'에 가장 적합다고 말했지만, 정작 그녀의 단체는 **이미 시범사업을 마치고** 안정성이 확보된 퇴역군인 대상 SIB를 운영 중이었다. 또 소셜 파이낸스 COO 스티브 골드버그(Steve Goldberg)는 기관투자자를 겨냥한 발표에서 프로젝트가 "효과성이 확실히 입증된 극소수의 사회 프로그램만 포함될 것"이라고 강조했다. 그는 "효과가 확실히 입증돼 있다면, 상업투자자는 위험을 감당할 수 있다고 봅니다"라고 덧붙였다. 사회 프로그램의 진짜 혁신은 늘 현장에서 사람들을 직접 돌보는 이들에게서 나온다. 서비스에 대한 헌신과 대상자들의 목소리에 귀 기울이는 데서 비롯된 것이다. 반대로 안전한 투자와 높은 수익만을 바라는 이들에게서 혁신은 결코 나오지 않는다.[10]

　　실질적인 혁신은 탄탄한 데이터 수집과 평가를 필요로 한다. 그런데도 SIB 옹호자들은 민간부문이 공공부문을 더 탄탄하게 만들 수 있다고 믿는다. '성과에 따른 보수'란, 성과의 정의를 세우고 그 기준에 맞춰 결과를 측정한다는 뜻이다. 서비스 제공자와 연구자들은 이 문제를 논의할 때 답을 찾으려 고민한다. 그러나 투자자가 끼어드는 순간, 관심사는 투자수익으로 바뀐다. "분명히 부패로 이어질 만한 유인을 만들어 내고 있는 겁니다." SIB에 참여한 미네소타 비영리단체협의회(Minnesota

Council of Nonprofits) 대표가 한 기자에게 말했다. 이 기자는 이어 매사추세츠의 소년사법 담당 사회복지사도 인터뷰했다. 그 사회복지사는 투자은행으로부터 "은행이 가능한 한 최대 금액을 벌 수 있도록 지표가 잘 나오게 해달라"는 전화를 끊임없이 받고 있다고 이 기자에게 털어놓았다.[11]

그리고 가끔은 이윤추구가 프로그램 설계 단계부터 아예 박혀 있기도 하다. 유타주에서 골드만삭스는 특수교육이 필요할 위험성이 있는 아이들을 대상으로 한 조기 교육 프로그램에서 큰 성공을 거뒀다고 주장했다. 프로그램이 끝날 무렵, 참여 아동의 99퍼센트가 특수교육을 받지 않아도 된다는 판정을 받았고, 그 결과로 아이 한 명이 특수교육을 받지 않을 때마다 은행은 성과로 계산해 돈을 받기 시작했다. 그러나 조기 교육 전문가들의 눈에 그 성공률은 수상쩍게 보였다. 실제로 일부 아이들은 그냥 기존 어린이집이나 YMCA에 보내졌을 뿐이었다. 한 연구자는 『뉴욕 타임스』에 "아이들에게 기적이 일어났거나, 아니면 애초에 이 아이들은 특수교육 대상이 아니었던 것 같다"고 말했다. 뒤늦게 드러난 사실은, 이 프로그램이 아이들의 위험 여부를 판단하면서 전문가들이 "그 목적에 적합하지 않다"고 지적한 선별검사를 사용했다는 것이다. 다시 말해, 골드만삭스 프로그램은 처음부터 위험 집단을 대상으로 하지도 않았고 실제로 개입한 것도 없었지만, 은행은 슬쩍 넘어가며 그대로 이익을 챙겨갔다. 유타주 행정부의 첫 지급금은 제때 나갔고, 주는 일반적인 채권으로 이 프로젝트를 진행했을 때보다 훨씬 많은 비용을 치르게 될 가능성이 크다.[12]

"우리는 기본적으로 예방을 수익화하려는 거예요." 트레이시 팔란지안이 농담처럼 말했다. 그리고 SIB에 매혹된 이들은 윤리적인 문제를 느끼지 않는다. 어머니가 마약을 하지 않았거나 퇴역군인이 자살하지 않았다는 이유만으로 거대 은행이 막대한 돈을 버는 일인데도 그렇다. 더 저렴하게 도울 수 있는 방법이 있었더라도 말이다. 우리는 은행으로 흘러가는 SIB 자금의 한 푼 한 푼이 곧바로 공공서비스에서 빠져나가는 돈임을 잊어서는 안 된다. 그것은 공적 자금이 위로 빨려 들어가는 구조다. 더 나아가, 시민을 상품처럼 취급하고 우리의 인도적 노력을 월가의 인정에 기대어 정당화하려는 시도에는 심각한 위험이 따른다. 심지어 SIB 옹호자들조차 자기들 논리의 허점을 인정한 바 있다. 팔란지안은 투자자들이 반길 리 없는 솔직한 발언으로 SIB가 사회문제를 해결하는 데 "차선책"일 뿐이라고 실토했다. 실제로는 정부의 직접 지원이 더 나은 길임을 인정한 셈이다.[13]

SIB의 등장은 전형적인 양상을 보인다. 역사적으로 민간기업들은 가난한 사람들을 '도움을 받을 자격이 있는 빈민'과 '그렇지 않은 빈민'으로 갈라놓고, 지원이 시민으로서의 권리이자 우리가 함께 저야 할 책임이 아니라 위에서 내려주는 자선이라는 인식을 강화해왔다. SIB와 '성과 기반 지급' 모델은 혁신이나 파괴적 변화와는 거리가 멀다. 오히려 민간부문에 권한을 쥐어주고 공공부문을 옆으로 밀어내며, 시민들을 정부로부터 그리고 서로로부터 단절시키려는 오랜 목표를 약간 변형한 수단에 불과하다.

민영화된 학자금 대출, 미국 불평등의 엔진

로널드 레이건 행정부의 관리예산국(OMB) 국장이던 데이비드 스톡먼(David Stockman)은 1980년대 고등교육으로부터 대규모 공적 자금을 철수하는 흐름을 본격적으로 시작하게 만든 인물이었다. 그는 고등교육의 접근성을 넓히는 것이 "납세자가 져야 할 정당한 의무가 아니다"라고 단언했다. 오히려 "사람들이 정말로 대학에 가고 싶다면, 자신이 할 수 있는 최선의 방식으로 어떻게든 헤쳐나가야 한다"고 말했다. 늘어나는 수많은 학생들에게 그 "최선의 방식"은 사실상 단 한 가지 선택지로 좁혀졌다. 바로 학자금 대출이었다. 레이건은 최고 소득층의 세금을 대폭 깎는 동시에, 1981년에서 1985년 사이 고등교육과 학자금 지원 지출을 25퍼센트나 줄였다. 그의 교육부 장관 테럴 H. 벨(Terrel H. Bell)조차도 정부가 학생원조에는 돈을 대지 않으면서도 "암을 유발하는 담배산업 보조금"은 기꺼이 지원하는 태도를 "도저히 이해할 수 없었다"고 토로했다. 그러나 이는 더 큰 이야기의 일부일 뿐이었다. 주 정부들도 고등교육 예산에 칼을 들이댔다. 1975년 주 정부들은 고등교육 총비용의 58퍼센트를 부담했지만, 이제는 37퍼센트에 불과하다. 한 연구는 1980년부터 2016년까지 고등교육에서 사라진 공적 자금이 5,000억 달러에 이른다고 추산했다.[14]

스톡먼이 납세자의 '의무'를 부정한 것은 고등교육이 공공재이며 공공부조의 정당한 부분이라는 사실 자체를 부정한 것이었다. 그는 동조자들과 함께 고등교육 비용을 개인에게 떠넘기는 데 완전히 성공했고, 그 결과 가장 큰 타격은 이를 감당할 수 없는 이들에게 돌아갔다. 2020년 총 학자금 대출 규모는 1조 6,000억 달러에 달했다. 레이건이 부유층의 감세 재원을 마련하기 위해 고등교육비 지원을 삭감했을 때, 이는 곧바로 부를 위로 전가한 것이었으며 노동계층과 중산층 가정에 오랜 악영향을 남겼다. 1977년에는 졸업생의 약 3분의 1만이 학자금 대출을 지고 졸업했지만, 2018년에는 전체의 65퍼센트, 민간 비영리 대학 졸업생의 경우 75퍼센트가 학자금 대출을 떠안았다. 예외가 표준이 되어버린 것이다. 이 부의 전가와 세대 간 도둑질(intergenerational theft)을 더욱 확대시킨 것은 은행과 금융회사가 이익을 떼어갔다는 사실이었다. 이들은 1960년대부터 이미 학자금 대출 제도에 끼어 있었고, 2010년까지 이어진 각종 규제와 개혁은 오히려 그들이 더 쉽게, 더 많은 몫을 챙기도록 만들었다.[15]

린든 존슨(Lyndon Johnson) 대통령은 "그 어떤 미국인에게라도 지식의 문이 닫혀 있는 한, 이 나라는 결코 안식할 수 없다"고 강조했다. 그러나 1965년 '고등교육법(Higher Education Act)'은 회계상의 눈속임으로 인해 민간기업에도 재정적인 문을 열어주고 말았다. 정부가 학생에게 직접 돈을 빌려주면, 그것은 곧바로 정부지출로 기록된다. 그러나 민간은행이 돈을 빌려주고 정부가 **보증**만 서는 방식은 빌린 사람이 돈을 못 갚아 정부가 대신 갚아줄 때가 아니면 정부지출에 잡히지 않는다. 보수주의자들에게 이것은 정부가 축소된 것처럼 보이게 하는 포장지였다. 은행들에게는 믿기 힘든 위험 없는 기회였으며, 그 위에 사업을 쌓아 올릴 수 있는 기반이었다. 그들은 이후 지금까지도 그렇게 해왔고, 그 대가는 막대한 사회적 비용으로 돌아왔다.[16]

다음 횡재는 1972년 학생대출마케팅협회(Student Loan Marketing

Association), 이른바 샐리 메이(Sallie Mae)의 설립과 함께 찾아왔다. 샐리 메이는 은행으로부터 학자금 대출 채권을 인수해 은행의 부담을 한층 덜어주었다. 이제 민간은행들은 학생에게 돈을 빌려주고, 그 대출 채권을 준정부기관인 샐리 메이에 팔아넘긴 뒤, 확보한 자금으로 다시 대출을 내줄 수 있게 되었다. 수익은 커졌고, 제도 속에서 돈이 마법처럼 불어나는 상황은 레이건 정부가 교육예산을 깎는 일을 오히려 합리적인 선택처럼 보이게 만들었다.[17]

조지 H. W. 부시가 은행을 끌어들였던 연방 정부의 회계 꼼수를 금지하는 법안에 서명한 뒤, 부시 행정부는 정부가 직접 학자금 대출을 운영하는 편이 훨씬 저렴하다는 자명한 결론에 도달했다. 그는 시범 프로그램까지 시작했다. 그러나 이때쯤 학자금 대출 제도는 이미 정부의 통제를 벗어나 자체적인 동력을 가진 산업이 되었고, 은행과 금융사를 중심으로 한 강력한 특수이익 집단으로 굳어져 있었다. 빌 클린턴이 부시의 이 같은 상식적인 계획을 확대하려 하자, 공화당이 격렬하게 반대했다. 1994년, 새로 다수당이 된 공화당은 클린턴의 소규모·단계적 직접 대출 전환을 없애고 중개인을 되살리려 했다. 이 모든 것은 다시금 자유시장, 효율성, 선택이라는 언어로 포장되었으나, 실제로는 그 어떤 것도 존재하지 않았다.[18]

1996년, 양측은 절충에 도달했는데, 이는 고등교육의 판도를 뒤흔들며 수천 명의 삶을 망치는 결과를 낳았다. 직접 대출 프로그램은 살아남았지만 새롭게 풀려난 샐리 메이와 경쟁해야 했다. 완전히 민영화된 샐리 메이는 이제 단순히 대출 채권만이 아니라 기업 전체를 매수할 수 있었다. 내부적으로 추심 부서를 설치하고 대출 관리 업무를 처리할 수도 있었으며, 수수료를 부과할 수도 있었다. 더 중요한 것은, 정부가 보증하는 대출을 직접 발행할 수 있게 된 점이었다. 그리고 무엇보다도 중요한 변화는, 정부 보증이 없는 **민간** 대출을 고금리로 직접 발행해 이미 정부 보증 대출을 받고 있던 바로 그 학생들을 겨냥할 수 있게 된 것이었다.[19]

여기서 혜택을 입는 자가 누구인지 궁금하다면, 갑작스레 JP모건, 시티그룹, 체이스, 베인 캐피털 같은 투자은행과 사모펀드가 한때 잔잔했던 학자금 대출의 세계로 밀려든 사실을 눈여겨보자. 이들의 관점에서 남아 있는 문제는 단 두 가지였다. 돈벼락을 맞고 또 그보다 훨씬 큰 돈벼락을 맞기까지 가로막는 장애물이 두 개 있었던 셈이다. 하나는 정부가 여전히 직접 대출을 하고 있어 경쟁자로 남아 있다는 점, 또 하나는 학자금 대출자가 진 빚을 파산을 통해 면책받는 일이 매우 어렵지만, 여전히 완전히 막힌 길은 아니라는 점이었다.[20]

업계는 이 문제들을 해결하기 위해 로비에 수백만 달러를 쏟아부었다. 결과는 확실했다. 1997년 제정된 법은 교육부의 입에 재갈을 물렸다. 더 이상 자체 대출 프로그램을 옹호하거나 대학들에 서비스를 홍보할 수 없게 된 것이다. 연방 정부가 침묵을 지키는 동안 샐리 메이와 여러 기업들은 학교들에 대출 상품을 공격적으로 홍보했다. 이어 남아 있던 파산 관련 몇 안 되는 제도적 빈틈마저 조용히 막았다. 까다로운 새 기준과 학자금 대출 업체들의 공격적인 법적 전략이 맞물리면서, 학자금 부채 면책은 극히 드문 일이 되어버렸다.[21]

이제 샐리 메이가 주도하는 영리 학자금 대출 산업은 새로운 법률에 힘입어 더욱 대담해지고, 자본투자로 힘을 얻었으며, 확고히 공화당이 장악한 정부의 지원 속에서 21세기에 들어섰다. 그 결과로 미국의 젊은이들은 규제 없는 착취에 노출되었다. 첫 번째 표적은 시장점유율이었다. 정부의 저렴하고 편리한 직접 대출을 어떻게든 약화시켜야 했다. 그래서 여러 조사에 따르면, 학자금 대출 업체들은 대학교에 사실상 리베이트에 해당하는 돈을 지급했다. 재정담당 직원들은 샐리 메이 자문위원회 자리를 차지했다. 학교들은 자신들이 민간 무보증 대출을 얼마나 많이 알선했는지에 따라 돈이나 때로는 주식 옵션을 받았다. 뉴욕 주지사 앤드루 쿠오모는 이를 "극악무도하다"고 표현했다. 그러나 이 은밀한 관행은 또 다른 술책에 비하면 약과였다. 학자금 대출 업체는 학교 재정지원 부서에 콜센터를 세우고 자기네 영업사원들을 배치했다. 치밀하게 꾸며진 덫 속에서, 학자금 지원을 문의하려고 학교에 전화를 건 학생은 은밀히 학자금 대출 콜센터로 연결돼 대출 상품을 권유받았다. 결국 뉴욕주의 소송 이후에야 샐리 메이는 상담원들에게 자신이 샐리 메이 직원임을 밝히도록 했다.[22]

정부 보증이 없는 민간대출은 높은 이자율과 엄격한 상환 조건을 달고 있었고, 보통은 10대 청소년이나 커리어를 바꾸려는 성인들에게 담보 없이 제공되었다. 이는 서브프라임(subprime, 고금리 고위험 대출)의 전형적인 정의 그 자체에 해당했으며, 2000년과 2007년 사이에 연체율이 연간 50퍼센트에서 92퍼센트에 달했다. 그 결과 차입자들은 인생의 가장 취약한 시기에 금융적 소용돌이에 휘말리고 말았다. 소송 과정에서 공개된 문서에 따르면, 샐리 메이는 고객들이 이 약탈적 대출에 대해 터무니없이 무지하다는 사실을 분명히 알고 있었다. 샐리 메이는 2000년에 이런 종류의 대출을 165건만 취급했지만, 2006년에는 그 수가 4만 3,000건으로 늘었다. 2만 6,000퍼센트나 늘어난 이유는 높은 부도율에도 불구하고 내부 문서에 명시된 샐리 메이의 전략 덕분이었다. 사실 이 약탈적 서브프라임 대출들은 실패할 수 있었다. 그러나 그 목적은 따로 있었다. 그것은 바로 "학교 계약을 따내고, 정부 보증 대출을 확보하기 위한 미끼" 역할이었다. 샐리 메이의 내부 문서는 이런 대출을 "미끼를 단 낚싯바늘(baited hook)"이라고 표현했다. 이 미끼로 걸어 올릴 더 크고 이윤이 높은 물고기는 바로 학교들이 정부의 직접 대출이 아닌 샐리 메이의 자금에 의지하게 되었을 때 확보할 수 있는 정부 보증 대출이었다. 즉, 학교의 학비가 눈덩이처럼 불어날수록 샐리 메이는 더 많은 정부 보증 대출을 손에 넣을 수 있었다.[23]

마지막으로, 이 불미스러운 이야기에서 아마도 가장 추악한 부분은 영리 대학(for-profit college)과 샐리 메이 같은 대출업체 사이에서 생겨난 약탈적 공생관계일 것이다. 영리 대학은 주로 저소득층을 대상으로 운영되었으며, 수익 대부분이 끊임없이 흘러들어오는 정부 보증 대출에 의존했다. 그러나 당시 법은 대학이 연방보조금과 대출로 전체 수입의 90퍼센트 이상을 충당하지 못하도록 규정하고 있었다. 많은 영리 대학이 이 기준선을 넘을 위기에 처해 있었다. 이때 샐리 메이가 구원자가 되었다. 샐리 메이는 학생들이 정부 비보증 서브프라임 대출을 이용하도록 유도해 영리 대학의 연방 지원금 비율을 법적 한계선(90%) 아래로 유지하도록 도왔다. 적어도 한 곳의 영리 대학, 커리어 에듀케이션 코퍼레이션(Career Education Corporation)은 샐리 메이의 서브프라임 대출에서 얻은 이익이 너무 커서 2002년부터 2006년까지 발생한 샐리 메이의 손실 중 20퍼센트를 부담하기로 합의했다. 그 후에는 그 비율을

25퍼센트로 상향했다.[24]

　　이 비용들은 커리어 에듀케이션에는 도움이 됐지만, 현실적으로 학생들이 빚더미에 허우적대고 있음을 의미했다. 이 고통스러운 이야기들은 수없이 반복되고 널리 보도되었으며, 책 몇 권 분량으로도 모자랄 정도다. 우리 모두는 매달 상환에 매어버린 인생 이야기를 들어왔다. 때로는 가까운 친구에게서 직접 들은 이야기이기도 하다. 이들은 결혼, 자녀, 주택담보대출, 창업을 무기한, 어쩌면 영원히 미뤄야 한다. 이 모든 이야기 뒤의 진짜 비극은 희생자들이 성실한 노력과 교육이 성공의 길이라고 믿었음에도 자신들은 알지도 못한 날림 사기에 의해 인생이 차압당했다는 사실이다.

　　2010년, 버락 오바마 대통령은 은행들이 정부 보증을 등에 업고 대출을 실행하는 값비싸고 비효율적이며, 궁극적으로 비도덕적인 관행을 없애는 법안을 통과시켰다. 이를 통해 정부 예산 약 687억 달러를 절감했다. 샐리 메이는 2008년 금융위기 이후 분할되었고, 대출부문은 네이비언트(Navient)가 담당하게 됐다. 네이비언트는 여러 건의 소송에 맞서 싸우는 한편, 2010년 이전 대출을 자산담보부증권(ABS)으로 재포장해 지금까지 월스트리트에서 팔고 있다. 도널드 트럼프가 선거에서 승리한 이후, 네이비언트는 로비 활동을 더욱 강화해 2017년 상반기에만 의회를 상대로 영향력 행사를 위해 420만 달러를 쏟아부었다.[25]

　　학자금 대출 회사들은 여전히 자신들의 가장 간절한 소망, 즉 정부가 직접 대출을 하지 않던 낭비와 부패로 얼룩진 시절로의 회귀를 이루지 못했다. 그러나 트럼프 행정부는 부당이익을 거둘 수 있는 기회를 충분히 제공했다. 페드론 서비싱(FedLoan Servicing)은 정부 대출을 관리하는 민간기업이다. 이 회사는 자사가 보유한 각 활성 대출에서 서비스 수수료를 챙겼다. 따라서 교사, 공무원, 비영리단체 종사자들이 일정 기간 근무와 상환을 거친 뒤 대출을 탕감받을 수 있도록 한 대출 탕감 프로그램은 그들에게 고객 감소를 의미했고, 곧 수익성에 대한 직접적인 위협이었다. 그런데 역설적이게도 누가 탕감 대상에 해당하는지 결정하는 권한은 페드론 서비싱에 있었다. 그리고 이 회사는 접수된 신청서의 99퍼센트를 거부했다. 교육부 장관 벳시 디보스는 페드론 서비싱에 유리하도록 규정을 고치기 위해 온갖 수단을 동원했다. 트럼프 행정부 법무부 역시 이 문제로 매사추세츠주 법무장관이 제기한 소송을 무력화하려 시도했다. 트럼프 팀은 일관되게 충성스러웠다. 학자금 대출과 관련된 어떤 사안에서도 그의 교육정책 담당자들은 단 한 번도 학생 편에 선 적이 없었다.[26]

세 명 중 두 명의 학생이 대출을 받아야 하고, 그 가운데 네 명 중 한 명은 그게 며칠이든 상환이 밀려 있다. 학자금 대출부채는 2008년 금융위기 이후 자동차 대출과 신용카드 부채를 넘어섰고, 그 뒤로 하늘 높이 치솟았다. 그리고 이 부채의 상당 부분은 결코 면책될 수 없다. 자동차 대출이나 신용카드 빚과 달리, 학자금 대출은 투자와 같은 성격을 띠며, 미래에 더 높은 소득으로 이어질 것이라는 전제가 깔려 있다. 이 약속이야말로 학자금 대출업체와 영리 대학이 성공할 수 있었던 이유였고, 한때는 상당 부분 사실이기도 했다. 고등교육은 불평등을 완화하고 빠른 부의 축적으로 이어져야 했지만, 특히 2008년 이후 이 약속은 크게 무너져버렸다.

"숙련된 사람들도 임금인상이 거의 없다." 경제학자 마셜 스테인

바움(Marshall Steinbaum)은 이렇게 말했다. "기술과 공학 같은 분야조차 임금인상이 없다. 임금이 오르는 사람은 상위 1퍼센트뿐이다." 스테인바움과 같은 견해를 가진 경제학자들은 기술격차가 과연 불평등의 원인인지 의문을 제기하며, 그보다 오히려 낮은 세금이 문제라고 지적한다. "우리는 더 많은 일자리 창출을 보지 못한다. 세금이 너무 낮기 때문이다. 이제는 기업 내부에 사업을 확장하거나 노동자들에게 임금을 올려주기보다 주주들에게 돈을 돌리고 이익을 긁어모으려는 유인이 더 많아졌다." 이처럼 낮은 세율은 정부 재정을 악화시켜 고등교육에 쓸 수 있는 직접 지원을 줄이는 결과를 낳았다. 과거 펠 그랜트(Pell Grant)•는 저소득층 학생의 등록금 72퍼센트를 충당했지만, 이제는 평균 34퍼센트에 불과하다.[27]

그러니 본질적으로, 우리는 고등교육 지원을 줄이고 민간 학자금 대출을 장려해 기업과 억만장자들에게 세금 감면을 선사했다. 그 결과 학자금 부채는 더 민간화되었고, 이는 더 많은 돈이 대형 은행과 사모펀드로 흘러들어가는 것을 의미했다. 그리고 이 세금 감면은 일자리 창출을 장려하지 못했다. 돈을 빌린 사람들은 낮은 임금을 받으면서 동시에 그 수입의 큰 부분을 학자금 대출 상환에 쏟아부어야 했다.

이것이 바로 불평등의 엔진이다. 한쪽의 성실한 노력이나 행운, 다른 한쪽의 게으름이나 불운에서 자연스럽게 비롯된 결과가 아니다. 다만 공공재를 방치하고 그것을 민간의 손에 넘겨버린 데서 비롯된, 끝없이 되풀이되는 결과다.

• 1972년, 미국 연방 의회에서 제정된 저소득층 대상 학자금 보조금 제도. 당시 상원의원 클레이번 펠(Claiborne Pell)의 이름을 따서 붙여졌다. 대출과 달리 상환 의무가 없는 것이 특징이다.

16

모두의 빈곤을 재촉하다

부유해진 기업, 가난해진 사회

미국인들에게 가장 익숙한 사회적 안전망은 고용주가 좌우하는 건강보험과 연금이다. 하지만 이 안전망은 언제든 사라질 수 있다. 2020년 팬데믹 초기에 수천만 명이 일자리를 잃으며 그 사실을 뼈저리게 깨달았다.

1950년대와 1960년대 초 민간부문에서 노조 가입이 일반적이던 시절, 우리 사회는 공공노동자들이 단체교섭권을 얻기도 전에 더 튼튼한 사회적 안전망을 보장했다. 공공부문의 일자리는 저임금이었어도 제대로 된 복지를 제공했다. 이는 실용적인 선택이었다. 노동자를 끌어들이고 붙잡는 데 도움이 되었고, 중산층에 안정적인 기반을 마련해 경제를 떠받쳤다. 동시에 그것은 옳은 일이기도 했다. 공무원은 우리의 모든 공공재를 가능하게 하는 사람들이기 때문이다.

민영화는 사회적 안전망을 허물고, 그 자리를 터무니없는 경영진 연봉으로 채웠다. 캐럴 샌더스(Carol Sanders)는 뉴올리언스 공립학교에서 28년 동안 구내식당 직원으로 일하며 시급 15달러를 받았다. 그런데 대형 급식업체 아라마크(Aramark)가 나서서 효율성을 높이고 예산을 아껴주겠다고 약속했다. 그러나 그들이 노린 건 임금과 복지였다. 계약을 따내자마자 캐럴의 시급은 9달러로 떨어졌고, 근무 시간은 절반으로 줄었으며 복지혜택도 사라졌다. 생계를 위해 그녀는 푸드 스탬프에 의지해야 했다. 그러고는 일자리마저 사라졌다. 불과 1년 뒤, 아라마크 CEO 에릭 포스(Eric Foss)는 1,800만 달러를 챙겼다.[1]

뉴저지에서 민영화가 캐럴 같은 이들에게 어떤 영향을 미쳤는지 조사한 연구는 그녀의 사례가 결코 예외가 아님을 보여줬다. 주 전체 고용주 가운데 구내식당 위탁업체 직원들이 메디케이드에 의존하는 비율이 가장 높았다. 민영화가 생활임금을 굶주림 수준의 임금으로 바꿔놓고 절약된 비용이 CEO 보너스로 흘러가는 동안, 우리는 늘어난 메디케이드 수급자들을 세금으로 떠안아야 했다.[2]

매사추세츠주 첼름스퍼드에서는 학교 청소노동자의 시급이 민영화 전 19달러에서 8.25~8.75달러로 떨어졌다. 위스콘신주 밀워키의 가사노동자들은 민영화 전 14.95~15.75달러를 받았지만, 이후에는 시급 8달러에 복리후생도 사라졌다. 미시간주 그랜드래피즈에서는 요양보호사의 시급이 15~20달러에서 8.50달러로 줄었고, 위탁업체는 주 정부에 시간당 14.99달러를 청구했다. 이런 사례는 끝이 없다.[3]

유사한 민영화 과정을 거치면서 연방 정부는 미국에서 가장 큰 저임금 고용주가 되었다. 2013년 한 연구는 정부 위탁업체에서 일하는 최소 200만 명의 미국인들이 시급 12달러도 채 받지 못한다고 추정했다. 연구진은 이렇게 지적했다. "이는 월마트와 맥도날드에서 일하는 저임금 노동자를 합친 수보다 많다." 2018년 후속 연구에서는 450만 명의 정부 위탁업체 노동자들이 시급 15달러에도 못 미치는 임금을 받는 것으로 나타났다. 여기에는 군복을 만드는 섬유노동자, 메디케이드 예산으로 운영되는 요양원에서 환자를 돌보는 보건노동자, 정부 자금으로 진행되는 건설노동자, 그리고 미국 국회의사당에서 몇 블록 떨어진 연방 소유의 유니언역에서 일하는 청소노동자 과달루페 로드리게스(Guadalupe Rodriguez) 같은 이들이 포함됐다. 그는 연구자들에게 이렇게 말했다. "19년 동안 이 건물을 청소했지만, 시급은 고작 8.75달러에 복리후생도 없습니다. 내가 다니는 회사가 언젠가는 건강보험에 가입시켜주기를 바랍니다."[4]

과달루페 로드리게스는 우리를 위해 일한다. 그러나 그녀는 민간 위탁업체에 고용된 불합리한 구조 속에서 생활임금과 최소한의 복지조차 보장받지 못한다. 민영화는 '작은 정부'라는 명분을 내세워 우리 사회가 그녀와 다른 노동자들에게 등을 돌리도록 만들었다.[5]

저임금 일자리만의 문제가 아니다. 민영화는 숙련된 전문가들까지 깎아내린다. 이런 일은 비영리 지위를 내세우고 사회정의 이미지를 유지하려는 조직에서도 벌어진다. 2019년, 워싱턴 D.C.의 세사르 차베스 차터 스쿨 재단(Cesar Chavez Public Charter Schools)은 산하 차베스 프렙 중학교를 돌연 폐쇄하며 "자산을 수익으로 전환할 때가 됐다"고 발표했다. 그러나 이 학교는 재단 내 다른 학교들과 비교해 학생 수가 부족하지도, 성적이 저조하지도 않았다. 다만 워싱턴 D.C. 최초로 노조가

결성된 차터 스쿨이라는 점이 달랐다.[6]

워싱턴 D.C.의 차터 스쿨 교사들은 일반 공립학교 교사보다 평균 약 12퍼센트 적은 임금을 받는다. 이들은 또한 높은 교직 이직률에 시달린다. 2017년 기준 지역 내 교사들의 평균 이직률이 26퍼센트였던 것과 달리, 차터 스쿨의 약 5분의 1은 60퍼센트 이상, 10분의 1은 80퍼센트 이상의 교사가 매년 학교를 떠났다. 세사르 차베스 차터 스쿨의 경우도 2016~2017년 사이 교사의 절반가량이 그만두었다. 그러나 학교에 남아 노조를 결성한 교사들은 임금인상을 요구하지 않았다. 새로 조직된 노조는 2013년에서 2017년 사이 학교의 '행정비용'이 36퍼센트나 늘었지만 '학생을 위한 서비스'가 겨우 2퍼센트 증가에 그쳤다고 지적했다. 앞서 언급했듯이, 민영화 맥락에서 '행정비용'이라는 표현은 많은 것을 감춘다. 교사들은 학교가 외부 영리 컨설팅 업체 텐스퀘어(TenSquare)와 4년 계약을 맺으며 530만 달러를 쏟아부었다고 비판했다. 그들이 바란 것은 이 '행정비용'이 실제 교육에 쓰이는 것이었다.[7]

곧 차베스 재단은 예산에 500만 달러의 부족분이 발생했다고 발표했다. 위대한 노조 조직가 세자르 차베스(Cesar Chavez)●라면 어떤 조치를 취했을까? 아마도 그는 유일하게 노조가 활성화된 '자산'을 '수익화'하지는 않았을 것이다. 그러나 민영화된 조직들은 정의를 위해 싸운 전설적인 행동주의자의 이름과 이미지를 차용하면서도 결코 탐욕을 자제하지 않는다. 대개 이들은 옛 공공서비스를 운영하면서 CEO의 고액

● 세자르 차베스(1927~1993)는 미국의 노동·시민 운동가로, 특히 캘리포니아 농장노동자들의 권익을 위해 활동했으며 전미농장노동자조합(United Farm Workers, UFW)을 공동 설립해 임금인상과 노동조건 개선을 이끌어냈다.

	최고책임자 연봉	학생 수	학생 1인당 책임자 연봉 부담
워싱턴 D.C. 공립학교	$280,000	47,500	$5.89
텍사스대학교 시스템	$1,500,000	221,337	$6.78
KIPP DC	$257,000	6,300	$40.79
프렌드십 퍼블릭 차터 스쿨	$355,000	4,200	$84.52
애플트리 러닝센터 (Pre-K-Kindergarten 과정)	$231,000	2,000	$115.5

워싱턴 D.C.의 차터 스쿨(KIPP DC, 프렌드십 퍼블릭 차터 스쿨, 애플트리 러닝센터) 교사들은 2019년 공립학교 교사보다 12퍼센트 적은 임금을 받았지만, 행정직 최고책임자는 더 적은 학생을 맡으면서도 오히려 더 많은 보수를 받았다. 학생당 연봉 부담으로 따져보면 그 격차는 훨씬 더 커진다. 비교를 위해 표에는 텍사스대학교 시스템 총장도 포함했는데, 이 인물은 미국 공교육에서 가장 많은 보수를 받는 공직자 가운데 한 사람이다. 그러나 학생당 기준으로 보면, 워싱턴 D.C. 차터 스쿨 행정직 최고책임자가 단연 압도적인 수준을 기록한다.[8]

연봉과 수백만 달러의 컨설팅 비용을 유지하기 위해 내부 직원을 압박한다. 임금을 삭감하고 노조를 탄압하며 이직률을 높여 미숙련 노동자가 다수를 이루게 함으로써 더 나은 처우를 요구하기 어렵게 만든다.

한편, 워싱턴 D.C.의 차터 스쿨들은 교사들을 홀대하고 저임금에 묶어두면서도, 정작 꼭대기에 있는 인사들에게는 공립학교 교장보다도 이례적으로 높은 보수를 챙겨준다. 워싱턴 D.C.의 125개 차터 스쿨마다 교장 외에도 사실상 '미니 총장(mini-chancellor)'이 있어서 서로 중복된 업무를 반복할 뿐, 일반적인 공립학교처럼 행정·재정을 통합해 비용을 절감할 수 있는 효율성을 전혀 살리지 못한다. 이들의 연봉을 합처보면—대부분 연 10만 달러가 넘는데, 차터 스쿨이 얼마나 낭비적으로 자원을 빨아들이는지 선명히 드러난다.

학교든 학교 급식 서비스든, 민영화는 다른 직원들의 임금과 수당을 깎아 CEO에게 과도한 보상을 퍼붓는 미국 재계의 핵심 정신을 반영한다. 높은 이직률은 용인될 뿐 아니라 오히려 바람직한 것으로 여겨진다. 노조는 반드시 파괴되어야 하고, 자산은 현금화되어야 한다. 이는 공공재를 지탱하는 사람들에 대한 공격에 그치지 않는다. 그것은 허술한 사회적 안전망마저 허물고 부가 위로 집중되는 구조로 전환하는 또 하나의 과정이다.

불평등을 끝내는 시민의 역할

불평등을 개인적인 문제로 치부하는 인식이 널리 퍼져 있고, 기득권층은 그 생각을 더욱 굳히려 한다. 누구는 많은 돈을 벌고, 누구는 적게 번다. 운과 노력이 맞아떨어져 정상에 오르는 이들도 있지만, 끝내 거기에 닿지 못하는 이들도 있다. 많은 이들은 이것을 시장의 부산물, 곧 자유의 대가라 여긴다.

불평등은 우연이나 부작용, 혹은 보이지 않는 손의 결과가 아니다. 오늘날 우리가 겪는 불평등의 상당 부분은 가장 가난한 이들의 몫을 가장 부유한 이들에게로 흘려보내는 의도적인 정책 결정에서 비롯된다. 이는 은밀하고도 우울한 일이지만, 동시에 사회가 나서서 멈출 수 있다는 뜻이기도 하다.

불평등을 끝낼 수 있다고 말할 때, 그것은 모두 부자가 되거나 모두 중산층이 된다는 뜻이 아니다. 불평등은 단순히 소득의 문제가 아니라 권력과 공공재에 대한 접근의 문제다. 민주주의 안에서는 이런 것들이 평등해질 수 있으며, 민영화된 거대 권력체계를 해체하는 것이 그 목표에 다가가는 길이 된다.

미국 정부가 위탁업체를 통해 정부 업무를 수행하는 이들에게 생활임금을 보장한다면 그 효과는 막대할 것이다. 이미 전국의 지방정부와 주 의회는 공공업무를 맡으면서도 위탁업체 소속으로 일하는 수백만 명의 노동자들에게 생활임금과 유급 병가를 보장하는 법령을 통과시켰다. 일부는 한발 더 나아가 이러한 기준을 경제개발 보조금이나 공공용지를 지원받는 민간기업들까지 확대했다. 2021년, 조 바이든 대통령은 행정명령을 통해 연방 최저임금을 15달러로 인상하겠다는 약속을 지켰다. 이는 오바마 대통령의 행정명령으로 10.10달러에 묶여 있던 연방 위탁업체 노동자들의 임금을 실질적으로 끌어올린 조치였다.

학생들이 미래를 담보 잡히거나 은행을 배 불리지 않고 대학에 갈 수 있게 된다면, 이는 숫자로 따질 수 없는 혜택이 된다. 민간기업과 투자은행이 사회적 안전망을 수익화하지 못하게 막을 수 있다면 공공재를 더 적은 비용으로 더 멀리 확산시킬 수 있다.

그러기 위해서는 공적 담론을 새롭게 짜야 한다. 지금처럼 불평등이 단지 돈의 문제이고, 어떤 이들이 그저 돈을 벌지 못했을 뿐이라고 여긴다면 우리는 제자리에 머물 수밖에 없다. 가난한 사람들의 곤경을 스스로 자초한 결과로 치부하고, 본래라면 이들의 권리를 지켜야 할 정부가 오히려 그들을 더 짓누를 로드맵을 가진 자들에게 제공했다는 사실은 외면한다. 정부는 EBT 카드에 터무니없는 수수료를 붙이고, 밀린 청구서를 빌미로 집에 대한 유치권을 팔아넘기며, 민간 조사관에게 보상을 약속해 메디케이드에서 가난한 이들을 내쫓게 하고, 서브프라임 학자금 대출을 강요하며, 민간 구급차를 탔다는 이유로 소송을 제기하게 만든다. 우리는 개인의 선택에 개인의 책임이 따른다고 말하면서, 공공재를 민영화할 때 생겨나는 파괴적인 수단들 앞에서 어떤 개인적 책임을 다해도 소용이 없을 수 있다는 사실을 무시한다. 그리고 우리는 이미 그 장치들이 만들어낸 이익이 어디로 흘러가는지 봐왔다.

　담론을 바꾼다는 것은 공공재에 대한 접근을 자선이 아니라 권리로 다시 이야기하는 것이다. 그것은 모두가 어떤 방식으로든 이바지하고 있다는 사실을 인정하는 것이다. 우리는 '주는 자'와 '받는 자'로 나뉘지 않는다. 우리 모두는 무언가를 내놓고, 그 대가로 시민들이 민주적 절차를 통해 보장해주는 공공재에 대한 권리를 가진다.

모두의 것이 소수의 것으로

–

공동체 가치가 시장 논리로 재편될 때

민영화는 경제적 불평등을 심화시킬 뿐 아니라 '공동체'라는 개념 자체에 균열을 낸다. 공원이나 도서관 같은 공적 공간, 그리고 사회보장제도나 공교육 같은 공공서비스에 접근하는 방식의 차이를 만들어내기 때문이다. 보편적 접근이야말로 공공재의 핵심이지만, 이윤추구와 자유시장식 사고는 모든 사람을 동등하게 대한다는 발상을 결코 인정하지 않는다.

재정난에 시달리는 일부 주립공원들은 이제 공공의 접근권을 '사치품'으로 바꾸어버렸다. 이곳들은 '좀 더 높은 계층'의 고객을 끌어들이기 위해 '글램핑(glamping)'—즉 약간의 화려함을 곁들인 야영—을 내세운다. 어떤 주립공원은 에어컨, 평면TV, 와이파이가 완비된 미리 설치된 텐트 한 동에 하룻밤 250달러 이상을 받기도 한다. 모닥불 위에서 요리사가 직접 차려주는 고급 식사나 텐트 입구까지 배달되는 커피는, 물론 별도 요금이다.

야외에서 호사를 누린다고 해서 나쁠 건 없다. 하지만 '글램퍼'들은 이제 일반 캠퍼들과 같은 공간을 두고 경쟁하면서, 열 배 가까운 요금을 내고 있다. 워싱턴주 산후안 제도의 모런 주립공원에서는 가장 좋은 자리들이 미리, 그리고 오래전에 여유 있는 사람들에게 선점되고, 그럴 형편이 안 되는 사람들은 남은 자리를 서둘러 차지해야 한다. 하지만 역설적으로 이익 대부분은 주립공원이 아니라 민간업체로 흘러간다. 공원 측은 상류층 취향에 익숙한 민간기업을 고용해 이 새로운 고객들의 요구에 부응하고 있다.[1]

주 예산이 파괴되는 과정을 지켜본 사람이라면 누구나 익숙한 패턴이다. 주 정부는 공공서비스를 '감당할 수 없어서'가 아니라, 정확히 말하면 '감당하지 않으려 해서' 그 재원을 끊는다. 그러면 그 서비스는 곧 이용료 기반의 체계로 전환된다. 이때 민간자본이 등장해 정부의 부담을 덜어주겠다며 끼어든다. 하지만 그 방식은 수수료를 차등 부과하고, 프리미엄 서비스를 덧붙이며, 등급제를 만들어내는 것이다. 그 결과 한때 공평하게 분배되던 공공재는 소수만이 누릴 수 있는 손에 닿지 않는 사치품으로 변해버린다.

공적 공간의 민영화에는 어두운 역사가 깔려 있다. 그 잔재는 지금도 여전히 이어지고 있고, 불쾌할 만큼 자주 그 실체를 드러낸다. 2015년, 텍사스주 맥키니의 한 사설 수영장에서 찍힌 영상은 그 단적인 예다. 영상에는 초대받아 파티에 참석한 흑인 10대들을 향해 거주민들과 경찰이 언어적·신체적 폭력을 가하는 장면이 담겨 있었다. 맥키니에는 공립수영장이 세 곳 있다. 그러나 그 어떤 곳도 부유한 지역에는 위치하지 않는다. 이 부유한 주민들은 자신들만 입장할 수 있는 공간을 원하고, 이를 위해 울타리 쳐진 커뮤니티 내부 수영장에 기꺼이 돈을 낸다. 하지만 다른 이들을 위한 공공시설 세금에는 격렬히 반대한다. 이들의 선택은 차이를 드러내는 배타성을 더욱 강화한다. 그들은 수영장에 들어온 흑인 청소년들을 보며 공감이나 관용을 느끼기는커녕, "섹션 8 주택(Section 8 housing, 저소득층 주거 지원 주택)으로 돌아가라"고 내쫓았다. 그들은 그곳이 "자신들의 수영장"이기 때문에 정당하다고 믿는다. 이런 태도는 결국 사회에 보이지 않는 장벽을 세웠다. 그리고 2015년 매키니에서는 그 장벽이 인종 문제의 형태로 드러났다.

철학자 보니 호닉(Bonnie Honig)은 공원과 인프라, 그리고 그녀가 '공적 사물(public things)'이라 부르는 시설들이 "우리를 서로 관계 맺도록 이끈다"고 설명한다. 그러나 그녀는 여기서 멈추지 않고 더 깊이 살펴보기를 권한다. 우리를 물리적으로 한자리에 모으는 것은 최소한의 역할에 불과하다. 공적 사물은 민주주의 자체를 떠받친다. 그녀는 이렇게 지적한다. "공적 사물이 없다면 함께 행동하는 능력이 무너지고, 민주적 삶의 징표와 상징들은 생명력을 잃는다. … 그런 공적 사물이 없다면 민주주의는 절차와 여론조사, 통제만 남은 껍데기로 전락한다. 그것들이 필요할 수는 있지만, 결코 충분하지는 않다." 민주국가의 시민들이 공통의 가치를 공유하지 못할 때, "민주주의의 본질적 특징인 '함께 행동하기' 또한 사라진다."[2] 따라서 단순히 공원이나 모일 공간이 있다는 것만으로는 충분치 않다. 그것들은 반드시 공공의 것이어야 한다. 과거 인종분리주의자들이 흑인을 자신들의 '공적' 공간에서 배제했던 것은, 단지 불편한 사람들을 피하기 위해서가 아니었다. 배제된 이들이 공동체의 일원이 되는 것을 막고, 완전한 시민이 아닌 외부인으로 남게 하려는 것이었다.

공적 공간은 공동체를 이루는 요소 가운데 가장 눈에 띄고, 자주 갈등의 대상이 되는 영역이다. 그래서 이 장의 중심 주제가 된다. 하지만 여기서 드는 많은 사례들은 민주주의나 불평등, 교육을 다룬 다른 장에서도 충분히 다룰 만하다. 이 요소들은 서로 연결되어 힘을 발휘한다. 물론 그 전제는 공적 통제와 포용이다. 사회보장제도는 공동체가 작동하는 방식의 한 예다. 그 보편성은 불평등을 완화하는 동시에 사람들 사이에 연대감을 만든다. 공립학교는 아이들만이 아니라 부모, 나아가 자녀가 없는 이웃 주민들까지 아우르는 공동체를 만들어낸다. 지역 도서관은 자연스럽게 동네의 중심지가 되고, 대통령 도서관은 충분한 공적 통제와 중립성이 담보된다면 우리 모두의 공통 역사를 드러내는 공간이 될 수 있다.

민영화는 물질적이고 제도적인 차원에서 분명한 영향을 미친다. 공공자원을 빼내고 공공기관을 재편한다. 하지만 이번 장은 감정의 문제이기도 하다. 민영화는 감정과 인식에도 깊은 흔적을 남긴다. 한 나라의 구성원으로서 공동체 속에서 살아간다는 것은 구조만이 아니라 생각과 정서의 문제다. 그것은 공통의 역사를 느끼고, 관계망을 떠올리며, 낯선 이에게 공감하는 일과 연결된다. 그러나 민영화는 우리를 공공재를 두고 경쟁하는 소비자로 만들고, 사회를 동네 도서관보다는 '블랙 프라이데이'에 더 가까운 모습으로 변모시킴으로써 이런 모든 것을 무너뜨린다.

17

공적 공간

공원, 대통령, 그리고 민영화

미국에서 공원이 자리 잡기 전, 사람들은 그저 모일 수 있는 곳이면 어디든 모였다. 1870년, 선구적 조경가 프레더릭 로 옴스테드(Frederick Law Olmsted)는 이렇게 적었다. "동서남북 어디를 가든 어김없이 야외에서 함께 노는 풍습이 있었다. 다만 그 형태는 늘 몹시 어설픈 모양새였고, 대개는 전혀 다른 명목으로 꾸며져 있었다. 예를 들면, 묘지에 참배하러 간다는 식으로 말이다." 그때까지만 해도 공원이라는 개념 자체가 거의 없었다. 그래서 사람들은 어떻게든 다른 공간으로 그 빈자리를 채우려 했다. "어떤 때는 묘지, 어떤 때는 해변이나 부두, 혹은 길거리의 한 구간이 그런 역할을 했다. 그러나 나라 전체를 둘러보아도 언급할 만한 제대로 된 공원이나 산책로는 거의 없었다."[1]

우리가 아는 공원은 우연히 생겨난 것이 아니다. 그것은 민간산

모두의 것이 소수의 것으로

업이나 건국의 아버지들이 베풀어준 선물이 아니다. 상수도, 식품 안전, 사회적 안전망, 그리고 민주주의 자체와 마찬가지로 공원은 공적 노력이 만든 결과다. 시민들이 나서지 않았다면 애초에 존재하지 않았을 것이고, 있었다 하더라도 소수의 부유층만 누릴 수 있었을 것이다.

센트럴파크 계획은 대부분 베르사유 궁전이나 다른 웅장한 영지를 본떴다. 그러나 옴스테드와 그의 오랜 동료 칼버트 복스(Calvert Vaux)는 빽빽한 도시 한가운데서도 자연을 느낄 수 있는 공간을 구상했고, 사람들이 "자유를 만끽하며 거닐고 싶어지는" 배치를 의도했다. 공원에 "우아한 건물"이 들어설 수는 있었지만, 그것들은 어디까지나 이곳이 공공의 장소라는 본래 발상에 "종속"되어야 했다. "공원 그 자체의 개념이 언제나 보는 이의 마음속 가장 위에 자리해야 한다." 방문객은 자신이 공원에 있다는 것, 그리고 그 공원이 자신들의 것임을 분명히 느껴야 한다.

게다가 옴스테드는 공원이 방문객들에게 "특정한 감동을 주어야 하며, 그 성격은 시적이어야 한다"고 믿었다. 물론 그는 공원을 설계하면서 공공이 위대한 일을 해낼 수 있음을 보여주고, 공원이 귀족의 정원과는 다르다는 점을 드러내며, 사람들이 모일 수 있게 해 계급 갈등을 줄이고자 했다. 하지만 동시에 공원은 아름다움과 시적인 울림을 전하도록 설계된 공간이기도 했다. 이런 점은 대체로 민간의 휴양 공간에서는 구현되지 못한다. 디즈니랜드는 즐거움을 줄 수는 있지만 결코 아름다움의 공간은 아니다. 스타디움은 도시를 하나로 모아 스포츠 행사에 열광하게 만들 수는 있지만, 그 구조가 시적인 울림을 전해주지는 않는다. 반면 미국의 공원은 시민을 위해, 자유와 접근성을 강조하며 설계되었고, 1860년대 맨해튼 중심부에서 옴스테드와 복스가 그 기준을 세운 이래 지금까지 아름다움을 창조하는 데 탁월함을 보여왔다.[2]

공원과 민영화의 역사

옴스테드는 자신의 경력이 마무리되는 시점에 이르러 역사적으로 유명한 1893년 시카고 만국박람회의 조경을 맡았다. 시카고 사우스 사이드에 자리한 부지는 일리노이 중앙철도(Illinois Central Railroad)와의 오랜 싸움 끝에 공공의 땅이 되었고, 연방대법원은 기념비적인 판결을 통해 이곳이 공적 자산임을 확인하며 "국민에게 최우선의 이익이 있을 때 공적 자산은 결코 소모될 수 없다"고 못 박았다. 그러나 정작 그 땅은 초라하기 그지없었다. 1890년대 초, 옴스테드가 마주한 것은 부실하게 계획된 채 미완으로 남은 부두와 철도가 남겨놓은 "황량한 모래언덕"뿐이었다. 그는 석호와 늪지를 잇대어 전시회장으로 이어지는 장대한 풍경을 구상했고, 전시회 역시 물을 중심 주제로 삼길 바랐다. 무엇보다도 잭슨 공원은 박람회와는 별개의 공간으로서, 장엄함과 대비되는 "신비로운 시적 효과"를 드러내도록 설계했다. 이전의 설계들에서와 마찬가지로 그는 건축물은 최소화해 "공원이란 공간이 언제나 관람객에게 가장 먼저 떠오르는 이미지가 되어야 한다"고 강조했다. 보니 호닉이 말한 "공적 사물"로서 잭슨 공원은 남다르다. 공적 자산의 원칙 아래 지켜졌고, 민주주의를 드높이려는 조경가의 손에서 설계되었으며, 건축물보다 자연을 앞세워 찾는 이들에게 자유와 거닐 수 있는 권리를 열어

모두의 것이 소수의 것으로

주는 공간이 되었기 때문이다.[3]

공원의 역사와 설계자의 본래 의도, 철도회사로부터 되찾아온 과정 등을 고려했을 때, 잭슨 공원을 오바마 대통령 센터의 입지로 선택한 것은 다소 기이한 일이었다. 시와의 합의에 따라 시카고대학교와 오바마 재단은 10달러만 내고 99년 동안 19에이커에 달하는 공원 부지를 임대받게 되었다. 이곳에는 위압적인 다층 건물이 들어서고, 주차장도 함께 조성될 예정이다. 이 민간단체들은 공간을 유지·관리한다는 명목으로 주차 수익에 대한 독점적 권한을 갖게 된다. 시카고시의 성급한 결정은 보존 단체들의 거센 반발을 불러왔다. 시카고대 교수진 사이에서도 논란을 일으켰다. 실제로 교수 200명이 이 계획에 항의하는 서한에 서명했다.[4]

오바마가 전용 기념 공간을 가질 자격이 있다는 데에는 이견이 없다. 프랭클린 D. 루스벨트 이후 모든 대통령이 그런 공간을 가져왔다. 하지만 이런 기념관들이 민관 파트너십으로 세워질 때조차 통제권은 대체로 공공이 쥐고 있었다. 그러나 이 경우 오바마 재단이 봉사하겠다고 내세운 바로 그 시민이 사실상 배제됐다. 다만 방문하라는 권유만 있을 뿐이다. 이 결정은 큰 논의 없이 내려졌고, 주차계약 참사에서 유아 교육 재원 마련 시도에 이르기까지 민영화를 거의 자동적으로 끌어다 쓰는 도시, 시카고에서 진행됐다. 이를 주도한 것은 오바마의 측근들이었고, 그중에는 그의 전 비서실장도 있었다. 이들이 아무렇지 않게 민영화 방식을 택한 사실은 공공의 대안을 건너뛰는 일이 이제 얼마나 일상적 관행이 되었는지 잘 보여준다.

그렇다면 우리가 잃는 것은 무엇일까? 대학과 재단 변호사들은 공공의 땅을 빼앗은 것이 아니라 오히려 선물을 준 것이라고 주장한다. 그러나 잭슨 공원 19에이커가 재개발되면, 방문객들은 옴스테드가 말한 '공원의 개념'을 더 이상 느끼지 못할 것이다. 자신들이 공공의 공간에 있다는 사실도 잊게 될 것이며, 대신 이곳을 '오바마의 공원'으로 받아들이게 될 것이다.

민영화로 성급히 치닫는 과정에서 우리는 중요한 것을 잃었다. 그것은 단순히 부지 선택의 문제가 아니다. 공적 공간이 "사람들을 서로 이어주고" 때로는 불편한 대화를 이끌어내며 민주주의를 키워온 그 방식을 함께 잃은 것이다. 오바마는 기념도서관을 세우지 않음으로써 전통을 끊게 된다. 그의 대통령 기록물은 결국 워싱턴 D.C. 인근의 국립문서기록관리청(NARA)에 보관될 예정이다. 프랭클린 D. 루스벨트 이후 역대 대통령들의 기록물은 모두 NARA가 운영하는 대통령 기념도서관에 보관돼왔다. 그러나 오바마는 공공 기록관리자나 큐레이터가 아니라 자신의 재단 직원들에게 '대통령 센터' 운영을 맡겼고, 이곳에는 전시와 함께 NARA에서 빌려온 공적 문서들이 들어설 예정이다.[5]

이와 비슷한 일은 과거에도 있었지만, 당시의 사정은 예외적이었다. 리처드 닉슨(Richard Nixon) 대통령은 대통령 기록물이 사실상 의회에 의해 압수된 뒤, 자신의 재단에 대통령 도서관의 운영을 맡겼다. 그러나 그곳은 실질적으로 매우 편향된 정치적 박물관에 가까웠다. 이후 닉슨 재단은 공식적 상징성과 정부 지원을 얻기 위해 NARA에 운영권을 넘겼다. 닉슨 도서관의 첫 공공관장으로 임명된 팀 나프탈리(Tim Naftali)는 그곳이 "매우 방어적인 전시물들로 가득한 공간"이라고 묘사했다. 전시 내용에는 워터게이트 사건의 책임을 전적으로 민주당에 돌

모두의 것이 소수의 것으로

리는 해석까지 담겨 있었다. 이는 공적으로 운영되는 프랭클린 D. 루스벨트 도서관이 일본계 미국인 강제수용 문제를 정면으로 다루고, 트루먼 도서관이 원자폭탄 투하가 과연 실수였는지 열린 질문으로 남겨둔 것과 뚜렷한 대조를 이룬다. 공공 큐레이터와 기록관리자들은 대통령의 유산에서 부정적이거나 민감한 부분까지도 공개할 수 있어야 한다. 반면 대통령 재단이 고용한 직원들은 그럴 수 없다. 결국 오바마 센터를 찾는 방문객들은 오바마의 역사를 '오바마식'으로만 접하게 될 것이다.[6]

공공이 운영하는 대통령 기념도서관과 박물관은 우리가 영웅이라 믿어온 인물들에게 의문을 던지게 하고, 생각이 다른 사람들의 목소리에 귀 기울이게 하며 서로 연결되도록 만든다. 공공기관이 정보를 제공한다는 사실 자체가 곧 중립성의 권위를 보장한다. 오바마 도서관에 대한 질문을 받았을 때 팀 나프탈리는 이렇게 말했다. "연방 정부가 국가의 역사적 장소들을 감독하는 것의 장점 중 하나는, 사람들이 과거부터 그곳에서 얻은 사실이 믿을 만한 것이라고 신뢰를 부여한다는 점입니다." 물론 이러한 신뢰는 정부를 향한 정치적 공격과 트럼프 행정부의 '대안적 사실(alternative facts)'로 인해 점점 흔들리고 있다. 그러나 그 해답이, 역사 서술에서 공공의 역할을 배제하고 불편한 대화를 피하는 길을 선택한 오바마 방식일 수는 없다.[7]

오바마 재단과 그가 대통령 센터에서 들려줄 이야기는 결코 공공의 관리에서 비롯되는 신뢰를 얻지 못할 것이다. 많은 이들이 그 이야기를 애써 외면할 것이고, 나머지는 반대되는 생각이나 그 생각을 가진 사람들과 마주할 기회를 잃게 될 것이다. 팀 나프탈리는 이렇게 말했다. "우리가 하나의 나라로서 서로 대화하지 않는다는 점이 걱정스럽습니다. 우리는 공통의 사실 기준을 잃어가고 있습니다." 바로 이것이 공적 공간이 침식될 때 나타나는 최종적인 결과다. 생각을 나누던 건물 안에서뿐 아니라, 한때는 공공의 것이었던 주변 공원에서도 마찬가지다. 대화는 멈추고, 공감은 줄어들며, 공동체는 위축되고, 민주주의는 단순한 형식과 집행으로 축소된다. 오바마의 책임은 정치적 이익을 위해 의도적으로 나라를 갈라놓은 그의 후임자에 비하면 작을 수 있다. 그러나 오바마가 나쁜 선례를 남겼다는 사실은 분명하다. 민간 운영이 확실시되는 트럼프 박물관은 오바마의 사례를 본보기 삼아 훨씬 더 극단적인 영역으로 나아갈 것이다.[8]

텍소마 호수의 비극

옴스테드가 그랬던 것처럼 공원이 항상 정교하게 설계되거나 민주주의적 이상을 품고 계획될 필요는 없다. 충분히 공적인 공간이라면, 그 안팎에서 공동체는 자연스레 자라난다. 레이크 텍소마 주립공원(Lake Texoma State Park)은 텍사스와 오클라호마 경계 부근의 수역을 끼고 있으며, 이 호수는 1938년 '홍수방지법(Flood Control Act of 1938)'에 따라 미 육군 공병단이 1940년대 초 댐을 건설하면서 만들어졌다. 이곳은 여러 세대에 걸쳐 아름다운 풍경 속에서 소박한 기쁨을 선사해왔다. 캠핑장, 오두막, 산장은 호화롭지 않았지만 노동자 계급의 가족들에게 열려 있었고, 디즈니랜드 입장권 한 장 값의 4분의 1도 안 되는 비용으로 호숫가에서 주말을 즐길 수 있었다. 주립공원이나 국립공원에서 시간을 보낸 이들이라면 1950년대 양식의 건축물과 실용적이고 소박한 캠핑장을 쉽게 떠올릴 수 있을 것이다. 이런 곳을 찾는 사람들은 호사를 기대하지 않는다. 언제나 가장 큰 매력은 공원 그 자체다.

하지만 이러한 기본적인 숙박 시설도 유지·보수가 필요했다. 더구나 오클라호마주는 이미 한참 뒤처져 있었다. 본래부터 공공투자를 꺼린다는 평판이 자자했던 오클라호마주는 2000년대 초 들어 그 성향이 더욱 강해졌다. 결국 보유한 시설을 유지하기보다는 은밀히 매각할 길을 찾기 시작했다. 물론 몇 가지 걸림돌이 있었다. 주 정부가 연방 보조금을 받는 대신 공원을 공공 소유로 지키겠다고 약속해왔기 때문이다. 그러나 당시 연방 하원의원이었던 메리 폴린(Mary Fallin, 훗날 주지사)은 이를 "퍼즐의 마지막 조각"이라 부른 법안을 통과시킴으로써 매각 절차를 수월하게 만들었다. 결국 2008년, 750에이커의 땅이 불과 1,480만 달러에 포인트 비스타 디벨롭먼트(Pointe Vista Development, L.L.C.)에 넘어갔다.[9]

포인트 비스타는 두 석유 재벌—체서피크 에너지(Chesapeake Energy)의 CEO 오브리 맥클렌던(Aubrey McClendon)과 샤파렐 에너지(Chaparral Energy)의 CEO 겸 회장 마크 피셔(Mark Fischer)—이 소유한 회사로, 화려한 청사진을 내놓았다. 낡은 산장과 오두막은 모조리 철거하고, 그 자리에 최소 한 곳 이상의 골프장, 호텔, 별장, 콘도, 스파와 체육관, 개인 선착장, 호화 레스토랑을 갖춘 게이티드 커뮤니티(gated community)가 들어설 예정이었다. 오클라호마 주민 다섯 명 가운데 한 명이 빈곤선 아래에서 살아가는 현실 속에서 이곳은 호화로운 섬이 될 계획이었다. 흔히 그렇듯 개발업자들은 자신들과 부유한 친구들이 호사

속에 사는 동안 이 지역의 오랜 주민들에게 '일자리, 일자리, 또 일자리'
를 제공하겠다고 약속했다. 식당에서 시중을 들고, 침구를 빨래하며, 최
저임금을 받으면 된다고 했다. 주민들이 해야 할 일은 그저 '구원자'들
이 이 꿈을 실현해 다른 부유한 구매자들에게 팔기를 기다리는 것뿐이
었다. 그 대가로 주민들은 과거에 함께 누렸던 땅에 대한 접근권을 포기
해야 했다. 아니, 그것만이 아니었다. 25년간 3,000만 달러 규모의 세금
인센티브도 내주어야 했다. 땅을 헐값에 사들인 것으로 만족하지 못한
이 석유 부자 개발업자들은 절세 혜택까지 원했다. 인프라 개선도 필요
했고, 기한에 얽매이지 않는 자유도 원했다. 일자리 약속이라는 미끼를
내세워 그들은 원하는 것을 모조리 손에 넣었다.[10]

　　　12년이 지난 뒤, 그들은 아무것도 내놓지 않았다. 한 지역신문 기
자는 한때 오클라호마에서 가장 인기 있던 공원이 섬뜩할 만큼 고요하
다고 묘사했다. 산장이 서 있던 자리에는 "땅 위의 얼룩"만 남았고, 비
어 있는 통나무 오두막들은 개발업자들이 철거조차 하지 않은 채 유령
마을처럼 흩어져 있었다. 개발업자들은 투자금을 충분히 유치하지 못
했다고 주장했지만, 실제로는 영역을 넓히기 위해 공원 주변의 사유
지를 무분별하게 사들였다. 카운티 정부도 마냥 손 놓고 있지는 않았
다. 그들은 존재하지도 않는 리조트를 위해 하수관 개선비로 40만 달
러를 쏟아부었다. 주 정부 또한 실패했다. 법에 따르면, 공공토지를 민
간에 매각하려면 시장 가치가 동등하고 '합리적으로 유사한(reasonably
equivalent)' 편의시설과 용도를 갖춘 새로운 공원을 그 대신 조성해야
한다. 매각 4년 후, 주 정부 관계자들은 기자에게 말했다. "새로운 공원
을 조성하기 위해 적극적으로 모색하고 있습니다." 그러나 매각 12년이

지난 지금까지도 그 법이 지켜질 조짐은 없고, 그 법을 어긴 누구도 책임을 지지 않았다.[11]

레이크 텍소마 주립공원을 잃은 파문은 빠르게 번져나갔다. 지역 상인들은 공원 방문객들 덕에 유지되던 매출을 하루아침에 잃었다. 포인트 비스타에 넘어간 땅에 있던 승마장과 '텍소마 랜드 펀 파크'가 가장 먼저 문을 닫았다. 기념품점 '크리에이티브 코너'의 주인 돌로레스 피트(Dolores Pitt)는 매출이 66퍼센트 줄어드는 현실을 지켜봐야 했다. 낚시용품점 '라이트하우스 베이트&태클'의 주인은 매출의 30~40퍼센트를 잃었다. '바비큐 섀크'의 주인은 당시를 이렇게 회상했다. "이 개발 계획이 발표됐을 때, 나는 우리가 제2의 브랜슨(Branson, 미주리주 관광 도시)이 될 거라고 믿었어요. 정말 그렇게 생각했죠." 그러나 결국 그는 사업을 접고 이렇게 광고를 냈다. "13만 5,000달러에 급매합니다."[12]

"사기당한 것 같아요." 피트는 기자에게 말했다. 또 다른 주민은 주 정부에 배신당했다고 말했다. "이건 주민투표에 부쳤어야 해요. 이 공원은 주민들의 것입니다." 레이크 텍소마 주립공원의 민영화에 맞서기 위해 '레이크 텍소마 주립공원 친구들(Friends of Lake Texoma State Park)'을 조직한 스티븐 윌리스(Stephen Willis)는 이 상황을 "궁극의 사기극이자 납세자를 겨냥한 눈속임"이라고 규정했다. 지역 기자가 이런 현실을 지적하자, 포인트 비스타 대변인 브렌트 구든(Brent Gooden)은 무미건조하게 말했다. "그들의 좌절을 이해하고 존중합니다." 그러고는 곧바로 모든 책임을 부동산 시장 침체 탓으로 돌렸다.[13]

2013년, 포인트 비스타의 실패가 명백해지고 여론의 압박은 백지화를 요구할 만큼 거세졌다. 주 정부는 변호사를 고용해 개발을 계속

하든, 아니면 땅을 돌려주든 선택하라고 요구했다. 2016년, 결국 양측은 주 정부가 50에이커 규모의 일부 부지를 400만 달러에 되사들일 수 있는 권리를 갖는 조건으로 합의했다. 이는 에이커당 2만 달러였던 최초 매각가의 약 네 배였다. 만약 그 원래 가격이 유지되었다면, 되사들이는 데 고작 100만 달러면 충분했을 것이다. 그런데 주 정부는 여기에 더해 나머지 부지에 대한 모든 규제를 철폐하겠다고 약속했다. 그 결과 포인트 비스타는 한때 오클라호마에서 가장 인기 있던 주립공원을 이제는 개발할 수도, 개발하지 않을 수도, 심지어는 잘게 나눠 조각조각 팔 수도 있게 되었다.[14]

그렇다면 오클라호마주는 그렇게 비싼 값을 치르고 되찾은 50에 이커를 다시 공공의 품으로 돌려놓았을까? 아니다. 주 정부는 그 땅을 **또 다른** 11.5에이커의 공공용지와 함께 치카소 네이션(Chickasaw Nation)에 매각했고, 그곳에 카지노를 세울 계획이라고 밝혔다.[15]

"엉터리 거래였습니다." 초기 매각 당시 자리에 있지 않았지만, 토지관리위원회에서 표결권을 가진 주 감사관 겸 감찰관 게리 존스(Gary Jones)는 이렇게 돌아보았다. "안전장치 하나 없는 형편없는 거래 였죠." 국립공원관리청에서 원래 매각을 승인했던 부서의 책임자였던 밥 앤더슨(Bob Anderson) 역시 공원을 동등한 가치로 대체하지 못한 실패를 두고 비슷한 후회를 털어놓았다. "신속히 진행될 거라 했지만 … 그럴 리 없다는 걸 진작 알았어야 했습니다." 이런 식의 후회는 참으로 씁쓸하다. 한 번 씨앗용 옥수수를 갈아 먹어버리면, 다시는 되돌릴 수 없는 법이다.[16]

주 정부와 인근 지역사회는 공적 사물을 잃고 말았다. 이 공원은 민주주의와 평등의 상징일 뿐 아니라, 요리나 낚시 솜씨를 살려 작은 가게를 열 수 있는 사람들에게는 중요한 생계의 기회이기도 했다. 포인트비스타가 내세운 일자리 창출 약속은 사실 지역 상점에서 일하거나 가게를 운영하면서 얻을 수 있던 경제적 자립과 자부심을 무너뜨린 것이었다. 이 허름한 공공 공원을 10억 달러 규모의 리조트로 바꾸려는 계획이 설사 성공했더라도, 지역사회는 중요한 무언가, 곧 공적 공간에 대한 실질적인 접근권과 소속감을 잃었을 것이다. 이런 깨달음은 지역 기자가 두 주민을 인터뷰하는 자리에서 불쑥 터져 나왔다. 한 주민은 이렇게 말했다. "그들은 이 권리를 오클라호마시티의 부유한 백인 두 명에게 넘겼어요. 이 지역의 저소득층은 그 4성급 호텔에서 하룻밤도 지낼 수 없었을 겁니다." 리사 데이비스(Lisa Davis)는 공적 공간을 호화 리조트로 바꾸는 일이 진짜로 무엇을 뜻하는지 정확히 짚었다. "한때 당당히 정문으로 드나들 수 있었던 곳에서, 이제 변기 청소 일자리나 알아봐야 하는 처지로 밀려나고 싶지는 않아요."[17]

<h1 style="text-align:center">18</h1>

분리주의, 자유의 이름으로
되살아나다

학교 선택제와 인종 재분리

밀턴 프리드먼은 1950년대 '학교 선택제'에 관한 논문을 쓰면서 인종 분리가 심화될 위험성에는 거의 생각이 미치지 못했고, 그마저도 각주 한 줄로만 언급했다. 그러나 일부 부모들에게 인종 분리는 학교 선택제의 핵심이었다. 1956년, 노스캐롤라이나에서 유권자들이 승인한 '피어솔 계획(Pearsall Plan)'이 대표적이다. 이 계획은 인종 통합이 강제된 공립학교를 폐쇄할 수 있도록 함으로써, 공공선을 정면으로 훼손한 명백한 인종 분리 정책이었다. 동시에 학생들에게 바우처를 지급해, 여전히 인종 분리를 유지하던 사립학교로 옮길 수 있도록 했다. 흑인과 백인 모두의 세금이 학교 선택제라는 이름 아래 차별적인 사립학교를 지원하는, 사실상 법을 우회하는 시도의 재원이 된 것이다.[1]

이 계획을 백지화하는 데 15년이 걸렸다. 바로 1969년 '굿윈 대

존슨 카운티 교육위원회(Goodwin v. Johnson County Board of Education)'
사건을 통해서였다. 법원은 학교위원회와 주 정부가 그저 인종 분리를
조장하지 않는 선에서 그쳐서는 안 된다고 못 박았다. 규정을 없애거
나, 겉보기에 인종 중립적인 다른 규정을 세워두고, 그 결과를 외면하
는 것만으로는 부족하며, 공직자들이 인종 분리에 맞서 적극적으로 대
응할 책임이 있다고 판결했다. 공적 자금으로 통합학교를 피할 수 있
는 '선택의 자유'를 제공해서는 안 된다는 의미였다. 이러한 판례에 따
라, 1971년 연방대법원은 '스완 대 샬럿-메클렌버그 교육위원회(Swann
v. Charlotte-Mecklenburg Board of Education)'• 사건에서 통학버스를 통한
배정이 적절한 구제책이라고 판결했다. 길고 고통스러운 과정이었지만,
30여 년에 걸친 지역의 노력과 연방 차원의 개입이 맞물리면서 샬럿-
메클렌버그 학군은 미국에서 인종 통합이 가장 진전된 지역 가운데 한
곳이 되었다. 그러나 2001년, 한 백인 학부모가 입학 정책을 문제 삼아
제기한 소송에서 승소하면서 상황은 다시 흔들리기 시작했다. 법원은
'스완' 판결이 더 이상 적용되지 않는다고 선언하며, 제도적 인종차별을
더 이상 문제로 취급하지 않았다.[2]

　　따라서 벳시 디보스가 바우처와 차터 스쿨 형태의 학교 선택제
를 주장했을 때, 인종 재분리 정책이 곧 뒤따르리라는 것은 분명했다.
'선택'은 자유와 가능성으로 가득 차 있는 듯 들렸고, 트럼프 역시 이를

• 미국 연방대법원이 노스캐롤라이나주 샬럿 학군의 학교 분리 문제를 다룬 판례다. 법원은 학
　생들을 자택 인근 학교가 아니라 다른 지역 학교로 통학버스를 이용해 배정하는 방식이 인종
　통합을 실현하기 위한 적절한 수단임을 인정했다. 이 판결은 이후 미국 전역에서 이러한 강
　제적 학교 배정 정책의 법적 근거가 되었다.

민권 문제로 포장했다. 그는 이렇게 말했다. "우리는 학교 선택제를 위해 싸우고 있습니다. 사실상 이 나라 역사상 가장 위대한 민권 문제입니다." 디보스는 또 이 선택을 종교적 권리의 문제로 만들고자 했다. 자녀를 종교학교에 보낼 권리를 부정할 사람은 없었지만, 디보스는 그 학교가 트랜스젠더 아동이나 동성 부부의 자녀를 거부한다 해도 공적 자금이 그 선택을 뒷받침해야 한다고 주장했다. 이 경우 '선택의 자유'는 공적 자금으로 뒷받침되는 차별의 자유를 뜻했다.[3]

"한 치수의 옷이 모두에게 다 맞을 수는 없다." 뉴올리언스의 한 차터 스쿨 교장이 한 말이다. 그는 공립학교가 다양한 교육권을 전혀 제공하지 못한다는 식으로 몰아붙이는, 학교 선택제 옹호자들의 흔한 구호를 그대로 되풀이하고 있었다. 하지만 그는 허수아비를 세워두고 공격하고 있었다. 전통적인 공교육 체계에서도 '모든 아이가 똑같이 배워야 한다'고 믿는 사람은 아무도 없다. 학교들은 꾸준히 다양한 교육과정을 마련해왔고, 교사들 역시 학생 개개인의 학습방식을 고려한 전략에 익숙하다. 그러나 그와 벳시 디보스 같은 인물들이 실제로 바라는 것은 다른 것이다. 그들은 '맞지 않는 아이들'을 배제할 권한을, 그들만의 학교가 갖기를 원한다. "똑똑한 아이들을 다 모아두고 싶습니다. 그러면 놀라운 일이 벌어지죠. 반대로 우리는 '공부 못하는 아이들 사이에 똑똑한 아이 몇 명을 섞어두면, 언젠가 다 잘하게 될 거예요'라고는 말하지 않잖아요. 그런 일은 일어나지 않습니다. 특히 청소년이나 어린아이들에게는 더더욱 그렇습니다. 그건 통하지 않아요." 그는 지역 조사를 나온 연구자들과의 인터뷰에서 이렇게 덧붙였다. 한 차터 스쿨 교장은 학생들을 성취도에 따라 선발·배치하는 방식으로 일하고 있었다. 그가 속한 학교는 뉴올리언스 차터 스쿨 중 최상위권으로, 입학 요건을 엄격히 두고 있었다. 이 도시에 사는 백인 아동의 거의 90퍼센트가 "우수 학생"을 위한 1등급 학교에 들어갈 자격이 되었지만, 흑인 아동 가운데 자격이 있는 학생은 고작 23.5퍼센트였다. 나머지는 모두 '뒤처진 아이들'을 위한 학교로 밀려났다. 결국 우리는 학교 선택제와 교육 민영화에 대해 늘 이 질문을 던져야 한다. 실제로 누가 선택할 수 있나?[4]

연방대법원의 보수 대법관들은 이 시대를 '플레시 대 퍼거슨 (Plessy v. Ferguson)'• 사건의 시대로 되돌릴 준비가 되어 있는 듯하다. 그러나 그런 일이 벌어지기 전까지 학교 선택제는 자유와 시장이라는 언어로 배제를 포장하는 유용한 도구가 될 것이다. 학교 선택제는 '롱테일 (long tail)' 마케팅 구호를 차용해, 상품이 고도로 세분화되어 점점 더 개인의 취향에 맞게 제공될 수 있다고 주장한다. 그러나 이러한 세분화에는 특정 집단을 겨냥해 강하게 마케팅하거나, 원치 않는 이들을 배제하려는 충동이 뒤따른다. 혹은 둘 다이기도 하다. 인종주의와 지역적 격차를 극복하려는 대신, 차터 스쿨들은 세련된 광고와 화려한 약속으로 소수인종 학생들만 집중적으로 끌어들이는 경우가 많다. 이들은 어려운 지역사회를 겨냥하면서 다양성에는 전혀 관심을 보이지 않는다. 그 결과로 차터 스쿨에 다니는 흑인 학생의 압도적 다수(70%)는 소수인종 비율이 90~100퍼센트에 이르는 학교에 매일 다닌다. 이 가운데 43퍼센트는 소수인종이 99~100퍼센트를 차지하는 학교에 다닌다. 이는 일반적

• 1892년, 흑인 운동가 퍼거슨이 기차 1등석을 예약했으나 흑인은 백인과 같은 차량에 있을 수 없다는 이유로 2등석으로 옮기라는 명령을 거부하다 체포된 사건이다. 연방대법원은 이 사건에서 "분리하되 평등하다"라는 원칙을 명시하며 인종 분리 정책을 합헌으로 인정했다.

인 공립학교에 재학 중인 흑인 학생들의 상황과는 뚜렷이 다르다. 공립학교의 경우, 학생 대부분이 소수인종으로 구성된 학교에 다니는 흑인 학생은 전체의 약 3분의 1에 불과하다. 단언컨대 인종 분리를 신속히 되살리고 싶다면 차터 스쿨만큼 효과적인 수단은 없다.[5]

이런 학교 대부분은 부유한 백인 기부자들의 지원을 받아 공적 자금 외에도 초기 자금과 보조금을 추가로 끌어들인다. 그런데도 이 학교들이 지난 세기 가장 중대한 국내 도덕적 과제였던 인종 통합에 거의 관심을 기울이지 않는다는 사실은 충격적이다. 더 나아가 도널드 트럼프가 자주 그랬듯이, 자신들의 노력을 마치 민권운동의 새로운 전선인 양 포장하는 것은 더욱 모욕적이다. 결정적으로, 이들은 권력과 돈, 영향력을 동원해 제도를 자기들 입맛대로 움직이고, 공적 자금을 끌어들여 오히려 인종적 고립을 심화시키는 데 사용한다.[6]

조지아주 오코니 호수 인근에는 레이놀즈 레이크 오코니(Reynolds Lake Oconee)라는 고급 주택단지가 있다. 이곳의 공화당 활동가이자 후원자인 머서 레이놀즈 3세(Mercer Reynolds Ⅲ)와 부유한 부동산 개발업자들은 자신들의 게이티드 커뮤니티에 더 많은 가구를 끌어들이려 했다. 내부 문건에 따르면 이들의 사업계획에서 '핵심'은 학교였다. 한 사설 커뮤니티 대표는 기자에게 이렇게 말했다. "지역에 공동체 기반 학교가 생기면 사람들이 이사 올 것이라고 믿습니다." 그러나 교육위원회는 부동산 투기꾼과는 다르다. 학교는 실제로 필요한 곳에 세워지는 것이지, 개발업자와 투자자들이 필요하다고 **여기는** 곳에 세워지지 않는다. 그런 탓에 레이놀즈 레이크 오코니 측은 인근 가정에 대한 강력한 우선권을 보장하는 차터 스쿨 설립을 위해 교육위원회와 주 정부에 승

모두의 것이 소수의 것으로

인을 청원했다. 제출된 신청서에는 그들의 의도가 그대로 드러나 있었다. 학생 정원의 80퍼센트는 레이놀즈 부동산 단지 출신 아이들로 채우고, 나머지 20퍼센트는 인근의 부유한 백인 커뮤니티 출신 학생들에게 주어질 계획이었다. 카운티 전체에 배정되는 자리는 고작 8퍼센트에 불과했는데, 이 카운티 아동의 절반은 빈곤 가정 출신이었다.

이들은 납세자의 세금과 민간 자금을 합쳐 화려한 학교를 세웠다. 교내에는 연못이 있었고, 25대의 피아노가 놓인 '피아노 실습실'도 있었다. 고등학교 과정에는 17개의 AP(Advanced Placement, 대학 선이수) 과목이 개설됐다. 학생의 73퍼센트가 백인이었지만, 인근 공립학교는 68퍼센트가 흑인이었다. 레이크 오코니 아카데미(Lake Oconee Academy) 차터 스쿨은 2007년 등록 학생이 11명에 불과했으나, 2018년에는 1,000명으로 늘어났다. 반면 원래 레이놀즈 부동산 단지 아동들이 등교했던 공립학교는 학생 수가 2,100명에서 1,600명으로 줄었다. 피아노 실습실은 꿈도 꾸지 못하는 이 공립학교는 예산을 줄이고 교원을 감축할 수밖에 없었다.

레이크 오코니 아카데미는 말 그대로 '장사가 잘되는 학교'다. 정치적 인맥이 두터운 후원자들의 지원을 등에 업은 이 학교는 아이를 둔 가족들을 이주하게 만들고 주택 분양을 촉진하는 수단이 되었다. 그러는 동안 게이티드 커뮤니티의 배타성과 고립 의식을 더욱 키웠고, 그 과정에서 공적 자금까지 동원됐다. 피해는 고스란히 더 큰 도움이 필요한 학생들을 맡고 있던 기존 공립학교로 돌아갔다. 겉으로는 인종에 구애받지 않는 정책과 결정에 기초한 것처럼 보였지만, 실제 결과는 전혀 그렇지 않았다. 부유한 백인들이 궁핍한 흑인 가정의 자원을 빼앗아 그들을 더 주변부로 몰아낸 뚜렷한 사례다. 그리고 이 모든 것은 학교 선택제와 자유시장이라는 미명하에 정당화됐다.[7]

우리는 이런 상황이 더 늘어날 것에 대비해야 한다. 노스캐롤라이나주는 한때 학교 인종 통합을 둘러싼 치열한 싸움의 무대였다. 그런데 역사는 다시 반복되고 있다. 샬럿-메클렌버그 학군은 샬럿시와 메클렌버그 카운티 전역을 아우르는 대규모 학군이다. 이 지역은 학군 통합이 추진되던 시기에 인종적 장벽은 물론 경제적 장벽을 넘어 서로 어울릴 수 있는 가장 유망한 지역으로 주목받았다. 도시와 교외가 같은 학군에 속해 있었기에, 서로 다른 인종과 계층이 같은 학교에 다닐 여지가 있었다. 그러나 차별 없이 같은 조건에서 교육을 받을 권리를 요구하는 목소리는 반(反)통합 소송에 가로막혔다. 그 결과로 학군은 곧 미국에서 가장 분명하게 갈라진 곳 가운데 하나가 되었고, 주 안에서도 인종 분리와 빈부 격차가 가장 심한 지역으로 변해갔다. 더욱이 2018년, 그중 부유한 네 교외 지역은 샬럿과 학교 구성에서도 이미 뚜렷하게 나뉘어 있었는데도, 그 정도로는 만족할 수 없다는 뜻을 드러냈다. 그들은 학교가 자신들의 동네를 그대로 닮기를 원했는데, 이는 결국 학교를 흑인 학교와 백인 학교로 갈라놓겠다는 뜻이었다. 그리고 이를 실현하기 위해 학교 선택제를 활용하려 했다.[8]

민트 힐 교외 지역은 주민의 78퍼센트가 백인이다. 인근 헌터스빌과 매튜스는 각각 88퍼센트와 82퍼센트이며, 연방 상원의원 톰 틸리스(Thom Tillis)의 거주지로 알려진 호숫가 마을 코넬리우스는 91퍼센트가 백인이다. 이들 교외 지역은 모두 샬럿과 같은 학군에 속하지만, 학군 전체로 보면 백인 아동은 29퍼센트에 불과해 분명한 소수다. 여기에 차터 스쿨과 학교 선택제가 도입되면서 백인 이탈 현상이 이곳은 물론 주 전역에서 나타났다. 노스캐롤라이나에서 차터 스쿨이 막 시작됐을 때만 해도, 학생의 90퍼센트 이상이 백인인 학교는 10퍼센트 정도였다. 지금은 그 수치가 두 배로 늘어났다. 같은 기간 주 전체 일반 공립학교에서 백인 비율은 64퍼센트에서 53퍼센트로 줄었지만, 차터 스쿨에서는 오히려 62퍼센트까지 올랐다. 그럼에도 차터 스쿨 지지자들은 이것이 단순히 '선택'과 자유시장이 작동한 결과일 뿐이라며, 인종차별과는 무관하다고 주장했다.[9]

2018년 헌터스빌, 매튜스, 민트 힐, 코넬리우스는 차터 스쿨을 세우고 지역 주민들에게 입학 우선권을 주기 위해 주의 승인을 청원했다. 이는 성공적이면서도 논란이 큰 결과를 낳았다. 이 도시들은 공립 학군에서 빠져나오려 했을 뿐 아니라, 그 의도를 숨기려는 시도조차 하지 않았다. 다만 '선택'이라는 외피가 이를 어느 정도 가려주었다. 게다가 이들은 지역 재산세를 자치 차터 스쿨로 돌릴 수 있도록 주의 승인을 얻어, 샬럿-메클렌버그 학군으로 가야 할 세금을 가로챘다. 이는 선례 없는 조치였다. 주나 카운티 차원에서 재원을 모으는 체계는 학교 간 자금 형평성을 조금이나마 보장할 수 있는 유일한 장치였기 때문이다. 이렇게 해서 네 곳의 부유한 백인 지역은 이제 자기 지역만을 위해 자원을 독점할 권한을 얻었다. 다만 분리가 완전한 것은 아니었다. 네 도시는 여전히 샬럿-메클렌버그 학군 재정에서 일정 몫을 배정받았다. 하지만 그 결과로 학군 전체는 이전보다 더 심각한 재정 압박에 시달리게 됐다.[10]

이 폐쇄적인 네 소도시 위원회는 거의 만장일치로 이 계획을 지지했다. 단 한 곳에서만 이의가 나왔는데, 그것은 유일한 비백인 위원의 표였다. 주 의회는 64대 53으로 법안을 통과시켰고, 로이 쿠퍼(Roy Cooper) 주지사의 거부권 시도는 곧바로 무산됐다. 논의는 격렬했고 여러 민감한 쟁점을 건드렸다. 주 상원의원 빌 쿡(Bill Cook)은 "우리가 모두 인종차별주의자라는 식의 암시"에 몹시 불쾌해했다. 흔히 그렇듯 이런 비판에 발끈하는 사람들은 모든 것을 개인적인 공격으로 받아들인다. 그러나 이들이 실제로 인종차별주의자인지 아닌지는 본질적인 문제가 아니다. 노스캐롤라이나주 올해의 교사 출신 한 교사가 사설에서 이렇게 썼다. "사실 거의 중요하지 않다. 개인의 의도보다는 실제 영향의 문제이기 때문이다. … 그 결과는 궁극적으로 제도적 인종차별로 이어질 것이다. 유색인종 공동체를 소외시키는 것은 특정 인물이 아니라 제도다."[11]

이 지역사회가 지역 통제권을 지켜내는 싸움에서 승리했다고 느낄지 모르지만, 실제로 이들이 한 일은 자녀들의 기회를 좁히고 제한한 것뿐이다. 그들의 백인 자녀들은 전부 백인으로만 구성된 노동인구 속에서 자랄 일이 없으며, 백인만의 국가에서 살아갈 일도 없다. 과거 샬럿-메클렌버그 학군 출신의 한 백인 졸업생은 자신이 특권을 누렸음을 인정하며, 다양성이 자신의 성장을 얼마나 풍요롭게 했는지 돌아본 뒤 이렇게 말했다. "이제 중산층과 상류층 가정은 자녀들을 다양한 배경을 지닌 학생들과 함께 학교에 보내는 것이 단순히 괜찮은 수준이 아니라, 싸워서라도 지켜야 할 특권임을 깨달아야 합니다. 그리고 이 가정들은 더 이상 자기 자녀만의 기회에 만족하지 말고, 샬럿-메클렌버그 학군의 모든 아이들이 똑같은 기회를 누릴 수 있도록 힘써야 합니다."[12]

이 학생의 호소와 비교하면, 학교 선택론에서 흔히 쓰이는 "한 치수 옷이 모두에게 맞을 수는 없다"는 상투적인 표현은 안타깝게도 논리가 무척 빈약하다. 아직 미국에서 비교적 초창기 단계에 머무르고 있는 학교 선택제의 결과를 놓고 보면, 그 말은 노골적으로 불쾌한 의미로 바뀌어버린다. 흑인 아이들은 피아노 실습실이 있는 비싼 학교에 "들어갈 자격이 없다"는 말인가? 아니면 백인이 93퍼센트를 차지하는 호숫가 지역사회에 "발붙일 곳이 없다"는 말인가?

미국시민자유연맹(ACLU) 남캘리포니아지부에 따르면, 아이들을 "적합하지 않다"고 규정하는 방식은 여러 가지가 있다. 차터 스쿨들은 이들을 솎아내는 데 놀라울 만큼 창의적이다. 비영리단체 퍼블릭 애드보케이츠(Public Advocates)와 함께 진행한 조사에서 캘리포니아 차터 스쿨의 20퍼센트가 "노골적으로 배제적인" 정책을 두고 있음이 드러났다. 이는 혐오스러울 뿐 아니라 불법이다. 캘리포니아주에서는 차터 스쿨이 "입학을 원하는 모든 학생을 받아야 한다"는 규정을 따라야 하기 때문이다. 그러나 일부 차터 스쿨은 아예 법을 무시했고, 다른 곳들은 이 요구를 피해가기 위한 편법을 고안해냈다.

성적을 기준으로 입학이나 재입학을 거부하는 것은 배제적인 캘리포니아 차터 스쿨에서 흔히 쓰이는 방식이다. 여러 학교들이 주요 과목에서 A와 B를 받아야 하고, 학점 평균(GPA) 3.0 이상을 유지해야 한다는 조건을 내걸었다. 이는 사립학교라면 흔히 볼 수 있는 일이지만, 누구에게나 열려 있어야 하는 공립 차터 스쿨의 원칙과는 정면으로 배치된다. 차터 스쿨인 오렌지 카운티 예술학교의 한 상담교사는 심각한 질환으로 학업에 어려움을 겪던 한 아이의 부모에게 이렇게 말했다.

"여기는 자녀분이 다닐 만한 학교가 아닌 것 같네요. 차라리 원래 학교로 돌아가시는 게 나을 겁니다."

어떤 학교는 영어가 서툰 학부모에게 영어 학습 프로그램에 등록해야 한다고 요구했지만, 부모의 삶을 침해하는 방식은 이보다 훨씬 더 심각했다. 산타크루즈 카운티의 한 차터 스쿨은 학부모 면접을 요구했고, 부모들은 추천서 두 통과 자녀의 작문 샘플을 비롯해 불필요한 서류들을 제출해야 했다. 이민자 부모들은 이민자 신분에 대해 집요하게 질문을 받았고, 사회보장카드와 출생증명서 같은 서류를 반드시 제출해야 한다는 거짓된 요구를 듣기도 했다. 다른 학교들은 학부모들에게 정해진 봉사활동 시간을 채우도록 하거나, 그 시간을 돈으로 대신하도록 했으며, 한 학교는 학생들이 "천연섬유로 된 보호용 옷"을 입고 등교하고 집에서는 "미디어 없는 생활"을 하도록 강요했다.[13]

이 모든 것은 학교 선택제의 자연스러운 산물이다. 캘리포니아주에서는 차터 스쿨의 문을 지원자(와 추첨에 당첨된 학생) 모두에게 열어두고 있지만, 실제 학교들은 전혀 다른 방식으로 운영된다. 이들에게 '선택'이란 곧 **그들**이 자기 공동체에서 받아들이고 싶은 아이들과 가정을 고른다는 뜻이다. 이들은 학교의 특별한 프로그램이 모든 학생을 위한 것이 아니라고 주장하며 이를 정당화한다. "한 치수 옷이 모두에게 맞을 수 없다"는 논리다. 그리고 언제나 이렇게 덧붙인다. "우리 방식에 맞지 않거나, 우리가 생각하는 '이상적인 학생상'에 부합하지 않는 아이들은 언제든지 일반 공립학교가 받아줄 것이다." 공립학교가 이들이 거부한 아이들을 떠안는 하치장으로 전락한 것이다.

선택 중심의 교육개혁에 이토록 많은 에너지와 자원이 투입되는 것과 비교하면, 통합학교를 원한다는 이들이 거의 주목받지 못하는 현실이 참으로 안타깝다. 더구나 1960~70년대에 간신히 쌓아 올린 성과마저 잃어가고 있기에 더욱 그렇다. 오늘날 백인이 10퍼센트 미만인 학교는 전체의 18퍼센트에 이른다. 1988년에는 6퍼센트에 불과했다. 인종에 대한 태도가 다시 경직되고, 백인우월주의가 더 이상 금기시되지 않으며, '흑인으로 살아간다는 것(living while black)' 같은 신조어가 등장했다는 사실이 과연 놀라운 일일까?[14]

다양성을 공공재로 다시 받아들여야 할 때가 왔다. 그리고 그 다양성은 단순히 학생들을 한 데 섞는 수준을 넘어야 한다. 소수인종 가정에 권력을 분산하고 재조정하는 과정까지 포함되어야 한다. 이 싸움은 일부 사람들이 말하듯 '정치적 올바름(political correctness)'의 문제가 아니다. 그것은 우리가 하나의 사회이자 민주주의로서 기능할 수 있는가의 문제다. 도덕적 이유도 충분하고, 다양성을 공적 가치로 여겨야 할 경험적 근거도 차고 넘친다. 학교의 다양성이 소수인종 아동과 경제적으로 어려운 가정의 학생들에게 미치는 영향은 분명하다. 그들은 중산층 학생이 함께 있는 학교에서 더 많은 자원을 지원받고, 더 질 높은 교육을 받을 가능성이 크다. 시험 성적이 이를 뒷받침한다. 부유한 학교에 다니는 저소득층 학생들은 빈곤율이 높은 학교에 다니는 또래보다 평균 두 학년 앞서 있으며, 중도 탈락할 가능성도 훨씬 낮았다. 이런 학교를 졸업한 학생들은 성인이 되었을 때 빈곤에 빠질 확률이 3분의 1 수준으로 줄어든다.[15]

이 사실만 보아도 다양성은 물, 도로, 학교처럼 필수적인 것으로 여겨져야 한다. 그러나 시야를 더 넓힐 수 있다. 다양성은 측정 가능한 방식으로 모든 아이들에게 이로움을 준다. 다양한 환경에 대응하려면 적응력과 사고의 유연성이 필요하다. 교육 현장에서 다양성이 이루어질 때, 연구자들은 인지 전략, 비판적 사고, 관점을 전환하는 능력이 추가로 발달한다는 증거를 발견했다. 반대로 동질적인 환경에 놓인 백인 학생들을 대상으로 한 연구에서는 그러한 발달이 잘 나타나지 않았다. 우리가 사회적 안락지대에 머무를 때, 우리의 두뇌는 게을러진다. 기본적인 과제에는 능숙할지 몰라도, 완전히 새로운 사고를 요구하는 낯선 관점과 정보를 다루는 법은 결코 배울 수 없기 때문이다.[16]

마지막으로, 그리고 가장 놀라운 점은 교육 환경에서 다양성에 노출되는 것이 시민 참여, 공동체 활동, 민주적 참여와 강하게 연결되어 있다는 사실이다. 무려 27건 이상의 과학연구가 이를 뒷받침한다. 다름에서 배우는 뇌의 영역은 분명 공동체의 일원으로 참여하고자 하는 욕구와도 연결되어 있다. 관점을 바꾸고, 다른 사람의 시각을 받아들이며, 그들의 관점에서 생각해보는 경험은 우리를 서로 더 깊이 연결된 존재로 느끼게 하고, 더 많은 연결을 찾게 만든다. 반대로 다양성에 직접적으로 노출된 경험이 거의 없고 인종에 부정적인 태도를 조금이라도 가진 이들은 다양성과 마주할 때 높은 인지적 비용을 치른다는 강력한 증거가 있다. 이들은 집중력을 잃고(한 연구에서는 "집행적 주의 자원이 고갈된다"고 표현했다) 방향 감각을 잃은 듯 느낄 수 있다. 다시 말해, 인종차별적 태도를 가진 사람은 일상 속에서 다양성과 부딪힐 때 정신적으로 소모된다. 그 결과로 더 고립되고, 시민적 참여에서 멀어지며, 민주주의는 약화될 수밖에 없다.[17]

우리는 타인과 관계를 맺게 하는 공적 사물이 필요하다. 그리고

모두의 것이 소수의 것으로

그 타인들은 다양해야 하며, 각자 충분한 역량을 지닌 존재여야 한다. 그러나 공립학교와 차터 스쿨 모두 대체로 다양성을 진지하게 추구하지 못했거나, 권력의 불균형을 바로잡지 않은 채 피상적인 다양성에 만족하려 했다. 더욱이 자유시장과 학교 선택제라는 유사 자유시장은 다양성이라는 공공재를 지켜내기에 적합하지 않다. 이들은 시장을 세분화하고 기존의 취향과 선호에 맞추어 롱테일을 추구하는 쪽이 훨씬 쉽다고 생각한다. 소비자로서 우리는 이렇게 더 개인화된 서비스를 반길 수도 있다. 그러나 교육은 다른 목적을 지닌다. 교육은 우리를 도전하게 만들고, 새로운 지식과 예기치 못한 관점을 제공할 때에야 비로소 교육이라 할 수 있다. 그리고 이것은 교육이 시민으로서 우리의 필요를 충족시키는 공적 사물로 남을 때만 가능하다.[18]

19

공공도서관과 애플파이

도서관, 마지막 민주주의의 공원

『뉴욕 리뷰 오브 북스(New York Review of Books)』

에서 작가 수 핼퍼른(Sue Halpern)은 넓은 땅에 비해 인구는 적고 공공도

서관이 한 번도 없었던 "외딴 산골 마을"에서의 생활을 회상했다. 처음

에 주민들은 도서관을 원하지 않는 듯했다. 아주 소액의 세금을 걷어 도

서관을 세우자는 제안이 거부당했고, "도서관은 공산주의다"라는 말까

지 나왔다. 하지만 마을은 결국 계획을 밀어붙여, 얼마 되지 않는 예산

과 임시로 꾸민 방, 세 명의 '임시 직원'으로 도서관을 열었다. 1년 동안

500장의 도서관 카드면 충분할 거라 예상했지만 카드는 개관 3주 만에

동났고, 연말이 되자 회원 수는 1,500명에 달했다. 도서관에서는 "북클

럽, 유아 그림책 읽기, 영화 상영, 희곡 낭독 모임"이 열렸고, 청소년들

은 인터넷으로 숙제를 했으며, 주부들은 퀼트 도안을 나누었다. 그렇게

도서관은 마을 공동체의 중심지가 되었다. 헬퍼른은 이렇게 적었다. "도서관이 공산주의라고 말했던 사람은 옳았다. 공공도서관은 나눔과 평등의 정신 위에 세워진다. 그곳은 누구도 가르지 않는다. 그리고 우리를 지배하는 물질주의와 개인주의에 맞서는 존재다."[1]

공공도서관은—더 본질적이고 민영화하기조차 어려운 다른 공적 사물까지 줄줄이 경매로 팔려나가는 현실 속에서도—민영화의 파고를 완전히 비켜 가지는 못했지만 놀라울 만큼 끈질기게 버텨왔다. 어떤 이는 도서관이야말로 가장 먼저 사라져야 한다고 말한다. 필수 시설이 아니라는 인식도 분명 존재하고, 운영 재원을 위해 권당 이용료나 구독료를 받자는 발상도 어렵지 않게 나온다. 긴축의 시대에 그런 방식은 경제 논리에도 들어맞는다. 또 물질주의와 개인주의를 찬미하는 우리 문화와도 절묘하게 어울린다. 그럼에도 공공도서관에 민영화라는 발상을 들이대는 일은 여전히 선을 넘는 일처럼 여겨진다.

도서관은 책만 빌려주는 곳이 아니기에 쉽게 민영화될 수 없다. 책 대출 같은 기능만 본다면 기업이 대신할 수도 있다. 그러나 그렇게 되면 들어와 책을 고르고 돈을 내고 곧장 나가는 곳으로 전락하고 만다. 숙제 도움을 받거나, 퀼트 도안을 나누거나, 좋아하는 책을 즐겁게 추천해주는 사람을 만날 기회는 사라진다. 그리고 이런 모습은 다른 사회서비스가 대부분 줄어든 오늘날, 도서관이 지닌 역할의 일부에 불과하다. 작가 데버러 팰로스(Deborah Fallows)는 미국 전역을 돌며 도서관에 "세컨드 리스폰더(second responders)"●라고 이름 붙였다. 미주리주 퍼거슨에서는 소요 사태 속에서 도서관이 피난처가 되었고, 늦은 시간까지 문을 열어 아이들에게 수업을 열어주었다. 허리케인 샌디가 휩쓴 뒤 뉴저

제VI부

지와 퀸스에서는 사서들이 전기도 난방도 끊긴 상황에서 도서관을 계속 열어두고 아이들을 위한 동화 구연 시간까지 마련했다. 펠로스는 도서관이 총기 난사와 산불에도 대응했다고 기록했는데, 이들은 재난 직후뿐 아니라 평소에도 늘 최전선에 서 있었다. 애리조나의 한 도서관은 간호사를 불러 이용객을 돌보게 했고, 오리건주 벤드에서는 사서들이 개인 재정 상담을 해줄 수 있도록 훈련을 받았다. 일부 도서관은 직원들에게 마약 과다복용 해독제인 날록손(naloxone) 투여법까지 익히게 했다. 또 성인 문해 교육, 검정고시 과정, 영어 수업도 자체적으로 혹은 비영리단체와 협력해 운영했다. 이 모든 것은 학력은 높지만 보수는 많지 않은 사서들의 헌신에서 비롯된다. 한 사서는 펠로스에게 이렇게 말했다. "가끔 사서는 배트맨 같을 때가 있어요."[2]

이에 동의하지 않는 인물이 있다. 바로 민영화된 도서관을 운영하는 라이브러리 시스템&서비스(Library Systems&Services, LS&S)의 공동창립자 프랭크 페차나이트(Frank Pezzanite)다. 그는 "수많은 도서관이 형편없다"며 문제는 재정 부족이 아니라 사서 본인들이라고 비난한다. "정책이 온통 일자리 보장에만 맞춰져 있어요. 도서관에 들어가 35년간 일하면서 아무 일 하지 않아도 결국 은퇴할 수 있죠." 그가 한 기자에게 한 말이다. 페차나이트는 이런 '게으른' 사서들을 제대로 부려먹는 것을 자신의 사명처럼 여기는 듯하다. 그의 회사가 도서관을 인수하면, 바로 해고되지 않은 사서들은 그의 직원이 된다. 그리고 그들에게 이렇게 말

• 퍼스트 리스폰더(first responders)'가 경찰·소방·구급대 등 사건 현장에 가장 먼저 출동해 긴급 대응을 하는 사람들을 뜻한다면, '세컨드 리스폰더'는 재난이나 사회적 위기 이후 공동체의 회복을 지원하는 역할을 맡는 주체를 가리킨다.

모두의 것이 소수의 것으로

한다. "우린 그런 방식으로 회사를 운영하지 않습니다. 우리 밑에서 일하려면, 일을 해야 합니다."[3]

LS&S는 원래 소프트웨어 회사로 출발했다. 지난 10년 동안 몸집을 두 배로 키우면서 5개 주에서 17개 도서관 시스템을 인수했고, 지금은 80여 곳에서 지점을 운영한다. 민간 벤처기업 아르고시 캐피털 그룹(Argosy Capital Group)의 지원을 등에 업고 성장한 끝에, LS&S는 미국에서 다섯 번째로 큰 도서관 시스템 기업이 되었다. LS&S가 도서관을 인수하면 지방정부로부터 일정액을 받고, 장서·서비스·프로그램 운영 권한을 장악한다. 무엇보다 중요한 것은 인력 운영까지 맡는다는 점이다. 이 시설에서 일하는 사서들은 더 이상 공무원이 아니며, LS&S의 방침에 따라 일하게 된다. 1990년대 후반부터 차곡차곡 사업을 넓혀왔지만, LS&S는 경쟁자가 거의 없다. CEO는 자신들이 "천사조차 감히 들어가길 두려워하는 곳에 과감히 간다"고 자랑한다. 다시 말해, 도서관과 사서를 아끼는 지역 활동가들과 정면으로 맞붙고 있다는 것이다.[4]

LS&S는 혁신, 규모의 경제, 비용 절감을 약속하며 자신들을 홍보해왔다. 그러나 현실에서는 지역 도서관을 공공재로 만드는 핵심 요소들을 하나하나 게워낸다. 메릴랜드에 본사를 둔 이 회사의 경영진은 마치 실리콘밸리의 디스럽터처럼 으스대지만, 이 분야를 잘 아는 사람들의 눈에는 진정한 혁신에는 별다른 관심이 없어 보인다. 코네티컷 도서관협회 회장은 이 회사의 설명을 들은 뒤 "그들이 말하는 건 다 이미 표준 관행일 뿐이다"라는 평을 남기고 자리를 떴다. 한편 LS&S가 운영 중인 한 도서관 시스템을 감사한 결과, 구독형 데이터베이스와 전자책 콘텐츠가 눈에 띄게 부족해 이용자들의 접근성이 크게 떨어진다는 점이 지적되었다. 또한 미국 내 다섯 번째로 큰 도서관 시스템이라는 규모를 고려하면, 대규모 거래를 통해 더 낮은 비용으로 콘텐츠를 확보하고 그 절감분을 이용자 서비스 확충에 활용할 수도 있었지만, 그렇게 하지 않은 것으로 드러났다. 같은 감사 보고서는 이렇게 덧붙였다. "서면으로 된 서비스 계획, 인력 계획, 기술 계획, 최신 장서 개발 및 관리 계획이 부재하고, 낡은 운영 방침들이 그대로 존재한다는 사실이 우려스럽다. LS&S가 이 도서관을 운영한 지 10년이나 되었는데, 왜 이런 상태인가?"[5]

지역의 요구에 맞춰 막대한 구매력을 활용해 혁신하기보다 이 회사는 장서를 줄여 비용을 아꼈다. "베스트셀러에 집중하고, 인기가 없는 책은 빼버립니다. 공공도서관이 하는 일과는 정반대죠." 한 사서가 에스콘디도 도서관 이사회에서 이렇게 증언했다. LS&S가 운영하는 오리건주 잭슨 카운티 도서관을 대상으로 한 독립 조사에서도 같은 문제가 드러났다. 24년 동안 카운티의 라틴계 인구는 세 배 이상 늘었지만, 스페인어 장서는 거의 늘지 않았다. 스페인어 동화 구연 시간은 아예 없었고, 아이들에게 나눠주는 책에도 스페인어 책은 한 권도 포함되지 않았으며, 웹사이트도 영어로만 제공됐다. 조사단은 이렇게 결론지었다. "스페인어 사용자가 지역사회의 일부로 여겨지지도 않고, 도서관에서 환영받지도 못한다는 전반적인 인상이었다."[6]

그러나 LS&S가 유일하게 잘하는 일이 있다면 바로 직원을 홀대하는 것이다. 이 회사는 2017년 노동부로부터 '임금 및 노동시간' 규정 위반으로 7만 달러의 벌금을 부과받았다. LS&S의 공동창립자는 "사서들은 35년 동안 아무 일도 하지 않고 은퇴한다"라며 노골적으로 모욕했

                                          모두의 것이 소수의 것으로

고, 회사는 체결한 모든 계약마다 이런 태도를 반영했다. 지방정부를 상대로 한 영업 설명회에서 재정 불안을 직접 거론하기도 했다. "연금 때문에 GM이 망했고, 지금은 캘리포니아 정부가 무너지고 있습니다." 페차나이트의 주장이다. 이는 지도자의 실패를 공무원들에게 떠넘기는 전형적인 사례다. 캘리포니아 정부는 연기금을 의도적으로, 그리고 알면서도 턱없이 부족하게 지원해 사실상 직원들의 몫을 빼돌렸다(그리고 웃긴 건, 파산 직전에도 여전히 터무니없이 높았던 GM 임원들의 연봉과 황금낙하산은 아무도 문제 삼지 않았다는 점이다). 페차나이트의 '해결책'은 정부가 공무원과의 약속을 깨도록 부추기고, 직원들이 연금이나 일자리, 혹은 둘 다 포기해서 비용을 떠안게 만드는 것이었다. 메릴랜드주 프린스윌리엄 카운티 도서관 운영위원회는 LS&S로부터 받은 제안과 답변을 공개했는데, 약속한 절감을 이루기 위해 직원의 20퍼센트를 해고하고, 나머지 직원들의 복지를 줄이며 퇴직연금은 아예 주지 않겠다는 내용이었다. 위원회는 결국 민영화를 추진하지 않기로 결정했다. 그 이유 중 하나로 "직원들에게 불공정하다"는 점을 들었다. 또 다른 이유로는 LS&S가 "공개 회의에서 도서관 위원회와 논의하길 꺼린다"는 점을 명시했다. '공개된 자리'만큼은 LS&S가 정말로 "발을 들이기 두려워한" 곳이었던 셈이다.[7]

어떤 정부는 직원들을 소중히 여기지만, 또 어떤 정부는 그들을 쓰고 버릴 수 있는 존재이자 예산적자를 메우는 가장 손쉬운 수단으로 본다. 그러나 이렇게 절감한 돈이 과연 무엇을 바꿀 수 있을까? 예컨대 캘리포니아 에스콘디도는 향후 부담해야 할 연금 부채가 약 1,800만 달러로 추정되었다. 이에 대해 LS&S는 민영화를 통해 연간 40만 달러를 절감할 수 있다고 약속했다. 그러나 이 계산이 맞다 해도, 그 부채를 상환하려면 약 45년이 걸린다. 이런 식의 민영화 해법은 재정적자를 해결하는 포괄적 대책이 될 수 없다. 대담하지도, 획기적이지도 않지만, 결국 우리가 무엇에 가치를 두어야 하는지 되묻게 한다. 지역 주민들의 은퇴연금을 빼앗는 결정은 곧 LS&S의 사모펀드 소유주들을 더욱 배 불리는 결정이기도 하다. 시 정부 입장에서는 고작 푼돈을 아끼는 셈이지만, 민영화된 기업은 지역사회에 제공할 서비스를 줄이고 그 서비스가 담당하는 이들의 복지와 수당을 깎는다. 그리고 이들이 더 가차 없이 움직일수록 카운티와 주 차원에서는 더 많은 공적 자금이 빠져나간다. 오리건주 잭슨 카운티 도서관 보고서는 LS&S가 계약 비용의 28퍼센트를 '기타' 항목에 썼다고 밝혔다. 그러나 그 돈이 어디에 쓰였는지 아는 사람은 아무도 없었다. 사서 급여도 아니었고, 장서 예산도 아니었다. 장서는 별도로 집계됐으며, 한참 부족하다는 평가를 받았다. 그렇다면 카운티는 좋은 계약을 맺은 것일까? 대차대조표 한가운데 뚫린 '정체불명'의 구멍 때문에 답하기 어려웠다. 감사관들은 결국 두 손을 들었다. "투명성이 결여되어 있어, 위원회는 지출된 예산이 그만한 가치를 내고 있는지 판단할 수 없다." 그러나 적어도 한 가지는 분명했다. LS&S는 이런 상황에 아무런 불만이 없었다. 공동창립자의 표현을 빗대자면, 그들은 '아무 일도 하지 않으면서도 공공의 돈으로 수수료를 받는' 일을 계속할 수 있었기 때문이다.[8]

　　LS&S가 빠르게 성장했음에도 불구하고 여러 카운티와 도시에서 맞닥뜨린 강한 저항은 페차나이트의 속을 건드렸고, 그는 난처해하면서도 불쾌감을 드러냈다. 그는 이렇게 말했다. "도서관에는 미국 국기, 애플파이 같은 정서가 있죠. 어쩐지 너무나 미국적인 상징이에요. 그래서

모두의 것이 소수의 것으로

도서관이 신성한 공간으로 분류된 겁니다." 그의 말은 틀리지 않았다. 시민들은 도서관을 미국을 대표하는 존재이자 철저히 신성한 공간으로 여긴다. 지난해 16세 이상 미국인의 절반이 도서관을 이용했으며, LS&S가 진출하려 한 일부 지역사회에서는 이용율이 75퍼센트에 달했다. 이런 저항에 페차나이트가 놀라서는 안 됐다. LS&S가 캘리포니아주 산타클라리타에 들어오자, 50년 동안 도서관을 드나들던 여든한 살의 제인 핸슨(Jane Hanson)은 베트남 전쟁 이후 처음으로 행동에 나섰다. 그녀는 세 번의 주말 동안 1,200명의 서명을 모았다. "도서관은 지역사회의 심장이에요." 그녀는 이렇게 설명했다. "저는 민간기업을 지지하지만, 시정부가 지금 여기서 하는 일에는 도저히 마음이 놓이지 않아요." 또 다른 이용자는 "공공도서관은 우리가 배울 자유, 민주주의의 초석을 떠올리게 합니다"라고 말했다. 그리고 한 종교 지도자는 LS&S의 또 다른 목표가 된 지역 시의회에서 이렇게 강조했다. "도서관은 지역사회의 중심입니다. 이런 신성한 중심은 시민의 것이고, 시민이 운영하며, 시민의 이익을 위해 존재해야 합니다." 이런 열정은 LS&S가 부딪힌 모든 싸움에서 나타났다. 사실 LS&S가 승리를 거두는 경우는 정치인들이 대중이 분명히 원하는 바를 정면으로 거스르려 할 때뿐인 듯하다.[9]

캘리포니아주 에스콘디도에서는 수백 명의 시민이 LS&S의 계획에 반대하며 모여들었다. 그들은 '사서는 신성하다', '우리 세금을 주 밖으로 빼돌리지 마라'라고 적힌 피켓을 흔들었다. 발언에 나선 한 시민은 이렇게 말했다. "우리 동네에는 반스앤노블이 있습니다. 저도 그 서점을 무척 좋아하지만, 그걸로 족해요. 도서관까지 또 다른 반스앤노블이 될 필요는 없습니다." LS&S의 도서관 운영 방식을 두고 "코스트코식 진

열"이라며 비판하는 목소리도 나왔다. 공립 사서를 옹호하는 발언도 이어졌다. "사서들은 고학력자 공무원들입니다. 이곳에 살고 있고, 지역사회의 일원이에요." 시민들은 간절히 호소했다. "제발 이 일을 추진하지 마세요. 이 계약은 잘못된 겁니다." 또 다른 이는 절규하듯 말했다. "우리는 사모펀드에 매년 240만 달러를 내고 있습니다. 이건 옳지 않아요. 제발 시민들의 목소리에 귀 기울여주세요."[10]

이 도서관은 1894년부터 지역사회를 위해 존재해왔다. 하루 평균 1,400명이 방문했고, 장서는 20만 권에 달했다. 그러나 민영화가 진행되면 그 장서들이 어떻게 될지 아무도 알 수 없었다. 시의회가 이어지는 항의를 듣는 동안 LS&S 대표는 거의 침묵을 지키다가 기자에게 이렇게 말했다. "이건 감정적인 문제이고, 도서관은 지역사회의 심장이자 영혼이기 때문에 늘 그럴 겁니다." 그러면서도 회사는 "민영화"가 아니라 단지 "경영 서비스"만 제공한다고 주장했다(이는 허튼소리에 불과하다. 공공재를, 이 경우에는 사서와 장서를 회사가 통제한다면 그것이 곧 민영화다). 한편, 시의회 의원들은 계속되는 반대 발언에 피로감을 드러냈다. 한 의원은 자신의 유권자들을 향해 이렇게 쏘아붙였다. "이 헛소리 좀 그만 듣고 싶군." 그러나 회의장에 있던 시민 중 누구도 LS&S의 계획을 지지하지 않았다. 그럼에도 불구하고, 시의회는 그 안건을 통과시켰다.[11]

도서관 민영화에 대해 칼럼니스트 마이클 힐트지크(Michael Hiltzik)는 이렇게 썼다. "지역 정치지도자들이 공익을 위해 일한다는 체면마저 완전히 버리려 한다는 징조를 찾고 있다면, 더 이상 멀리 볼 필요가 없다." 맞다. 도서관을 내주는 일은 공직자들이 시민을 무시한다는 훌륭한 지표다. 그러나 우리는 거기서 한발 더 나아가야 한다. 이것

모두의 것이 소수의 것으로

은 지역사회에 대한 공격이다. 반스앤노블이나 스타벅스에서는 결코 만들어질 수 없는, 서로 간의 연결을 끊으려는 시도다. 공무원들의 일과 열정, 그리고 우리 지역사회를 붙들어주는 끈 같은 역할을 깎아내리려는 시도다. 그리고 우리를 시민에서 단순한 소비자로 전락시키려는 시도다. 다행히도 대부분의 지역에서 시민들은 이 사실을 알아차리고, 기꺼이 맞서 싸울 의지를 보이고 있다. 어떤 의미에서 LS&S는 오히려 우리에게 호의를 베풀었다. 귀를 막은 지도자, 노골적인 탐욕, 그리고 '신성한' 도서관과 사서들에 대한 경멸을 드러내면서, 공적 사물이 얼마나 취약하고 쉽게 무너질 수 있는지 보여주었기 때문이다. 그것은 지역사회를 하나로 묶어 도서관을 지켜야 한다는 영감을 주었다. 희망하건대, 우리가 선출한 공직자들도 언젠가는 이 목소리에 귀 기울이게 될 것이다.[12]

20

공동체는 서로 돌봐야 한다

사회보장제도를 둘러싼 이전투구

공공도서관, 공원, 학교는 공동체의 뚜렷한 표현이자, 그 본질상 철저히 지역적인 공간이다. 하지만 우리는 그보다 더 큰 차원에서 국가적 공동체를 이루게 하는 공적 사물을 잊어서는 안 된다. 그 가운데 하나가 바로 대통령 도서관이다. 이 공적 사물은 결코 만날 수 없는 사람들과 우리를 연결하며, '우리'라는 감각을 만들어내고, 인종·종교·언어·혈통 같은 불안하고 위험한 '피와 땅의 민족주의'에 기대지 않고도 누가, 무엇이 '미국인'인지 정의할 수 있게 해준다. 공공은 스스로 정의할 힘을 가지고 있다. 그리고 1930년대, 우리는 그 정의 속에 새로운 의미를 더했다. 노인을 돌보는 국민이 된 것이다. 그 발상은 처음에는 대담한 시도였지만, 이제는 미국 정체성의 깊은 일부로 자리 잡았다. 사회보장제도는 이제 단순한 행정이나 제도의 범주를 훨씬

모두의 것이 소수의 것으로

넘어선다. "단순히 사회 프로그램이 아닙니다." 은퇴한 노조 지도자 위니 피네오(Winnie Pineo)는 이렇게 말했다. 1930년대 사회보장법(Social Security Act) 통과를 위해 싸웠던 이 아흔일곱의 활동가는 조지 W. 부시가 그것을 해체하려는 모습을 지켜보고 있었다. "도덕적 약속이에요. 우리를 함께 붙잡아준 건 바로 그것이죠. 우리는 모두 주고 모두 받습니다. 모두가 혜택을 나누고 서로를 위해 노력하고 행동합니다. 이것이 진짜 민주주의가 작동하는 방식입니다."[1]

프랭클린 D. 루스벨트 대통령의 뉴딜 정책 가운데 사회보장법은 특별한 위상을 차지했다. 위기를 동력으로 삼지 않았다면 결코 통과되지 못했을 가능성이 컸다. 그러나 1930년대에 통과된 수많은 일자리 창출, 기반시설 확충, 구호 프로그램들과 달리 사회보장은 대공황이 끝난 뒤에도 존속하도록 설계된 제도였으며, 실제로 위기 이후의 경제를 새롭게 재편하는 역할을 맡았다. 그 성과를 확인하기 위해서는 사회보장제도 시행 전후 65세 이상 미국인의 삶을 비교해보기만 해도 충분하다. 1930년에는 65세 이상 남성 중 거의 60퍼센트가 일을 하고 있었다. 당시에는 고임금 산업 일자리 상당수가 아예 이 나이대에 열려 있지도 않았는데도 그랬다. 2019년을 보면, 65세 생일 이후에도 계속 일하거나 구직 중인 사람이 약 20퍼센트로 줄었다(이 수치는 1985년에는 10퍼센트까지 떨어졌다). 사회보장제도 도입 이전에는 미국 노동자의 약 2퍼센트만이 퇴직연금에 가입해 있었고, 그마저도 거의 전적으로 고용주가 임의로 제공한 혜택이었지 보장된 권리는 아니었다. 당시 65세 이상 인구의 30~50퍼센트는 여전히 높은 고용률에도 불구하고 자녀의 부양에 의지하며, 고임금 일자리에서는 철저히 배제되어 있었다. 게다가 사람의 가치가 주로 고용주와의 종속 관계나 생산성으로 평가되던 문화 속에서, 노년층은 '더 이상 국가 경제의 일부가 아니다'라는 사실을 끊임없이 실감해야 했다. 한 조사에 따르면, 미국 공장의 3분의 1은 40세 이상 노동자를 아예 채용하지 않았고, 대부분의 사업장에 비공식적인 연령 제한이 있었다. 50세 이상 노동자를 조립 라인에서 볼 기회가 거의 없었다. 그렇게 미국인들은 늙는 순간, 사실상 영구적인 사회적 추방자로 전락했다.[2]

프랭클린 D. 루스벨트의 사회보장제도는 국가 공동체를 형성하고 모든 미국인을 포용하려는 구상을 담고 있었다. 그는 이렇게 설명했다. "모든 아이들이 태어난 순간부터 사회보장제도의 일원이 되지 않을 이유가 없습니다." 그러나 당시 그의 프로그램은 다수가 아프리카계 미국인이던 농장 노동자와 가사 노동자를 제외하면서 미흡했다. 보편성이 핵심 가치였던 만큼, 이 예외는 뚜렷한 한계로 지적되었다. 이 결함은 1953~1954년 사회보장법 개정으로 부분적으로 보완되었다. 사회보장제도의 두 번째 핵심 원칙은 그것이 자선이나 시혜가 아닌 사회보험이어야 한다는 점이었다. 그 이유는 분명했다. 루스벨트는 혜택이 권리이길 바랐다. "우리의 노인들은 자선을 바라는 게 아닙니다. 그들은 스스로의 절약과 선견지명으로 마련한 보험을 통해, **정당하게 누릴 권리가 있는** 편안한 노후를 원할 뿐입니다."[3]

사회보장제도는 프랭클린 루스벨트의 여러 구상 가운데 가장 대중적이었지만, 의회의 공화당 반발을 이겨내지 않고서는 통과될 수 없었다. 그런데 가장 심각한 도전은 사회보장제도가 시행되기도 전에 민영화하려는 시도였다. 보험중개회사가 사실상 주도한 클라크 수정안

(Clark Amendment)•에는 고용주가 자체적으로 사적 연금을 제공할 경우 정부의 사회보장제도에서 제외될 수 있도록 허용하는 내용이 담겨 있었다. 그 지지자들은 자유선택과 자유시장이라는 언어를 내세우며, 고용주가 민영연금을 주는데 왜 정부 보험 프로그램에 강제로 가입해야 하느냐고 물었다. 그러나 이들은 답을 알고 있었을 것이다. 가장 가난한 이들까지 보장하려면 이 보험제도는 반드시 보편적이어야 한다. 돈 있는 사람들만 빠져나가도록 허용하는 제도는 위험을 분산하지 못해 결국 가장 불안정한 노동자와 고용주들만 남게 된다. 클라크 수정안이 의미하는 것은 사실상 사회보험을 붕괴로 몰고 가는 죽음의 소용돌이였다.[4]

클라크 수정안은 결국 상원에서 부결되었다. 상원이 그 타당성을 검토하도록 임명한 소수 전문가 집단이 민간보험 체계를 실질적으로 구성할 수 있는 실행 가능한 방안을 찾지 못했기 때문이었다. 이후 사회보장제도를 민영화하려는 모든 시도는 같은 난관에 부딪혔다. 시장 기반 제도로 어떻게 지속 가능하고 보편적인 보장을 제대로 제공할 수 있단 말인가? 보수 진영과 그 동조 집단에서 자유시장 대안이 제시될 때마다, 투자에 언제나 손실이 따른다는 사실이 빠져 있다. 어떤 투자자는 이기고, 어떤 투자자는 진다. 주가는 내려가고, 보험회사는 파산할 수 있다. 민영화를 추진하는 세력은 지난 불황을 의도적으로 잊은 듯한 짧은 기억력을 가졌거나, 평균 수익률이 모든 사람이 실제로 그만큼의 수익을 얻는다는 뜻이라고 믿는 것처럼 보인다. 실제로 일부 은퇴자들은

• 1935년 사회보장법 논의 과정에서 공화당 하원의원 윌리엄 H. 클라크(William H. Clark)가 발의한 조항이다. 이 수정안은 사실상 보험업계 로비에 힘입어 마련된 것으로 알려져 있으며, 당시 공화당 내에서도 "사회보장을 뿌리째 흔들려는 시도"라는 비판을 받았다.

민영화된 사회보장제도에서 이익을 볼 수도 있겠지만, 다른 이들은 참담한 손해를 입게 될 것이다. 반면 사회보장제도 민영화 계획에는 언제나 증권 중개인, 자산 운용가, 각종 중간상인들이 얽혀 있으며, 이들은 언제나 이익을 본다.

사회보장법을 둘러싼 초기 갈등이 지나자, 제도의 가치와 지속성을 지켜야 한다는 폭넓은 합의가 형성됐다. 싱크탱크와 일부 정부 자문관들은 오래전부터 민영화를 밀어붙였지만, 국민에게 책임을 져야 하는 정치인들은 대체로 신중했다. 그러나 조지 W. 부시가 재선에 성공한 뒤 상황은 달라졌다. 그는 재선 직후 며칠 만에 슬며시 운을 띄웠다. "나는 정치적 자산을 얻었고, 이제 그것을 쓸 생각이다." 이 발언의 시점과 어투는 그가 추진하려는 일이 얼마나 대중적 반발을 살지 스스로도 알고 있었음을 보여준다. 선거운동 내내 그는 물론 대리인들까지 사회보장제도에는 손대지 않겠다고 공언했다. 그러나 비공식 자리에서는 후원자들에게 사회보장제도의 "민영화를 강하게 밀어붙이겠다"고 약속했다. 이 말이 새어 나오자 선거 캠프는 "조작된 발언"이며 "터무니없는 공격"이라고 반박했다. 하지만 선거에서 승리한 지 이틀 만에 부시는 "사회보장제도 개혁은 내 행정부의 최우선 과제가 될 것"이라고 밝혔다. 이 입장이 자칫 백악관 입성을 막을 수 있다는 사실을 잘 알고 있었기에, 선거 기간에는 침묵을 지킨 것뿐이었다.[5]

부시의 참모들과 보수 전략가들은 이 계획이 인기가 없다는 사실을 잘 알고 있었다. 그래서 그들의 '개혁 노력'은 실질적이고 효과적인 정책안을 마련하는 데 쓰이기보다, 담론을 세련되게 다듬고 사회보장제도에 대한 불신을 조성하는 데 집중되었다. 로널드 레이건 행정부

시절 사회보장제도 개혁위원회에서 앨런 그린스펀(Alan Greenspan)의 보좌관으로 일했던 낸시 올트먼(Nancy Altman)은 이렇게 회상했다. "공화당 의회 지도부가 발행한 「사회보장제도 개혁 지침서(Guide to Social Security Reform)」는 복잡한 법률 개정을 위한 진지한 정책 분석서라기보다 미식축구팀의 전술 교본에 더 가까웠습니다." 이 지침서는 빈곤 속에서 노년을 맞게 될까 불안해하는 유권자들을 어떻게 설득할 것인가에 초점을 맞추고 있었다. 거기에는 이미 '현장에서 검증된 유용한 메시지 기법'을 활용하라는 조언이 담겨 있었다. 예컨대 "민영화(privatization)" 대신 "개인화(personalization)"라는 표현을 쓰고, "개인 소유(personal ownership)"를 강조하되 "기업의 장악(corporate takeover)"은 최소화하라. 이것이 그들이 내세운 커뮤니케이션 전략의 핵심이었다.[6]

이러한 시도는 모두의 삶을 함께 끌어올리는 시민을 오직 자신의 수익만을 걱정하는 소비자로 바꾸려는 것이었다. 그러나 대중은 그 의도를 꿰뚫고 있었다. 방위산업체에서 근무했던 한 엔지니어는 자신의 사례를 들어 민간투자가 사회보장제도보다 5,873달러 적은 순이익을 가져다준다는 분석을 공개하며 큰 주목을 받았다. 이유는 단순했다. 그는 다우지수가 높을 때 일을 시작했고, 상대적으로 낮을 때 은퇴했다. 그가 가상으로 설정한 민영 은퇴계좌는 투자와 마찬가지로 순전히 시기와 운에 달려 있었다. 게다가 사회보장제도는 단순한 저축 프로그램이 아니라 보험 프로그램이기도 하다. 근무 중 장애로 일자리를 잃은 사람을 보호하고, 은퇴 후 저축이 다 떨어진 사람의 인생을 지켜주는 제도이기 때문이다.[7]

전문가 집단 중에서는, 심지어 부시 행정부를 대체로 지지하던 이들조차도 여기에 동의했다. 경제학자 올리비아 미첼(Olivia Mitchell)은 부시의 사회보장강화위원회 위원이었는데, 그녀는 연구팀과 함께 싱크탱크와 보수 개혁론자들의 근거 없는 약속이 "오도된 것"임을 보여주는 논문을 발표했다. 이들은 위험성과 전환 비용(민영화 지지자들이 언제나 무시하는 주요 요인)을 고려했을 때 추정이익이 사라진다고 밝혔다. 연구팀은 이렇게 썼다. "사회보장제도가 민영화되면 모두가 더 높은 수익을 올릴 수 있다는 주장이 널리 퍼져 있지만, 우리는 이 주장이 틀렸음을 밝혀냈다." 골드만삭스 역시 「사회보장제도 개혁의 일곱 가지 신화(Seven Myths About Social Security Reform)」라는 보고서를 발표해 "위험과 전환 비용을 반영하면 개인 저축계좌와 현 제도 간의 수익률 차이는 사라진다. 민영화를 통한 공짜 점심은 없다"고 경고했다.[8]

그들이 말한 위기는 존재하지 않았고, 약속된 재정 절감 효과 역시 실체가 없었다. 그렇다면 사회보장제도를 철폐하려는 세력은 무엇에서 동력을 얻어 지금도 무엇인가에 따라 움직이고 있는지 묻는 것이 공정하다. 특히 조지 W. 부시의 전략기획국장이 말했듯 사회보장제도의 철폐를 "현대 보수주의가 벌여온 가장 중요한 사업 가운데 하나"로 여긴다는 점에서 더욱 그렇다. 분명 대담하고도 단순한 탐욕이 작용했을 것이다. 월스트리트가 모든 미국인의 은퇴계좌를 관리한다면 주식 중개 수수료로 쏟아질 막대한 이익을 상상해보라. 그러나 이윤추구만으로는 사회보험의 토대를 무너뜨리려는 열정과 끈기, 그리고 그것이 보수주의자들에게 길잡이가 된 이유를 설명하기 어렵다. 사회보장제도가 단순히 정부 정책이라는 사실만이 아니라, 사람들이 그 제도에 강한 신뢰를 품고 있다는 점도 문제였다. 프리드리히 하이에크의 편집증적 망상에 깊이 빠진 이들의 눈에는 이런 신뢰가 곧 '예속의 길'을 닦는 것으로 보였다. 그러나 다른 자유지상주의자들은 한술 더 떠, 사회보장제도에 쏠린 신뢰를 자본주의를 강화하는 데 활용할 수 있다고 주장했다. 자유지상주의 학자 피터 J. 페라라(Peter J. Ferrara)는 왜 사회보장제도가 민영화되어야 하는지에 대한 궁극적 동기를 꽤 솔직하게 밝혔다. 그 '신뢰'를 사회주의가 아니라 자본주의를 향한 충성심으로 바꿀 수 있다는 것이다. "소수민족과 다른 노동자들 모두 국가의 사업과 산업의 지분을 소유한다면, 그들은 모두에게 번영을 가져올 자유시장 정책을 더 열정적으로 지지하게 될 것이다."[9]

이런 발언은 어이없는 웃음을 자아내지만, 동시에 그런 말을 내뱉은 이들의 속내도 드러낸다. 사회보장제도를 지지한다고 해서 자유시장을 부정하는 것은 아니다. 이는 '소수자나 다른 노동자들'에게도 마찬가지다. 아무리 사회보장제도가 우리의 국가적 이상에 깊숙이 배어들었다 하더라도 우리 사회는 여전히 자본주의다. 실제로 사회보장제도는 자본주의의 가장 날카로운 모서리를 깎아내며, 오히려 자본주의를 **지켜내는** 역할을 해왔다. 그리고 이제는 자본주의를 신뢰하면서도, 동시에 노인이나 일할 수 없는 사람들이 그 때문에 고통받아서는 안 된다는 점을 분명히 인식한다. 우리는 급여를 받을 때마다, 모두가 함께 부담하고 모두가 함께 혜택을 누린다는 사실을 알기에 상당한 세금을 기꺼이 내며 이 이상을 지속적으로 지지해왔다.

처음 뉴딜 정책에 반대했던 사람들은 오늘날 새로운 공공 프로그램에 반대하는 이들처럼, 사회보장제도가 우리를 노예나 동물로 만들 것이라고 주장했다. 뉴욕 출신 공화당 의원 대니얼 리드(Daniel Reed)는

제VI부

"독재자의 채찍질에 휘둘릴 것이고, 2,500만 명의 자유로운 미국인들이 처음으로 지문검사에 스스로 굴복하게 될 것"이라고 말했다. 제31대 대통령 허버트 후버는 경제적 안정이라는 발상 자체를 조롱하며 이렇게 말했다. "경제적 안정은 감옥에 가면 있다. 노예들도 그것을 누렸다. 하지만 우리 국민은 전국적인 동물원 속 존재로 전락해 자칭 관리인들에게 분류되고, 꼬리표 붙여지고, 지시받는 상황을 원하지 않는다." 또 다른 뉴욕 출신 공화당 의원 존 테이버(John Taber)는 사회보장제도가 "노동자를 노예로 만들기 위해 교묘하게 설계됐다"고 주장했다.[10] 그러나 그런 일은 일어나지 않았다. 독재나 노예제, 감옥이나 동물원으로 이어진 것이 아니라, 이 노력은 전혀 다른 형태의 공동체로 이어졌다. 자기 자신과 이웃을 위해 기꺼이 작은 희생을 감수하려는 개인들의 의지가 모여, 공유된 가치 위에 세워진 공동체가 된 것이다.[11]

공원 같은 작은 규모의 공적 사물에서부터 사회보장제도 같은 거대한 제도에 이르기까지, 사람들을 서로 관계 맺게 하는 일은 보수 세력이 두려워하는 종류의 집단성과는 전혀 다른 형태의 공동체를 만들어낸다. 이러한 공적 사물이 개방적이고 누구나 접근 가능한 상태로 유지된다면, 그것은 노예제나 전체주의의 토대가 아니라 민주적 행동의 기반이 된다. 보수 진영이 두려워하는 권위주의적 집단주의는 사실상 배제의 과정에서 훨씬 쉽게 발생한다. 짐 크로 시대의 미국이 그 대표적 사례다. 그 시기, 공적 사물에 대한 접근은 제한되었고, 그 제한은 종종 폭력적 수단으로 유지되었다. 공적 사물의 민영화는 그 자체로 배제를 만들어낸다. 사적으로 운영되는 오바마 대통령 센터가 논의의 장을 좁히고, 공원이 호화 리조트로 바뀌면서 시민의 참여 공간이 사라진다. 차터 스쿨은 인종 분리를 강화하고, 도서관의 민영화는 공동체 참여를 거래로 축소한다. 마찬가지로 사회보장제도의 민영화는 승자와 패자를 만든다. 이 어떤 것도 공동체나 자유로운 사고, 민주주의에 공헌하지 않는다. 우리가 소비자로만 살고 동료 시민들과의 관계를 피하려 든다면, 그 어떤 것도 이룰 수 없을 것이다. 공화당과 보수주의자들은 가끔 바니 프랭크(Barney Frank)가 말했다는 "정부란 우리가 함께하기로 선택한 일을 부르는 또 다른 이름이다"라는 말을 비웃곤 하지만, 사회보장제도는 그 말이 얼마나 사실인지 잘 보여준다.[12]

민영화가 감추려는 것

–

**부패한
공교육의 민낯**

오랜 시간 교육자로 활약해온 제이컵 레메스(Jacob Remes)와 제리 캐너번(Gerry Canavan)은 "학교를 회사처럼 운영하라"는 민간부문 출신 자칭 '교육개혁가'들과 몇 차례 불쾌한 만남을 겪은 뒤, 트위터에 이렇게 올렸다. "학교를 샌드위치처럼 운영하라(#runitlikeasandwich)." 딱 이 정도 수준의 논리였기 때문이다.[1]

신자유주의 교육개혁가들과 마주할 때 터무니없을 만큼 답답함을 느끼는 일은 흔하다. 이들은 시장의 원칙이 인간 활동의 모든 측면에 적용되지 않을 수 있다는 생각 자체를 단칼에 부정한다. 경쟁만 있으면 혁신이 저절로 일어나고 최선이 승리한다고 주장한다. 또한 다른 이들이 그 승자를 모방하며, 그렇게 새로운 혁신이 퍼져나간다고도 한다. 이 개혁가들은 이런 원칙을 학교, 대학, 공공연구에까지 적용해야 한다고 우기는데, 여기서 그들의 세계관에 커다란 맹점을 발견할 수 있다. 이런 맥락에서 "학교를 회사처럼 운영하라"는 구호는 혁신을 가로막고, 교육을 제한하며, 그 혜택에 대한 접근마저 막아버린다.

때로 시장식 경쟁은 우리가 과거에 보지 못했던 무언가를 만들어내기도 한다. 가끔은 새로운 아이디어를 낳기도 한다. 그러나 인류의 발견과 혁신, 교육 대부분은 이익을 좇는 경쟁과 전혀 양립할 수 없는 과정에서 비롯되었다. 지식을 만들어내는 가장 효율적인 방식은 새로운 생각을 나누는 것이지만, 이익을 창출하는 가장 확실한 방식은 다른 사람들이 그 생각을 배우거나 활용하지 못하게 막는 것이다. 진정한 혁신은 그것이 어떻게 쓰일지조차 분명하지 않을 때 일어나지만, 이윤추구는 분명한 사용처와 시장으로 이어질 경로가 있을 때만 혁신을 추구한다. 교육자들은 기존의 지식과 노하우를 공유할 뿐 아니라, 모범사례를 동료들과 다른 학교 교사들에게도 기꺼이 내어준다. 반면 영리를 목적으로 하는 서비스들은 새로운 것을 손에 넣으면 그것을 자기들만 간직한다.

예산 삭감과 극단적인 자유시장 이념은 지식을 창출하고 교육을 확장하는 우리의 재량을 무너뜨렸다. 초·중등 12년제 교육의 민영화는 사상과 기술을 공유하면서 이루어질 수 있는 혁신을 방해했다. 차터 스쿨은 본래 혁신의 실험실이 되어야 했으나, 그 대신 제로섬 경쟁 모델을 받아들였다. 고등교육 기금의 과감한 삭감으로 생긴 공백은 이념적 동기를 가진 부유한 후원자들과 교육보다 시장점유율에 초점을 맞춘 영리 대학들에 의해 메워졌다. 과학 역시 이윤추구에 따른 유료 장벽, 특허 연장, 공공연구를 소유하고 독점하려는 시도와 맞서야 했다. 더 큰 문제는, 이 모든 비용을 결국 시민들이 부담하고 있다는 점이다. 보장된 학자금 대출은 영리 대학 산업을 떠받치고, 공공연구 예산은 영리 학술 출판사들이 발행할 소재를 제공하며, 연구 보조금은 특허 의약품과 백신의 지식 기반을 마련해준다. 지식과 교육을 수익으로 바꾸는 데 탁월한 기업들은 세계에서 가장 높은 수익성을 자랑하며, 그 이윤율은 빅테크나 대형 석유기업을 맞먹거나 능가한다. 이들이 막대한 이윤을 올릴 수 있는 이유는 단순하다. 연구개발과 관리비의 상당 부분을 공공이 대신 부담하고 있기 때문이다.

사람들은 경쟁을 즐긴다. 돈 버는 것도 좋아한다. 하지만 사람들은 경제학자들이 도무지 분석 틀에 담아내지 못하는 일도 한다. 우리는 그저 알기 위해 배우고, 그저 나누기 위해 베푼다. 경제적 발전이 아니라 인류의 진보를 보고 싶어 한다. 그래서 연구소, 학교, 대학, 도서관, 그리고 지식을 모으고 만들어내는 공공기관들을 세운다. 이런 기관들은 시장과 의도적으로 분리해 두었는데, 그래야 더 잘 작동하기 때문이다. 그런데 이제 억만장자들은 우리가 전부 잘못하고 있다고 말한다. 학교를 샌드위치처럼 운영해야 한다고.

21

'창조적 파괴'가
그저 파괴로 끝날 때

학교 선택제와 경쟁

시장 경쟁이 좋은 것과 나쁜 것을 효율적으로 가려내고, 그 과정에서 혁신과 지식을 만들어낸다는 개념은 더 이상 논쟁의 대상이 아니다. 그냥 사실처럼 여겨진다. 정책입안자들은 이런 가정을 좇아 차터 스쿨과 학교 선택제를 성급하고 무계획적으로 추진했다. 다시 말해, 경쟁이 혁신을 낳는다는 믿음이다. 잘되는 학교로 몰리고, 잘되지 않는 곳은 자연히 버려질 것이라는 논리다. 도널드 트럼프 대통령의 교육부 장관 벳시 디보스는 이렇게 말했다. "우리 삶의 다른 모든 영역에서는 스타트업과 벤처, 혁신의 혜택을 누리지만, 교육에서는 그렇지 못합니다. 교육이 폐쇄적인 제도이자, 폐쇄적인 산업, 폐쇄적인 시장이기 때문입니다. 독점이고 막다른 길이죠."[1]

이제는 이런 발상을 단호히 되돌려야 할 때다. 민간산업의 '승자들'이 언제나 소비자에게 진정한 혁신으로 혜택을 주거나 만족을 안겨서 성공하는 것은 아니다. 때로는 단지 제도를 더 교묘하게 이용하거나 경쟁을 차단하는 방법을 찾아냈을 뿐이다. 그것이야말로 혁신과 창조라는 힘든 일을 하는 것보다 훨씬 손쉬운 성공 방식이다. 이것이 자유시장의 냉혹한 현실이다. 그렇기에 우리는 학교를 자유시장의 논리로부터 지켜내야 한다.

자유시장의 빨대가 혁신을 질식시킬 때

워싱턴 D.C.에서는 전체 학생의 거의 절반이 차터 스쿨에 다닌다. 이 실험은 20년 넘게 이어졌지만, 가장 성공적인 혁신 가운데 하나는 파괴적인 차터 스쿨이 아니라 일반 공립학교 안에서 진행된 실험에서 비롯되었다. 이 학교는 2013년 별도의 공립 초등학교로 독립했지만 여전히 '스쿨 위딘 스쿨(School-within-School, SWS)'•로 불린다. 그 이후 꾸준히 관심이 이어졌고, 2019년에는 25인 정원을 두고 900명 이상이 추첨에 몰렸다. 이 책의 저자 가운데 한 명은 운 좋게도 자신의 아이를 SWS에 보낼 수 있었다.

이 학교는 주 교육청 표준화 시험(standardized tests)에 맞춘 수업을 지양하지만 성적은 워싱턴 D.C.에서 가장 뛰어나다. 2019년에는 5

• 유치원 예비과정(Pre-K) 1년, 유치원(Kindergarten) 1년, 그리고 1~5학년까지 총 7년 과정을 운영한다. 이는 워싱턴 D.C. 공립 초등학교의 전형적인 구조로, Pre-K부터 5학년까지 초등학교에 포함시킨다. 한국의 초등학교가 1~6학년 체계인 것과는 다르다.

학년 학생의 93퍼센트가 영어 능력 평가에서 최고 수준을 기록했는데, 이는 워싱턴 D.C. 내 다른 공립학교나 차터 스쿨보다 높은 성과였다. 이 학교의 혁신은 학업을 예술 통합 교육과 사회·정서 학습과 결합하는 데에서 비롯되지만, 핵심 가운데 하나는 팀 티칭(team teaching)이다. 수학 전문 교사와 영어 전문 교사가 두 학급을 함께 맡아 책임을 공유하는 방식으로, 놀라울 만큼 큰 성과를 거두었다. 이 팀 티칭 방식은 주로 4학년에서 시행되며, 5학년은 예외다.

그렇다면 왜 5학년에는 팀 티칭이 이뤄지지 않을까? SWS는 매년 900명 이상이 입학을 희망해 추첨에 참여할 만큼 인기 있는 '학교 선택제' 공립학교지만, 정작 5학년까지 남는 학생 수는 4학년의 절반에도 미치지 않는다. 즉, 지역 내 최고 수준으로 꼽히는 초등학교에 어렵게 입학한 가정들조차 5학년 과정은 외면한다. 그리고 그 이유가 더 나은 학교가 있어서 그들을 빼앗아가기 때문이 아니다.

실제 이유는 교육제도를 교묘히 이용하는 차터 스쿨 간 경쟁 때문이다. 워싱턴 D.C.의 차터 스쿨 가운데 중·고등과정을 운영하는 학교들은, 학생들과 그 학생 한 명당 따라붙는 재정 지원금을 서로 차지하기 위해 경쟁하고 있다. 이 학교들은 경쟁자보다 더 어린 나이에 학생을 확보해야 한다는 사실을 간파했다. 그래서 일반적인 고등학교(9~12학년)나 워싱턴 D.C.의 표준 중학교(6~8학년) 과정이 아니라, 5~12학년을 포괄하는 교육과정을 만들어 학생들을 일찍부터 끌어들이는 것이다.

따라서 6~8학년제 일반 공립 중학교와 중·고등학교 과정을 운영하는 차터 스쿨 사이에서 고민하는 부모라면, 6학년이 아니라 5학년 자리를 얻기 위해 도시 전체 추첨에 응해야 한다. 그 자리를 얻을 수 있

     민영화가 감추려는 것

다면 반드시 잡아야 한다. 제도는 부모에게 어마어마한 압박을 가하며 이런 결정을 강요한다. 1년을 미루면 기회를 놓칠 수 있고, 특히 5학년 이후에는 당첨 확률이 더 낮아진다. 그래서 열 살짜리 아이가 아직 고등학생들과 같은 복도를 쓸 준비가 안 됐다고 느끼더라도, 혹은 지금 다니는 초등학교가 마음에 들어 5학년까지 다니고 싶더라도 마찬가지다. 5~12학년제 차터 스쿨은 부모가 아이의 5학년 자리를 반드시 붙잡아야 한다고 느끼도록 교육과정을 설계해 놓았다.

학부모들이 선택하는 이유는 더 혁신적인 5학년 프로그램이 있어서도, 성적이 더 좋아서도 아니다. 2019년 기준으로 수학과 영어 평가에서 높은 성취도를 보인 5학년 비율을 따졌을 때 SWS를 앞선 차터 스쿨은 없었다. 단 한 곳이 5학년 기초 수학 성취도에서 SWS보다 몇 퍼센트 높았을 뿐이다. 실제로 승부를 가른 것은 부모들의 불안을 자극하는 전략과 학년이 올라갈수록 당첨 확률이 떨어진다는 냉정한 계산뿐이다. 즉, 학부모의 선택을 좌우하는 건 수업의 질이 아니라 학생을 선점하려는 시장 논리다. SWS는 매년 4학년에서 5학년으로 올라가는 시기에 학생 수가 줄어든다. 워싱턴 D.C.의 모든 공립 초등학교가 같은 현상을 겪고, 그 정도는 학교마다 다르다. 캐피톨 힐의 사랑받는 브렌트 초등학교도 5학년 학급 규모가 예상보다 최대 70퍼센트나 적었던 해가 있었다.[2]

성공을 보상하고 혁신을 북돋워야 할 제도가 정작 둘 다 가로막고 있다. SWS의 팀 티칭은 5학년으로 올라가면 이어갈 수 없다. 매년 학생당 예산의 절반이 다른 학교로 따라간 탓에 새로 교사를 뽑을 여력이 없는 것이다. 문제는 학교가 아니라 제도다. 학생과 예산이 함께 움직이는 구조 때문에, 오히려 성과가 없는 학교나 교육적 근거 없이 5학년부터 고등학교 과정을 시작하는 학교들이 이득을 보게 된다. 실제로 나온 몇몇 연구에서도 중학교와 고등학교는 5학년 아이들에게 적절한 환경이 아니라고 지적한다. 연구 결과는 볼 것도 없다. 웬만한 부모라면 누구나 똑같이 말할 것이다.[3]

이들 학교 가운데 일부는 학부모들로부터 칭찬을 받고, 학생들에게 전반적으로 좋은 성과를 내기도 한다. 그들이 혁신을 이루고 성공할 때라면 마땅히 성과에 주목해야 한다. 그러나 시장 경쟁에서 이긴 쪽이 꼭 가장 혁신적인 학교인 것은 아니다. 경쟁이 학교를 혁신으로 이끈다는 보장은 없다. 때로는 그저 이기기 위해 움직일 뿐이다.

실험실을 봉쇄하다

교육, 지식, 혁신을 두고 보자면, 경쟁과 시장식 접근은 새로운 아이디어를 낳고 교사들에게 영감을 주는 데 필요한 최고의 윤활유가 아니다. 차터 스쿨 교육과정을 조사한 IBM 정부경영연구센터(IBM Center for the Business of Government)의 보고서는 이렇게 결론 내렸다. "처음 기대했던 것만큼 혁신이 나타나지 않았다." 보고서에 따르면, 연구와 증거에 기반한 교육이나 신뢰할 수 있는 데이터 축적도 이루어지지 않았다. 대신 연구가 주목한 것은 오래된 관행의 부활이었다. 학생들에게 더 높은 성과를 강요하기 위해 상시적인 실력 평가를 활용하거나(시험을 잘 보지 못하면 학교를 떠나야 했다), 수업 시간을 늘리는 학교들이 있

     민영화가 감추려는 것

었고, 사소한 위반에도 가혹한 벌을 내리며 복장, 동작, 말투까지 엄격히 단속하는 학교들도 있었다. 그리고 물론 많은 학교들은 이 세 가지 "혁신"을 모두 받아들였다. 이는 시험 점수를 중심으로 돌아가는 경쟁 환경에서 충분히 예상할 만한 모습이었다. 그러나 정말로 어려움을 겪으며 진정으로 혁신적인 접근이 필요한 아이들에게는 거의 도움이 되지 못했다.[4]

차터 스쿨은 버락 오바마식 표현으로 "혁신의 인큐베이터"여야 했다. 전미 차터 스쿨 인가자 협회(National Association of Charter School Authorizers)의 회장이자 CEO인 그레그 리치먼드(Greg Richmond)는 "혁신의 실험실"이라고 했다. 리치먼드와 그 이전의 여러 인사들은 혁신을 자극하는 것이 차터 스쿨 설립을 뒷받침한 핵심 동기라고 주장했다. 그는 존경받는 진보주의자이자 미국교사연맹(American Federation of Teachers) 위원장이었던 앨버트 섕커(Albert Shanker)가 경쟁을 통해 혁신을 낳을 목적으로 차터 스쿨 아이디어를 고안했다고까지 주장했다. 그러나 이는 악의적인 신화일 뿐이다. 섕커가 그렸던 혁신적 학교 구상은 오늘날의 차터 스쿨과 거의 닮은 점이 없다. 시장식 경쟁을 통한 혁신은 그의 머릿속에 있던 생각이 전혀 아니었다.[5]

섕커는 작고 실험적인 "학교 속 학교"를 꿈꿨다. 학군에 속해 있으면서도 "교사 집단이 스스로 운영할 수 있는 방식"을 갖춘 학교였다. 이 학교는 교사들이 "교직 생활 내내 교실 안에 고립되지 않고, 서로의 생각을 나누고 대화할 수 있는 시간"을 가질 수 있도록 조직돼야 했다. 또한 개방적이어야 했다. "학교는 무엇을 이루려 하는지, 그리고 그것을 어떻게 시험하려 하는지 지역사회에 미리 알릴" 필요가 있었다. 교사들은 성공뿐 아니라 실패도 공개할 준비가 돼 있어야 했다. 생커의 제안은 경쟁을 통한 시장식 접근보다는 실험과 검증을 중시하는 과학적 접근에 훨씬 가까웠으며, 그의 구상을 오늘날의 차터 스쿨과 나란히 놓고 보면 전혀 어울리지 않는다. 이는 사과가 나무에서 너무 멀리 떨어져 굴러간 수준이 아니라, 애초에 전혀 다른 나무에서 떨어진 것이나 다름없다.[6]

성공과 실패를 공유하기는커녕, 놀랍게도 상당수의 차터 스쿨은 '실험실을 봉쇄'하는 경향을 보인다. 주빌리 아카데믹 센터(Jubilee Academic Center) 차터 스쿨의 2014년 직원 지침서는 모든 교사에게 비밀유지 계약서 서명을 요구하고, 주빌리의 "영업 비밀"을 누설할 경우 법적 조치를 받게 됨을 반드시 숙지하도록 했다. 그렇다면 이 영업 비밀이란 무엇일까? "교육과정 체계, 교육 프로그램, 교육과정 솔루션 … 신교재 연구, 진행 중인 프로젝트와 제안서, 독점적 생산 공정, 연구·개발 전략, 기술 데이터, 기술 시제품" 등이 포함되었으나, 여기에만 국한된 것은 아니었다. 이 텍사스 학교는 혁신의 실험실일 수는 있겠지만, 교사들이 그 안에서 얻은 성과를 실험실 밖에서 공유하려 한다면 곧바로 소송을 걸 준비가 되어 있는 실험실이었다.[7]

워싱턴 D.C.의 차베스 스쿨도 마찬가지로 '학사 정책과 전략'을 "영업 비밀"로 규정했다. 로스앤젤레스의 브라이트 스타즈 차터 스쿨(Bright Stars charter school)은 "기술과 개념"뿐 아니라 "수업계획, 교재, 교육전략, 그리고 특허, 저작권, 영업 비밀법으로 보호되든 말든 모든 '노하우'와 '쇼하우'"까지 봉쇄했다. 두 학교 모두 교사들에게 법적 조치를 가하겠다고 위협했다.[8]

성공사례를 공유하는 것이 대부분의 교사들에게는 지극히 자연스러운 일임을 주목할 필요가 있다. 교사들은 교실에 생기를 불어넣은 무언가가 있을 때, 혹은 **효과를 발휘하는** 무언가를 발견했을 때 세상에 알리고 싶어 한다. "경쟁자"에게 아이디어를 숨겨야 한다는 발상은 그들에게 전혀 낯설다. 그러나 기업 세계에서는 비밀을 지키는 것이 성공의 열쇠로서, 이는 교사들이 공유하려는 충동만큼이나 본능적이다. 학교가 기업처럼 운영될 때 지식과 노하우의 공유보다 비밀주의가 앞서게 되는 것은 당연하며, 그것이 극단으로 흐르더라도 놀랄 일이 아니다. 애리조나에 기반을 둔 베이시스 스쿨(BASIS schools)은 텍사스로 진출하기 위해 BTX 스쿨 주식회사(BTX Schools, Inc.)를 설립하고 393쪽에 달하는 신청서를 제출했다. 주 차터 담당자들은 전체 서류를 검토할 수 있었지만, 대중에게 공개된 서류는 무려 72쪽이 통째로 검은 줄로 지워져 있었다. "다른 학교와 차별화되는 교육혁신 방안"을 서술하도록 요구한 항목은 완전히 가려져 있었다. 신청서의 4분의 1은 적어도 일부가 삭제되었으며, "교육 프로그램" 9쪽 전체는 물론 "측정 가능한 학생 목표," "교사 전문성 개발 기회," 심지어 "과외 활동" 항목까지 모두 지워졌다. 공적 검토에서 배제된 것에는 "BTX 스쿨 주식회사의 정관"—무려 12쪽 전부—도 포함돼 있었다.[9]

아이디어를 가두는 일은 자연스레 직원을 가두는 것으로 이어진다. 실리콘밸리의 경영자들과 엔지니어들은 금세 경업금지 계약(noncompete contracts, 경쟁업체 취업 제한 계약)에 익숙해졌는데, 이는 아이디어가 밖으로 새어 나가는 것을 막기 위한 장치였다. 이제 차터 스쿨들도 이 "혁신"을 받아들이고 있다. 기자들에 따르면, 차터 스쿨 교사

계약서에는 교사가 공립이든 차터든 다른 학교에 취업하지 못하게 막는 조항이 들어 있다. 많은 교사들의 계약이 1년 단위에 불과하고 직업적 안정성이 전혀 없음에도 말이다. 오하이오주의 서밋 아카데미 스쿨(Summit Academy Schools)은 단 3년 동안 무려 50명의 전직 교사들을 상대로 가혹한 소송을 제기했다. 그들이 더 나은 일자리를 찾았다는 이유에서였다. 아칸소주 리틀록의 커버넌트 키퍼스 차터 스쿨(Covenant Keepers Charter School)은 2012년 재정 문제로 주의 감찰 대상이 되었고, 2014년에는 '학업 위기' 지정을 받았음에도, 교사들이 "영업 비밀"을 누설하거나 이 학교와 경쟁 관계에 있는 곳에서 근무하려 할 경우 손해배상금 10만 달러와 법정 비용, 소송 비용, 그리고 '실질적이고 합리적인' 변호사 비용까지 물어야 한다고 위협했다.[10]

오자크 몬테소리 아카데미(Ozark Montessori Academy)의 교사들은 퇴직 후 2년 동안 경쟁 금지 조항의 적용을 받았다. 이 조항은 교사가 퇴직 후에도 "고용주가 사업을 영위하거나 영위할 계획이 있는 모든 지역"에서 일할 수 없도록 규정하고 있었다. 게다가 교사들은 "경쟁자"에게 학교의 "영업 비밀"을 공유하는 것도 금지되었다. 이 학교는 『아메리칸 프로스펙트(The American Prospect)』의 기자 레이첼 코언(Rachel Cohen)에게 이렇게 해명했다. "우리는 큰 비용을 들여 교사들의 몬테소리 연수를 지원합니다. 교사가 연수를 받고 나서 바로 그만두고 다른 곳에서 일하는 일을 방지하기 위해 계약서에 그 조항을 넣은 겁니다." 역설적이지만, 널리 쓰이는 몬테소리 교육법은 이 학교에서 고안된 것이 아니라 1890년대 이탈리아에서 개발된 것이다.[11]

교육 분야에서 이른바 정부의 독점을 해결하겠다는 명분으로 등

장한 차터 스쿨들은 정작 독점기업처럼 행동하며 상당히 반경쟁적인
행태에 관여하곤 한다. 이들은 뛰어난 인재를 두고 경쟁하기보다 교사
들이 다른 학교로 이직하지 못하도록 강압하는 쪽을 선호하는 듯하다.
또한 아이디어 시장에 별다른 관심을 보이지 않고, 오히려 비밀유지 조
항을 통해 기술과 혁신의 확산을 제한하려 한다. 물론 복잡한 기업구조
를 만들고, 공격적인 마케팅을 벌이며, 새로운 학생을 끌어들이는 데에
는 능숙해 보인다. 그러나 이것이 교육체계 전체를 개선하거나 실제 학
생들에게 이로움을 주는지는 의문이다.

앨버트 섕커의 학교 개혁 구상은 교사들의 자리에서 출발했으
며, 그들이 경쟁보다 더 강력한 동기에 의해 움직인다는 사실을 인식하
고 있었다. "학교 안에서 여섯 명, 일곱 명, 혹은 열두 명의 교사들이 이
렇게 말한다고 생각해보십시오. '우리에겐 아이디어가 있습니다. 지금
학교들이 교육하는 방식으로는 이룰 수 없는 아이들에게 다가갈 새로
운 방법이 있습니다.'" 그의 구상은 이처럼 교사와 학생 중심의 실험적
학교, 즉 민주적 운영을 바탕으로 한 '혁신의 실험실'이었다. 교사들에
게 다양한 실험의 자유를 주는 일은 교육을 자유시장에 내맡기는 것과
는 전혀 다른 결과를 낳는다. 실제로 자유시장은 소비자 선택이라는 겉
모습을 제공할 수 있을지 몰라도, 교육과 지식이 번영할 수 있는 진정한
자유를 수많은 방식으로 철저히 제약한다.[12]

22

공백은 누가 메우는가

고등교육과 대학, 지식의 민영화

제2차 세계대전 이후 미국은 고등교육을 공공재로 삼았다. 전쟁은 공공자금이 투입된 연구의 가치를 분명히 보여주었고, 냉전은 지속적인 지원을 불가피하게 만들었다. 차별적 규정은 여전히 남아 여성과 소수자가 대체로 배제됐지만, 고등교육이 공공영역이 된 이상 그들을 영원히 막아낼 수는 없었다. 고등교육은 누구나 접근할 수 있고 부담도 적어야 한다는 데 광범위한 합의가 형성됐다. 예컨대, 1963년 미네소타주 의회는 주 어디에서나 공립 고등교육 기관이 35마일(약 55킬로미터) 이내에 배치될 수 있도록 법제화했다. 이런 약속 덕분에 오늘날 미네소타 주민의 63퍼센트가 적어도 일정 기간은 대학을 다닌 경험이 있다. 1960년대에 이르면 대부분의 주 정치인들은 대학을 운영하는 일이 주 정부의 핵심 책임 가운데 하나라고 여겼고, 그것이 옳은

민영화가 감추려는 것

일일 뿐 아니라 분명한 보상을 가져온다는 사실을 알고 있었다. 실제로 미네소타주가 미네소타대학교에 1달러를 투입할 때마다 주 경제에 13달러가 돌아온다.[1]

일반적으로 한 해에 미국 공립 연구대학은 1만 3,000건의 특허 출원과 500개의 신생기업, 그리고 3,000건의 사용 허가를 견인한다. 항생제에서 터치스크린에 이르기까지 우리 삶의 모습을 바꿔놓은 것도 이들이다. 지난 수십 년간의 공공투자가 없었다면 오늘날 미국인의 삶은 지금과는 전혀 달랐을 것이다.[2]

그 몇십 년이 유례없는 시기였던 이유로 미래 세대는 그 시대를 되돌아보며 '예외적인 일탈'로 여길 수도 있다. 대학 체제는 분명한 성과와 확고한 경제적 이익을 가져왔지만, 잘못된 예산 우선순위와 이념적 편견 탓에 대규모 재정 삭감을 피할 수 없었다. 2019년에는 알래스카 주지사가 알래스카대학교 예산을 무려 41퍼센트나 깎겠다고 나섰다. 이는 위스콘신대학교를 겨냥해 1년 만에 13퍼센트 삭감을 밀어붙였던 스콧 워커(Scott Walker) 주지사의 지속적 공격 직후에 벌어진 일이었다. 이런 대대적인 삭감은 공화당 주지사들 사이에서 특히 인기가 높았지만, 그렇다고 다른 주가 안전지대인 것도 아니었다. 실제로 2006년부터 2016년까지 공립 연구대학에 대한 주 정부 지원이 평균 34퍼센트 줄었다. 인력 개발의 핵심 통로로 평가받는 커뮤니티 칼리지(Community College, 지역 전문대학)도 예산에서 공공 지원이 차지하는 비율이 64퍼센트에서 52퍼센트로 축소되면서, 그만큼 등록금을 올려야 했다. 2019년에는 처음으로 대부분의 주에서 학생들이 낸 등록금이 공공 재정 지원액을 넘어섰다.[3]

공공 고등교육의 후퇴는 곧 학사학위를 가진 시민이 줄고 연구도 위축되었음을 뜻한다. 그러나 그 영향은 이미 훨씬 넓게 미쳤고, 앞으로도 계속될 것이다. 대학은 그저 사라지지 않는다. 그 가치가 너무 크기 때문이다. 대신 민간기업이 이 공공재를 장악해 이윤을 추구하거나 고등교육의 힘을 이용해 특정 이념을 퍼뜨릴 것이다. 고등교육에 대한 공적 지원을 줄이는 것은 지식의 민영화에 더 많은 기회를 제공할 뿐이다. 20세기 후반, 고등교육에 대한 공공투자는 미국 사회를 바꿔놓았다. 중산층을 넓히고 혁신의 엔진을 만들어낸 것이다. 그러나 고등교육의 후퇴 역시 변화를 불러올 것이며, 그 결과는 우리가 원치 않는 것일 수 있다.

공백을 메우는 자들: 그들에겐 돈이 있고, 우리에겐 없다

"내가 지난 50년 동안 이룬 것보다 우리는 지난 5년 동안 더 많은 발전을 이뤘습니다." 찰스 코크는 한 교육 중심 자선 네트워크의 후원자 모임에서 이렇게 큰소리쳤다. "우리는 이 나라의 방향을 바꿀 수 있습니다." 그의 의지가 어느 정도인지는 2018년 찰스 코크 연구소(Charles Koch Institute)가 대학에 1억 달러를 기부한 사실에서 드러난다. 그 의도는 이사회 위원들의 글과 그의 기부에 은밀히 붙은 조건들에서 짐작할 수 있다.[4]

'나라의 방향을 바꾸겠다'는 말은 단순한 수사가 아니라, 찰스 코크 연구소가 실제로 추진하려는 계획이었다. 이 기관의 부사장이자 코

 민영화가 감추려는 것

크 인더스트리(Koch Industries) 이사회 일원인 리처드 핑크는 정책 홍보 매체 『필랜스로피(Philanthropy)』에 기고한 글에서 이를 분명히 밝혔다. 「사회 변화를 위한 구조(The Structure of Social Change)」라는 글에는 연구소가 어떻게 대학(보수적 사상을 만들어내는 곳), 싱크탱크(그 사상을 정책으로 다듬는 곳), 행동가 단체(그 정책의 실행을 밀어붙이는 곳)에 자금을 대고 압력을 가할 것인지 그 구상이 담겨 있었다. 짧은 글에 담긴 그의 주장은 하이에크의 생산 이론(production theory)을 어색하게 끌어와 자유지상주의적 정당성을 부여하려 하지만, 정작 실행 계획은 자유지상주의와 거리가 먼, 꽤 경직된 하향식 통제에 의지했다. 각각의 기관이 서로 맞물려 움직이도록 의도적으로 조정되어야 한다는 것이다. 즉, 이 네트워크의 힘은 "완전히 통합된(fully integrated)" 구조에서 나온다. 다른 한 코크 직원이 후원자들에게 보낸 설명을 빌리면, "대학에서 학생들과 함께 일하는 데 그치는 게 아니라, 주 단위 조직 역량과 선거 역량을 함께 구축하고, 그 모든 것을 인재 파이프라인으로 통합하는 것"이었다. 그는 이렇게 덧붙였다. "이런 인프라를 갖춘 곳은 우리 외에는 없습니다."[5]

코크 연구소의 기관 장악 전략은 대학에서 시작된다. 대학은 아이디어와 특정 방향으로 길들여진 학생이라는 형태의 '원자재'를 제공한다. 그러나 이 네트워크가 "완전히 통합된" 구조가 되려면, 대학 역시 촘촘하게 관리돼야 한다. 지금의 환경은 이를 더 쉽게 만든다. 코크 가문과 그 후원자들의 부를 키운 조세 감면 제도는, 역설적이게도 대학 재정을 약화시켜 '자선' 기부에 붙은 조건까지 감수하게 만들었다. 그러나 그 조건들은 대학의 사명을 떠받치는 핵심 가치인 학문의 자유와 정면으로 충돌했다.

플로리다주립대는 코크 네트워크의 주요 표적 중 하나였다. 물론 그들은 원하던 모든 것을 얻지 못했다. 터무니없는 요구가 공개되자 학교 측이 일부 물러섰기 때문이다. 그러나 그들이 내건 조건, 그리고 플로리다주립대 내부에 구성원 상당수가 이를 받아들일 준비가 되어 있었다는 사실은 많은 것을 말해준다. 코크 네트워크가 약속한 수백만 달러는 반드시 반정부적이고 자유지상주의적인 교육과정에 **쓰여야** 했다. 또한 그들은 교수 채용을 결정하는 자리에도 참여했고, 직접 고른 보수주의자 브루스 벤슨(Bruce Benson)이 경제학과 학과장 자리를 유지하도록 했다.

벤슨은 이 모든 조건이 달린 기부를 받아들이자고 학과를 설득하면서도, 이 제안이 꺼림칙하다는 사실을 알고 있었던 듯하다. 그는 "공짜 점심은 없습니다. 모든 것에는 대가가 따릅니다"라며 "그들이 우리가 원하는 사람을 자유롭게 고용할 수 있도록 내버려 둘 거라 기대해서는 안 됩니다"라고 덧붙였다. 벤슨의 푸념은 고등교육을 잠식한 체념을 정확히 드러낸다. 그리 멀지 않은 과거만 해도—벤슨 자신도 분명 기억하겠지만—기부에는 조건이 따르지 않았고, 대학은 **언제나** 원하는 사람을 자유롭게 채용할 수 있었다. 부의 권력 앞에서 우울하게 체념하는 또 하나의 사례 역시 플로리다주립대에서 나왔다. 한 대학 프로젝트 책임자가 코크의 후원을 받는 기부에 회의적인 동료에게 이렇게 말했다. "그들이 마음에 들지 않다는 건 알아요. 하지만 어쩔 수 없잖아요. 이유는 분명합니다. 그들에겐 돈이 있고, 우리에겐 없으니까요."[6]

코크 네트워크는 버지니아주의 조지메이슨대학교에서도 한층 더 후한 모습을 보였다. 한때 워싱턴 D.C. 교외의 소박한 공립 통학대

     민영화가 감추려는 것

학이었던 이 학교는, 1,000만 달러의 기부금을 받고 법학전문대학원을 안토닌 스칼리아(Antonin Scalia)의 이름을 딴 '안토닌 스칼리아 로스쿨(Antonin Scalia Law School)'로 개명했다. 또 캠퍼스 내 메르카투스센터(Mercatus Center)는 코크의 자금으로 운영되며, 자신들을 "시장 중심 아이디어의 세계 최고의 대학 연구기관"이라 부를 만큼 극우 성향의 편향성으로 잘 알려져 있다. 그러나 대학 구성원 대부분이 몰랐던 사실은 이 억만장자 형제들이 공립대학에서 누가 강의를 맡고 연구할지 결정하는 데 발언권을 가졌다는 점이다. 무려 8년 동안 대학은 이들에게 교수 채용에 관여할 권한을 쥐어주었다. 당시 총장이었던 앙헬 카브레라(Ángel Cabrera)는 뒤늦게 "내가 기대하는 학문적 독립성의 기준에 한참 못 미쳤다"고 인정했다. 그런데 코크 네트워크만 문제가 아니었다. 보수 성향의 연방주의자협회(Federalist Society) 지도자들은 익명의 후원자를 대리해 나타나, 그들이 약정한 2,000만 달러 지원금이 언제든 끊길 수 있음을 대학에 상기시켰다. 그 대가로 협회는 교수 채용 과정과 적어도 한 명의 대학원생 입학 과정에 발언권을 얻었다. 이런 은밀한 합의들이 연방 정보공개법(FOIA) 요청을 통해 드러난 뒤, 후원자들은 자신들이 최종 승인이 아니라 단순한 추천만 했을 뿐이라고 주장했다. 그러나 플로리다주립대가 이미 깨달았듯이, 그들에겐 돈이 있고 우리에겐 없다. 그들의 추천은 결코 단순한 추천으로 끝나지 않는다.[7]

    "이 엉망이 된 상황을 어떻게 바로잡을 수 있을까요?" 조지메이슨대의 한 교수는, 민간자본이 공립대학에 끼친 영향의 실상을 드러낸 일련의 문서가 공개된 뒤 이렇게 물었다. "어떻게 해야 앞으로 이 대학의 명망을 회복할 수 있을까요?" 대학이 독립성을 중시하는 데는 분명한 이유가 있다. 외부의 영향력이 드리우기만 해도 그 대학이 전하는 연구와 지식의 정당성이 흔들리기 때문이다. 공립대학이라면 이유가 하나 더 있다. 공립대학은 특정 집단의 가치를 위해 존재하는 기관이 아니라, 그 재산이 얼마가 되었든 관계없이 '공공' 전체를 위해 존재하는 기관이기 때문이다.[8]

이 모든 논란은 찰스 코크에게 그다지 중요하지 않아 보였다. 그는 "부끄러울 만한 일은 아무것도 하지 않았다"고 말하며, 자신의 기부는 "정부의 통제가 강화된다고 해서 사회가 더 공정해지거나 사람들의 삶이 바뀌지는 않는다"는 사실을 설득하기 위한 것일 뿐이라고 주장했다. 그러나 그의 진짜 관심은 '사상의 시장(marketplace of ideas)'에서 경쟁을 통해 이기는 것보다, 이념 전쟁에서 잠식과 영향력으로 승리하는 것에 더 가까워 보였다. 그의 구상은 자신의 부와 권력을 활용해 대학을 자신의 정책 및 행동주의 활동과 통합하는 것이었고, 이는 필연적으로 지식 탐구의 순수성을 훼손하는 방향으로 이어졌다. 그는 어쩌면 진지한 연구자 대부분이 메르카투스 센터의 연구 성과를 곱지 않게 본다는 사실, 그리고 그곳의 모든 논문과 보고서가 자신의 영향력으로 이미 오염되어 있다는 점을 잘 모를 수 있다. 혹은 단지 관심이 없을 수도 있다. 어차피 메르카투스 센터의 주요 소비자는 다름 아닌 그의 네트워크이기 때문이다. 실제로 코크가 후원하는 행동주의 단체 '번영을 위한 미국인들(AFP)'은 최근 메르카투스의 한 연구 결과를 인용한 기고문에서 이렇게 찬사를 보냈다. "또 하나의 연구가 우리가 이미 알고 있던 사실을 다시 한 번 입증했다. 세금이 낮은 주일수록 성과가 더 좋다… 경제적 자유는 통한다. 그리고 정부가 커질수록 문제도 커진다." 결국 메르카투스 센터는 찰스 코크가 이미 믿고 있는 것을 확인해주는 임무를 수행하고 있으며, 마치 앞으로의 자금지원이 거기에 달려 있는 것처럼 그 일을 하고 있다.[9]

이 모든 일은 민간 자금 제공자들에게는 돈이 있지만 대학에는 없다는 사실 때문에 벌어진다. 우리가 고등교육에서 공적 자금을 걷어내면서―그 대부분은 찰스 코크 같은 이들에게 대규모 세금 감면을 해주느라 그랬다―고등교육의 독립성 역시 잃어버렸다. 교육기관을 내핍 상태로 몰아넣고 민간 자금에 구걸하게 만들면, 단지 지식, 교육, 연구가 줄어드는 데서 끝나지 않는다. 소중하고 효과적인 공공재로 만들어주던 고등교육의 가치 자체를 포기하게 되는 것이다.

공백의 틈을 파고든 '부패의 늪', 영리 대학

"당장은 감옥에 보내진 않겠어요." 2019년 10월, 샐리 킴(Sallie Kim) 판사가 법정에서 이렇게 말했다. 그녀는 이 말을 하며 교육부 소속 변호사들을 바라보고 있었다. "하지만 내가 그런 권한을 갖고 있다는 걸 알아두면 좋겠네요." 킴 판사는 교육부가 자신의 예비 명령을 따르지 않았으며, 사기 영리 대학에 속은 학생들에게서 여전히 학자금 대출 상환금을 징수하려 시도했다고 지적했다. 킴 판사는 약 1만 6,000명의 학생들이 교육부로부터 잘못된 통보를 받아 상환금이 남아 있다고 믿게 되었고, 1,808명은 세금 환급금이나 임금이 압류되는 피해를 입었다는 사실에 "경악했다"고 말했다. 그녀는 이를 두고 다음과 같이 덧붙었다. "아무리 좋게 봐줘도 이는 중대한 과실이고, 나쁘게 보면 내 명령을 의도적으로 무시한 행위입니다."[10]

의도적인 명령 불이행이라 해도 이상할 게 없었다. 교육부 장관 벳시 디보스는 약탈적 영리 대학의 피해 학생들에게 학자금 대출 탕감을 허용한 오바마 행정부 시절의 합의안에 대해 어떻게 생각하는지 이미 분명히 밝힌 적 있었다. 그녀는 이 탕감 프로그램을 "공짜 돈(free money)"이라 부르며, 학생이 "그저 손만 내밀면 된다"고 잘못 주장했다. 디보스 치하의 교육부는 규정을 다시 써 피해자들이 자격 요건을 충족하기 더 어렵게 만들었고, 신청 기한도 단축했다. 또한 교육부는 접수된 16만 건의 대출 탕감 신청을 일부러 지연시켰다. 환불을 의무화한 합의가 이뤄진 지 2년이 지나도록 교육부가 처리한 신청은 고작 열 건이었다(**열 건** ─ 오타가 아니다).[11]

이는 디보스와 도널드 트럼프 대통령(가짜 '대학'•의 옛 주인), 그리고 영리 고등교육 부문이 엮어낸 번지르르한 삼각 동맹의 한 단면일 뿐이다. 이들 학교는 2000~2010년대에 규제 완화, 학자금 대출 민영화, 고등교육 재정의 공적 축소가 맞물리면서 번창했다. 재정난에 빠진 커뮤니티 칼리지가 강좌를 줄이는 동안, 영리 대학들은 그 빈자리를 메우겠다고 나섰다. 자유시장 절대주의자들은 환호했다. 그들은 오래전부터 공립과 비영리 사립대학들이 기업처럼 운영되기를 바랐다. 이제 공적 자금이 줄고 영리 대학이 부상하자, 그들의 이론이 옳다는 것이 입증되

• 도널드 트럼프가 2005년 설립한 부동산 투자 교육 프로그램으로, 실제 대학이 아님에도 대학이라는 이름을 사용해 고액의 수강료를 받고 제대로 된 교육을 제공하지 않아 사기 혐의로 소송을 당했다. 2016년 트럼프는 2,500만 달러를 지급하는 조건으로 피해자들과 합의했다.

　　　　　　　　　　　　　　　민영화가 감추려는 것

는 모양새가 됐다.

그러나 경쟁이 이 산업에서 최선의 결과를 끌어내기는커녕, 시장이 더 나은 상품을 더 낮은 가격에 제공하기는커녕, 우리가 얻은 것은 더 비싼 등록금, 전반적으로 형편없는 교육, 빚더미 속에서 산산조각난 수천 명의 꿈, 사기성 학교들을 상대로 한 소송, 그리고 한 전직 교육부 차관이 "거대한 부패의 소굴"이라고 부른 노골적인 이해충돌뿐이었다. 이 실험은 극적으로 실패했지만 그 지지자들은 결코 이를 포기하지 않았다. 교육부 관리들이 사기를 당한 학생들과 영리 대학 중 어느 쪽을 도울지 선택해야 했을 때 그들은 법망을 피해가면서까지, 그리고 판사가 언제든 감옥에 보낼 수 있다고 경고해야 할 지경까지 후자를 택했다.[12]

왜 이렇게 집착하는 것일까? 영리 고등교육의 뻔한 실패는 모두가 눈으로 확인할 수 있다. 공립이나, 심지어 비영리 사립기관보다도 결코 저렴하지 않다. 등록금이 아이비리그의 두 배나 되기도 하고, 커뮤니티 칼리지보다 대여섯 배 비싸다. 이렇게 비싼데도 수준 높은 교육 서비스를 제공하지 않는다. 학생 1인당 지출이 연간 700달러에 불과한 경우도 있다. 졸업률은 일반 대학보다 낮은 반면, 대출률은 훨씬 높다. 영리 대학 졸업생의 96퍼센트가 졸업과 함께 학자금 대출을 떠안으며, 그 빚은 일반 대학의 학생들보다 두 배나 많다. 2013년 영리 대학 졸업생의 채무 불이행률은 21.8퍼센트였고, 일반 대학 졸업생은 13.7퍼센트였다. 게다가 공립 및 비영리 대학의 전문학사 학위가 평균 임금을 최대 50퍼센트까지 높이는 것으로 나타났지만, 영리 대학 학위를 받은 사람과 고등학교 졸업자 사이에는 임금 차이가 거의 없다는 것이 경제학자들의

결론이다. 다시 말해, 영리 대학의 학위는 평균적으로 시간과 돈 모두의 낭비다.[13]

그렇다면 왜 트럼프 교육부는 영리 대학을 그토록 두둔했을까? 물론 디보스 장관에게 귀띔해온 인사들과 깊은 관련이 있다. 디보스의 자문관 중 놀라울 만큼 많은 이들이 영리 대학 출신이었고, 그녀는 이들에게 (다름 아닌) 영리 대학을 감독하도록 맡겼다. 그러나 이 설명만으로는 충분하지 않다. 디보스를 포함해 융통성 없이 자유시장 이념에 매달린 이들에게 교육은 가장 큰 전리품이며, 영리 대학은 교육을 공공에서 민간으로 바꾸려는 변혁의 선봉에 서 있다.

이들의 노력은 필연적으로 더 나은 교육을 만들어내지 못한다. 자유시장에서 소비자가 얻는 혜택은 아주 구체적인 이유들 때문에 영리 교육제도 아래에 있는 학생들에게는 결코 돌아가지 않는다. 일부 평론가들은 경제학 개념인 '역선택(adverse selection)'을 꺼내들며, 영리 교육 시장이 실패하는 까닭이 단순히 판매자(학교)와 구매자(학생) 사이의 정보 비대칭에 있다고 설명한다. 학교는 학생들보다 상품의 품질에 대해 더 많이 알고 있으면서 그 사실을 감춘다. (중고차 시장처럼) 이런 기만이 만연한 시장은 품질을 개선하지 못한다. 품질 좋은 상품을 내놓는 이들이 불량품을 파는 장사치와 구분되지 않아 정당한 값을 받을 수 없기 때문이다. 결국 이들은 품질을 포기하는데, 이 상황에서는 품질 향상이 오히려 수익성을 떨어뜨린다. 영리 대학 시장에는 이 설명이 잘 들어맞는다. 2000년대 초 규제 완화 직후, 교육부 감사관은 자신이 다룬 사기 사건 가운데 74퍼센트가 영리 대학과 관련돼 있다고 증언했다. 이는 학생들에게 상품 정보를 숨기려는 체계적인 노력이 존재한다는 것을 보

　　　　　　　　　　　　　　　민영화가 감추려는 것

여준다. 따라서 이런 상황에서는 저질 상품이 단순히 버티는 데 그치지 않고, 오히려 번성하게 될 것임을 충분히 예상할 수 있다.[14]

오바마 행정부는 영리 대학에 투명성을 강제하고 부정사례를 처벌해 이런 상황을 바로잡으려 했다. 킴 판사를 화나게 만든 학생들의 빚은 바로 이 정책의 결과였다. 그러나 오바마와 그의 자문관들은 지나치게 낙관적이어서, 영리 교육이 가진 또 다른 근본적 문제를 보지 못했다. 문제는 단순히 구매자가 충분한 정보를 갖지 못한다는 데 그치지 않았다. 현실은 학교가 학생들이 실제로 원하는 것을 제공하려고 **애쓰지도 않는다**는 것이었다. 영리 교육은 정원을 팔아서 돈을 번다. 학생들이 그 자리를 원하는 것은 결국 지식과 학위가 목표이기 때문이다. 하지만 영리 대학은 지식을 전하거나 학위를 수여하는 데서 돈을 버는 게 아니다. 단도직입적으로 말해, 이들은 학생들을 교실에 앉혀놓는 것만으로 돈을 번다. 그리고 놀랍게도, 그렇게 해도 막대한 돈을 벌 수 있다.

상장된 영리 대학들은 20퍼센트를 웃도는 이윤율로 투자자들을 열광시키고, CEO들은 500만~700만 달러의 보수를 기대할 수 있다. 한 CEO는 특히 2011년에 좋은 해를 보냈는데, 추문으로 얼룩진 EDMC(Education Management Corporation)의 수장으로서 대량 해고, 학교 폐쇄, 갈 곳 잃은 학생들이 증가하던 시기에 1,300만 달러를 긁어모았다. 꾸준히 저급한 수준을 유지하는 기관치고는 놀라운 성과지만, 관점을 달리하면 그리 놀랍지 않을 수도 있다. 이 문제를 오랫동안 추적해온 데이비드 핼퍼린(David Halperin)은 환멸을 느낀 내부 임원을 인터뷰한 뒤, 자신이 가졌던 몇 가지 근본적 전제가 틀렸음을 깨닫게 되었다. 그 임원은 이렇게 말했다. "영리 대학에 대한 가장 큰 오해는 그곳들을 학교라고 생각하는 겁니다." 그는 곧바로 덧붙였다. "그곳은 학교가 아닙니다. 학교라는 외피를 두른 콜센터일 뿐이에요." 목표는 학생들에게 자리를 팔고, 그들을 교실로 불러들이는 것이다. 그리고 막대한 대출을 떠안게 만드는 것이다. 윤리를 포함한 다른 모든 것은 그보다 훨씬 뒤로 밀린다.[15]

한 프로그램 관리자는 자신이 속한 학교가 온라인 수업에서 아예 사라져버린 학생들조차 '재학생'으로 유지시키는 방식을 털어놓았다. 경영진은 그에게 "학생을 제적시키는 일은 교육적 판단이 아니라 사업적 결정"이라고 말했다. EDMC는 학생 모집에 성공한 모집 담당자들에게 대가를 지급했다는 의혹을 받았는데, 이는 사실상 수수료를 준 것이어서 연방 규정을 위반한 것이었다. 내부고발자들은 EDMC가 학생들에게 학자금 지원 신청서를 거짓으로 작성하도록 부추겼으며(한 내부자의 말에 따르면 "만연한" 관행이었다), 또한 학업을 미끼로 퇴역군인들에게 과도한 대출을 떠안기도록 유도했다고 주장했다. 영리 대학 체인 가운데 두 번째로 큰 코린시안(Corinthian) 역시 학생들에게 사기행위를 부추겨 매년 14억 달러의 연방 학자금 지원을 챙겼다는 의혹을 받았다. 여러 대학에서 학생들은 "학점이 다른 학교에서도 인정된다"는 말을 들었지만 실제로 인정되지 않았다며 항의했다. 또 코린시안은 소비자금융보호국(CFPB)의 수사를 받았는데, 학생들을 민간대출로 떠밀고 그 과정에서 발생한 리베이트를 챙겼다는 혐의였다.[16]

사기가 아무리 심각하고, 사기에 연루된 이들이 감독 역할까지 맡는 자기거래적 구조가 아무리 끔찍하다 해도, 영리 대학의 문제는 그보다 훨씬 깊다. 그들의 행위가 명백한 불법이라면 오히려 단순하다. 그

민영화가 감추려는 것

러나 그들이 저지르는 가장 심각한 행위들은 모두 합법적이다. 그 악은 이미 그들의 존재 방식 속에 내장되어 있다. 그것은 이윤을 좇는 기관으로서의 필연적 속성이다. 그들은 어떤 경우에도 '판매'한다. 교육을 원하는 사람들을 찾아내 정원을 판다. 본질적으로 학교가 아니라 콜센터에 가깝다. 하원 청문회에서 한 전직 EDMC 직원은 이렇게 증언했다. "구조적인 문제가 있었습니다. EDMC는 취업 지원을 담당하는 직원이 9명뿐이었지만, 모집 담당자는 무려 1,600명이었습니다." 성과가 뛰어난 모집 직원은 일반 취업 지원 직원의 세 배에 이르는 급여를 받았다. 그는 이렇게 덧붙였다. "이 사실들이야말로 이들 회사의 진짜 우선순위가 어디에 있는지 극명하게 보여줍니다."[17]

영리 대학은 판촉 화법을 교묘하게 다듬고 목표 대상을 점점 좁혀갔다. 캘리포니아주에서 증거로 제출된 교육용 슬라이드에 따르면, 영업사원들은 "자존감이 낮고 작은 성취 경험조차 드문 입학 희망자를 노리라"는 지시를 받았다. 최고의 잠재고객은 "고립돼 있고", "조급하며", "평생 자신을 챙겨준 사람이 거의 없던" 이들이었다. 한 전직 모집 담당자는 이렇게 시인했다. "우리는 실적을 올리기 위해 희망과 공포를 이용했어요." 다른 전직 영업사원들은 하루에 여섯 번씩 가망 지원자에게 전화를 걸었다고 증언했다. "전화와 이메일을 마구 퍼부었죠." 이들이 느끼는 불안과 좌절감은 곧 돈이 됐다. 어느 입학처장은 이렇게 지시했다. "긴박감을 조성하라. 약점을 파고들어라. 학생이 전화를 끊지 못하게 하라. 돌리고, 또 돌려라." 또 다른 영업교육 자료에는 예비 학생의 고통과 외로움 속을 깊이 파고들어, "대학 학위만이 당신의 문제를 모두 해결해줄 것"이라 설득하라는 지침이 담겨 있었다. 한 전직 모집 담당자는 이렇게 말했다. "우리는 사실상 가장 밑바닥에 있는 학생들, 경제적 여유가 거의 없는 사람들을 집중적으로 노렸습니다." 그들이 목표가 된 이유는 학교가 그들의 삶을 개선하고자 했기 때문이 아니라, 그들이 학자금 대출을 받을 자격이 있었기 때문이었다. 또 다른 전직 모집 담당자는 이렇게 말했다. "솔직히, 심장이 뛰고 자기 이름을 쓸 수만 있다면 스태퍼드 학자금 대출(Stafford Loan, 미국 연방 정부 보증 학자금 대출) 자격이 되는 셈이었죠." 그리고 또 다른 이는 이렇게 덧붙였다. "생각할수록 가슴이 아픕니다. 망쳐버린 수많은 인생들, 그들은 감당할 수 없는 학자금 빚에 짓눌려 살아가고 있습니다."[18]

이 광범위한 사기행위가 드러나면서 소송이 잇따랐다. 2015년 EDMC는 학생 8만 명의 대출을 탕감하기로 연방 법무부와 합의했다. 드브라이(DeVry) 역시 소송 끝에 학생들에게 4,900만 달러를 환불했는데, 이는 연방거래위원회(Federal Trade Commission, FTC)와 체결한 1억 달러 합의금의 일부였다. FTC는 이 회사가 "졸업 후 6개월 안에 학생 90퍼센트가 전공 분야에서 취업한다"는 기만적 광고와 "졸업생들이 다른 모든 대학 졸업생보다 15퍼센트 더 번다"는 허위 주장으로 학생들을 끌어모았다고 지적했다. 영리 대학 체인에서 두 번째로 큰 코린시안 칼리지는 강력한 소송 압박을 받자 2015년 파산을 선언했다. 그 결과 수천 명의 학생이 학위를 받지도 못한 채, 등록금 대출만 떠안고 학점 인정 여부조차 보장받지 못한 상태로 내던져졌다. 법원은 결국 11억 달러의 배상 및 벌금을 명령했다.[19]

영리 대학들은 한때 거침없이 흘러들던 학자금 대출 자금을 붙잡으려 애쓰면서, 오바마 행정부 말기에는 암울하고 불확실한 미래를

　　　　　　　　　　　　민영화가 감추려는 것

내다보고 있었다. 당시 이들은 도널드 트럼프가 가져다줄 완벽한 운명의 반전을 상상조차 하지 못했다. 2016년 선거 이후, 드브라이의 주가는 43퍼센트 반등했다. 경쟁사인 그랜드 캐니언(Grand Canyon)과 스트레이어 대학교(Strayer University) 역시 각각 37퍼센트 상승했다. 트럼프 취임 전부터 업계 내부자들은 대통령직 인수위원회에 합류해 차기 교육부 장관에게 인사와 정책에 대해 자문했다. 벳시 디보스 장관 지명자는 인준 청문회에서 영리 대학들을 향한 노골적인 태도 전환의 신호를 보냈다. 상원의원 엘리자베스 워런(Elizabeth Warren)이 오바마 행정부의 '유익한 고용(gainful employment)'• 규정을 계속 집행할 계획이 있느냐고 묻자, 디보스는 이렇게만 답했다. "그 규정을 분명히 재검토할 것이며, 그 취지가 실제로 달성되고 있는지 살펴보겠습니다." 워런은 곧바로 이렇게 꼬집었다. "사기꾼과 협잡꾼들은 이런 답변을 듣고 공중제비를 돌며 기뻐할 겁니다."[20]

몇 달 지나지 않아 벳시 디보스는 교육부가 영리 대학들을 상대로 새로운 사기 조사를 개시하지 못하도록 막았다. 또한 오바마 행정부 시절 제정된 규정에 따라 대출 탕감을 신청한 6만 5,000명의 학생들의 서류 처리도 중단했고, 졸업생들이 약속받은 취업 혜택을 실제로 얻었는지 증명하도록 강제했던 '유익한 고용' 규정도 사실상 무력화시켰다. 그뿐만 아니라, 학생들이 강제중재 조항 때문에 재판을 받을 수 없었던

• 오바마 행정부가 2010년에 초안을 마련하고 2014년에 시행한 정책으로, 영리 대학과 일부 비학위 직업훈련 프로그램이 학생들에게 실질적인 취업 가능성을 제공하는지 평가하는 기준이다. 졸업생의 소득 대비 학자금 대출 상환 부담과 취업 성과를 주요 지표로 삼으며, 기준을 충족하지 못한 프로그램은 연방 학자금 대출 및 보조금 자격을 잃게 된다.

문제를 해결하기 위한 규정의 시행도 지연시켰고, 부정행위를 적발하기 위해 구성된 범정부 TF 역시 해체했다. 그녀는 자신의 특별보좌관으로 로버트 S. 아이텔(Robert S. Eitel)을 임명했다. 아이텔은 사기 의혹으로 학생들과 합의한 여러 영리 교육기업과 오랜 관련성이 있었다. 그는 한때 영리 대학 체인 CEC(Career Education Corporation)의 정치활동위원회에서 일했으며, 이 회사는 취업률 부풀리기 소송을 1,025만 달러 합의로 종결했다. 또 다른 경력으로는 브리지포트대학교에서의 근무가 있었는데, 이 학교 역시 소비자금융보호국과의 합의로 사기 의혹 사건을 마무리했다. 교육부 산하 학자금 지원 감시단(Student Aid Enforcement Unit) 책임자로는 줄리안 슈모크 주니어(Julian Schmoke Jr.)를 임명했다. 그는 얼마 전까지만 해도 드브라이의 학장이었는데, 드브라이는 바로 그 직전에 학생에 대한 허위·과대광고 혐의로 1억 달러의 합의금을 지급한 상태였다. 역설적이게도, 오바마 행정부 시절 교육부가 학자금 지원 감시단을 신설할 당시 그 필요성을 설명하며 예시로 든 사례가 바로 드브라이 사건이었다. 이제 그 조직은 한때 그 제재 대상이었던 인물의 손에 맡겨진 셈이었다. 한 교육운동가는 이렇게 말했다. "영리 대학 업계는 자신들이 로비로 얻고자 했던 모든 것, 그리고 그 이상까지 손에 넣은 것 같습니다."[21]

디보스 교육부는 인가가 취소됐던 약 300여 개 교육기관을 다시 승인해, 이들 학교가 연방 자금을 다시 받을 수 있도록 했다. 그러나 어떤 경우에는 형식적인 인가 절차조차 거치지 않았다. 2018년, 드림센터 에듀케이션 홀딩스(Dream Center Education Holdings)가 운영하는 두 학교에 1,070만 달러의 연방 대출과 보조금이 지급되었는데, 하원 교육노동위원회가 확보한 문서에 따르면, 교육부 고위 관료들은 이 학교들이 자격 미달이라는 사실을 충분히 알고 있었다. 더구나 위원장에 따르면, "교육부 고위 관료들은 드림센터가 이 핵심 정보를 허위로 알린 사실을 알면서도 즉각 조치하지 않았고, 오히려 무인가 상태였던 드림센터 학교들에 **사후 인가**를 내주기 위해 움직였다." 이는 단순히 규제 완화를 부추기는 수준을 넘어서, 사실상 법의 경계를 넘어선 비호였다.[22]

법과 규정이 영리 대학 업계의 요구를 충족시키기 위해 왜곡되고, 심지어는 무시된 것처럼 보인다. 한 판사는 분노를 숨기지 못한 채 교육부 관계자들에게 구속 가능성까지 경고했다. 그러나 교육부의 모든 조치는 파산 직전의 기관들에 더 많은 연방 자금을 쏟아붓는 동시에 학생들에게 더 많은 부채를 안기는 쪽으로 향해왔다. 진작에 폐기됐어야 할 자유시장 실험은 내각 장관과 내부 자문관들이 이를 떠받치기 위해 기울인 집요한 노력 덕분에 다시 살아났다.

이런 노력들은 결코 양질의 교육을 만들어낼 수 없다. 간단한 이야기다. 영리 대학은 정원을 채우는 데 관심이 있고, 학생들은 교육을 받는 데 관심이 있다. 단순하지만, 벳시 디보스는 분명 이를 이해하지 못했다. 패티 머리(Patty Murray) 상원의원이 청문회에서 이렇게 물었다. "소유주가 지배하는 영리 교육기관과 이사회가 운영하는 비영리 · 공립 교육기관은 근본적으로 다른 의사결정 구조를 가지고 있고, 그에 따라 서로 다른 판단과 행동을 보인다는 견해에 동의하시나요?" 디보스 장관의 즉각적인 대답은 한 음절이었다. "아니요." 디보스는 진정으로 그렇게 믿는다. 이윤추구가 공익에 기여한다는 믿음이다. 그녀는 종종 교육을 이해하지 못한다는 비판을 받지만, 사실은 비즈니스의 본질조차 이해하지 못하는 것일 수 있다. 영리 대학의 의사결정—1,600명의 모집 담당자를 두고 취업 지원 담당자는 9명만 채용하며, "바닥 수준의" 지원자들을 겨냥하는 방식—은 주주의 관점에서는 완벽히 합리적이다. 주주들은 학교가 '교육기관'이기보다 '학교 간판을 단 콜센터'로 운영되는 모습을 보고 만족해할 것이다. 이들은 비영리 대학의 수탁자처럼 기관의 신뢰를 지키고 학생들에게 교육을 제공할 책임을 지지 않기 때문이다.[23]

디보스라는 인물을 단순히 정권에서 물러났다고 해서 잊어서는 안 된다. 그녀는 각료가 되기 전부터 교육 분야의 강력한 인물이었고, 지금도 운동을 이어갈 자금을 갖고 있다. 디보스의 머릿속을 굳이 깊이 들여다볼 필요는 없지만, 왜 그녀가 그토록 영리 고등교육에 집착했는지 이해하는 것은 중요하다. 아마도 그녀는 모든 연방의 교육지원을 폐지한 뒤 시장이 우리를 구해줄 것이라는 생각에 매달리고 있을 것이다(영리 대학이 생존을 위해 의존하는, 삶을 짓누르는 학자금 대출 프로그램은 별도로 치자). 그런 가치관을 전제로 해야 지금까지 단행된 삭감을 정당화할 수 있다. 실제로 그런 삭감 정책은 학생 인구의 약 10퍼센트를 영리 대학으로 몰아가는 데 성공했다. 디보스와 그녀의 동료들 관점에서는 훌륭한 출발이었다.

그러나 이 영리 대학들은 전성기에 모든 연방 학자금 지원의 25퍼센트를 앗아갔고, 그 금액은 연간 330억 달러에 이르렀다. 우리는 그만한 가치를 얻지도 못했을 뿐 아니라, 훨씬 저렴하게 더 나은 결과를 낼 수도 있었다. 일부 추정에 따르면, 우리가 영리 대학의 표적이 된 커뮤니티 칼리지와 취업 중심의 4년제 대학에 직접 지원을 집중했다면 매년

150억 달러만으로도 영리 대학의 손아귀에 있는 모든 학생을 구제할 수 있었을 것이라고 한다. 실제로 불과 얼마 전까지만 해도 우리는 그렇게 했고, 영리 대학은 드문 존재였다. 그러나 우리가 공공 고등교육의 재정을 삭감하기로 선택하면서, 이른바 '학교'라는 이름의 영리 기관들이 등장하고 번성하며 공공선을 알아볼 수 없는 존재로 왜곡하도록 허용했다. 우리는 정치인과 억만장자들이 우리를 미국이 이룬 가장 위대한 성취 가운데 하나였던 공공 고등교육 체계에서 멀어지게 만들도록 내버려 두었다. 그리고 그 틈을 탐욕스러운 독수리들이 파고들었다.[24]

"돈이
흘러넘쳐요"

–

공공 과학과 연구의
민영화

1955년 조너스 소크(Jonas Salk)가 소아마비 백신을 발표했을 때 에드
워드 R. 머로(Edward R. Murrow) 기자는 텔레비전 인터뷰에서 이 위대한 성과
를 거둔 과학자에게 백신의 특허권자가 누구냐고 물었다. 소크의 대답은 놀
라웠다. "특허는 없습니다. 태양에 특허를 낼 수 있습니까?" 백신은 사람들을
위한 것이었고, 사람들의 소유였다. 고통을 끝내기 위해 개발된 것이지 돈을
벌기 위한 것이 아니었다. 그런 역사적 순간에 백신을 지적재산권으로 독점
해 이익을 내려 한다는 생각 자체가 상식 밖이었다.[1]

그러나 이제 완전히 다른 세상에 살고 있다. 월스트리트는 그 어느 때
보다 지적재산권에서 수익을 짜내는 데 혈안이 되어 있다. 2021년 초, 화이
자(Pfizer) CEO는 자사가 코로나19 백신을 개발해 큰 도움이 될 것이라고
자축한 뒤, 제약회사가 전 세계적인 팬데믹에서 이윤을 챙기지 말아야 한다
는 주장에 날을 세웠다. "지금 그런 말을 한다는 건 정말 광신적이고 극단적
(fanatic and radical)이라고밖에 할 수 없습니다." 그는 이어 "우리를 구한 건
민간부문"이라며 이렇게 덧붙였다. "누가 해답을 찾았습니까? 진단 기술의
해법도, 치료제의 해법도 민간부문이 찾아냈습니다. … 그런데 그런 말을 하
다니요? 말이 안 됩니다."[2]

소크는 자신의 연구가 공적 자금, 공교육, 그리고 역사상 최대 규모의
자원자 임상시험을 통해 이루어졌음을 잘 알고 있었다. 그는 또한 기업의 이
윤이 공공의 고통을 끝내는 데 장애가 되어서는 안 된다는 사실도 분명히 인
식하고 있었다. 2020년, 화이자는 아직 개발 중이던 자사의 백신으로 미국
연방 정부로부터 19억 5,000만 달러 규모의 계약을 따냈다. 코로나19 백신
을 두 번째로 승인받은 모더나(Moderna)는 연구개발 명목으로 정부에서 거의

10억 달러를 지원받았다. 이 두 회사의 백신은 코로나19가 확산되기 훨씬 전부터 축적되어온 코로나바이러스와 유전학 관련 방대한 공공연구를 토대로 개발되었다. 이윤율은 60~80퍼센트에 이를 것으로 추정된다. 연구를 완료하고 백신을 시장에 내놓는 데 필요한 비용의 상당 부분을 자체 투자금이 아니라 공적 자금이 충당했기 때문이다.[3]

그러나 더 놀라운 점은 공공의 방식이 아예 거론조차 되지 않았다는 사실이다. 우리는 혁신을 경쟁과 자유시장에 너무 성급히 연결시키는 바람에 공공의 노력이 충분히 효과적일 수 있다는 생각을 외면해버렸다. 소아마비 백신 개발은 이윤추구에 기대지 않았고, 1960년대 달 착륙 계획 역시 경쟁적인 우주 프로그램에 자금을 퍼붓는 식으로 진행되지 않았다. 그런데 오늘날 제약회사 CEO들은 오직 민간부문만이 혁신을 보장하며, 이윤추구에 맞서는 일은 이치에 맞지 않다고 말한다.

이들은 앞뒤를 바꿔 생각하고 있다. 그러나 정말 말이 안 되는 일은 이렇다. 공공이 연구비를 대고 그 결과로 나온 지식에 대한 통제권은 내주고, 결국 민간기업이 거기서 짜낸 제품을 우리가 다시 돈 주고 사야 한다는 점이다. 더 말이 되지 않는 것은 이런 일이 눈앞에서 벌어지고 있는데도 여전히 혁신이 민간부문에서만 나온다고 믿는 우리의 태도다. 민간부문이 공공부문 연구에 큰 관심을 보이는 이유는 **분명하다**. 비용은 공공이 부담하고 민간기업은 한 푼도 들이지 않으니, 이윤이 눈부시게 커질 수밖에 없다.

일부는 그것이 공정한 거래이며, 부풀려진 이윤이라 해도 탓할 일이 아니라고 말할 것이다. 그러나 설령 돈 이야기는 잠시 접어두더라도, 그 이윤에는 분명한 의미가 있다. 즉, 문제를 해결하고 목숨을 살릴 수도 있었던 공공의 연구성과에 대한 통제권을 공공이 잃었다는 뜻이다.

23

한 가지 '지식'을
세 번 구매하는 법

학술 정보의 사유화

출판 공룡 엘스비어(Elsevier)가 학술지 출판사 페르가몬(Pergamon)을 인수하는 과정에서, 당시 엘스비어 CEO 피에르 빈켄(Pierre Vinken)은 한 주변 인사에게 이렇게 자랑했다. "이 학술지들에서는 돈이 쏟아져 나옵니다. 얼마나 대단한지 믿기 어려울 정도예요." 페르가몬이 처음 출발할 때만 해도 편집위원회를 꾸리고, 학자들을 고급 식사 자리에 초대하며, 도서관에 구독권을 판매해야 했다. 그러나 빈켄의 설명에 따르면, 그건 오래 하지 않아도 되는 일이었다. 학술 출판의 세계에서는 대개 저자가 출판사로부터 원고료를 받지 않는다. 논문 심사는 대부분 다른 학자들이 자발적으로 시간을 내어 수행하며, 편집장 역시 대학에 소속된 교수로서 연구·강의 일정 중 일부를 학술지 운영에 할애한다. 이 모든 고급스럽고 대체 불가능한 노동은 비학문적 환경이라면 상당한 비용이 들겠지만, 이 특이한 생태계 안에서 출판사는 아무런 비용이 들지 않는다. 빈켄은 이렇게 덧붙였다. "한번 아무것도 안 하기 시작하면, 이 저널들이 얼마나 수익성이 높은지 당신은 상상도 못할 겁니다."[1]

이 수익성은 다른 어떤 산업과도 견줄 수 없다. 2010년, 엘스비어의 매출 가운데 35.7퍼센트가 순이익이었다. 같은 해, 28.1퍼센트의 이익률을 기록한 엑슨모빌을 앞질렀고, 애플, 구글, 아마존보다도 높은 이익률을 거뒀다. 2018년, 엘스비어는 매출 33억 달러에 36퍼센트의 순이익을 올렸다. 학술지는 독자층이 극도로 좁다. 전문가가 전문가를 위해 쓴 논문들로만 구성되기 때문이다. 그러나 가장 인기 있는 잡지보다 두 배 넘게 수익성이 높다. 대중 잡지들은 필자와 편집자들에게 비용을 지급하고도 평균적으로 12~15퍼센트의 이익을 남긴다. 영리 학술 출판사들은 분자생물학이나 이론 수학 학술지를 출간하고 있지만, 사실상 돈을 찍어내는 셈이다.[2]

이 출판사들이 대부분의 비용을 인건비에 쓰지 않는다고 해서, 그 노동이 공짜인 것은 아니다. 누군가는 과학자나 연구자의 급여를 지급하고, 누군가는 실험실과 장비를 지원한다. 편집 자원봉사자들 역시 논문 심사 참여를 당연한 학문 활동으로 여기는 대학에 고용되어 있으며, 이를 수행해야 한다. 결국 대부분의 경우 그 비용을 부담하는 것은 우리, 즉 공공이다. 설령 사립대학 소속 편집위원이라 해도 공적 연구기금의 뒷받침을 받고 있으며, 간접적이지만 분명히 공공의 학비 보조금과 연방 보증 학자금 대출로 지탱되는 경우가 많다.

이렇게 무상 노동력을 확보한 학술 출판사는 이제 이를 팔아야

제VIII부

한다. 문제는 그 난해한 자료의 독자층이 극히 좁다는 데 있다. 그러나 학술 출판사들이 깨달았듯이 대학 도서관은 학문적 위상을 유지하려면 교수들이 요구하는 학술지를 제공할 수밖에 없다. 선택지가 없는 것이다. 그 결과 구독료가 믿기 어려울 만큼 비싸게 책정된다. 예컨대 수요가 거의 없는 수학 학술지 『테트라헤드론(Tetrahedron)』의 연간 구독료는 무려 4만 달러에 달한다. 게다가 학술 출판사들은 케이블 TV 업체들의 방식을 본떠, 대학 도서관에 묶음 구매를 강요한다. 버지니아대학교는 2018년 엘스비어에 180만 달러를 지출했는데, 이는 전년도 170만 달러보다 늘어난 금액이었다. 캘리포니아대학교도 매년 학술지 구독에 4,500만 달러를 쓰며, 그중 1,100만 달러가 엘스비어에 들어갔다. 버지니아대는 또 슈프링거(Springer)에서 발행하는 약 4,000종의 학술지 구독에 67만 2,000달러를 썼는데, 상대적으로는 '저렴한 편'이었다. 그러나 자료에 따르면, 이 가운데 1,400종은 단 한 번도 열람된 적이 없었다. 케이블 TV 요금제처럼 HGTV(라이프스타일·리빙 채널)만 보더라도 애니멀 플래닛(동물 전문 다큐멘터리 채널) 구독료까지 함께 내야 하는 셈이다.[3]

그리고 버지니아대나 캘리포니아대 시스템이 이런 학술지 구독료를 지불했다는 것은, 결국 당신과 내가 그 비용을 냈다는 뜻이다. 우리가 그 학술지에 실린 연구를 위해 들어간 노동비용을 이미 부담했듯이 말이다. 우리는 세금으로 이 기관들에 재정을 지원하고, 그 재원은 연구도서관 운영과 학술지 구독에도 쓰인다. 그러니 결국 우리는 영리 학술 출판사들에 또다시 돈을 내고 있는 셈이다. 이들은 우리가 자금을 댄 연구성과를 되팔고, 그 연구는 마찬가지로 우리가 비용을 댄 편집 과정을 거쳐 심사된다. 독일의 대형 민간은행 도이체 방크는―자본주의와 이윤추구의 논리를 누구보다 잘 아는 기관임에도—이 체계를 두고 "기이하다(bizarre)"고 표현했다. 그들이 지적한 이 "세 번의 지불(triple pay)" 구조란 다음과 같다. "국가가 대부분의 연구를 지원하고, 그 연구의 질을 검증하는 이들의 급여를 지급하며, 결국 그 결과물을 다시 구매한다." 이렇게 경제적으로나 상식적으로나 납득하기 어려운 구조는 가격이 천정부지로 치솟았음에도 1950년대 이후 거의 흔들림 없이 유지되어왔다. 1986년에서 2014년 사이, 대학 도서관의 정기 간행물 지출액은 무려 521퍼센트 증가했다.[4]

공공은 냉전 시기 연구에 대규모로 자금을 투입하기 시작했지만, 정작 연구성과를 확산시키는 데 필요한 지원과 계획은 뒷전으로 밀렸다. 정책입안자들과 과학자들은 학회가 주도하는 논문 심사와 출판제도만으로 충분하다고 믿었다. 그러나 논문이 쏟아지자 소규모로 운영되던 학회 저널은 감당하기 벅찼고, 누군가 그 속에서 돈벌이의 길을 찾아낼 수 있다는 사실까지는 내다보지 못했다. 이 틈을 파고든 곳이 약삭빠른 몇몇 출판사들이었다. 학계나 과학계와 직접적 연고는 거의 없었지만, 대학으로 흘러드는 막대한 연구비에서 기회를 본 것이다. 그중에는 다양한 언어에 능한 전직 영국 첩보원 로버트 맥스웰(Robert Maxwell)도 있었다. 그는 개인적 인맥을 발판으로 거대한 출판망을 일궈냈다. 그의 출판사 페르가몬은 수년에 걸친 끈질긴 영업과 설득 끝에 탄생했다. 맥스웰은 저명한 과학자들에게 "비용 부담 없이 더 넓은 유통망을 제공하겠다"고 제안했고, 이를 통해 학술단체의 부담을 덜고 낡은 학술지를 되살리는 인물처럼 보였다. 그러나 그의 확장은 곧 학술지 출판산업을 소수 기업 중심으로 재편하는 과정이 되었고, 페르가몬을 엘스비어에 매각한 것은 그 흐름에서 자연스러운 다음 수순이었다. 맥스웰은 과학이나 학문에는 별다른 관심이 없었다. 그가 한 주변 인사에게 털어놓았듯이 그의 가장 큰 목표는 "백만장자가 되는 것"이었다. 그리고 그 목표를 달성하자, 그는 전후 영국의 공공자산을 민영화하려는 보수당 신흥 권력층의 일원으로 합류했다. 역설적이게도, 그는 공공연구 자금으로 제작된 고가의 학술저널 판매를 통해 거의 전 재산을 일군 억만장자였다.[5]

엘스비어는 잇따른 인수를 통해 전 세계 연구논문의 18퍼센트를 점유하게 되었고, 이 논문들은 3,000종에 가까운 학술지를 통해 발행된다. 그 가운데는 생명과학 분야의 『셀(Cell)』과 의학 분야의 『란셋(The Lancet)』도 포함된다. 이 두 저널에 논문이 실린다는 것은 연구자들에게 더없이 큰 명성을 안겨주며, 연구도서관들은 이들 없이는 제대로 기능할 수 없다고 여긴다. 엘스비어의 완전한 독점은 아니지만, 거의 그에 가깝다. 2013년에는 불과 다섯 개 출판사가 전체 연구논문의 53퍼센트를 차지했는데, 이는 1970년대 초반 20퍼센트에서 크게 늘어난 수치다.[6]

우리는 자유시장이 경쟁을 통해 가격을 낮추고, 더 좋은 제품을 더 저렴하게 얻을 수 있다고 배운다. 그러나 연구성과의 유통을 영리 출판사에 맡긴 결과는 전혀 달랐다. 학술지의 품질은 시장이 아니라, 출판사가 무상으로 얻는 연구와 논문 심사 같은 비시장적 요인에 의해 결정된다. 가격은 줄곧 오르기만 했다. 이윤추구와 자유시장은 이 과정에 아무런 가치를 더하지 못했고, 오히려 연구가 이루어지는 방식을 왜곡했다.

연구자들은 다른 이들의 연구를 토대로 자신의 연구를 이어가지만, 연구정보네트워크(Research Information Network, RIN)에 따르면, 설문 응답자의 60퍼센트가 비싼 구독료 때문에 타인의 연구에 접근하지 못해 조사에 차질을 빚은 적이 있다고 답했다. 구체적으로는 40퍼센트가 필요한 논문에 주 1회 이상 접근하지 못했고, 66퍼센트는 매달 최소 한 번 유료 장벽(paywall)에 가로막혔다. 인터넷 시대에 이런 일이 벌어진다는 것은 납득하기 어렵지만, 시장은 경쟁 학술지들을 각기 따로 가둬놓고 저마다의 유료 장벽을 세웠다. 대부분의 도서관은 모든 학술지를 구독할 재원이 없지만, 그렇다고 가격이 합리화되거나 접근성이 넓어진 것도 아니다. 오히려 혁신이 일어날 수 있는 공간이 좁아졌다. 필요한 자료에 두루 접근할 수 있는 것은 재원이 넉넉한 연구자뿐이다. 그보다 조건이 열악한 기관에 속한 연구자들은 온갖 제약을 감수해야 하고, 개발도상국 연구자들은 학문적 대화에서 거의 완전히 배제된다.[7]

한편, 이윤추구는 어떤 연구가 수행되는지에도 영향을 미친다. 학술지를 파는 기업들은 '큰 발견'을 원하고, 세간의 주목을 끌 만한 헤드라인을 바란다. 반대로 가설 검증에 실패했거나 기존 연구를 확인하는 기초적이고 묵묵한 연구에는 거의 관심을 두지 않는다. 하지만 바로 이런 연구야말로 지식을 진전시키는 데 꼭 필요하다. 만약 부정적 결과가 출판되지 않는다면, 연구자들은 이미 실패로 판명 난 길을 모르고 다시 밟게 된다. 검증연구에 대한 정보가 부족하다는 것은 결국 우리가 가진 지식이 불안정한 토대 위에 놓여 있다는 뜻이다. 이런 연구는 지금도 일정 부분 이루어지고 있지만, 영리 학술지들은 그것을 알리는 일에는 관심이 없어 보인다. 실제로 미국에서 진행된 임상시험 가운데 약 절반은 아예 출판되지 않았다. 결국 중복 연구와 자원의 낭비가 발생하고,

소비자에게 실질적인 위험이 돌아간다.

자유시장 신봉자들의 주장대로 모든 인간 활동이 궁극적으로 물질적 이익과 경쟁에 의해 움직인다면, 연구자들이 자기 연구로 막대한 수익이 발생한다는 사실을 알았을 때 보여야 할 반응은 당연히 그 몫을 요구하는 것이었을 것이다. 그러나 실제로 나타난 반응은 유료 장벽을 허물어 달라는 요구가 늘어난 정도였다. 점점 더 많은 이들이 지식의 가치와 영리출판이 양립할 수 없다는 사실을 깨닫고 있으며, 현실적인 차원에서도 지금의 모델이 지속 가능하지 않다는 인식이 확산되고 있다. 캘리포니아대는 연간 1,100만 달러에 달하는 엘스비어 구독을 전면 중단했다. 가격이 터무니없이 비쌌고, 묶음 구독은 유연성이 전혀 없었으며, 캘리포니아대에서 생산한 연구를 다시 보기 위해 캘리포니아대가 돈을 낸다는 것 자체가 어불성설이었기 때문이다. 결국 이 분쟁은 엘스비어가 캘리포니아대 연구성과를 유료 장벽 없이 출판하고, 캘리포니아대는 그 대가로 출판 비용을 지급하는 합의로 마무리됐다. 캘리포니아대는 이를 승리라고 홍보했지만, 여전히 매년 1,300만 달러의 공적 자금이 영리 출판사로 흘러가고 있다. 이제는 공적 자금으로 만든 연구를 대중에게 개방하기 위해 돈을 내고 있는 셈이다. 그러나 이미 공적 자금 더미 위에 앉아 있는 출판사들이 그 지위를 쉽게 내놓을 리는 없다.[8]

'과학기술 연구 공정 접근법(Fair Access to Science and Technology Research, FASTR)'은 공적 자금을 지원받은 연구를 짧은 유예기간 이후 누구나 자유롭게 이용할 수 있도록 규정한다. 이 법안은 하원과 상원 모두에서 초당적인 지지를 받았고, 2014년, 2015년, 2017년에 각각 제출됐다. 지금까지 의회 안에서 노골적이거나 조직적인 반대가 나타난 적

"돈이 흘러넘쳐요"

은 없지만, 이를 밀어붙일 만큼의 대중적 압력도 존재하지 않는다. 현재의 체계는 겉보기엔 돌아가고 있지만, 근본적인 문제를 해결하지 못한 채 그저 유지되는 상태에 가깝다. 아마 이 주제가 너무 전문적이고 일반인에게는 멀게 느껴지기 때문일 것이다. 그렇다 해도 연구성과에 대한 개방적 접근이라는 가치 자체는 이해하기 어렵지 않다. 우리는 수 세기 동안 지식의 개방과 공유를 지향해왔다. 그 길을 가로막은 것은 처음에는 지식을 담는 물리적 매체와 그것을 운반하는 물리적 한계뿐이었다. 영리 출판업계의 이해관계가 끼어든 것은 비교적 최근의 일이다. 하지만 이 특이한 시기는 다른 변화와도 겹쳐 있었다. 피터 수버(Peter Suber)는 '오픈 액세스(Open Access)' 출판을 다룬 저서에서 이렇게 회고한다. "디지털 시대 이전 인류 역사에서 글쓰기는 언제나 경쟁적이었다. 설령 누군가 이익을 노리지 않았다 해도, 종이나 돌 같은 매체는 특정 시점에 소수만 접근할 수 있게 만들었기 때문이다. 글쓰기는 혁명적 영향을 끼쳤음에도, 태생부터 이런 비극적 한계에 묶여 있었다. 우리는 모두가 누릴 수 있는 지식을 제한적인 형태로밖에 기록할 수 없었던 것이다."[9]

수버는 우리가 이 상황을 그대로 두어야 할 이유가 없다고 말한다. "우리 모두가 적절한 장비를 갖추고 있다면, 누구도 배제되지 않고 같은 디지털 텍스트를 함께 가질 수 있다." 우리가 경험한 디지털 혁명은 훨씬 더 멀리 나아갔어야 하지만, 그 길을 가로막은 것은 막대한 수익이었다. 그 결과 결코 있어서는 안 될 자리에 불평등이 자리 잡게 됐다.

수버는 이렇게 지적한다. "2008년 하버드대가 약 10만 종의 학술지를 구독할 때, 인도과학원(IIS)은 1만 종에 그쳤고, 아프리카 주요 대학들 가운데 일부는 단 한 종도 구독하지 못했다." 우리는 경쟁이 불필요한 영역에 시장 참여자들이 파고들 수 있도록 방치했다. 시장은 가격을 낮추고 품질을 높이는 데 실패했을 뿐 아니라, 민간기업이 공공재를 움켜쥐고 지식을 가로막으며 불평등을 전 세계적으로 확산시키는 결과를 낳았다.[10]

24

'날씨'를 팔아넘기다

기상예보를 둘러싼 비극

냉전 시기 연구 중심 대학에 대한 공공투자는 기상학에 대한 투자와 나란히 이루어졌다. 다만 미국 정부가 과학과 기술 자금지원의 많은 부분을 소련과의 경쟁이라는 틀로 바라보았다면, 기상 예측 연구는 협력의 토대에서 이루어졌다. 예컨대 존 F. 케네디(John F. Kennedy) 대통령은 "과학의 공포가 아니라 그 경이로움을 불러일으키기 위해, 소련을 비롯한 다른 나라들과 가능한 모든 협력의 길을 신속히 찾아 나서자"고 제안했다. 그리고 그 핵심에는 "기상 예측 프로그램"이 있었다. 세계기상기구(WMO)는 케네디의 제안보다 먼저 출범했지만 위성, 기구, 센서를 통한 데이터 수집은 미국 공공자금의 대규모 투입으로 급속히 확장되었고, 지금은 193개 국가와 지역이 참여하고 있다. 이들은 모두 "필수 데이터"를 "자유롭고 무제한적인 방식"으로 제공하기로 한 협정으로 묶여 있다. 매일 전 세계에서 모이는 관측 자료는 20테라바이트에 달하며, 초당 77조 번의 연산을 수행하는 슈퍼컴퓨터로 처리된다. 그야말로 전 세계가 힘을 모아 이어가고 있는 전례 없는 노력이며, 그 성과 역시 극적이다.[1]

"내가 1970년대에 일을 시작했을 때, 극단적인 기상을 예측한다는 발상은 거의 금기시됐습니다. 폭풍이 눈에 보이기 전에 어떻게 폭풍을 본다는 말입니까?" 국립해양대기청(NOAA) 기상예보 담당 차관 루이스 우첼리니(Louis Uccellini)는 이렇게 회상했다. 그러나 그는 1993년 미국 국립기상청(NWS)이 대형 폭풍을 사전에 예보하면서 어떤 급진적 전환이 있었는지 떠올렸다. 예보는 정확했다. 폭풍은 동부 해안을 마비시키고 수십 명의 목숨을 앗아갔지만, 예보가 없었다면 피해가 훨씬 더 컸을 것이다. "그때는 첫 눈송이가 떨어지기도 전에 각 주가 비상사태를 선포했습니다. 우리가 해낸 일을 지켜보는 건 그저 놀라운 경험이었죠." 우첼리니가 경력을 시작했을 당시, 정확한 6일치 예보는 상상조차 할 수 없는 일이었다. 오늘날 우리는 국립기상청의 주간예보를 당연하게 받아들이고 있으며, 그 정확도는 1970년대의 이틀 예보 수준에 맞먹는다. 이제 도시들은 며칠 전부터 확실하게 대형 폭풍에 대비할 수 있다. 1992년, 허리케인 앤드루가 마이애미데이드 카운티를 강타했을 때 첫 경보는 상륙 24시간 전에 발령됐다. 그러나 지금은 닷새 전에 정확한 경보를 기대할 수 있다. 데이터 수집에서 모델링, 예보에 이르기까지 기상학의 모든 영역이 기하급수적으로 발전했다. 우첼리니는 기상예보의 혁명을 "20세기의 가장 중요한 지적 성과 가운데 하나"라고 자신 있게 평가했다. 호주 기상청의 존 질먼(John Zillman) 국장도 이 전 세계적인

체제를 "세계에서 가장 널리 활용되고 가장 높이 평가되는 공공재 가운데 하나"라고 불렀다.[2]

이 체제는 반드시 공공의 것이어야 했다. 어떤 민간기업도 200개에 가까운 나라들에 협력을 요청해, 그들의 데이터를 무료로 제공하도록 설득할 수는 없을 것이다. 어떤 민간기업도 수십 년간 성과가 불확실한 프로젝트를 붙잡고, 언젠가 방대한 데이터와 컴퓨터 성능이 성장해 기상예보가 이윤을 낼 수 있기를 기대하며 버티지는 못했을 것이다. 오늘날 국립기상청의 데이터와 예보는 농업, 해운, 어업, 항공, 그리고 민간 기상 서비스까지 어떤 상업적 기업이든 자유롭게 활용할 수 있다. 세계적인 기상예보 서비스 체계는 사용자들에게 매년 1,000억 달러의 가치를 제공하지만, 유지에는 100억 달러면 충분하다. 국립기상청의 자체 예산은 고작 11억 7,000만 달러에 불과하다.[3]

1990년대, 기상예보가 꾸준히 높은 정확도를 보이기 시작하던 무렵, 민간기업과 자유시장 절대주의자들은 국립기상청과 관련 기관들이 민간기업과 "경쟁"하고 있다고 주장했다. 학교, 쓰레기 수거, 수많은 공공서비스에서 그랬듯이 정부가 민간기업의 진입을 막는 "독점 서비스"를 운영한다는 비난이었다. 그 선봉에는 아큐웨더(AccuWeather)의 대표 배리 마이어스(Barry Myers)가 있었다. 그의 생각에 정부는 기상예보를 할 권리가 없었다. 생명을 위협하는 비상사태 시에는 정부가 일정한 역할을 할 수 있겠지만, 이 경우조차 그는 "국립기상청이 경보에 최종 결정권을 가질 필요는 없다"고 주장했다. 마이어스에 따르면 일상적인 기상예보는 팔아야 할 상품이며, "고객과 민간부문이 그것을 알아서 정리해야 한다"는 것이었다. 그의 결론은 결국 극단에 이르렀다. "정부는 기상예보 사업에서 손을 떼야 합니다."[4]

　　마이어스는 1994년 의회를 장악한 공화당 의원들 사이에서 적잖은 지지를 얻었다. 미시간주의 공화당 의원 딕 크라이슬러(Dick Chrysler)는 국립기상청에 쓸데없이 세금을 낭비하고 있다고 투덜거렸다. "왜 세금을 내야 하나? 웨더 채널을 보면 되지 않나?" 마이어스 귀에는 분명 반가운 소리였지만, 크라이슬러의 발언은 심각한 무지에서 비롯된 것이었다. 웨더 채널도, 마이어스가 이끄는 아큐웨더도 모두 국립기상청의 기본 데이터와 예보 정보에 전적으로 의존하고 있기 때문이다. 상업 기상 서비스들이 예보를 약간 다르게 내거나 그래픽을 좀 더 세련되게 만들 수는 있지만, 그 모든 것은 국립기상청, 국립해양대기청, 세계기상기구가 수집한 자료를 기반으로 한다. 다시 말해, 이들은 이미 미국 납세자가 비용을 지불해 만든 공공 데이터에 의존하고 있는 것이다. 결국 마이어스와 그의 동조자들이 원하는 것은 이렇다. 국민의 세금으로 데이터를 수집해놓고, 정부가 그 데이터를 '유용한 형태'로 공개하지 못하게 막은 다음, 다시 그 데이터를 자기네 플랫폼을 통해 유료로 이용하게 만드는 것이다. 이 구조는 1950년대 이후 학술 출판사들이 만들어낸 '공공재의 사유화' 방식과 놀라울 만큼 흡사하다.[5]

　　마이어스는 줄곧 국립기상청이 불공정하다고 몰아세웠다. 그는 의회 증언에서 "우체국과 페덱스(FedEx)의 관계와 같다. 다만 우리의 처지는 우체국이 모든 편지를 우표 없이 공짜로 배달해주는 상황에 놓인 페덱스나 다름없다"라고 말했다. 그의 사업모델은 페덱스처럼 자사 서비스가 더 낫다는 인식을 퍼뜨리는 데 기반했지만, 실제로는 사실이 아니기에 이를 증명하는 데 늘 애를 먹었다. 결국 그는 1990년대 이후 내

"돈이 흘러넘쳐요"

내 국립기상청을 공격하는 데 몰두했다. 그리고 이처럼 뛰어난 연방기관을 무력화시키고 평범한 민간기업에 유리하게 만들려는 집요한 노력에 대한 보상으로, 도널드 트럼프 대통령은 2017년 그를 국립기상청장으로 지명했다. 그 자리에서라면 아큐웨더가 바라던 것을 모두 줄 수 있었기 때문이다. 트럼프의 이 결정은 국민이 이미 세금으로 산 정보를 정부가 제공하는 게 불공정하다며 마이어스가 끊임없이 불평해온 것만큼이나 터무니없고 뻔뻔한 일이었다. 동시에, 공공재에 맞서 싸워온 마이어스의 30년 캠페인을 마무리짓는 상징적 순간이기도 했다.[6]

1990년대 말과 2000년대 초, 아큐웨더 경영진은 상원의원 릭 샌토럼(Rick Santorum)의 선거자금에 돈을 쏟아부었고, 마이어스는 곧 국립기상청이 예보를 무료로 제공하는 것이 얼마나 불공정한지 하소연할 청중을 얻었다. 이어 상원 위원회는 국립기상청과 국립해양대기청의 "의무와 책임을 명확히 한다"는 명목의 샌토럼 발의 법안을 검토하기 시작했다. 2005년 법안은 "민간부문이 제공할 수 있는 상품이나 서비스"를 두 기관이 제공하지 못하도록 금지했다. 다만 비상사태이거나, 상무장관이 "민간부문이 제공하려 하지 않거나 제공할 능력이 없다"고 판단할 경우만 예외였다. 정확한 기상예보의 가치를 누구보다 잘 아는 플로리다주의 빌 넬슨(Bill Nelson) 상원의원이 거세게 반대한 끝에, 법안은 위원회에서 폐기됐다. 이후 2011년, 짐 브리든스타인(Jim Bridenstine) 하원의원이 다시 시도했다. 국립해양대기청이 새로운 제품이나 프로그램을 개발하려면 의회의 승인을 받아야 하며, 영리기업이 국립해양대기청 데이터를 이용해 수익을 낼 가능성이 없는지 먼저 확인해야 한다는 취지였다. 그는 2016년에 또다시 같은 법안을 발의했고, 이후 트럼프 대

통령에게 지명돼 NASA 국장이 되었다.[7]

마이어스는 끝내 법안을 통과시키지 못했고, 상원이 2년 넘게 표결을 미루자 국립기상청장 후보 자리에서 스스로 물러났다. 그러나 곧 국립기상청 자문위원회에 합류해, 직원들이 어떤 형태로든 모바일 앱을 개발하지 못하도록 막는 규정을 밀어붙였다. 이 일은 2011년 미주리주에서 158명의 목숨을 앗아간 토네이도 '조플린(Joplin)'이 지나간 직후였다. 당시 직원들은 대중에게 경보를 더 효과적으로 전달하기 위해 스마트폰 앱을 제안했지만, 국립기상청 정책 책임자의 말에 따르면 마이어스는 이 제안을 무산시키는 규정을 "만드는 데 매우 협조적이었다." 어느 직원은 아예 "우리가 앱을 갖지 못한 이유는 배리 마이어스 때문이다"라고 단언했다. 국립기상청 직원들은 노조를 통해 이 규정이 국민과 소통한다는 기관의 핵심 역할을 방해한다고 지적했고, 노조 변호사는 직원들이 단지 생명을 구하려는 것이라고 강조했다. 그러나 이러한 주장은 끝내 묵살되었다. 마이어스가 자신의 아큐웨더 앱이 '불공정 경쟁'에 노출되어서는 안 된다고 주장했기 때문이다. 마이어스는 여기서 멈추지 않고 국립기상청이 소셜미디어로 소통하는 것조차 금지해야 한다며 자신의 공세를 확대해 나갔다.[8]

2017년은 기상 피해 규모가 사상 최악을 기록한 해였다. 이듬해인 2018년에는 트럼프 행정부가 국립기상청 예산을 대폭 삭감하겠다고 나섰다. 당시 기상청은 이미 정원의 57퍼센트가 공석인 상태였으며, 새 예산안은 355개의 일자리를 영구적으로 없애는 내용을 담고 있었다. 그중 248개는 핵심 예보 인력, 즉 민간 기상 서비스들이 넘겨받고 싶어 하는 바로 그 자리였다. 그들은 데이터 수집은 유지해도 상관없다고 여겼다. 이 삭감안은 기상관측기 데이터 수집 프로그램 예산 220만 달러, 관측소 예산 1,250만 달러를 줄이는 것이었고, 결국 토네이도 연구 프로그램 '보텍스-SE(Vortex-SE)'는 폐지되었다. 국립기상청 직원노조의 댄 소비엔(Dan Sobien) 위원장은 "말 그대로 몇 백만 달러 아끼겠다고 우리 모두의 목숨을 위태롭게 만든 셈"이라고 꼬집었다. 의회는 트럼프의 계획에 반대하며 국립기상청 신규 채용 예산을 따로 배정했지만, 행정부는 이를 집행하지 않았다. 의원들은 행정부가 우회적으로 삭감을 밀어붙이고 있다고 비판했다. 트럼프의 기상청 공격은 2019년에도 계속됐다. 그는 다시 배리 마이어스를 기상청장에 임명하려 시도했을 뿐 아니라, "허리케인 도리안(Hurricane Dorian)이 앨라배마를 강타할 것"이라 잘못 말한 뒤, 이를 정정한 기상청을 노골적으로 비난하기까지 했다. 이어 샤피 펜(미국에서 널리 쓰이는 유성 매직펜)으로 지도에 앨라배마를 억지로 덧그린 사실이 드러나면서, 악명 높은 '샤피게이트(Sharpiegate)' 사건으로 이어졌다.[9]

국립기상청 해체를 주장하는 이들의 논리에는 두 가지 핵심 쟁점이 있다. 첫째는 이미 세금으로 비용을 치른 기상 데이터를 민간기업이 다시 유료로 쓰도록 강요하는 것이 과연 정당한가 하는 문제다. 이는 설득력이 약하지만, 민영화 옹호자들은 두 번째 쟁점을 내세워 이를 덮는다. 그들의 주장은 이렇다. 경쟁이 혁신을 촉진하고 비용을 낮추며 더 나은 예보를 가능케 하는데, 정부가 무료로 예보를 제공하면서 이런 발전을 가로막고 있다는 것이다. 그러나 이 책에서 이미 살펴본 것처럼 자유시장은, 차터 스쿨에서는 혁신을 억누르고, 영리 고등교육에서는 높은 가격과 낮은 품질을 낳았으며, 학술 출판에서는 천문학적인 비용을 만들어냈다. 기상예보도 다르지 않다. 미국에서 가장 주목받는 통계학자 네이트 실버(Nate Silver)는 스스로 "자유시장 경쟁의 열렬한 팬"이라 부르지만 이렇게 단언했다. "경쟁은 예보를 더 나쁘게 만듭니다."[10]

실버의 분석에 따르면, 가장 큰 세 축인 아큐웨더, 웨더 채널, 국립기상청은 모두 정확성 면에서 "꽤 괜찮은" 수준이었다. 다만 이는 기존의 관측 방식을 충실히 따르고, 예보 기간이 길어질수록 정확도가 떨어진다는 사실을 인정할 때의 이야기다. 대체로 8일, 길어야 10일 예보가 대부분 모델이 예측할 수 있는 최대치였고, 국립기상청 웹사이트도 주간예보까지만 제공했다. 이는 과학적으로도 타당하고 상식적으로도 합리적이며, 경쟁 상대가 없는 국립기상청은 이 원칙을 지킬 수 있었다. 하지만 시청률과 클릭 수를 노리는 웨더 채널은 예보 기간을 15일까지 늘려, 이미 신뢰할 수 없는 영역으로 들어간다. 한편, 아큐웨더는 경쟁에서 이기기 위해 사실상 아무런 의미 없는 90일 예보를 내놓는다.

전문 기상학자들은 이런 행태를 싫어한다. 예컨대 『워싱턴 포스트(Washington Post)』의 기상 전문기자 제이슨 새머노(Jason Samenow)는 이렇게 지적했다. "아큐웨더는 가치가 입증된 적이 전혀 없는 상품을 내놓고 있으며, 그것이 유용하다는 근거를 제시한 적도 없습니다." 워싱턴대학교 대기과학 교수 클리프 매스(Cliff Mass)도 이렇게 잘라 말했다. "이런 예보는 아무런 가치가 없습니다." 문제는 우리가 가진 데이터의 한계와, 2주 뒤 날씨가 결국 1주 뒤 날씨에 달려 있다는 사실에 있다. 주간예보는 어느 정도 맞출 수 있어도, 오차가 2주 예보에서 더 커지고, 그 이후로는 걷잡을 수 없이 불어난다. 미국지구물리학회(AGU)에 글을 기고하는 기상학자 댄 새터필드(Dan Satterfield)는 이렇게 단언했다. "이런 짓은 비판받아야 합니다. 스마트폰에 아큐웨더 앱이 깔려 있다면, 과학을 지지하는 마음으로 다른 걸로 바꾸길 추천합니다."[11]

그러나 아큐웨더가 이런 일을 한 이유는 과학 때문이 아니다. 웨더 채널과의 경쟁에서 이기고, 자사의 고급 기업용 서비스를 위해 고객을 더 끌어들이려는 계산 때문이다. 결국 매출을 위해서다. 그 결과 경쟁이 시장에 내놓는 것은 사실상 사기나 다름없는 상품이다.

이처럼 의도적인 왜곡만큼이나 문제인 것은, 단기예보의 정확성조차 상업적 압력으로 인해 흔들린다는 점이다. 네이트 실버는 "왜 경쟁이 기상예보를 더 나쁘게 만드는가"를 설명하기 위해 '습윤 편향(wet bias)'이라는 개념을 제시했다. 즉 비가 올 가능성을 실제보다 높게 잡는 경향이다. 상업적 예보가 정확성보다 보여주기를 앞세우는 이유는 분명하다. 사람들은 갑작스러운 소나기를 맞는 오보에 크게 분노하지만, 괜히 우산을 챙겼던 일은 금세 잊기 때문이다. 그래서 예보자들은 수치를 슬쩍 조정한다. 실버는 이렇게 썼다. "정부가 제공한 원래 데이터에서 멀어질수록, 그리고 예보가 소비자 친화적일수록 이 편향은 더 심해진다."[12]

배리 마이어스가 무슨 말을 하든, 정부는 기상예보 "사업"에서 손을 떼서는 안 된다. 자유시장은 고객의 눈에 맞추려 예보를 왜곡한다는 사실을 이미 충분히 보여주었고, 소비자를 끌어들이기 위해 합의된 과학의 경계를 넘도록 기업들을 부추긴다. 하지만 과학과 기상 예측 모델, 방대한 데이터 세트만으로는 설명되지 않는 또 다른 이유가 있다. 우리가 기상예보 서비스를 튼튼히 유지하고, 무엇보다 공공의 것으로 지켜야 하는 까닭은 국립기상청의 임무가 곧 사람들의 생명을 구하는 일이기 때문이다. 반면 아큐웨더 같은 기업의 사업모델은 돈을 내는 고객의 생명만 지켜준다.

아큐웨더의 정밀 예보 서비스를 자랑하던 조엘 마이어스(Joel Myers)—아큐웨더의 창립자이자 전 최고경영자, 그리고 배리 마이어스의 형—는 CNBC와의 인터뷰에서 자신들의 예보가 어떻게 유니언 퍼시픽 철도(Union Pacific Railroad)를 큰 손실에서 구했는지 이렇게 말했다. "기차 두 대가 2마일 간격을 두고 멈췄습니다. 그리고 그 사이로 토네이도가 지나가는 걸 지켜봤죠." 놀라운 장면이다. 그러나 그게 가능했던 이유는 유니언 퍼시픽 철도가 유료 고객사였기 때문이다. 이어 그는 이렇게 덧붙였다. "안타깝게도 어느 마을은 우리 고객이 아니었습니다. 그래서 주민 수십 명이 목숨을 잃었죠. 하지만 철도는 아무 피해도 입지 않았습니다."[13]

이 사업모델의 부도덕성은 사람들의 목숨을 구할 수 있는 정보조차 돈을 내지 않으면 알려주지 않는다는 점에서 끔찍하다. 그러나 상황은 더 심각하다. 이 사건에서 국립기상청은 경보를 발령했고, 주민들은 대피했다. 하지만 배리 마이어스와 아큐웨더는 국립기상청이 대중과 소통할 수 있는 범위를 제한하려 했고, 이를 위해 정치자금과 로비스트를 동원했다. 국립기상청에 인명 구조용 경보 앱이 없는 것도 마이어스가 원치 않았기 때문이다. 그것이 곧 경쟁을 의미했기 때문이다. 그런데 트럼프 대통령은 바로 이런 사람을 국립기상청의 책임자로 앉히려 했다.[14]

배리와 그의 형 조엘 마이어스가 기업을 운영하는 방식에서 드러나는 가치관과 태도를, 네이트 실버가 메릴랜드주 국립기상청을 방문

했을 때 보았던 모습과 비교해보자. "캠프 스프링스에서 만난 기상학자
들은 애국적인 사람들이었습니다." 이들은 자신의 역할에 큰 자부심을
느끼며 "기상예보가 농장과 중소기업, 항공사, 에너지 산업, 군, 공공서
비스, 골프장, 소풍, 그리고 아이들이 일상을 이어가는 데 얼마나 중요
한지 기회가 될 때마다 강조했습니다." 실버가 본 열정과 가치, 그리고
마이어스 형제의 그것을 나란히 놓고 생각해보자. 이제 이 공공재를 누
구에게 맡겨야 할까?[15]

25

소멸된 특허가 되살아나는 법

의약품 가격과 특허제도의 해적들

발견과 혁신을 소중히 여긴다면, 그리고 임마누엘 칸트(Immanuel Kant)가 주장했듯이 새로운 발견이 "사회에 공헌하는 봉사"라고 믿는다면, 우리는 열린 지식과 그것의 광범위한 확산을 가치 있게 여겨야 한다. 그러나 동시에 그 발견을 이룬 사람들 역시 존중하며, 많은 천재들이 정당한 보상을 받을 자격이 있다는 것도 알고 있다. 미국 헌법은 이러한 상충하는 요구를 조정하기 위해, 의회에 "작가와 발명가들에게 일정 기간 저작과 발견에 대한 배타적 권리를 보장함으로써 과학과 유용한 예술의 진보를 촉진할 권한"을 부여했다. 여기서 의도를 분명히 짚어야 한다. 이는 개인의 재산권을 보호하기 위한 것이 아니라, 발전을 촉진하기 위한 것이었다. 특허제도가 공공의 필요와 개인의 필요 사이에서 섬세하게 지켜오던 균형이 사적 이해관계로 왜곡

될 때마다, 우리는 진보를 촉진하는 쪽을 택해야 한다.

경제학자 마리아나 마추카토(Mariana Mazzucato)는 특허에 대한 우리의 사고를 본래의 관점으로 되돌릴 수 있는 통찰을 제시한다. 그녀는 특허제도를 "보편적이고 변하지 않는 권리로서의 지적재산 '권리' 방어"가 아니라, "일련의 정책 선택을 바탕으로 한 계약 혹은 거래"로 이해해야 한다고 주장한다. 특허의 소유주는 사회와 조건부 거래를 맺는 것이다. 그는 일정 기간 정부가 보장하는 독점적 지위를 얻는다. 그러나 그 대가로 자신의 발명을 공개해야 하며, 결국 그것이 공공재로서 열린 지식의 일부로 편입된다는 사실을 받아들여야 한다.[1]

시간이 흐르면서, 불행히도 이 균형은 민간부문 쪽으로 기울었다. 우리는 특허제도의 목적이 본래 공공재가 아니라 언제나 재산권 보호였다고 가정하기 시작했다. 마리아나 마추카토는 "기업가들을 부의 창출자로 보는 현재의 지배적 서사가 특허제도의 균형을 지식 확산에서 사적 보상으로 옮겨 놓았다"고 지적한다. 이제 특허제도는 지식을 촉진하기보다 확장을 억제하는 쪽에 더 많은 힘을 쏟고 있다. 특허 괴물(patent trolls)은 모호한 "발견"에도 쉽게 특허를 취득할 수 있는 환경에서 번성한다. 미국 특허청이 반복적으로 예산을 삭감당한 탓에, 폭증하는 특허출원을 심사할 인력은 줄고 전문성도 부족해졌다. 일이 쌓이고 규제는 완화되면서, 심사관들은 미심쩍은 신청도 승인할 수밖에 없고, 나중에 법원이 해결해주기를 바랄 뿐이다. 물론 이는 비용을 다른 쪽으로 떠넘기는 것에 지나지 않는다.

더구나 우리는 광범위한 로비 끝에 민간기업들이 특허법을 다시 쓰고, 무엇을 사적 영역으로 묶을 수 있는지 그 경계 자체를 재정의하도록 허용했다. 1980년 제정된 '베이-돌 법(Bayh-Dole Act)'은 단순한 제품뿐 아니라 유용한 목적에 쓰일 수 있는 아이디어와 발견에도 특허를 사실상 허용했다. 특허의 범위가 바뀌는 동시에, 특허 독점이 얼마나 오래 유지될 수 있는가에 대한 기업들의 기대도 변했다. 그리고 그 선두에 선 것은 대형 제약사들이었다. 1980년대 초반, 이들 제약사들은 제네릭 의약품(복제 의약품)을 장려하기 위해 1984년 제정된 '해치-왁스만 법(Hatch-Waxman Act)'●의 개정을 두고 치열하게 로비했다. 제네릭 제약업계를 대표하는 한 특허 변호사는 "브랜드 제약사들은 새로운 약을 발명하기보다는 기존 약의 제네릭 출시를 부당하게 지연시키는 방법을 찾는 편이 훨씬 수익성이 크다는 사실을 깨달았다"고 지적했다. 결국 이 법은 공정한 경쟁의 장을 마련하기는커녕, "수십 년 동안 브랜드 제약사들이 해치-왁스만 법의 조항을 교묘히 이용해 경쟁을 지연시키는 도구"가 되고 말았다.[2]

그 결과로 가격은 오르고 혁신은 줄어들었다. 다만 제네릭 의약품의 시장 진입을 지연시키는 전술만큼은 예외였다. 대형 제약사들은 위임 제네릭(authorized generics), 역지급 합의(pay for delay), 제품 갈아타기(product hopping), 시민청원(citizen petitions) 같은 다양한 방법을 고안했다. 2017년, 앨러간(Allergan)은 안구건조증 치료제 레스타시스(Restasis)의 특허를 세인트 레지스 모호크(Saint Regis Mohawk) 부족에 귀속시켜―부족의 주권 면책권을 이용해―미국 특허법을 회피하려 했으

● 제네릭 의약품의 시장 진입을 촉진하기 위해 제정된 미국 연방법이다. 하지만 브랜드 제약사가 오렌지북(Orange Book, 특허가 등재된 오리지널 의약품 목록) 특허를 이용해 제네릭 허가를 최대 30개월 지연시키는 등 독점 연장의 수단으로 악용돼왔다는 비판을 받는다.

나, 법원이 이를 기각했다.[3]

그러나 독점권을 연장하는 수많은 전술 가운데 가장 널리 쓰이는 것은 '에버그리닝(evergreening)'이다. 해치-왁스만 법이 특허 갱신의 작은 틈을 열자, 제약사들은 그 문을 활짝 열어젖혔다. 전형적인 방식은 약물 자체, 제조 공정, 또는 전달 방식에 사소한 변화를 가하고 이를 구실로 새로운 특허를 출원하는 것이다. 출원만으로도 연방 차원의 보호가 발동되기에, 제약사들은 수십, 수백 건을 반복적으로 제출한다. 브랜드 제약사들이 인기 의약품을 '에버그린' 상태로 붙잡아두려는 규모는 압도적이다. 한 연구에 따르면, 미국 내 상위 12개 브랜드 의약품이 각각 평균 125건의 특허출원과 연관돼 있었다. 이는 평균 38년의 특허 보호를 시도하는 전략으로, 법이 허용하는 기간의 거의 두 배였다. 미국에서 가장 많이 팔린 브랜드 의약품인 관절염 치료제 휴미라(Humira)는 무려 247건의 특허출원으로 둘러싸여 있었으며, 이는 제네릭 경쟁 없이 39년을 버티려는 기업의 계획을 보여준다. 2002년 이후 휴미라의 가격은 144퍼센트나 상승했다.[4]

그러나 이 가격 인상은 비교적 얌전한 편이다. 2015년, 튜링제약(Turing Pharmaceuticals, 현 비에라제약)이 다라프림(Daraprim) 한 알 가격을 13.5달러에서 750달러로 올려 세상을 떠들썩하게 만든 사례는 이미 잘 알려져 있다. 또 다른 예로는 C형 간염 치료제 소발디(Sovaldi)가 있다. 소발디는 12~24주 치료 기준으로 8만 4,000달러에 출시되었다. 지난 10년 동안 약값은 전체적으로 세 배가 뛰었고, 업계 애널리스트들은 앞으로 10년 안에 최소 두 배는 더 오를 것이라고 전망한다. 이게 심각한 문제라는 건 누구나 알고 있다. 당뇨 환자 네 명 중 한 명은 인슐린 값을 감당하지 못해 필요한 양보다 적게 쓰며 버티고 있다. 생명을 이어주는 약인데도, 가격 때문에 줄여 쓰는 것이다. 병원들도 비싼 약에 대한 접근을 제한하고 있다. 유타대학교병원은 심정지나 심근경색 환자 치료에 쓰이는 심장약 이소프로테레놀(Isoproterenol)의 연간 비용이 30만 달러에서 190만 달러(1회 투여당 440달러에서 2,700달러)까지 치솟자, 어쩔 수 없이 과감한 결정을 내렸다. 병원 의약품정보국장 에린 폭스(Erin Fox)는 이렇게 설명한다. "우리는 응급 카트 100대에서 이소프로테레놀을 뺄 수밖에 없었습니다. 대신 각 병동 약국의 예비상자에 이 약을 넣어두고 정말 급할 때만 쓰도록 했습니다. 환자 진료에 차질을 주지 않으면서 비용을 줄이기 위해서였습니다." 우리 이웃들은 약을 사기 위해 캐나다나 멕시코로 원정을 떠나거나, 위험을 무릅쓰고 불법 온라인 공급자에게 의지한다. 모두가 이게 잘못됐다는 사실을 알고 있다. 다만 이럴 필요가 없다는 사실을 깨닫는 데 너무 오랜 시간이 걸렸다.[5]

의약품 가격 문제에 아무런 조치도 취하지 않는 것은 '가격을 규제하거나 통제하면 혁신이 사라진다'는 주장에 뿌리를 두고 있다. 이 주장은 자유시장이 혁신적 의약품을 만들어내는 주요 동력이라는 가정을 전제로 한다. 그러나 이는 사실이 아니다. 공공과 제약업계가 맺어온 오랜 파트너십은 이 주장이 얼마나 허구인지 잘 보여준다. 제약산업은 1930년대 이후 약 9,000억 달러에 달하는 공적 자금이 유입되지 않았다면 애초에 존재할 수 없었을 것이다. 1980년대, 업계가 정부로부터 더 많은 혁신을 유도하겠다며 각종 보호를 받게 된 이후에도 공적 자금은 계속 투입되었다. 2010년에서 2016년 사이 FDA가 승인한 210개 신약은 모두 국립보건원의 지원을 받았다. 총 1,000억 달러 규모의 연구비가 투입된 과정에서 약 11만 8,000건의 연구 프로젝트 보조금이 활용되었으며, 이는 신약 개발이 얼마나 복잡하고 방대한 과정을 거치는지 보여준다. 다른 위대한 성취들과 마찬가지로, 이런 결과는 광범위한 지원과 막대한 자원이 뒷받침될 때만 가능하다. 단일 민간기업이 홀로 이런 규모를 감당하는 경우는 거의 없다.[6]

1회 투여당 1,000달러에 달하는 C형 간염 치료제 소발디와 그 후속 약 하보니(Harvoni)는 국립보건원과 보훈부 자금이 지원된 연구에서 발견된 화합물에서 출발했다. 공공부문은 이 연구에 약 3억 달러를 투입했고, 길리어드(Gilead)가 후속 연구를 맡아 시장 출시로 이어졌다. 기업의 역할이 없었던 것은 아니지만, 훨씬 작은 몫이었다. 진정한 돌파구는 화합물의 발견이었고, 이는 민간부문이 감당하기엔 위험부담이 지나치게 큰 연구 유형이었다. 그러나 기초가 마련되자 기업과 투자자들이 줄줄이 몰려들었다. 가격 책정 가능성을 고려하면 투자자들 입장에서는 망설일 이유가 없었던 것이다. 길리어드는 출시 후 불과 3년 만에 450억 달러의 매출을 올렸다. 공공이 투입한 3억 달러보다 길리어드가 더 많은 연구개발비를 썼다고 상상하기는 어렵다. 그리고 대형 제약사에 관해 우리가 확실히 아는 사실 하나는, 이들이 연구개발(R&D)보다 마케팅에 더 많은 돈을 쓴다는 점이다.[7]

대형 제약사들은 이제 철저히 금융화되었고, 월스트리트 생태계에서 중요한 역할을 맡고 있다. 이들은 생명공학 자체에는 관심이 없으면서도 돈에는 끝없는 관심을 가진 사모펀드와 헤지펀드를 끌어들이는 미끼다. '파마 브로(Pharma Bro)'라 불린 마틴 슈크렐리(Martin Shkreli)는 감옥에 가기 전까지 이 현상의 대표적인 얼굴이었다. 그와 같은 부류는 제약업계에서 하나의 승리 공식을 보았고, 이는 학술 출판사나 아큐웨더가 써먹은 방식과 크게 다르지 않다. 우선, 공공이 자금을 지원해 만들어낸 유용하고 중요한 지식을 찾아낸다. 그리고 그것을 공짜로 가져간다. 그다음 정부의 보호를 얻어 "혁신"이라는 이름을 붙인다. 마케팅에 돈을 쏟아붓고 투자자를 끌어들인다. 특허 덕분에 사람들이 돈을 낼 수밖에 없음을 알기에 터무니없이 높은 가격을 책정한다. 공공이 이미 다음 혁신을 준비하고 있으니, 벌어들인 수익을 R&D에 투입하지 않아도 된다는 확신도 있다. 결국 투자자들은 든든한 보상을 받는다.

　　대형 제약사들은 이 공식을 타고 15~20퍼센트에 달하는 이윤율을 올리면서, 고객들에게는 약값 폭등과 그로 인한 고통을 혁신의 대가라며 떠넘긴다. 하지만 그들이 출원하는 특허의 74퍼센트는 사실상 변주에 불과하다. 기존 약에 새로운 전달 방식이나 다른 용량, 혹은 약간 바뀐 제조 공정을 덧붙인 것뿐이다. 진짜 혁신은 여전히 공공에서 나온다. 새로운 '우선 심사(priority rating)' 화합물, 즉 가장 획기적인 신약 가운데 약 75퍼센트가 국립보건원 지원연구에서 비롯된다.[8]

　　공공은 연구와 혁신을 포기하지 않았다. 포기한 쪽은 민간 제약사들이다. 이들은 월스트리트식 바이러스에 감염되어, 실제로 무언가를 창조해서 얻는 수익보다 이자, 지대, 특허, 시장 조작, 착취로 생기는 돈을 우선시한다. 가장 중요한 치료제를 가능케 한 연구에 이미 한 차례 비용을 부담한 공공은, 그 지식을 공공재로 간주하고 권리를 주장할 정당한 자격이 있다. 더구나 오늘날 문제를 낳은 바로 그 법률 속에도 핵심적인 해법이 포함돼 있었지만, 줄곧 외면당해왔다. 1980년 제정된 베이-돌 법은 공공자금이 투입된 연구에 대한 통제권을 상실했을 때를 대비해, 중요한 제품에 가격 상한을 둘 수 있도록 했다. 그러나 이 조항은 단 한 번도 발동된 적이 없다.[9]

혁신이 실제로 어떻게 일어나는지 직시한다면, 즉 공공연구와 민간의 후속 연구가 결합해 얼마나 중요한 발명이 탄생하는지 살펴본다면, 우리는 공익이 불변의 재산권에 희생되어야 한다는 시각을 버릴 수 있을 것이다. 공공은 이런 유용한 발명에 공헌했으므로 접근 방식에 대해서도 발언권을 가져야 한다. 자유시장을 신앙처럼 떠받드는 지금 시대가 오기 오래전부터, 우리는 공공이 특허를 사용할 권리를 인정해왔다. 현행법상 정부는 공공의 필요에 따라 제네릭 의약품을 직접 생산하거나 생산을 위탁할 권리를 가진다. 특허권자에게 "합리적이고 완전한 보상"을 지급해야 하되, 그 액수는 협상하거나 법정에서 다툴 수 있다. 그러나 특허로 보호되는 공공재에 대한 접근권 자체는 부정할 수 없다. 이 권리는 실제로 존재하며, 미국 법에 명문화되어 있다. 다만 오늘날 사적 이윤에 대한 맹목적인 집착 탓에 이 권리가 활용되는 경우는 극히 드물다.[10]

몇 가지 예외는 있었다. 군은 야간투시경과 무연 탄환에 대해 '정부 특허 사용권(Government Use License)'을 행사했고, 재무부는 승인 없이 특허받은 소프트웨어를 사용했다. 특허권자들은 사용료를 받아 큰 돈을 벌었고, 자유시장이 무너지지도 나라가 사회주의로 바뀌지도 않았다. 군인과 회계 담당자들을 위해 이런 권리를 쓸 수 있다면, 제약 연구에 세금을 대는 시민들을 위해서도 마땅히 쓸 수 있다. 사실 정부가 가진 특허 사용권이 지닌 힘을 살짝 보여주기만 해도, 실제로 권리를 발동할 필요조차 없을 수 있다. 2001년 탄저균 공포가 닥쳤을 때, 보건복지부 장관 토미 톰슨(Tommy Thompson)은 유일한 탄저균 치료제인 바이엘 (Bayer)의 시프로(Cipro)를 비축하려 했다. 바이엘은 처음에는 생산량 확대 요청을 거부했고, 이어 터무니없는 가격을 내걸었다. 그러나 톰슨 장관이 정부 특허 사용권을 행사할 뜻을 내비치자 회사는 태도를 바꿨다. 결국 공공은 시중 가격의 절반으로 필요한 물량을 확보할 수 있었다.[11]

그런 단호한 조치를 다시 볼 수 있을까? 오늘날 공화당은 정반대 방향으로 내달리고 있다. 트럼프 대통령은 약값을 낮추겠다는 말을 쏟아냈지만, 정작 보건 관련 행정부 요직에 무려 16명의 제약업계 내부자를 임명했다. 보건복지부 장관 톰 프라이스가 업계와의 유착 스캔들로 물러난 뒤에도, 트럼프는 물러서기는커녕 대형 제약사와의 유착을 강화했다. 후임으로 앉힌 이는 일라이 릴리(Eli Lilly) 사장 알렉스 아자르(Alex Azar)였다. 당시 아자르가 이끌던 회사는 인슐린 가격 급등과 담합 혐의 소송으로 곤혹을 치르고 있었다. 새 장관이 값싼 약에는 관심이 없다는 점을 간파했는지, 트럼프는 자신이 즐겨 쓰는 정책 수단으로 돌아섰다. 바로 뻔뻔한 거짓말이었다. 2019년 그는 "내 행정부 덕분에 약값이 51년 만에 처음으로 내려가고 있다"고 말했다. 그러나 직전 해에만 4,412 종의 브랜드 의약품 가격이 올랐고, 가격이 내려간 것은 46종에 불과했다.[12]

트럼프가 거짓말까지 해야 했다는 사실은 우리에게 분명한 교훈을 준다. 우리는 모두 본능적으로 지금의 상황이 잘못됐음을 알고 있다. 우리는 이미 그 연구비를 냈다. 그럼에도 제약 자본가들은 본래 공공의 이익을 위해 만들어진 특허제도를 이용해 사적 이익을 취하고 있다. 그 지점에서 잘못은 훨씬 더 심각해진다. 게다가 정치인들이 이 문제를 해

  "돈이 흘러넘쳐요"

결할 수 있는 수단을 오래전부터 가지고 있었음에도 행동하지 않았다는 사실이 그 부조리를 한층 더 깊게 만든다.

정치적 의지의 부재는 '혁신이 오직 경쟁과 느슨한 규제를 받는 기업에서만 나온다'는 뿌리 깊은 믿음과 맞닿아 있다. 이 믿음 때문에 비밀스럽게 운영되는 차터 스쿨, 공공 고등교육의 예산 삭감, 터무니없이 비효율적인 연구 출판 체계, 국립기상청에 대한 공격, 그리고 비양심적인 약값 책정이 나타났다. 그러나 지식과 진정한 혁신의 탄생에서 중요한 역할을 해온 것은 공공이다. 공공은 자원을 가지고 있을 뿐 아니라 위험을 감수할 의지도 있다. 더 나아가, 소수만 배를 불리는 해법이 아니라 모두에게 혜택을 주는 해법을 찾을 수 있는 강점도 있다. 약값 문제와 마찬가지로 그런 해법은 이미 가까이에 있다. 하지만 먼저, 이 책의 서두에서 말했듯 담론을 바꿔야 한다.

진짜
공공의 길

–

공동체의 의미,
공공재가 회복되는 법

이 책은 권력을 다룬다. 우리 모두에게 중요한 것들, 우리가 필요로 하고, 건강과 삶과 경제적 안정, 그리고 민주주의에 참여할 수 있는 능력에 필수적인 것들에 대한 권력 말이다. 이렇게 분명한 필요가 있는데도, 우리의 정치는 오래도록 이런 영역에 공적 권력이 개입하는 건 위험하다는 이론, 자유가 오직 자유시장에서만 보장된다는 믿음에 사로잡혀 있었다.

또한 이 책은 우리가 그 이론에 동의할 때 어떤 일이 벌어지는지 다룬다. 정치학자 코리 로빈(Corey Robin)이 지적했듯이 논점을 "자유시장이라는 추상적 개념에서 현실 속 기업가가 휘두르는 구체적인 권력으로 옮겨야" 한다. 공공재를 통제하게 된 기업의 권력은 압도적이다. 그들은 사람들을 가두고, 유사 사법체계로 밀어 넣으며, 생명을 구할 수 있는 치료를 거부하고, 중요한 정보를 유료 장벽 뒤에 숨긴다. 또한 빈곤층 지원금에서 자금을 빼내 부유한 투자자에게 넘기고, 정부의 손발을 묶으며, 우리의 헌법적 권리를 훼손한다. 공공재에 대한 권력을 자유시장에 넘기는 것은 권력을 분산하지 않는다. 오히려 권력을 민간부문에 집중시켜 책임 없는 힘으로 바꿔버린다.[1]

그러나 이 책의 교훈이 단순히 민간기업이 지나치게 강한 권력을 쥐고 있거나 공공재를 통제한다는 사실로만 귀결되어서는 안 된다. 핵심 요점도 단순히 우리가 정부의 재정을 고갈시켰다거나, 전면적인 규제 완화를 묵인했다거나, 공공재를 민영화하는 무모한 실험에 동의했다는 데 머물러서는 안 된다. 이런 크고 작은 결정들은 실제 권력을 실제 기업가들에게 넘겨준 것이다. 이 책의 가장 중요한 교훈은 우리가 사기업에 그 권력을 넘겨주었듯이 **되찾을 수도 있다**는 것이다.

우리가 공공재에 대한 통제권을 돌려받고, 정치철학자 마이클 샌델이 말하는 "시장 사회(market society)"를 거부한다면, 우리는 공적 가치를 기반으로 하고 모두에게 공공재를 보장하려는 약속에 헌신하는 사회를 새로 세울 놀라운 기회를 얻을 수 있다. 그리고 공공재에 대한 접근권을 넓힐수록 서로 간의 연대도 더욱 굳건해진다. 공중보건, 핵심 인프라, 물, 교육, 그리고 민주주의 자체처럼 우리 모두에게 필요한 것들을 두고 벌어지는 민영화와 시장 경쟁을 제한할 때, 우리는 모두 더 나은 삶을 누릴 수 있다.

공공이 통제하는 사회는 자유시장이나 우리에게 필요한 제품과 서비스를 만들어내는 민간기업의 역할을 완전히 지워버린 사회가 아니다. 친공공적인 사회란, 단지 시장이 공공재를 좌지우지할 권력을 민간의 손에 넣지 못하도록 보장하는 사회일 뿐이다. 민주적이고 친공공적인 사회는 숙의와 토론, 논쟁을 거쳐 무엇을 공공의 통제 아래 두고 무엇을 자유시장의 경쟁에 맡겨야 할지 결정하는 사회다. 이는 실용적 판단이기도 하다. 어떤 일들은, 예를 들어 정부 규모에서만 수행할 수 있기 때문이다. 그러나 동시에 그것은 가치의 문제이기도 하다. 우리가 내리는 공적 결정은 곧 우리가 무엇을 중요하게 여기는가를 드러낸다.

공공재에 대한 우리의 정의는 몇 가지 단순한 개념으로 요약된다. 공공재란 우리가 직접 사용하지 않아도 모두가 혜택을 누리는 것들이다. 교육, 대중교통, 사회안전망, 사법제도 등이 그 예다. 물과 깨끗한 공기처럼 생명에 필수적인 것들이 있으며, 전기나 갈수록 중요해지는 광대역 인터넷 서비스처럼 삶의 질을 넓고 근본적으로 개선하면서 누구도 배제되어서는 안 되는 것들도 있다. 공공재는 우리의 상호연결성과 상호의존성을 인정하게 하고, 우리를 더욱 건강하고, 공정하며, 연민 깊고, 민주적인 공동체로 만들어준다.

앞으로 가야 할 길

조 바이든 대통령이 취임 후 가장 먼저 내린 조치 가운데 하나는 연방 민간 교도소 사용을 단계적으로 중단하는 행정명령에 서명한 것이었다. 그러나 기존 계약을 곧바로 취소하지는 않았다. 계약은 우리의 손발을 묶는다. 한 정권이 맺은 계약은 다음 정권이 그 정책을 이어가도록 강제하거나, 적어도 되돌리기 어렵게 만드는 수단이 된다. 같은 이유

진짜 공공의 길

로 바이든 대통령도 민간 이민자 수용소 사용을 막지 못했다. 그럴 수 없었던 것이다. 연방 정부는 이미 이민자 구금 문제에서 민간기업에 깊이 의존하고 있고, 수용소를 구금자로 채우도록 하는 법적 요건과 이윤 추구 형성에도 직접 관여해왔다. 수감은 과연 민영화되어야 할까? 국경을 넘은 이들을 애초에 가둬야 할까? 이런 중요한 질문들은 뒷전으로 밀려났다. 민영화된 이민자 구금이 이제는 제도의 일부로 굳어져버렸기 때문이다.

따라서 민영화에 대한 여론이 점점 부정적으로 바뀌고 있지만, 민영화를 뿌리 뽑기는 쉽지 않다. 특히 주와 지방정부가 코로나19로 인한 경제적 파괴에 대처하면서도 예산을 잠식하는 각종 감세 정책을 유지해야 하는 상황에서는 더욱 그렇다. 『인프라메이션 뉴스(Inframation News)』의 기자 앤드루 비텔리(Andrew Vitelli)는 한 교통 투자자의 말을 인용해 이렇게 전했다. "코로나19 이후에는 근본적인 변화가 일어날 것입니다. 주와 지방정부 재정이 초토화된 상태에서 비롯될 변화입니다." 역사적으로 이런 상황은 더 큰 민영화로 이어졌다. 책임 있는, 완전히 재정이 뒷받침된 예산을 마련하는 것보다 민영화가 훨씬 손쉬운 선택이기 때문이다. 그러나 공공재에 대한 통제를 민영화할지 유지할지는 편의나 환경, 기회주의에 따라 결정되어서는 안 된다. 이 중요한 결정은 우리가 무엇에 가치를 두고, 무엇을 공공재로 이해하는지에 기초해 이루어져야 한다.[2]

되찾기: 공공재에 대한 공적 통제를 회복하기 위한 여섯 단계

공적 가치에 뿌리를 둔 사회와 시민성이라는 새로운 구상이 앞으로 나아갈 길이다. 그러나 구상만으로는 부족하다. 공적 가치에 대한 공동의 헌신이 필요하며, 이 가치들을 법과 정책, 제도, 통치 관행, 그리고 정부 각 수준의 의사결정 체계에 뿌리내리게 할 수 있는 움직임이 필요하다. 그리고 이러한 체계에 끊임없이 대응하고, 다듬으며, 개선해 나가야 한다.

1단계 | 공공의 정의: 우리 모두다

우리는 모두 기여하고, 모두 혜택을 누린다. 공공재에 관한 결정을 내릴 때는 누구도 배제되지 않도록 언제나 힘써야 한다. 시장이 우리를 갈라놓듯이 공중을 승자와 패자로 나눌 수는 없다. 무엇을 공공재로 인정해야 하는지 결정하는 과정에서 대화와 토론, 의사결정이라는 민주적 절차에서 공중의 구성원들을 배제할 수 없다.

반드시 배제를 피해야 한다. 그것이 옳은 일이기 때문만이 아니라 우리가 근본적으로 서로 연결되어 있기 때문이다. 표적 마케팅, 게이티드 커뮤니티, 스마트폰, 그리고 이념적·인종적·경제적 분리로 인해 현대 사회는 우리가 서로에게서 독립적인 척하기 쉽게 만들었지만, 우리의 상호의존성은 오히려 더 커졌다. 세계화, 한정된 자원, 환경적 영향, 통합된 경제 때문이다. 우리의 선택은 타인에게 영향을 미치고, 따라서 우리는 다른 사람에게 책임을 져야 한다. 마찬가지로 그들도 우리에게 책임을 진다.

민영화는 인종차별로 막대한 추진력을 얻었다. 아프리카계 미국인들이 선거권을 획득하고, 분리된 공간에 접근할 수 있게 되며, 공공의 혜택을 누리게 되었을 때, 미국 사회의 인종차별적 핵심은 공공재를 폄훼하는 방식으로 반발했다. 공공재는 실제와 달리 백인이 흑인에게 베푸는 것으로 잘못 인식되었고, 이 인종차별적 집단은 동시에 자신들 또한 공공재의 수혜자임을 부정했다. 우리가 진정한 공중이 되려면 공공재 자체뿐 아니라 그것에 대한 권력도 함께 공유해야 한다. 따라서 우리는 공적 영역 전반에서 이루어지는 인종차별과 마주해야 한다. 예산이 부족한 학교, 납이 섞인 상수도, 고등교육 접근 제한, 주택 소유 제약, 의료 접근 부재 등 모든 사례의 중심에는 반공공적 사고와 인종차별적 구조가 자리 잡고 있다.

민영화는 또한 소비주의로부터도 큰 힘을 얻는다. 대량생산과 대규모 마케팅은 삶에서 필수적이지 않은 욕망을 충족시키는 데는 효율적이지만, 우리는 그것이 기본적인 공공재에도 동일하게 작동할 것이라고 잘못 가정한다. 민주당과 공화당 지도자들은 이를 악용해 우리를 시민이 아니라 단순히 공공서비스의 소비자로 취급했다. 역사학자 리자베스 코언(Lizabeth Cohen)은 획기적인 저서 『소비자의 공화국(A Consumers' Republic)』에서 "시장 관계가 시민이 정부와 맺는 관계의 기본 틀이 되었다"고 썼다. 예컨대 빌 클린턴의 '정부 재창조(Reinventing Government)' 구상은 미국 국민과의 '고객 서비스 계약'을 내세웠다. 그러나 이런 틀은 반드시 바뀌어야 한다.[3]

민간기업이 우리를 소비자로 취급하며 공공재를 팔도록 내버려두어서는 안 된다. 자유시장은 배제를 만들어낼 수밖에 없기 때문이다.

학교 선택제는 곧 분리 정책으로 전락했고, 공원과 고속도로는 일반 서비스와 고급 서비스로 갈라졌다. 전국적인 보건 위기 속에서는 인공호흡기가 가장 높은 값을 부른 이에게 돌아갔다.

우리가 공공재를 누리고 싶다면, 모든 사람을 포괄하는 공공의 일원이 될 각오가 필요하다. 이는 곧 우리 자신을 위해 싸우는 것만큼이나 치열하게, 공공재에 대한 권리를 모든 사람이 가질 수 있도록 싸워야 한다는 의미다.

2단계 | 공공이 결정하게 하라

민주주의에서는 시장이 아니라 공공이 무엇을 공공재로 볼 것인지 결정한다. 콜로라도주의 여러 도시 시민들은 공공 광대역 서비스 도입을 둘러싼 주 차원의 장벽과 기업의 반대를 극복하며 공공재를 규정했다. 다섯 개 주의 유권자들은 주 정부가 반대해온 메디케이드 확대안을 투표로 승인하면서, 보건의료를 공공재로 보는 가치관을 규정하고 받아들였다. 도시들이 대중교통은 승객을 소비자로 취급해서는 안 된다고 결정했을 때, 그들은 '도시에 관한 권리'를 인정하고 새로운 경제적 기회를 창출했다.

이것은 상명하복의 권위주의 체제에서 비롯된 행위가 아니라, 시장경제 체제의 민주 시민들이 공공재에 대한 통제권을 행사한 사례다. 공공을 우선시하는 사회는 이러한 행동이 지속적인 공공의 대화와 숙의 공간을 필요로 한다는 점을 인정할 것이다. 이상적으로는 사실과 가치가 이러한 대화를 이끌어야 하며, "시장"에 호소하거나 정부가 아무것도 하지 못한다고 주장하는 식이어서는 안 된다. 대화는 정부의 크기나 누군가의 이익 침해 여부가 아니라, 해당 정책이 공공재를 포함하는지, 따라서 공공이 통제권을 확보하거나 유지해야 하는지를 중심으로 이루어져야 한다.

이제 이러한 논의를 정치권 내부와 기업 이사회 회의실 바깥으로 끌어내야 한다. 그리고 공공이 스스로 결정할 수 있도록 하는 제도와 절차를 적극적으로 만들어야 한다. 때로는 그 결정이 투표함 앞에서 이루어질 수도 있고, 때로는 의회에서 이루어질 수도 있다. 그러나 모든 경우에 중요한 것은 기술, 인구, 경제, 문화의 변화—또는 코로나19와 같은 위기—가 '무엇이 공공재여야 하는가'를 둘러싼 새로운 논의를 촉발할 수 있다는 사실을 인식하는 일이다.

3단계 | 우리가 중시하는 것에 돈을 쓰자

민영화를 지지하는 주장은 대개 "공공은 돈을 낼 필요가 없다"는 약속으로 시작해 그 약속으로 끝을 맺는다. 즉, 돈을 들이지 않고도 우리가 필요로 하고 소중히 여기는 것들을 누릴 수 있다는 주장이다. 그러나 이는 결코 사실이 아니다. 우리는 언제나 비용을 부담한다. 세금을 통해서든 요금을 통해서든 지금 내든 나중에 내든, 우리가 원하는 것들의 비용은 결국 모두 함께 지게 된다. 민간부문의 효율성은 흔히 절감을 약속하지만, 실제로는 부풀려진 임원 연봉과 '행정비용' 속에 사라진다. 기업들이 불황기에도 공공수익을 보장받는 계약 특약을 끼워 넣을 수 있다는 사실을 깨달은 순간, 이윤추구는 거스를 수 없는 동력이 된다.

그러나 우리는 시민으로서 비용을 낼지, 아니면 소비자로서 비용을 낼지 선택할 수 있다. 시민이라면 모든 사람이 공공재를 동등하게 이용할 수 있도록 보장하는 데 관심을 기울여야 한다. 이는 우리가 가치 있게 여기는 것들을 세금을 통해 부담한다는 의미다. 그리고 세금 제도 는 고통스럽지 않을 만큼 충분히 누진적이어야 하고, 모든 사람이 제 몫을 감당할 수 있을 만큼 폭넓어야 한다. 우리는 납세가 징벌이 아니라 시민의 책임이라는 사실을 정치지도자들에게 끊임없이 상기시켜야 한다. 따라서 세제 개혁은 '투자로 얻은 소득을 노동으로 얻은 소득보다 낮은 세율로 과세하지 않는다'는 생각에서 출발해야 한다. 또한 천문학적으로 높은 소득에는 더 높은 세율을 부과해야 한다. 이는 국가로부터 가장 많은 혜택을 누린 이들에게 그만큼 더 크게 환원하라고 요구하는 방식이다.

우리는 공공재에 어떻게 돈을 낼 것인가뿐 아니라, **언제** 낼 것인가에도 관심을 가져야 한다. 일찍 투자할수록 사회적·경제적 혜택과 다른 이익들을 거둘 수 있다. 치과 진료를 미루면 나중에 이를 잃는다. 지붕이 새는데 지금 고치지 않으면, 나중에 지붕 전체를 교체해야 한다. 지금 교육에 더 투자하면, 나중에는 교도소에 덜 지출하게 된다. 지금 몇십억 달러를 들여 다음 팬데믹에 대비하면, 경제를 봉쇄하는 바람에 수조 달러를 잃는 사태를 막을 수 있다. 이것이 상식이다.

2011년, 미시간주 플린트시의 주 비상 행정 책임자는 2,500만 달러의 재정적자에 맞닥뜨렸다. 그는 긴축 재정의 각본에 따라 디트로이트에서 끌어오던 수돗물 공급을 중단하고, 대신 인근 플린트강의 값싼 오염수를 사용했다. 그러나 제대로 정수되지 않은 물이 도시의 낡은 배관을 지나며 납을 용출시킴으로써 시민들의 납중독 피해를 키웠다. 그 결과로 미시간주 납세자들은 플린트 주민들을 대리한 소송의 합의금으로 6억 달러를 부담하게 되었고, 일부 어린이들은 평생 납중독에서 회복하지 못할 것이다. 긴축은 매우, 매우 비쌀 수 있으며 헤아릴 수 없이 큰 인적 비용을 낳을 수도 있다.[4]

시민으로서 우리는 서로를 돌보고 우리의 몫을 치른다. 우리는 세금에 대해 현명해지고, 필요한 세입을 줄이지 않으면서도 정부지출을 관리해 기본적 필요를 충족시키고 시민들이 고립되지 않게 할 수 있다. 그러나 공공재를 위해서는 언제나 비용을 치러야 한다. 사실, 그 일을 할 수 있는 사람은 우리뿐이다.

4단계 | 자유를 자유시장에 가두지 말라

민영화는 부분적으로 공공의 대안과 프로그램으로 통하는 문을 닫고, 민간부문과의 공적 "경쟁"을 제거하도록 설계되었다. 그리고 이 설계는 지금까지 상당한 성공을 거두었다. 대규모 외주화는 긴축정책과 맞물려, 정부가 체결한 계약과 그 범위를 제한하는 규정들에 묶여 제 기능을 다하지 못하는 공동화된 정부를 낳았다.

친시장 정책을 자랑스럽게 내세우는 정치인들은 실제로는 기업의 심부름을 하다가 결국 경쟁을 제한하는 결과를 낳는다. 이들은 정실 자본주의의 일종을 만들어내고, 그럴듯하게 "국가 독점"을 해체한다고 말하면서 실제로는 민간 독점을 만들어낸다.

상업적 기상 기업들은 국립기상청이 자체 공공 기상 앱을 만들지 못하도록 성공적으로 방해했다. 민간 의료보험사는 공공 의료보험 옵션을 차단했다. 미국은행협회(ABA)와 다른 금융업계 단체들은 우체국 은행을 가로막았다. 그리고 이른바 '프리 파일 얼라이언스(Free File

Alliance)'는 국세청이 온라인 세금 신고 서비스를 제공하지 못하게 제한해왔다.

이런 기업들은 중개자가 되어 수익을 얻는데, 공공이 얼마든지 이들을 대체할 수 있다는 사실은 그들의 존재 가치 자체를 의심하게 만든다. 우리가 정말로 자유시장이 효율성을 낳는다고 믿는다면, 공공재와 우리 사이에 끼어들어 비효율을 강요하는 기업들을 더 이상 떠받쳐서는 안 된다. 더구나 공공부문에는 공공서비스를 개선할 수 있는 엄청난 창의력이 잠재되어 있다. 그러나 우리는 이 창의성을 활용하기는커녕, 상상력이라고는 없는 기업들을 보호하기 위해 공무원들의 훌륭한 아이디어를 밀어내왔다. 이제 그만둘 때다.

5단계 | 공공을 위한 기준과 규칙을 만들고 집행하라

무엇을 공공재로 간주할지 결정하고 기본기준을 세웠다면, 그것이 실제로 이뤄지는 것은 절차와 규정, 그리고 엄격한 시행을 마련한 뒤다. 공공재에 대한 공적 통제권을 확보하는 일은 힘겨운 통치의 과업이지만, 절대적으로 중요하다.

전국의 정부 기관들은 매년 2조 달러에 달하는 상품과 서비스를 구매한다. 전투기부터 청소용역, 코로나19 백신에 이르기까지 다양하다. 지방정부, 주 정부, 연방 정부의 기관들은 우리 경제 전반을 아우르는 규정과 기준을 채택한다(그리고 그 가운데 상당수, 예컨대 깨끗한 공기나 자동차 안전규제는 실제로 혁신을 촉진한다). 최소 기준을 정하고 공공재를 보호하기 위한 규정과 제한을 마련하는 일은 분명 정부의 역할이다.

공공재에 관한 결정은 온전히 공공의 손에 남아 있어야 한다. 이는 민주적 의사결정에 걸림돌이 되는 계약조항을 금지하고, 공공의 목표에 우선권을 주는 것을 뜻한다. 우리는 공익에 역행하는 수익 유인을 만들어내는 방식을 피해야 한다. 예컨대 민영 교도소는 범죄율이 높을수록 수익을 얻고, 민간 소각장은 재활용률이 낮을수록 이익을 얻는다. 공적 가치는 단순히 정책과 규제의 틀에 머물러서는 안 되며, 공공이 맺는 모든 계약에 스며 있어야 한다.

공공의 결정은 필수적인 공공재로의 접근성을 강화하고 확장해야 하며, 약화시키거나 배제해서는 안 된다. 이는 정책이나 지출을 결정할 때 잠재적인 장기적 영향과 위험을—긍정적이든 부정적이든—식별하고 평가해야 한다는 의미다. 예컨대 어떤 인프라 협정이 온실가스 배출을 늘릴 것인가, 줄일 것인가? 대규모 정부조달이 경제적 불평등을 완화할 것인가, 심화시킬 것인가? 지역사회에서 시민들이 목소리를 낼 기회가 더 많아질 것인가, 줄어들 것인가? 유색인종이 단순히 정책에 포함되는 데서 그치지 않고 이행을 주도할 권한을 부여받는가?

공공정보는 온전히 공개적으로 남아야 한다. 공적 자금을 받은 민간기업은 반드시 공적 감시를 받아들여야 하며, '영업 비밀'이라는 명분 뒤에 숨을 수 없다. 정부의 투명성은 과거를 되돌아보는 공적 책임에서 필수적일 뿐 아니라, 미래를 내다보는 의사결정에서도—어쩌면 더 중요하게—필수적이다. 우리는 계약서, 재무 문서, 정책입안자와 외부 공급업체 간의 소통 기록 같은 자료들에 접근할 수 있어야 한다. 그러나 조지워싱턴대의 정치학자 이선 포터(Ethan Porter)가 말했듯이, 이른바 "운영 투명성(operational transparency)"도 필요하다. 이는 단순히 비용이나 특정 지표에 국한되지 않고, 공적 행위와 지출이 더 큰 공적 목표를

어떻게 달성하는지 보여주는 투명성이다.[5]

6단계 | 국가를 보이게 하라: 공공은 그것을 알아야 한다

"희한하게도 진보 진영에서는 정부를 제대로 옹호하는 사람이 없다." 언론인 마이클 토마스키(Michael Tomasky)의 말이다. 상황이 변하고 있긴 하지만, 반대 진영의 지속적인 공격에 맞설 만큼 충분히 단호하거나 신속하지 않다. 그리고 이런 공격에는 결과가 따른다. 카네기 국제평화재단(Carnegie Endowment)의 윌리엄 J. 번스(William J. Burns) 회장은 『애틀랜틱(The Atlantic)』에 이렇게 설명했다. "정치지도자들이 계속 공공서비스를 깎아내리고, 정부 기관을 텅 비우며, 애국적인 시민들을 문화 전쟁의 희생양으로 삼는다면, 관료제는 점점 표류하고 제 기능을 잃게 될 것이다. 그러면 시민과 국가 사이의 거리는 더 멀어질 수밖에 없다." 그의 진단과 처방은 전적으로 옳다. 공격을 멈춰야 한다. 2021년 1월 6일(트럼프 지지자들이 미국 의사당을 점거한 날)은 그것이 어디로 이어지는지 우리 모두에게 보여주었다.[6]

우리는 정부가 무엇을 성취하는지 더 잘 인식해야 한다. 『뉴욕타임스』 칼럼니스트 데이비드 레온하르트(David Leonhardt)는 이렇게 썼다. "정부 이미지를 개선하는 가장 좋은 방법은 정치인의 웅대한 연설이 아니다. 오래된 저널리즘 격언의 한 변형이 필요하다. '말하지 말고, 보여줘라.'"[7]

공공정책이 만들어낸 결과는 우리 주변 어디에나 있지만, 정작 대부분의 사람들에게는 거의 보이지 않는다. 코넬대학교 정치학자 수전 메틀러(Suzanne Mettler)는 이런 현상을 "잠수 국가(submerged state)"라

지칭하며, 이것이 공공정책에 대한 지지를 구축하는 데 있어 핵심적인 장애물이라고 지적한다. 메틀러에 따르면, 시민들이 정부의 활동과 성과에 대해 무지할 때 "정부에 대한 신뢰를 회복하지도 못하고, 정부가 자신의 삶에 어떤 역할을 하는지 자각하지도 못하며, 정치적 과정에 참여하지도 않게 된다." 그녀는 이렇게 결론짓는다. "사람들이 자신을 돕는 존재가 정부임을 인식하지 못할 때, 그들은 반정부적 태도를 받아들인다. '국가 없는 통치(stateless governance)'는 시민을 낳지 않는다. 그것이 낳는 것은 냉소와 고립이다."[8]

이 상황을 뒤집기 위해서는 우리를 둘러싼 "국가를 수면 위로 드러내야" 한다. 예컨대 대부분의 사람들은 수십 년 동안 과학과 연구개발에 투입된 공적 투자가 오늘날 우리가 일상에서 사용하는 제품들에 어떻게 미국의 혁신을 불어넣었는지 알지 못한다. 정치학자 크리스토퍼 뉴필드(Christopher Newfield)는 이렇게 주장한다. "정부 기관이 시민과 다시 연결될 수 있는 가장 효과적인 방식은 실험실에서 출발해 우리가 일상적으로 사용하는 물건에 이르기까지, 곧 '실험대에서 머리맡까지(from bench to bedside)'의 과정을 정확하게 들려주는 것이다." 그는 이어서, "그 과정을 보여주지 못하면 공적 관심뿐 아니라 공적 재정지원까지 억눌리게 된다"고 결론지었다.[9]

앞의 권고들은 별개의 단계처럼 제시되었지만, 선택할 메뉴도 아니고 끝까지 체크해야 하는 목록도 아니다. 그것들은 언제나 공익을 위한 통치 방식을 보여준다. 이 권고들이 표준적 관행으로 자리 잡고 제대로 실천된다면, 우리는 쇠락의 악순환을 결속과 공동의 목적이라는 선순환으로 바꿀 수 있을 것이다.

이 책에서 우리는 계약과 민관 파트너십에 내재된 유인 구조를 짚어봤다. 그 구조 때문에 이윤추구가 공공재와 서비스를 지배하고 통제할 수 있었고, 그 결과 배제와 분리, 계층화, 착취, 빈곤이 발생했다.

우리가 이 책을 쓴 이유는 다른 길이 있음을 말하기 위해서다. 기존의 유인을 서로 연결하는 유인으로 바꿀 수 있다는 것을 보여주고 싶었다. 우리는 정책을 설계하고 공적 투자를 선택할 수 있다. 그것은 우리의 얽힌 운명을 인정하고 강화하며, 배제·분리·계층화의 구조를 허물 수 있는 선택이다. 그것이 바로 공공 친화적인 미래로 나아가는 올바른 출발점이다.

이만큼 두꺼운 책은 필연적으로 여러 사람의 사유와 생각, 그리고 지식을 바탕으로 집필될 수밖에 없다. 다른 누구보다 샤르 하비비(Shar Habibi), 제러미 몰러(Jeremy Mohler), 밥 로슨(Bob Lawson), 클레어 크로퍼드(Clare Crawford), 리 코코리노스(Lee Cokorinos), 그리고 인 더 퍼블릭 인터레스트의 뛰어난 팀이 놀라울 만큼 수준 높은 연구와 분석으로 기초를 마련해주었다. 복잡한 아이디어를 대중에게 힘 있게 전달하는 그들의 탁월한 역량과 공익에 대한 깊은 헌신은, 이 책에 특별한 의미와 넓은 파급력을 더해주었다. 오랜 세월 노동운동 지도자이자 멘토, 그리고 이 작업의 든든한 후원자였던 폴 부스(Paul Booth)는 공공서비스의 가치와 중요성에 대한 우리의 깊은 존중과 통찰을 길러주는 데 중요한 역할을 했다. 그는 우리 곁을 너무 일찍 떠났고, 지금 그가 더욱 절실히 필요하다.

산지브 라오(Sanjiv Rao)는 포드 재단(Ford Foundation)에서 근무할 때와 그 이후에도 이 책에 담긴 생각과 구상을 더욱 날카롭게 다듬는 데 도움을 준 귀중한 지적 동반자였다. 더 뉴 프레스(The New Press)의 편집진이 보여준 열정 덕분에 이 책은 더 나아졌고, 더 많은 이들이 읽을 수 있는 책이 되었으며, 그 영향력도 한층 커질 것이다. 다이앤 왁텔(Diane Wachtell), 레이첼 베가-데체사리오(Rachel Vega-DeCesario), 카밀 미르(Kameel Mir), 에밀리 알바릴로(Emily Albarillo)의 지원과 격려, 능숙한 편집 없이는 이 책을 완성할 수 없었을 것이다. 우리는 특히 문학 에이전트 수전 라비너(Susan Rabiner)에게 깊은 감사를 드린다. 그녀는 우리가 출판사를 정하기도 전에, 이 프로젝트의 결정적인 초기 단계에서 매우 유익한 조언과 방향을 제시해주었다. 우리는 그녀에게 반드시 저녁을 대접해야 할 빚을 지고 있다.

파인 펀드(Fine Fund)와 클라우드 마운틴 재단(Cloud Mountain Foundation), 두 재단은 이 책이 가능하도록 하는 데 꼭 필요한 재정적·심리적 지원을 아끼지 않았다.

마지막으로, 우리는 대형 언론사와 지역 언론사에서 대체로 드러나지 않은 채 활동해온 탐사 전문기자들에게 깊은 감사를 전하고 싶다. 이들은 정부와 민영화 기업이 책임을 지도록 끊임없이 견제해왔다. 이 책은 취재 대상자들이 감추고 싶어 했던 사실을 밝혀낸 이 기자들의 헌신 덕분에 가능했다.

감사의 글

1장.

1. 도널드 트럼프(Donald Trump) 대통령, 마이크 펜스(Mike Pence) 부통령, 코로나바이러스 TF(Coronavirus Task Force) 기자회견 발언(Remarks by President Trump, Vice President Pence, and Members of the Coronavirus Task Force in Press Conference), 백악관(White House), 2020년 3월 13일, https://www.whitehouse.gov/briefings-statements/remarks-president-trump-vice-president-pence-members-coronavirus-task-force-press-conference-3.

2. 크리스 돌메치(Chris Dolmetsch)·말라티 나약(Malathi Nayak), 「아마존, 월마트, 이베이에 가격 폭리 중단 압박 가한 주 정부들(Amazon, Walmart, Ebay Pushed by States to Stop Gougers)」, 『포춘(Fortune)』, 2020년 3월 23일; 루이즈 마츠아키스(Louise Matsakis), 「구글, 코로나바이러스 사이트 만들 계획—하지만 트럼프가 말한 것과는 다르다(Google Will Make a Coronavirus Site—but Not like Trump Said)」, 『와이어드(Wired)』, 2020년 3월 15일; 톰 하트만(Thom Hartmann), 「민영화가 우리를 죽이고 있을지도 모른다: 왜 트럼프 행정부가 약속한 백만 건의 코로나바이러스 검사를 아직도 보내지 않았나(Privatization May Be Killing Us: Mystery of Why the Trump Administration Still Hasn't Sent Out Promised Million CV Tests, as Delay Is Facilitating Transmission of the Virus by Undetected Carriers)」, 『버즈플래시(Buzzflash)』, 2020년 3월 12일; 리네트 로페즈(Linette Lopez), 「미국이 코로나바이러스를 극복하려면 공화당은 40년간 이어온 집착을 버려야 한다(If America Is Going to Survive the Coronavirus, the GOP Is Going to Have to Give Upon a 40-Year Crusade)」, 『비즈니스 인사이더(Business Insider)』, 2020년 4월 10일.

3. 티머시 R. 호먼(Timothy R. Homan), 「트럼프, 국방물자생산법 발동 압박받다(Trump Faces Mounting Pressure to Unleash Defense Production Act)」, 『힐(Hill)』, 2020년 3월 24일; 피터 니컬러스(Peter Nicholas), 「전염병 상황에 자유지상주의자는 없다(There Are No Libertarians in an Epidemic)」, 『애틀랜틱(The Atlantic)』, 2020년 3월 10일.

4. 도널드 트럼프 대통령, 마이크 펜스 부통령, 코로나바이러스 TF 구성원들의 기자회견 발언, 백악관, 2020년 3월 13일; 스테파니 M. 리(Stephanie M. Lee)·댄 베르가노(Dan Vergano), 「연방 정부, 5분 코로나바이러스 검사 도입 계획—하지만 필요한 만큼은 아니다(The Federal Government Is Planning to Order 5-Minute Coronavirus Tests—but Not Nearly Enough for Everyone Who Needs One)」, 『버즈피드 뉴스(BuzzFeed News)』, 2020년 4월 4일; 롭 스테인(Rob Stein), 「코로나바이러스 검사 적체 계속, 수요 못 따라가는 실험실들(Coronavirus Testing Backlogs Continue as Laboratories Struggle to Keep Up with Demand)」, NPR, 2020년 4월 3일.

5. 엘라이자 렐먼(Eliza Relman), 「앤드루 쿠오모, '주들이 서로 경쟁 입찰하며 필수 코로나바이러스 의료물자 가격 올리고 있다'(Andrew Cuomo Says States Are Outbidding Each Other and Raising Prices for Critical Coronavirus Medical Supplies)」, 『비즈니스 인사이더』, 2020년 3월 23일; 라차나 프라단(Rachana Pradhan), 「인공호흡기 확보는 왜 그렇게 엉망이었나—그리고 여전히 끝나지 않은 이유(Why the Hunt for Ventilators Was a Mess—and Why It's Not Over)」, 『데일리 비스트(Daily Beast)』, 2020년 6월 14일; 캐서린 에반(Catherine Eban), 「'그건 그들 문제다': 재러드 쿠슈너가 시장에 미국의 코로나19 운명을 맡긴 방식('That's Their Problem': How Jared Kushner Let the Markets Decide

America's COVID-19 Fate)」, 『배니티 페어(Vanity Fair)』, 2020년 9월 17일; 캐서린 에반, 「'우린 시장이 해결할 거라 생각한다': 백악관의 코로나19 검사 개입이 미국 학교를 살릴 수 있었을까?('We Think the Markets Will Sort It Out': Could White House Action on COVID Testing Have Saved the American School Year?)」, 『배니티 페어』, 2020년 12월 16일.

6. 라차나 프라단, 「인공호흡기 확보는 왜 그렇게 엉망이었나—그리고 여전히 끝나지 않은 이유」.

7. 티머시 R. 호먼, 「트럼프, 국방물자생산법 발동 압박받다」; 엘라이자 렐먼, 「앤드루 쿠오모, '주들이 서로 경쟁 입찰하며 필수 코로나바이러스 의료물자 가격 올리고 있다'」; 리 팡(Lee Fang), 「은행들, 코로나바이러스 관련 필수 의약품·의료물자 가격 인상 압박(Banks Pressure Health Care Firms to Raise Prices on Critical Drugs, Medical Supplies for Coronavirus)」, 『인터셉트(Intercept)』, 2020년 3월 19일.

8. 라차나 프라단, 「인공호흡기 확보는 왜 그렇게 엉망이었나—그리고 여전히 끝나지 않은 이유」.

9. 폴 C. 라이트(Paul C. Light), 「정부의 실제 규모(The True Size of Government)」, 이슈 보고서, 볼커 얼라이언스(The Volcker Alliance), 2017년 10월 4일, https://www.volckeralliance.org/publications/true-size-government.

10. 인 더 퍼블릭 인터레스트(In the Public Interest), 「통제 불능: 영리기업에 공공서비스를 외주화한 전국적 실패(Out of Control: The Coast-to-Coast Failures of Outsourcing Public Services to For-Profit Corporations)」, 워싱턴 D.C.(Washington D.C.), 2013년 12월; 대니얼 복(Daniel Vock), 「인디애나 주지사 미치 대니얼스의 유료도로 임대, 그의 정치적 유산과 주에 미칠 중대한 영향(Indiana Governor Mitch Daniels' Toll Road Lease Will Have Major Impact on His Legacy and the State)」, 『스테이트라인(Stateline)』, 2012년 6월 19일, http://www.pewtrusts.org/en/research-and-analysis/blogs/stateline/2012/06/19/indiana-highway-building-ramps-up-as-daniels-term-winds-down; 엘렌 대닌(Ellen Dannin), 「인프라 민영화 계약과 그것이 거버넌스에 미치는 영향(Infrastructure Privatization Contracts and Their Effect on Governance)」, 펜실베이니아주립대 법학 연구논문(Penn State Legal Studies Research Paper) No. 19-2009, 2009년 7월 10일, http://dx.doi.org/10.2139/ssrn.1432606; 마이크 루드비히(Mike Ludwig), 「공공서비스 외주화가 실패할 때(When Outsourcing Public Services to Private Companies Goes Wrong)」, 『트루스아웃(Truthout)』, 2013년 12월 11일; 저스틴 프리차드(Justin Prichard), 「내일의 고속도로는 더 이상 무료가 아니다(Fewer of Tomorrow's Freeways Will Be Free)」, 『플로리다 타임스-유니언(Florida Times-Union)』, 2015년 6월 26일; 데이브 존슨(Dave Johnson), 「민영화가 미국 납세자를 수탈하는 5가지 방법(5 Ways Privatization Is Fleecing American Taxpayers)」, 『살롱(Salon)』, 2014년 5월 20일; 라이언 홀리웰(Ryan Holeywell), 「민관 파트너십, 인기 있지만 실용적인가?(Public-Private Partnerships Are Popular, but Are They Practical?)」, 『거버닝(Governing)』, 2013년 11월; 제프리 라이브(Jeffrey Leib), 「톨게이트 회사, 서부 160번 도로 공사에 반대(Toll Firm Objects to Work on W. 160th)」, 『덴버 포스트(Denver Post)』, 2008년 7월 23일.

11. B.J. 루츠(B.J. Lutz), 「감사관, '도시가 약 40억 개의 25센트 동전 잃었다'고 발표(IG Says City Lost Nearly 4 Billion Quarters)」, NBC 시카고(NBC Chicago), 2009년 7월 22일; 새뮤얼 클링(Samuel Kling), 「주차료 징수기 계약은 여전히 시카고를 괴롭힌다: 라이트풋 시장이 할 수 있는 한 가지 해결책(That Parking Meter Deal Is Still Haunting Chicago. Here's One Fix Lightfoot Can Make)」, 『시카고 트리뷴(Chicago Tribune)』, 2019년 4월 4일; 시카고 감사관실(Office of the Inspector General, City of Chicago), 「주차료 징수기 양허계약에서 시의 유보 권한 설명(Description of the City's Reserved Powers under the Parking Meter Concession)」, 시카고(Chicago), 2012년 10월, https://igchicago.org/wp-content/uploads/2012/10/Description-of-Citys-Reserved-Powers-under-

the-Parking-Meter-Concession.pdf; 시카고 감사관실, 「감사관실의 조사결과 및 권고 보고서: 시 주차료 징수기 임대계약 분석(Report of Inspector General's Findings and Recommendations: An Analysis of the Lease of the City's Parking Meters)」, 시카고, 2009년 6월 2일, https://igchicago.org/wp-content/uploads/2011/03/Parking-Meter-Report.pdf.

12. 칼 타케이(Carl Takei), 「민간 교도소 산업, 아직 '망할 수 없는 거대 산업'인가?(Is the Private Prison Industry Still Too Big to Fail?)」, 『데모크라시: 어 저널 오브 아이디어스(Democracy: A Journal of Ideas)』, 2016년 8월 31일; 매디슨 폴리(Madison Pauly), 「미국 기업 운영 교도소 산업의 간략한 역사(A Brief History of America's Corporate-Run Prison Industry)」, 『마더 존스(Mother Jones)』, 2016년 8월; 셰인 바우어(Shane Bauer), 「민간 교도소는 비밀에 싸여 있다. 경비원으로 취업해 내부를 들여다보니 미친 상황이 벌어지고 있었다(Private Prisons Are Shrouded in Secrecy. I Took a Job as a Guard to Get Inside—Then Things Got Crazy)」, 『마더 존스』, 2016년 8월; 에릭 라슨(Erik Larson), 「포획된 기업(Captive Company)」, 『인크(Inc)』, 1988년 6월 1일.

13. 셰인 바우어, 「민간 교도소는 비밀에 싸여 있다」.

14. 같은 자료; 에릭 슐로서(Eric Schlosser), 「교도소 산업 복합체(The Prison-Industrial Comple)」, 『애틀랜틱』, 1998년 12월.

15. 케이 위틀록(Kay Whitlock), 「지역 교정: 탐욕, 부패, 그리고 확대되는 그물망(Community Corrections: Profiteering, Corruption and Widening the Net)」, 『트루스아웃』, 2014년 11월 20일.

16. 마이클 J. 샌델(Michael J. Sandel), 「시민인가 소비자인가?(Citizens or Consumers?)」, 송 오브 어 시티즌(Song of a Citizen), 2020년 9월 7일 열람, http://www.songofacitizen.com/songofacitizen.com/Michael_S.html; 셰릴린 아이필(Sherrilyn Ifill), 「민주주 생존의 문제(A Matter of Democratic Survival)」, 『파버티 앤드 레이스(Poverty and Race)』, 2018년 3월 1일, https://prrac.org/a-matter-of-democratic-survival.

17. 셰릴린 아이필, 「민주주의 생존의 문제」; 로버트 라이시(Robert Reich), 「미국에는 제대로 된 공중보건 체계가 없다—코로나바이러스는 자유롭게 퍼지고 있다(America Has No Real Public Health System—Coronavirus Has a Clear Run)」, 『가디언(Guardian)』, 2020년 3월 15일; 데이비드 아르미악(David Armiak), 「ALEC, 코로나19에도 경제 재개 선도하는 우파 캠페인 지휘(ALEC Leading Right-Wing Campaign to Reopen the Economy Despite COVID-19)」, 『PR 워치(PR Watch)』, 2020년 4월 30일.

18. 알렉스 코치(Alex Kotch), 「디보스 자금지원 단체, 미시간 주지사 외출금지령 반대 시위 조직(Devos-Funded Group Organizes Protest Against Michigan Governor's Stay-at-Home Order)」, 『PR 워치』, 2020년 4월 17일.

2장.

1. 도널드 코언(Donald Cohen), 「민영화의 역사: 정부에 대한 이념적 · 정치적 공격이 어떻게 기업의 황금 탈취가 되었는가(The History of Privatization: How an Ideological and Political Attack on Government Became a Corporate Grab for Gold)」, 『토킹 포인트 메모(Talking Points Memo)』, 2016년 6월 9일; 「정부의 실제 규모」, 이슈 보고서, 볼커 얼라이언스, 2017년 10월 4일, https://www.volckeralliance.org/publications/true-size-government.

2. 밀턴 프리드먼(Milton Friedman), 「교육에서 정부의 역할(The Role of Government in Education)」, 로버트 A. 솔로(Robert A. Solo) 엮음, 『이코노믹스 앤드 더 퍼블릭 인터레스트(Economics and the Public Interest)』, 러트거스대학교 출판부(Rutgers University Press), 1955년.

3. 밀턴 프리드먼, 「기업의 사회적 책임은 이윤을 늘리는 것이다(The Social Responsibility of Business Is to Increase Its Profits)」, 『뉴욕 타임스 매거진(New York Times Magazine)』, 1970년 9월 13일; 밀턴 프리드먼, 「교육에서 정부의 역할」.

4. 밀턴 프리드먼, 「교육에서 정부의 역할」; 레오 케이시(Leo Casey), 「민영화가 분리를 의미할 때: 학교 바우처에 대한 진실(When Privatization Means Segregation: Setting the Record Straight on School Vouchers)」, 『디센트(Dissent)』, 2017년 8월 9일.

5. 크리스 포드(Chris Ford) · 스테퍼니 존슨(Stephenie Johnson) · 리세트 파르텔로(Lisette Partelow), 「사립학교 바우처의 인종차별적 기원(The Racist Origins of Private School Vouchers)」, 센터 포 아메리칸 프로그레스(Center for American Progress), 워싱턴 D.C., 2017년 7월 12일.

6. 도널드 코언, 「민영화의 역사」; E.S. 새버스(E.S. Savas), 「문제의 주도권을 잡기(Getting on Top of the Problem)」, 『뉴욕 타임스』, 1975년 8월 6일.

7. 낸시 맥클린(Nancy MacLean), 『굴레에 갇힌 민주주의(Democracy in Chains: The Deep History of the Radical Right's Stealth Plan for America)』, 뉴욕, 바이킹(Viking), 2017년, 144쪽.

8. 도널드 코언, 「민영화의 역사」; 페그 마스터슨(Peg Masterson), 「주(州)는 매각해야 하는가?(Should the State Divest?)」, 『밀워키 센티널(Milwaukee Sentinel)』, 1986년 10월 14일; 낸시 맥클린, 『굴레에 갇힌 민주주의』, 뉴욕, 바이킹, 2017년, 144쪽.

9. 도널드 코언, 「민영화의 역사」; 제프리 R. 헤니그(Jeffrey R. Henig), 「미국의 민영화: 이론과 실제(Privatization in the United States: Theory and Practice)」, 『폴리티컬 사이언스 쿼털리(Political Science Quarterly)』 104권 4호(1989): 649–670, https://doi.org/10.2307/2151103.

10. 도널드 코언, 「민영화의 역사」; 로버트 풀 주니어(Robert Poole Jr.), 「지방자치 서비스: 민영화 옵션(Municipal Services: The Privatization Option)」, 헤리티지 재단(Heritage Foundation), 워싱턴 D.C., 1983년 1월 11일.

11. 도널드 코언, 「민영화의 역사」; 버드 뉴먼(Bud Newman), 「새 예산의 키워드: '민영화'(Key Word of New Budget: 'Privatization')」, 『유나이티드 프레스 인터내셔널(United Press International)』, 1986년 1월 26일, https://www.upi.com/Archives/1986/01/26/Key-word-of-new-budget-Privatization/6143507099600.

12. 로널드 레이건(Ronald Reagan), 「민영화위원회에 관한 대통령 성명(Statement on the President's Commission on Privatization)」, 1987년 9월 3일, https://www.reaganlibrary.gov/research/speeches/090387a.

13. 도널드 코언, 「민영화의 역사」; 「민영화를 통한 정부 개혁: 정부 개혁 개척자들의 성찰(Transforming Government Through Privatization: Reflections from Pioneers in Government Reform)」, 『리즌(Reason)』, 워싱턴 D.C., 2006년; 로널드 어트(Ronald Utt), 「경쟁적 계약을 통한 정부 성과 개선(Improving Government Performance Through Competitive Contracting)」, 헤리티지 재단, 워싱턴 D.C., 2001년 6월 25일; 스튜어트 M. 버틀러(Stuart M. Butler), 킴 R. 홈스(Kim R. Holmes) 엮음, 『리더십을 위한 권한 IV: 아이디어를 행동으로(Mandate for Leadership IV: Turning Ideas into Actions)』, 헤리티지 재단, 워싱턴 D.C., 1997년.

14. 팻 빌(Pat Beall), 「대기업과 입법자들, 가혹한 형량 추진(Big Business, Legislators Pushed for Stiff Sentences)」, 『팜 비치 포스트(Palm Beach Post)』, 2013년 10월 27일; 매디슨 폴리, 「미국 기업 운영 교도소 산업의 간략한 역사」, 『마더 존스』, 2016년 8월; 스콧 카이즈(Scott Keyes), 「스콧 워커는 어떻게 위스콘신 재소자들을 사립 교도소로 보내며 경력을 쌓았는가(How Scott Walker Built a Career Sending

Wisconsin Inmates to Private Prisons)」, 『네이션(Nation)』, 2015년 2월 26일; 미국시민자유연맹 (American Civil Liberties Union), 「구속에서 이윤을 얻다(Banking on Bondage)」, 뉴욕, 2011년 11월; 에드 필킹턴(Ed Pilkington), 「스콧 워커, 최초의 ALEC 회장? 논란 많은 로비 단체와의 오랜 관계가 우려를 낳다(Scott Walker, First ALEC President? Long Ties to Controversial Lobby Raise Concern)」, 『가디언』, 2015년 7월 22일.

15. 아메리칸 시빌 리버티스 유니언(American Civil Liberties Union), 「구속에서 이윤을 얻다(Banking on Bondage)」.

16. 스콧 카이즈, 「스콧 워커는 어떻게 위스콘신 재소자들을 사립 교도소로 보내며 경력을 쌓았는가」; 에드 필킹턴, 「스콧 워커, 최초의 ALEC 회장?」; 제이슨 스타인(Jason Stein), 「캘리포니아 ALEC 회의에서 위스콘신 법률을 자랑한 워커(At ALEC Meeting in California, Walker Touts Wisconsin Laws)」, 『밀워키 저널 센티널(Milwaukee Journal Sentinel)』, 2015년 7월 23일.

17. 미국 회계감사원(U.S. General Accounting Office), 「복지개혁: 주 및 지방 계약에 대한 연방 감독 강화 필요(Welfare Reform: Federal Oversight of State and Local Contracting Can Be Strengthened)」, 워싱턴 D.C., 2002년 6월, https://www.gao.gov/assets/240/234841.pdf.

18. 데이브 레셔(Dave Lesher), 「복지의 새로운 선택지로 떠오른 민영화(Privatization Emerges as a New Welfare Option)」, 『로스앤젤레스 타임스(Los Angeles Times)』, 1997년 1월 27일; 웬디 바크(Wendy Bach), 「복지개혁, 민영화, 그리고 권력: 행정법 구조의 근본적 재구성(Welfare Reform, Privatization, and Power: Reconfiguring Administrative Law Structures from the Ground Up)」, CUNY 아카데믹 웍스(CUNY Academic Works), CUNY 로스쿨, 2009년, https://academicworks.cuny.edu/cl_pubs/204; 앤드루 플라워스(Andrew Flowers), 「이제 복지 자금은 더 이상 가난한 사람들에게 직접 가지 않는다(Most Welfare Dollars Don't Go Directly to Poor People Anymore)」, 『파이브서티에이트(FiveThirtyEight)』, 2016년 8월 25일; 모니카 포츠(Monica Potts), 「미국 사회안전망은 존재하지 않는다(The American Social Safety Net Does Not Exist)」, 『네이션』, 2016년 10월 13일.

19. 웬디 바크, 「복지개혁, 민영화, 그리고 권력: 행정법 구조의 근본적 재구성」; 에릭 립턴(Eric Lipton), 「편애 주장 기각, 법원이 뉴욕시 복지 계약을 승인(Rejecting Favoritism Claim, Court Upholds a City Welfare Contract)」, 『뉴욕 타임스(New York Times)』, 2000년 10월 25일.

20. 웬디 바크, 「복지개혁, 민영화, 그리고 권력: 행정법 구조의 근본적 재구성」

21. 같은 자료(Ibid.).

22. 같은 자료; 뉴욕시 변호사회 사회복지법위원회(New York City Bar Committee on Social Welfare Law), 「뉴욕시의 복지개혁: 성공의 척도(Welfare Reform in New York City: The Measure of Success)」, 뉴욕, 2001년 8월, http://nycbar.org/member-and-career-services/committees/reports-listing/reports/detail/welfare-reform-in-new-york-city-the-measure-of-success.

23. 제레미 쿠즈마로프(Jeremy Kuzmarov), 「'거리두기 전략': 미국 외교정책에서 민간 용병과 테러와의 전쟁('Distancing Acts': Private Mercenaries and the War on Terror in American Foreign Policy)」, 『아시아-퍼시픽 저널(Asia-Pacific Journal)』 12권 52호(2014년 12월 21일), https://apjjf.org/2014/12/52/Jeremy-Kuzmarov/4241.html; 캐시 길시넌(Kathy Gilsinan), 「용병이 전쟁을 바꾸는 방식(How Mercenaries Are Changing Warfare)」, 『애틀랜틱』, 2015년 3월 25일; 스펜서 S. 슈(Spencer S. Hsu) · 빅토리아 세인트 마틴(Victoria St. Martin), 「이라크에서 비무장 민간인 31명 살해 사건에 블랙워터 경비원 4명에 대한 선고(Four Blackwater Guards Sentenced in Iraq Shootings of 31 Unarmed Civilians)」, 『워싱턴 포스트(Washington Post)』, 2015년 4월 13일; 제이슨 펙컨파(Jason

Peckenpaugh), 「육군 계약자들이 더 높은 급여를 받는다는 연구 결과(Army Contractors Earn Higher Salaries, Study Finds)」, 『거버먼트 이그제큐티브』, 2001년 7월 26일; 숀 맥페이트(Sean McFate), 「미국의 용병 중독(America's Addiction to Mercenaries)」, 『애틀랜틱』, 2016년 8월 12일; 제임스 라이즌(James Risen), 「이라크 민간 계약업체 활용, 수십억 달러 비용 초래 보고(Use of Iraq Contractors Costs Billions, Report Says)」, 『뉴욕 타임스』, 2008년 8월 11일; 마이클 보일(Michael Boyle), 「이라크 전쟁의 숨겨진 비용으로 미국 대중이 속았다(How the US Public Was Defrauded by the Hidden Cost of the Iraq War)」, 『가디언』, 2013년 3월 11일.

24. 케이트 라오 샤프너(Kate Lao Shaffner), 「펜실베이니아 도시들, 예산 균형을 위해 수도 시스템 임대를 고려(Pa. Cities Consider Leasing Out Water System to Balance Budget)」, 『키스톤 크로스로즈(Keystone Crossroads)』, 2014년 10월 23일; 게리 수하돌닉(Gary Suhadolnik) · 재클린 토머스(Jacqueline Thomas), 「고속도로 임대의 함정(Pitfalls of Leasing Turnpike)」, 『클리블랜드 플레인 딜러(Cleveland Plain Dealer)』, 2011년 10월 29일.

25. 케이트 제르니케(Kate Zernike), 「트럼프의 교육부 장관 지명자 벳시 디보스, 공립학교에서 돈을 빼왔다(Betsy DeVos, Trump's Education Pick, Has Steered Money from Public Schools)」, 『뉴욕 타임스』, 2016년 11월 23일; 줄리 바스먼(Julie Bosman), 「공립학교? 캔자스 보수주의자들에게 그것은 '정부 학교'(Public Schools? To Kansas Conservatives, They're 'Government Schools')」, 『뉴욕 타임스』, 2016년 7월 9일.

26. 포리스트 녹스(Forrest Knox), 「공립학교의 가장 큰 실수(Public Schools' Biggest Mistake)」, 『콜리 쿠리어 트래블러(Cowley Courier Traveler)』, 2015년 2월 4일, http://www.ctnewsonline.com/opinion/columns/article_0b587715-e565-5b0b-aa9e-724132b150b4.html.

27. 저스틴 맥대니얼(Justine McDaniel), 「교육부 장관 벳시 디보스, 트럼프 대통령이 언급한 필라델피아 여학생에게 직접 '기회 장학금' 지원(Education Secretary Betsy DeVos Personally Funding 'Opportunity Scholarship' for Philly Girl Cited by President Trump)」, 『필라델피아 인콰이어러(Philadelphia Inquirer)』, 2020년 2월 5일; 마들렌 칼라일(Madeleine Carlisle), 「트럼프가 국정연설에서 '낙오된' 4학년에게 준 장학금, 사실은 최상위 차터 스쿨에 다닌다(Trump Gave a Scholarship to a 4th Grader 'Trapped' in a 'Failing' Public Education at the State of the Union. She Reportedly Attends a Top Charter School)」, 『타임(Time)』, 2020년 2월 8일; 대니얼 폴리티(Daniel Politi), 「국정연설 장학금 수혜자, 이미 최상위 차터 스쿨에 다닌다(State of the Union Scholarship Recipient Already Attends Top Charter School)」, 『슬레이트(Slate)』, 2020년 2월 8일; 조너선 체이트(Jonathan Chait), 「트럼프와 디보스, 연방 차터 스쿨 자금 폐지 제안(Trump and DeVos Propose to Eliminate Federal Charter School Funds)」, 『뉴욕(New York)』, 2020년 2월 10일.

28. 데이비드 데이언(David Dayen), 「트럼프의 인수위원회는 민영화 찬양자들로 채워졌다(Trump's Transition Team Is Stacked with Privatization Enthusiasts)」, 『네이션』, 2016년 12월 28일.

29. 조너선 체이트, 「트럼프와 디보스, 연방 차터 스쿨 자금 폐지 제안」; 냇 맬커스(Nat Malkus), 리처드 V. 리브스(Richard V. Reeves) · 네이선 주(Nathan Joo), 「529 교육 저축계좌 확대의 비용과 기회, 그리고 한계(The Costs, Opportunities, and Limitations of the Expansion of 529 Education Savings Accounts)」, 브루킹스 연구소(Brookings Institution), 워싱턴 D.C., 2018년 4월 12일.

30. 케빈 캐리(Kevin Carey), 「새로운 형태의 학자금 대출, 큰 지지 확보. 부작용은 없는가?(New Kind of Student Loan Gains Major Support. Is There a Downside?)」, 『뉴욕 타임스』, 2019년 12월 16일; 말콤 해리스(Malcolm Harris), 「학자금 대출보다 더 무서운 것? 서브프라임 아동의 세계에 오신 것을 환영

합니다(What's Scarier Than Student Loans? Welcome to the World of Subprime Children)」, 『뉴욕 타임스』, 2019년 5월 11일.

31. 몬시 알바라도(Monsy Alvarado) · 애슐리 발체르자크(Ashley Balcerzak) 외, 「'이 사람들은 수익원이 다': 트럼프 정부하에서 사립 교도소는 ICE 수감자로 돈을 벌다('These People Are Profitable': Under Trump, Private Prisons Are Cashing In on ICE Detainees)」, 『USA 투데이(USA Today)』, 2019년 12월 20일.

32. 에릭 립턴 · 리사 프리드먼(Lisa Friedman), 「EPA 계약자, 지난해 트럼프 반대 인사 색출에 매달려(E.P.A. Contractor Has Spent Past Year Scouring the Agency for Anti-Trump Officials)」, 『뉴욕 타임스』, 2017년 12월 15일; 아람 로스턴(Aram Roston), 「트럼프 캠프 공동위원장, '딥 스테이트'를 피하기 위한 첩보 작전 민영화 추진팀에 가담(Trump Campaign Cochair Was Part of Team Pushing to Privatize Spy Operations to Evade 'Deep State')」, 『버즈피드 뉴스』, 2018년 1월 3일.

33. 에이미 골드스타인(Amy Goldstein) · 레나 H. 선(Lena H. Sun), 「병원 관계자 · 전문가들, 새로운 연방 코로나19 보고 규정이 팬데믹 속 부담을 가중시킬 것이라고 지적(Hospital Officials, Experts Say New Federal Rules for Covid-19 Reporting Will Add Burdens During Pandemic)」, 『워싱턴 포스트』, 2020년 7월 15일; 레니 번스타인 · 조시 도지(Josh Dawsey) · 야스민 아부탈렙(Yasmeen Abutaleb), 「백악관과 CDC 간의 갈등 심화, 팬데믹 대응 발목 잡아(Growing Friction Between White House, CDC Hobbles Pandemic Response)」, 『워싱턴 포스트』, 2020년 5월 15일; 에이드리얼 베틀하임(Adriel Bettelheim), 「트럼프의 코로나19 데이터 보고 변경, 보건 단체들의 반발 불러(Trump's Covid-19 Data Reporting Switch Draws Outcry from Health Groups)」, 『폴리티코(Politico)』, 2020년 7월 15일; 셰릴 게이 스톨버그(Sheryl Gay Stolberg), 「미국 코로나19 데이터베이스 운영에 참여한 회사, 상원의원 질문 거부(Firm Helping Run U.S. Coronavirus Database Refuses Senators' Questions)」, 『뉴욕 타임스』, 2020년 8월 14일.

3장.

1. 캐서린 에반, 「'그건 그들 문제다': 재러드 쿠슈너가 시장에 미국의 코로나19 운명을 맡긴 방식」, 『배니티 페어』, 2020년 9월 17일; 「트럼프 대통령, 펜스 부통령 및 코로나바이러스 TF 기자회견 발언」, 백악관, 2020년 3월 13일, https://www.whitehouse.gov/briefings-statements/remarks-president-trump-vice-president-pence-members-coronavirus-task-force-press-conference-3.

2. 제임스 C. 카프레타(James C. Capretta), 「공중보건과 민간 인센티브(On Public Health and Private Incentives)」, 미국기업연구소(American Enterprise Institute), 2020년 5월 15일, https://www.aei.org/articles/on-public-health-and-private-incentives; 마이클 브렌던 도허티(Michael Brendan Dougherty), 「우리에게 더 많은 자유지상주의도 필요하다(We Need More Libertarianism Too)」, 『내셔널 리뷰(National Review)』, 2020년 4월 7일; 오스틸 스튜어트(Austill Stuart), 「코로나바이러스 대응 초기 단계에서 민간부문은 도울 준비가 되어 있었으나 연방 정부가 막았다(In Early Stages of Coronavirus Fight, the Private Sector Was Ready to Help, But the Federal Government Didn't Let It)」, 『리즌』, 2020년 3월 23일.

3. 켄트 밥(Kent Babb), 「수천 명의 운동선수들이 코로나19 검사를 받을 때, 간호사들은 '우린 어쩌지?'라 묻는다(As Thousands of Athletes Get Coronavirus Tests, Nurses Wonder: What About Us?)」, 『워싱턴 포스트』, 2020년 12월 3일.

4. 사라 클리프 · 마르고트 생어-카츠(Margot Sanger-Katz), 「미국 코로나19 대응의 병목: 팩스 기계

428

(Bottleneck for U.S. Coronavirus Response: The Fax Machine)」, 『뉴욕 타임스』, 2020년 7월 13일.

5. 사라 클리프(Sarah Kliff), 「대부분 코로나19 검사는 약 100달러. 왜 하나는 2,315달러였을까?(Most Coronavirus Tests Cost About $100. Why Did One Cost $2,315?)」, 『뉴욕 타임스』, 2020년 6월 16일.

6. 데이너 밀뱅크(Dana Milbank), 「정부를 욕조에 빠뜨리면, 사람이 죽는다(When You Drown the Government in the Bathtub, People Die)」, 『워싱턴 포스트』, 2020년 4월 10일.

7. 줄리 바스먼 · 리처드 파셋(Richard Fausset), 「코로나바이러스, 이미 삭감으로 무너진 지방 보건부를 덮치다(The Coronavirus Swamps Local Health Departments, Already Crippled by Cuts)」, 『뉴욕 타임스』, 2020년 3월 14일; 밀뱅크, 「정부를 욕조에 빠뜨리면, 사람이 죽는다」.

8. 로버트 라이시, 「미국에는 제대로 된 공중보건 체계가 없다─코로나바이러스는 자유롭게 퍼지고 있다」, 『가디언』, 2020년 3월 15일.

9. 피에르 르미외(Pierre Lemieux), 「공중보건 당국자들은 정책 결정에 따른 비용과 대가를 너무 자주 무시한다(Public Health Officials Far Too Often Ignore the Costs and Trade-Offs Involved in Policy Decisions)」, 『리즌』, 2020년 4월 7일.

10. 줄리 보스먼, 「보건 당국자들은 팬데믹에 맞서야 했다. 그리고 죽음의 위협이 뒤따랐다(Health Officials Had to Face a Pandemic. Then Came the Death Threats)」, 『뉴욕 타임스』, 2020년 6월 22일. ("우리" 강조는 원문에 있음)

11. 「연방 당국자들, 결함 많은 코로나19 항체검사 유통 허용(Federal Officials Allowed Distribution of COVID-19 Antibody Tests After They Knew Many Were Flawed)」, 《60 미니츠(60 Minutes)》(CBS), 2020년 6월 28일.

12. 「트럼프 대통령, 펜스 부통령 및 코로니비이리스 TT 기지회견 발선」.

13. J. 데이비드 맥스웨인(J. David McSwane) · 라이언 가브리엘슨(Ryan Gabrielson), 「트럼프 행정부, 수백만 달러 들여 시험관 구매─쓸모없는 미니 사이다병만 받았다(The Trump Administration Paid Millions for Test Tubes─and Got Unusable Mini Soda Bottles)」, 『프로퍼블리카(ProPublica)』, 2020년 6월 18일.

14. 롭 스타인, 「트럼프 행정부가 실험실에 보낸 검사 물품, 도움이 되지 않을 때도 있다(Supplies Sent to Labs by Trump Administration to Boost Testing Are Not Always Helpful)」, 《올 씽스 컨시더드(All Things Considered)》(NPR), 2020년 6월 22일; 맥스웨인 · 가브리엘슨, 「트럼프 행정부, 수백만 달러 들여 시험관 구매─쓸모없는 미니 사이다병만 받았다」.

15. 롭 스타인, 「트럼프 행정부가 실험실에 보낸 검사 물품, 도움이 되지 않을 때도 있다」.

16. 로린 스웨인스턴 굿윈(Lorine Swainston Goodwin), 『순수식품 · 음료 · 약품 개혁운동, 1879 - 1914(The Pure Food, Drink, and Drug Crusaders, 1879 - 1914)』, 맥팔랜드(McFarland), 1999년.

17. D.J. 왜그스태프(D.J. Wagstaff), 「공중보건과 식품안전: 역사적 연관성(Public Health and Food Safety: A Historical Association)」, 『퍼블릭 헬스 리포츠(Public Health Reports)』 101권 6호(1986년 12월).

18. 하원 농업위원회 청문회(Hearing before the House Committee on Agriculture), 1906년 6월 6일; 루스 디포레스트 램(Ruth deForest Lamb), 『아메리칸 체임버 오브 호러스: 식품과 약품의 진실(American Chamber of Horrors: The Truth About Food and Drugs)』, 뉴욕, 패러 앤 라인하트(Farrar & Rinehart), 1936년; 상원 상무위원회 청문회 서면 증언(Written Testimony to Senate Committee on Commerce Hearings), 1933년 12월 7~8일.

19. 스테파니 아머(Stephanie Armour), 「기업이 비용을 대는 검사에선 안전하다고 나오지만 음식은 수백만 명을 병들게 한다(Food Sickens Millions as Company-Paid Checks Find It Safe)」, 『블룸버그

(Bloomberg)』, 2012년 10월 11일; 마리안 왕(Marian Wang),「FDA의 살모넬라 관련 달걀 농장 조사: 쥐, 구더기, 분뇨(FDA's Findings on Salmonella-Linked Egg Farms: Mice, Maggots, Manure)」,『프로퍼블리카』, 2010년 8월 31일; 마이클 모스(Michael Moss) · 앤드루 마틴(Andrew Martin),「민간 검사관들이 놓치는 식품 문제(Food Problems Elude Private Inspectors)」,『뉴욕 타임스』, 2009년 3월 5일.

20. 스테파니 아머,「기업이 비용을 대는 검사에선 안전하다고 나오지만 음식은 수백만 명을 병들게 한다」.

21.「이제 주요 치킨 브랜드는 자사 직원이 검사한다(Top Chicken Brands Now Inspected by Own Employees)」, 푸드 앤드 워터 워치(Food and Water Watch), 2016년 5월 25일, https://www.foodandwaterwatch.org/news/top-chicken-brands-now-inspected-own-employees; 질 리처드슨(Jill Richardson),「USDA의 무모한 계획(The USDA's Reckless Plan)」,『아더워즈(OtherWords)』, 2013년 9월 11일, https://otherwords.org/usdas-reckless-plan.

22.「이제 주요 치킨 브랜드는 자사 직원이 검사한다」; 로드 레너드(Rod Leonard),「육류와 가금류 검사 규제 완화 및 민영화에 대한 USDA 계획: 짧은 역사(The USDA Plan for Deregulating and Privatizing Meat and Poultry Inspection: A Short History)」, 농업무역정책연구소(Institute for Agriculture and Trade Policy), 2013년 12월 5일, https://www.iatp.org/documents/the-usda-plan-for-deregulating-and-privatizing-meat-and-poultry-inspection-a-short-history; J. 데이비드 콕스 시니어(J. David Cox Sr.),「'엉터리 닭 규정'을 폐기해야 할 때(Why It's Time to Dump the 'Filthy Chicken Rule')」,『허핑턴 포스트(Huffington Post)』, 2014년 4월 23일.

23.「식품 안전 단체: 가금류 검사 민영화는 오염된 식품으로 이어진다(Food Safety Group: Privatizing Poultry Inspections Result in Contaminated Food)」,『인더스트리얼 세이프티 앤 하이진 뉴스(Industrial Safety & Hygiene News)』, 2015년 10월 15일;「검사관들, USDA의 신속 돼지고기 검사 프로그램에 반대 경고(Inspectors Warn Against USDA's High-Speed Hog Inspection Program)」, '푸드 인테그리티 캠페인(Food Integrity Campaign)', 2015년 1월 30일.

24. 로드 레너드,「육류와 가금류 검사 규제 완화 및 민영화에 대한 USDA 계획: 짧은 역사」.

4장.

1. 에르빈 바겐호퍼(Erwin Wagenhofer),《위 피드 더 월드(We Feed the World)》, 다큐멘터리, 알레그로 필름(Allegro Film), 2005년; 아론 미겔 칸투(Aaron Miguel Cantú),「민간 물 산업계, 수도요금 '올라야 한다'고 주장(Private Water Industry Says Water Bills 'Have to Go Up')」,『트루스아웃』, 2015년 5월 14일.

2. 댄 배커(Dan Bacher),「활동가들, 새크라멘토 네슬레 생수 공장 '폐쇄'(Activists 'Shut Down' Nestlé Water Bottling Plant in Sacramento)」,『올터넷(Alternet)』, 2015년 4월 1일;「캘리포니아 네슬레 생수 공장 반대 다수(Majority Against Nestle California Water Bottling)」,『포브스(Forbes)』, 2015년 5월 11일.

3. 제임스 살즈먼(James Salzman),「갈증: 식수의 짧은 역사(Thirst: A Short History of Drinking Water)」, 듀크 로스쿨 법학연구(Duke Law School Legal Studies), 듀크대학교(Duke University), 더럼, 노스캐롤라이나, 2005년 12월.

4. 미국 수자원 서비스 민영화 위원회(Committee on Privatization of Water Services in the United States), 국립연구위원회(National Research Council),『미국 수자원 서비스의 민영화: 쟁점과 경험 평가(Privatization of Water Services in the United States: An Assessment of Issues and Experience)』, 내셔널 아카데미 프레스(National Academies Press), 워싱턴 D.C., 발행연도 미상(n.d.); 제럴드 J. 카

우프만 주니어(Gerald J. Kaufmann Jr.), 「델라웨어강의 부흥: 헨리 허드슨에서 벤저민 프랭클린, 존 F. 케네디까지 4세기 동안의 수질 변화(The Delaware River Revival: Four Centuries of Historic Water Quality Change from Henry Hudson to Benjamin Franklin to JFK)」, 『펜실베이니아 역사(Pennsylvania History: A Journal of Mid-Atlantic Studies)』 77권 4호(2010년 가을[Autumn 2010]): 432-465, https://doi.org/10.5325/pennhistory.77.4.0432; 제임스 살즈먼, 「갈증: 식수의 짧은 역사」.

5. 엘버트 J. 테일러(Elbert J. Taylor), 「필라델피아 수자원의 시작(The Beginnings of Philadelphia's Water Supply)」, 『아메리칸 워터 웍스 협회 저널(Journal of the American Water Works Association)』 42권 7호(1950년 7월): 633-644; 니바 크라멕(Niva Kramek)·리디아 로(Lydia Loh), 「필라델피아의 수자원 및 위생 시스템의 역사(The History of Philadelphia's Water Supply and Sanitation System)」, 필라델피아 글로벌 워터 이니셔티브(Philadelphia Global Water Initiative), 필라델피아, 2007년 6월.

6. 제임스 살즈먼, 「갈증: 식수의 짧은 역사」.

7. 마틴 V. 멜로시(Martin V. Melosi), 『귀중한 자원: 미국 도시의 수자원 공급(Precious Commodity: Providing Water for America's Cities)』, 도시 환경사 시리즈(History of the Urban Environment), 피츠버그대학교 출판부(University of Pittsburgh Press), 피츠버그, 2011년.

8. 미국토목공학회(American Society of Civil Engineers), 「인프라 리포트 카드: 식수(Infrastructure Report Card: Drinking Water)」, 레스턴, 버지니아, 2017년, https://www.infrastructurereportcard.org.

9. 같은 자료.

10. 레이첼 도비(Rachel Dovey), 「당신의 수도가 민영화되기 전에 알아야 할 네 가지(4 Things to Know Before Your Water Is Privatized)」, 『넥스트 시티(Next City)』, 2015년 1월 7일.

11. 대릴 피어스(Darryl Fears)·브래디 데니스(Brady Dennis), 「음용수 오염에 대한 한 도시의 해법? 모든 납 파이프 제거(One City's Solution to Drinking Water Contamination? Get Rid of Every Lead Pipe)」, 『워싱턴 포스트』, 2016년 5월 10일.

12. 카트리나 반덴 휴벌(Katrina vanden Heuvel), 「플린트의 중독(The Poisoning of Flint)」, 『워싱턴 포스트』, 2016년 1월 19일; 메릿 케네디(Merrit Kennedy), 「납에 오염된 플린트 식수: 위기의 전개 단계별 검토(Lead-Laced Water in Flint: A Step-By-Step Look at the Makings of a Crisis)」, NPR, 2016년 4월 20일.

13. 앨런 그린블랫(Alan Greenblat), 「주 예산 여파: '전국을 강타하는 허리케인'(State Budget Fallout: 'A Hurricane That Hits All Over the Country')」, 『거버닝』, 2020년 4월 9일; 레이첼 A. 데이비스(Rachel A. Davis), 「파산과 민영화는 우리를 회복으로 이끌지 못한다(Bankruptcy and Privatization Will Not Lead Us to Recovery)」, 『힐』, 2020년 5월 14일; 토니 롬(Tony Romm), 「700개 이상의 재정난 도시, 도로·수도 시스템 등 핵심 투자 계획 중단(Over 700 Cash-Strapped Cities Halt Plans to Repair Roads, Water Systems or Make Other Key Investments)」, 『워싱턴 포스트』, 2020년 6월 23일.

14. 로버트 커트너(Robert Kuttner), 「공공 수자원 민영화(Privatizing Our Public Water Supply)」, 『아메리칸 프로스펙트(American Prospect)』, 2020년 7월 7일; 인종과 경제 행동센터(Action Center on Race and the Economy) 외, 존 바라소(John Barrasso)·톰 카퍼(Tom Carper)에게 보낸 서한, 「'위기에 처한 지역사회를 위한 자발적 수자원 파트너십 법안' 반대(Oppose Voluntary Water Partnership for Distressed Communities Act)」, 2018년 5월 16일; 푸드 앤 워터 액션(Food and Water Action) 외, 미치 맥코닐(Mitch McConnell) 등에게 보낸 서한, 「'위기에 처한 지역사회를 위한 자발적 수자원 파트너십 법안' 반대(Opposition to the Voluntary Water Partnership for Distressed Communities

Act)」, 2018년 5월 16일, https://www.foodandwaterwatch.org/sites/default/files/opposition_to_the_voluntary_water_partnerships_for_distressed_communities_act.pdf; 태미 덕워스(Tammy Duckworth) · 마이크 브런(Mike Braun) · 다이앤 파인스타인(Dianne Feinstein), 「위기에 처한 지역사회를 위한 자발적 수자원 파트너십 법안, S. 2596(Voluntary Water Partnership for Distressed Communities Act, S. 2596)」, 2019년, https://www.congress.gov/bill/116th-congress/senate-bill/2596/text; 「새 보고서, 미국 수자원 시스템이 자본 개선에 심각하게 뒤처져 있음을 보여준다(New Report Shows U.S. Water Systems Dangerously Behind on Capital Improvements)」, 『트루스 프롬 더 탭(Truth from the Tap)』, 2020년 1월 27일, https://truthfromthetap.com/new-report-shows-u-s-water-systems-dangerously-behind-on-capital-improvements.

15. 린지 에이브럼스(Lindsay Abrams), 「물이 새로운 석유다: 기업이 어떻게 기본적 인권을 장악했는가(Water Is the New Oil: How Corporations Took Over a Basic Human Right)」, 『살롱』, 2014년 10월 5일; 줄리안 브룩스(Julian Brookes), 「왜 물이 새로운 석유인가(Why Water Is the New Oil)」, 『롤링 스톤(Rolling Stone)』, 2011년 7월 7일; 케이트 라오 샤프너, 「펜실베이니아 도시들, 예산 균형을 위해 수도 시스템 임대를 고려」; 미겔 칸투, 「민간 물 산업계, 수도요금 '올라야 한다'고 주장」.

16. 로라 블리스(Laura Bliss), 「미국의 무너지는 수자원 인프라, 대가를 치르는 이는 누구인가?(Guess Who's Paying the Price for America's Crumbling Water Infrastructure?)」, 『시티랩(CityLab)』, 2015년 7월 13일; 푸드 앤드 워터 워치(Food and Water Watch), 「아메리칸 워터: 기업 이력(American Water: A Corporate Profile)」, 워싱턴 D.C., 2013년 11월; 미겔 칸투, 「민간 물 산업계, 수도요금 '올라야 한다'고 주장」; 인 더 퍼블릭 인터레스트, 「민영화가 불평등을 심화시키는 방식(How Privatization Increases Inequality)」, 워싱턴 D.C., 2016년 9월; 그레첸 메츠(Gretchen Metz), 「펜실베이니아 아메리칸 고객들, 또 다른 요금 인상에 직면(Pa. American Customers Face Another Rate Hike)」, 『데일리 로컬(Daily Local)』, 2011년 6월 1일.

17. 딘 스타크먼(Dean Starkman), 「도시와 사모펀드, 수자원 시스템 소유권을 두고 다투다(Cities and Private Equity Firms Fight over Ownership of Water Systems)」, 『로스앤젤레스 타임스』, 2015년 10월 15일.

18. 「애플밸리 랜초스 수자원회사, 30% 요금 인상 요구—4월 30일 공청회(Apple Valley Ranchos Water Company Wants a 30 Percent Rate Increase—April 30 Public Hearing)」, 『모하비 리버 밸리 뉴스(Mojave River Valley News)』, 2014년 4월 23일; 마틴 키드스턴(Martin Kidston), 「미줄라, 캘리포니아 타운과 수자원 시스템 분쟁 협력(Missoula, California Town to Collaborate on Water System Fights)」, 『미줄리언(Missoulian)』, 2014년 7월 18일; 딘 스타크먼, 「도시와 사모펀드, 수자원 시스템 소유권을 두고 다투다」; 크리스 글로리오소(Chris Glorioso), 「수자원 회사, 브런치 · 술 · 골프공에 수천 달러 지출 뒤 요금 인상 요구(Water Company Spends Thousands on Brunch, Booze, Golf Balls, Then Asks for Rate Increase)」, NBC 뉴욕(NBC New York), 2014년 11월 25일; 미치 존스(Mitch Jones), 「유나이티드 워터는 호화롭게 지내고, 고객은 요금 폭탄(United Water Living Large, Customers Stuck with the Bill)」, 푸드 앤 워터 워치(Food & Water Watch), 2014년 12월 1일, 현재 삭제됨.

5장.

1. 에마누엘레 로비나(Emanuele Lobina) · 기시모토 사토코(Satoko Kishimoto) · 올리비에 프티장(Olivier Petitjean), 「지속되는 흐름: 전 세계적 추세로서의 수자원 재공영화(Here to Stay: Water Remunicipalisation as a Global Trend)」, 초국가연구소(Transnational Institute), 다국적기업 감시소

(Multinationals Observatory), 공공서비스 국제연구단(Public Services International Research Unit, University of Greenwich), 2014년.

2. 「14년 만에 도나, 수자원 서비스 인수 예정(After 14 Years, Donna Set to Take Over Water Services)」, 『모니터(Monitor)』, 2015년 7월 20일; 대니얼 바탈리아(Danielle Battaglia), 「리즈빌, 유나이티드 워터 와 결별(Reidsville to Cut Ties with United Water)」, 『뉴스 앤 어드밴스(News & Advance)』, 2013년 9월 14일.

3. 앨리 로빈슨 깁슨(Allie Robinson Gibson), 「코번, 공공사업국 직접 운영(Town Takes Over Coeburn's Public Works Department)」, 『브리스톨 헤럴드 쿠리어(Bristol Herald Courier)』, 2014년 4월 24일; 크 리스티 오코너(Kristi O'Connor), 「코번 수자원 문제, 곧 해결될 전망(Coeburn Water Issue Said to Be Clearing Up Soon)」, WCYB, 2016년 1월 5일.

7. 「미국 수석 경제학자 아서 래퍼, 터키 경제를 칭찬하며 오바마와 에르도안을 맞바꾸자고 제안하다(Senior US Economist Arthur Laffer Praises Turkish Economy, Proposes to Trade Obama for Erdoğan)」, 『데 일리 사바흐(Daily Sabah)』, 2016년 9월 9일.

8. 케이트 위틀(Kate Whittle), 「민영화된 강이 흐른다(A Privatized River Runs Through It)」, 『인 디 즈 타임스(In These Times)』, 2015년 5월 19일; 케일라 슈팔러(Keila Szpaller), 「시 측 변호인, '마운 틴 워터 명령은 확고하며 항소에도 버틸 것'(City's Lawyer Says Mountain Water Order Strong, Will Withstand Appeal)」, 『미줄리언』, 2015년 6월 16일.

9. '미줄라 대 마운틴 워터 컴퍼니 및 칼라일 인프라스트럭처 파트너스 사건(City of Missoula v. Mountain Water Company and Carlyle Infrastructure Partners)', 사건번호 DV-14-352 (몬태나주 제4사법구역 법원, 미줄라 카운티, 2015년 6월 15일).

10. 딘 스타크먼, 「몬태나 미줄라, 민영화된 수자원 시스템의 통제권 회수 움직임(Missoula, Mont., Moves to Wrest Control of Privately Held Water System)」, 『로스앤젤레스 타임스』, 2015년 10월 15일.

11. 같은 자료; 대니얼 아이보리(Danielle Ivory) · 벤 프로테스(Ben Protess) · 그리프 팔머(Griff Palmer), 「미국의 도시들, 공공사업에서 민간 이익 추구(In American Towns, Private Profits from Public Works)」, 『뉴욕 타임스』, 2016년 12월 24일.

12. 케이트 위틀, 「민영화된 강이 흐른다」; 딘 스타크먼, 「몬태나 미줄라, 민영화된 수자원 시스템의 통제권 회 수 움직임」.

13. '미줄라 대 마운틴 워터 사건(Missoula v. Mountain Water)'.

14. 마틴 키드스턴, 「미줄라, 캘리포니아 타운과 수자원 시스템 분쟁 협력」; 케이트 위틀, 「민영화된 강이 흐른 다」.

15. 케일라 슈팔러, 「시 측 변호인, '마운틴 워터 명령은 확고하며 항소에도 버틸 것'」; 케이트 위틀, 「민영화된 강이 흐른다」; 딘 스타크먼, 「몬태나 미줄라, 민영화된 수자원 시스템의 통제권 회수 움직임」; 대니얼 아이 보리 · 벤 프로테스 · 그리프 팔머, 「미국의 도시들, 공공사업에서 민간 이익 추구」.

16. '미줄라 대 마운틴 워터 사건(Missoula v. Mountain Water)'.

17. 피터 프리젠(Peter Friesen), 「미줄라, 마운틴 워터 소유권 인수(City of Missoula Takes Ownership of Mountain Water)」, 『미줄리언』, 2017년 6월 22일; 케일라 슈팔러, 「시 측 변호인, '마운틴 워터 명령은 확 고하며 항소에도 버틸 것'」, 2015년 6월 16일.

18. 마틴 키드스턴, 「미줄라, 캘리포니아 타운과 수자원 시스템 분쟁 협력」; 케이트 위틀, 「민영화된 강이 흐른 다」.

| **3부** |

1. 조 바이든(Joe Biden), '바이든 대통령, 미국 일자리 계획에 관한 연설(Remarks by President Biden on the American Jobs Plan)', 카펜터스 피츠버그 트레이닝 센터(Carpenters Pittsburgh Training Center), 펜실베이니아주 피츠버그, 2021년 3월 31일.

6장.

1. 재커리 캘런(Zachary Callen), 『철도와 미국 정치 발전: 인프라, 연방주의, 그리고 국가 형성(Railroads and American Political Development: Infrastructure, Federalism, and State Building)』, 캔자스대학교 출판부(University Press of Kansas), 로렌스, 2016년.
2. 재커리 캘런, 「인프라가 이끄는 길(Where Infrastructure Takes Us)」, 『프로세스: 아메리칸 히스토리 블로그(Process: A Blog for American History)』, 2017년 6월 6일, http://www.processhistory.org/callen-infrastructure.
3. 재커리 캘런, 철도와 미국 정치 발전: 인프라, 연방주의, 그리고 국가 형성』, 23쪽.
4. H.W. 브랜즈(H.W. Brands), 『아메리칸 콜로서스: 자본주의의 승리, 1865-1900(American Colossus: The Triumph of Capitalism, 1865-1900)』, 뉴욕, 더블데이(Doubleday), 2010년.
5. 전미 주 의회 입법회의(National Conference of State Legislatures), 「공공-민간 파트너십: 입법자를 위한 도구 모음(Public-Private Partnerships: A Toolkit for Legislators)」, 워싱턴 D.C., 2010년 10월.
6. 지방채 규제위원회(Municipal Securities Rulemaking Board), 「지방채: 국가 인프라 자금 조달(Municipal Securities: Financing the Nation's Infrastructure)」, 워싱턴 D.C., 2019년; 바넷 셔먼(Barnet Sherman), 「지방채: 당신의 투자 포트폴리오를 건강하게 하는 법(Municipal Bonds: Good for Your Portfolio's Health)」, 『포브스』, 2019년 7월 16일; 같은 저자, 「지방채: 우리 지역사회에 대한 투자(Municipal Bonds: Investing in Our Communities)」, 『포브스』, 2019년 7월 9일.
7. 티모시 리(Timothy Lee), 「트럼프 행정부는 도로와 다리에 민간자본이 필요하다고 말한다. 그러나 이는 잘못됐다(The Trump Administration Says It Has to Have Private Help to Fund Roads and Bridges. It's Wrong)」, 『복스(Vox)』, 2017년 1월 11일; 윌슨 세이어(Wilson Sayre), 「주택도시개발부 장관 벤 카슨: 공공-민간 파트너십은 '저렴한 주택의 해답'(HUD Secretary Ben Carson: Public-Private Partnerships Are 'the Answer' to Affordable Housing)」, WLRN, 2017년 4월 13일.
8. 티모시 리, 「트럼프 행정부는 도로와 다리에 민간자본이 필요하다고 말한다. 그러나 이는 잘못됐다」; 도널드 코언, 「왜 우리는 트럼프와 의회가 공공 인프라 투자를 과세하도록 놔둘 수 없는가」, 『허핑턴 포스트』, 2017년 5월 8일; 헌터 블레어(Hunter Blair), 「공짜 다리는 없다: 공공-민간 파트너십이나 다른 '혁신적' 인프라 자금 조달이 납세자들을 구제하지 못하는 이유(No Free Bridge: Why Public-Private Partnerships or Other 'Innovative' Financing of Infrastructure Will Not Save Taxpayers Money)」, 이코노믹 폴리시 인스티튜트(Economic Policy Institute), 2017년 3월 21일.
9. 도널드 코언, 「왜 우리는 트럼프와 의회가 공공 인프라 투자를 과세하도록 놔둘 수 없는가」; 로버트 W. 풀 주니어(Robert W. Poole Jr.) · 오스틸 스튜어트(Austill Stuart), 「미국 인프라에 대한 민간자본 투자의 연방 장벽(Federal Barriers to Private Capital Investment in U.S. Infrastructure)」, 『리즌』, 워싱턴 D.C., 2017년 1월; 스콧 그린버그(Scott Greenberg), 「지방채 이자 소득의 비과세 혜택 재검토(Reexamining the Tax Exemption of Municipal Bond Interest)」, 택스 파운데이션(Tax Foundation), 2016년 7월 21일; 레이첼 그레스즐러(Rachel Greszler) · 케빈 다야라트나(Kevin Dayaratna) · 마이클 사전트(Michael Sargent), 「세제 개혁이 왜 주 · 지방세 공제를 폐지해야 하는가(Why Tax Reform Should Eliminate

State and Local Tax Deductions)」, 헤리티지 재단, 워싱턴 D.C., 2017년 10월 16일.

10. 도널드 코언, 「왜 우리는 트럼프와 의회가 공공 인프라 투자를 과세하도록 놔둘 수 없는가」; 매튜 골드스타인(Matthew Goldstein) · 패트리샤 코언(Patricia Cohen), 「공공-민간 프로젝트: 공공이 계속 비용을 지불하는 구조(Public-Private Projects Where the Public Pays and Pays)」, 『뉴욕 타임스』, 2017년 6월 6일.

11. 빌 파노스(Bill Panos) 인용, 린 흄(Lynn Hume), 「상원 위원회, '공공-민간 파트너십은 농촌 지역에서 작동하지 않을 것이며, 비과세가 핵심이다'라는 증언 청취(Senate Panel Told P3s Won't Work for Rural Areas, Tax-Exempts Are Key)」, 『본드 바이어(Bond Buyer)』, 2017년 2월 8일.

12. 존 로리츠 라슨(John Lauritz Larson), 『내부 개선: 초기 미국의 국가 공공사업과 대중 정부의 약속(Internal Improvement: National Public Works and the Promise of Popular Government in the Early United States)』, 노스캐롤라이나대학교 출판부(University of North Carolina Press), 채플힐, 2001년; 로이 T. 소여(Roy T. Sawyer), 『아메리카의 습지: 타이드워터 버지니아와 노스캐롤라이나의 환경 · 문화사(America's Wetland: An Environmental and Cultural History of Tidewater Virginia and North Carolina)』, 버지니아대학교 출판부(University of Virginia Press), 샬러츠빌, 2010년; 로버트 J. 캡슈(Robert J. Kapsch), 『포토맥 운하: 조지 워싱턴과 서부 수로(The Potomac Canal: George Washington and the Waterway West)』, 웨스트버지니아대학교 출판부(West Virginia University Press), 모르간타운(Morgantown), 2007년.

13. 존 로리츠 라슨, 『내부 개선: 초기 미국의 국가 공공사업과 대중 정부의 약속』, 95-96쪽.

14. 찰스 로이스터(Charles Royster), 『디스멀 늪지 회사의 화려한 역사: 조지 워싱턴 시대의 이야기(The Fabulous History of the Dismal Swamp Company: A Story of George Washington's Times)』, 뉴욕, 크노프(Knopf), 1999년.

15. 존 로리츠 라슨, 『내부 개선: 초기 미국의 국가 공공사업과 대중 정부의 약속』, 22, 74쪽.

16. 대니얼 워커 하우(Daniel Walker Howe), 『신이 이루신 일: 미국의 변혁, 1815-1848(What Hath God Wrought: The Transformation of America, 1815-1848)』, 뉴욕, 옥스퍼드대학교 출판부(Oxford University Press), 2007년, 120쪽.

17. 바트 엘라이어스(Bart Elias), 「항공교통 주식회사: 항공교통관제의 기업화 관련 고려사항(Air Traffic Inc.: Considerations Regarding the Corporatization of Air Traffic Control)」, 의회조사국(Congressional Research Service), 워싱턴 D.C., 2017년 5월 16일; 연방항공청(Federal Aviation Administration), 「숫자로 보는 항공교통(Air Traffic by the Numbers)」, 2017년 11월 14일.

18. 바트 엘라이어스, 「항공교통 주식회사」; 린다 창(Linda Tsang) · 재러드 콜(Jared Cole), 「H.R. 2997 제2편, 21세기 항공혁신개혁재인가법(AIRR Act) 법률 분석(Legal Analysis of Title II of H.R. 2997, 21st Century Aviation, Innovation, Reform, and Reauthorization (AIRR) Act)」, 피터 A. 디파지오(Peter A. DeFazio)에게 제출한 의견서, 미국 의회조사국, 2017년 7월 18일; 『뉴욕 타임스』 편집위원회(Editorial Board), 「항공교통관제를 민영화하지 말라(Don't Privatize Air Traffic Control)」, 2016년 2월 15일; 커티스 테이트(Curtis Tate) · 알렉스 도허티(Alex Daugherty), 「미국 영공 통제권을 둘러싼 전투: 거대 로비스트 대 소규모 공항(In the Battle over Who Controls U.S. Airspace, It's Big Lobbyists vs. Small Airports)」, 맥클래치(McClatchy), 2017년 3월 6일; 줄리 허시펠드 데이비스(Julie Hirschfeld Davis), 「트럼프, 항공교통관제 민영화 지지(Trump Backs Air Traffic Control Privatization)」, 『뉴욕 타임스』, 2017년 6월 5일.

19. 트럼프 인용, 줄리 허시펠드 데이비스, 「트럼프, 항공교통관제 민영화 지지」.

20. 커티스 테이트 · 알렉스 도허티, 「미국 영공 통제권을 둘러싼 전투」 인용.

21. 같은 자료.

7장.

1. 『저널 가제트(Journal Gazette)』 편집위원회, 「지속되는 통행료(A Continuing Toll)」, 2015년 12월 3일; 리디아 오닐(Lydia O'Neal) · 데이비드 시로타(David Sirota), 「트럼프의 1조 달러 인프라 계획은 사실 펜스의 것이다―그리고 핵심은 민영화다(Trump's $1 Trillion Infrastructure Plan Is Actually Pence's― and It's All About Privatization)」, 『뉴스위크(Newsweek)』, 2017년 9월 4일; 카일 해넌(Kyle Hannon), 「인디애나 톨로드 거래, 제대로 하고 있다(Indiana Toll Road Deal Getting It Right)」, 『사우스 벤드 트리뷴(South Bend Tribune)』, 2017년 9월 1일.

2. 리디아 오닐 · 데이비드 시로타, 「마이크 펜스와 연관된 기업들, 인프라 정책에서 우위 확보 노력(Companies Linked to Mike Pence Seek an Upper Hand in Infrastructure Policy)」, 『인터내셔널 비즈니스 타임스(International Business Times)』, 2017년 8월 15일 재인용.

3. 카렌 프란시스코(Karen Francisco), 「운전의 대가: 입법자들, 휘발유세가 사라진 미래를 대비(The Toll of Driving: Lawmakers Plan for a Future Where Gas Taxes Are Obsolete)」, 『저널 가제트(Journal Gazette)』, 2017년 11월 12일; 존 B. 길모어(John B. Gilmour), 「인디애나 톨로드 임대, 세대 간 현금 이전으로서의 성격(The Indiana Toll Road Lease as an Intergenerational Cash Transfer)」, 『퍼블릭 어드미니스트레이션 리뷰(Public Administration Review)』 72권 6호(2012년 12월): 856 – 864.

4. 리디아 오닐 · 데이비드 시로타, 「트럼프의 1조 달러 인프라 계획(Trump's $1 Trillion Infrastructure Plan)」; 대니얼 복, 「인디애나 주지사 미치 대니얼스의 유료도로 임대, 그의 정치적 유산과 주에 미칠 중대한 영향」, 『스테이트라인』, 2012년 6월 19일, http://www.pewtrusts.org/en/research-and-analysis/blogs/stateline/2012/06/19/indiana-highway-building-ramps-up-as-daniels-term-winds-down; 피니어스 백선돌(Phineas Baxandall) · 카리 볼슈레겔(Kari Wohlschlegel) · 토니 두칙(Tony Dutzik), 「민간도로, 공적 비용: 유료도로 민영화의 실상과 공공을 지키는 방법(Private Roads, Public Costs: The Facts About Toll Road Privatization and How to Protect the Public)」, US PIRG 에듀케이션 펀드, 2009년 봄.

5. 존 B. 길모어, 「인디애나 톨로드 임대, 세대 간 현금 이전으로서의 성격」.

6. 피니어스 백선돌 · 카리 볼슈레겔 · 토니 두칙, 「민간도로, 공적 비용: 유료도로 민영화의 실상과 공공을 지키는 방법」; 앤지 슈미트(Angie Schmitt) · 페이튼 청(Payton Chung), 「인디애나 톨로드와 민간 자금 고속도로의 어두운 면(The Indiana Toll Road and the Dark Side of Privately Financed Highways)」, 『스트리츠블로그 USA(Streetsblog USA)』, 2014년 11월 18일; 같은 저자, 「맥쿼리, 톨로드에서 손해 보면서도 돈 버는 방식(How Macquarie Makes Money by Losing Money on Toll Roads)」, 『스트리츠블로그 USA』, 2014년 11월 19일.

7. 존 B. 길모어, 「인디애나 톨로드 임대, 세대 간 현금 이전으로서의 성격」.

8. 대니얼 복, 「인디애나 주지사 미치 대니얼스의 유료도로 임대, 그의 정치적 유산과 주에 미칠 중대한 영향」; 앤드류 스틸(Andrew Steele), 「6월부터 인디애나 톨로드 요금 인상(Motorists to Pay Higher Indiana Toll Road Rates Beginning in June)」, 『노스웨스트 인디애나 타임스(Northwest Indiana Times)』, 2017년 5월 1일.

9. 펠라스(Pelath) 인용, 마크 피터슨(Mark Peterson), 「인디애나 톨로드 요금 대폭 인상 시작(Drastic Indiana Toll Road Rate Hike Begins)」, WNDU, 2017년 6월 1일; 인디애나 교통부(Indiana

Department of Transportation) 인용, 리디아 오닐 · 데이비드 시로타, 「트럼프의 1조 달러 인프라 계획」.

10. 카렌 프란시스코, 「운전의 대가: 입법자들, 휘발유세가 사라진 미래를 대비」.

11. 헨리 페트로스키(Henry Petroski), 『선택된 길: 미국 인프라의 역사와 미래(The Road Taken: The History and Future of America's Infrastructure)』, 뉴욕, 블룸즈버리(Bloomsbury), 2016년, 266쪽; 리디아 오닐, 데이비드 시로타, 「트럼프의 1조 달러 인프라 계획」; 카렌 프란시스코, 「운전의 대가: 입법자들, 휘발유세가 사라진 미래를 대비」; 미국 의회예산국(Congressional Budget Office), 「공공-민간 파트너십을 통한 고속도로 프로젝트 수행(Using Public-Private Partnerships to Carry Out Highway Projects)」, 미국 연방 의회, 워싱턴 D.C., 2012년 1월.

12. 헨리 페트로스키, 『선택된 길: 미국 인프라의 역사와 미래』, 266쪽; 카렌 프란시스코, 「운전의 대가: 입법자들, 휘발유세가 사라진 미래를 대비」.

13. 피니어스 백선돌 · 카리 볼슈레겔 · 토니 두칙, 「민간도로, 공적 비용: 유료도로 민영화의 실상과 공공을 지키는 방법」.

14. 대니얼 복, 「인디애나 주지사 미치 대니얼스의 유료도로 임대, 그의 정치적 유산과 주에 미칠 중대한 영향」; 피니어스 백선돌 · 카리 볼슈레겔 · 토니 두칙, 「민간도로, 공적 비용: 유료도로 민영화의 실상과 공공을 지키는 방법」; 헨리 페트로스키, 『선택된 길: 미국 인프라의 역사와 미래』, 266쪽; 리디아 오닐 · 데이비드 시로타, 「트럼프의 1조 달러 인프라 계획」; 스튜어트 인용, 빌 돌란(Bill Dolan), 「주, 인디애나 톨로드 무료시간 비용 지불(State to Pay for Indiana Toll Road Free Time)」, 『노스웨스트 인디애나 타임스』, 2008년 9월 20일.

15. 키스 벤먼(Keith Benman), 「보도: 인디애나 톨로드, 다시 부채 문제 직면(Reports: Indiana Toll Road Again Facing Debt Problems)」, 『노스웨스트 인디애나 타임스』, 2014년 3월 31일; 같은 저자, 「인디애나 톨로드 운영사, 파산 선언(Indiana Toll Road Operators Declare Bankruptcy)」, 『노스웨스트 인디애나 타임스』, 2014년 9월 22일.

16. 리디아 오닐 · 데이비드 시로타, 「트럼프의 1조 달러 인프라 계획」; 『저널 가제트』 편집위원회, 「지속되는 통행료」; 루크 H. 브릿(Luke H. Britt), 「쇼 프리드먼에게 보낸 서한: 공식 민원 15-FC-302; 인디애나주 및 인디애나 금융청의 공공기록법 접근 위반 혐의(Letter to Shaw Friedman Re: Formal Complaint 15-FC-302; Alleged Violation of the Access to Public Records Act by the State of Indiana, Indiana Finance Authority)」, 2015년 12월 29일, https://www.in.gov/pac/advisory/files/15-FC-302.pdf.

17. 쇼 프리드먼(Shaw Friedman) 인용, 리디아 오닐 · 데이비드 시로타, 「트럼프의 1조 달러 인프라 계획」.

18. 마크 피터슨, 「인디애나 톨로드 요금 대폭 인상 시작」.

19. 존 B. 길모어, 「인디애나 톨로드 임대, 세대 간 현금 이전으로서의 성격」.

20. 같은 자료; 대니얼 복, 「인디애나 주지사 미치 대니얼스의 유료도로 임대, 그의 정치적 유산과 주에 미칠 중대한 영향」.

8장.

1. 대니얼 B. 클라인(Daniel B. Klein) · 존 마이제프스키(John Majewski), 「경제, 공동체, 그리고 법: 뉴욕 턴파이크 운동, 1797 – 1845(Economy, Community, and Law: The Turnpike Movement in New York, 1797 – 1845)」, 『로 앤 소사이어티 리뷰(Law & Society Review)』 26권 3호(1992): 469 – 512, https://doi.org/10.2307/3053736.

2. 같은 자료; 대니얼 워커 하우, 『신이 이루신 일: 미국의 변혁, 1815 – 1848』, 뉴욕, 옥스퍼드대학교 출판부, 2007년; 고든 S. 우드(Gordon S. Wood), 『자유 제국: 초기 공화국의 역사, 1789 – 1815(Empire of

Liberty: A History of the Early Republic, 1789 – 1815)』, 뉴욕, 옥스퍼드대학교 출판부, 2009년.

3. '찰스강 다리 대 워런 다리(Charles River Bridge v. Warren Bridge)', 36 US 420 (1837).

4. 제러미 몰러(Jeremy Mohler), 「전쟁 비용은 묻지 않는다. 그렇다면 왜 대중교통은? (No One Asks How Are We Going to Pay for War. So, Why Should We for Public Transit?)」, 인 더 퍼블릭 인터레스트, 2020년 1월 16일.

5. 트레버 바크(Trevor Bach), 「캔자스시티, 불평등 해소 위해 버스 요금 무료에 도전(Kansas City Bets on Free Bus Fares to Address Inequality)」, 『US 뉴스 & 월드 리포트(US News & World Report)』, 2019년 12월 17일.

6. 같은 자료; 야보르 타린스키(Yavor Tarinski), 「무료 대중교통과 도시 권리(Free Public Transport and the Right to the City)」, 『회복탄력성(Resilience)』, 2018년 7월 25일.

7. 니콜 대니얼스(Nicole Daniels), 「대중교통은 무료여야 하는가?(Should Public Transit Be Free?)」, 『뉴욕 타임스』, 2020년 1월 16일; 제러미 몰러, 「전쟁 비용은 묻지 않는다. 그렇다면 왜 대중교통은? 」; 알리사 워커(Alissa Walker), 「캔자스시티, 미국 주요 도시 최초로 대중교통 무료화(Kansas City Is First Major U.S. City to Make Public Transit Free)」, 『커브드(Curbed)』, 2019년 12월 6일; 「캔자스시티, 불평등 해소 위해 버스 요금 무료에 도전」, 『US 뉴스 & 월드 리포트』; 리사 로드리게스(Lisa Rodriguez), 「캔자스시티 의회, 버스 요금 폐지 만장일치 의결(Kansas City Council Unanimously Votes to Get Rid of Bus Fares)」, KCUR, 2019년 12월 5일.

8. 에릭 재프(Eric Jaffe), 「미국에서 무료 대중교통은 어떻게 작동하는가(How Free Transit Works in the United States)」, 『시티랩』, 2013년 3월 6일; 데이브 콜론(Dave Colon), 「MTA, 무임승차로 2억 달러 절약하려 경찰에 2억 4,900만 달러 지출(MTA Will Spend $249M on New Cops to Save $200M on Fare Evasion)」, 『스트리츠블로그 뉴욕시티(Streetsblog New York City)』, 2019년 11월 14일; 알리사 워커, 「기후시장연합, 의회에 더 신속한 교통 조치 요구(Climate Mayors Ask Congress for Swifter Transportation Action)」, 『커브드』, 2019년 7월 17일, https://www.curbed.com/2019/7/17/20698169/climate-mayors-transportation-senate-bill-peduto.

9. 히로코 타부치(Hiroko Tabuchi), 「코크 형제가 미국 전역의 대중교통 프로젝트를 어떻게 좌초시키는가(How the Koch Brothers Are Killing Public Transit Projects Around the Country)」, 『뉴욕 타임스』, 2018년 6월 19일; 줄리아 콘리(Julia Conley), 「밀워키와 전국 도시들의 대중교통 계획, 코크 자금 후원 활동가들로 위기 직면(Public Transit Plans for Milwaukee and Cities Nationwide at Risk from Koch-Funded Activists)」, 『밀워키 인디펜던트(Milwaukee Independent)』, 2019년 8월 29일.

10. 에반 윌로지(Evan Wyloge), 「왜 코크 자금 후원 활동가들은 한 미국 도시의 대중교통을 좌초시키려 하는가?(Why Are Koch-Funded Activists Trying to Derail a US City's Public Transit?)」, 『가디언』, 2019년 8월 27일; 베일리 보그트(Bailey Vogt), 「피닉스 유권자들, 코크 후원 제안 부결—향후 대중교통 확장 유지(Phoenix Voters Dismiss Koch-Backed Proposal Killing Future Public Transportation Expansions)」, 『워싱턴 타임스(Washington Times)』, 2019년 8월 28일; 스티븐 시에(Steven Hsieh), 「코크 자금 후원 단체, 피닉스 경전철의 미래를 파괴할 계획 수립(Koch-Funded Group Helped Develop Plan to Kill Future of Phoenix Light Rail)」, 『피닉스 뉴 타임스(Phoenix New Times)』, 2019년 8월 6일.

11. 히로코 타부치, 「코크 형제가 미국 전역의 대중교통 프로젝트를 어떻게 좌초시키는가」.

12. 제러미 몰러, 「전쟁 비용은 묻지 않는다. 그렇다면 왜 대중교통은?」; 로빈 영(Robin Young) · 앨리슨 헤이건(Allison Hagan), 「대중교통 승객 수 증가(Public Transportation Ridership Is on the Rise)」,

438

WBUR, 2019년 10월 16일; E. 태미 김(E. Tammy Kim), 「우버, 대중교통에서 이익을 노리다(How Uber Hopes to Profit from Public Transit)」, 『뉴욕 타임스』, 2019년 5월 30일; 알렉산더 새먼(Alexander Sammon), 「도시들이 버스·기차 대신 우버를 택할 때(When Cities Turn to Uber, Instead of Buses and Trains)」, 『아메리칸 프로스펙트』, 2019년 8월 13일.

13. 우버 테크놀로지스(Uber Technologies, Inc.), 「Form S-1 Registration Statement」, 2019년 2월 15일, https://www.sec.gov/Archives/edgar/data/1543151/000095012319002420/filename1.htm.

14. 앨런 홈스(Allan Holmes), 「대형 통신사, 시영 브로드밴드를 억누르다(How Big Telecom Smothers City-Run Broadband)」, 센터 포 퍼블릭 인테그리티(Center for Public Integrity), 2014년 8월 29일; 앨런 홈스·재러드 베넷(Jared Bennett), 「시영 브로드밴드 전쟁의 배경(Behind the Municipal Broadband Battle)」, 센터 포 퍼블릭 인테그리티, 2015년 2월 14일.

15. 앨런 홈스, 「대형 통신사, 시영 브로드밴드를 억누르다」.

16. 앨런 홈스·재러드 베넷, 「시영 브로드밴드 전쟁의 배경」; 앨런 홈스, 「대형 통신사, 시영 브로드밴드를 억누르다」.

17. 앨런 홈스·재러드 베넷, 「시영 브로드밴드 전쟁의 배경」; 수전 크로포드(Susan Crawford), 「코크 형제, 도시 브로드밴드 구축의 새 장애물(Koch Brothers Are Cities' New Obstacle to Building Broadband)」, 『와이어드』, 2017년 12월 16일; 조시 하킨슨(Josh Harkinson), 「시티 와이파이: 빠르고 저렴하지만 당신은 사용할 수 없다(City Wifi: Fast, Cheap, and No You Can't Have It.)」, 『마더 존스(Mother Jones)』, 2015년 1월 22일; 앨런 홈스, 「대형 통신사, 시영 브로드밴드를 억누르다」; 마이클 힐트지크(Michael Hiltzik), 「케이블·통신사, 시영 브로드밴드 제거 전쟁에서 대승(Cable and Telecom Firms Score a Huge Win in Their War to Kill Municipal Broadband)」, 『로스앤젤레스 타임스』, 2016년 8월 12일; 미국 대통령실(EOP), 「커뮤니티 기반 브로드밴드 솔루션(Community-Based Broadband Solutions: The Benefits of Competition and Choice for Community Development and Highspeed Internet Access)」 워싱턴 D.C., 2015년 1월.

18. 조시 하킨슨, 「시티 와이파이: 빠르고 저렴하지만 당신은 사용할 수 없다」; 마이클 힐트지크, 「케이블·통신사, 시영 브로드밴드 제거 전쟁에서 대승」; 레티시아 미란다(Leticia Miranda), 「주정부, 시영 브로드밴드 막으려 싸우다(How States Are Fighting to Keep Towns from Offering Their Own Broadband)」, 『프로퍼블리카』, 2015년 6월 26일; 앨런 홈스·재러드 베넷, 「시영 브로드밴드 전쟁의 배경」; 케이티 킨바움(Katie Kienbaum), 「사전억제 완화: 19개 주에서 시영 브로드밴드 네트워크 장벽(Preemption Detente: Municipal Broadband Networks Face Barriers in 19 States)」, 『커뮤니티 네트웍스(Community Networks)』, 2019년 8월 8일.

19. 조시 하킨슨, 「시티 와이파이: 빠르고 저렴하지만 당신은 사용할 수 없다」; 마이클 힐트지크, 「케이블·통신사, 시영 브로드밴드 제거 전쟁에서 대승」; 존 브로드킨(Jon Brodkin), 「공화당, 미시간 시영 브로드밴드 반대 격화(Republican Fight Against Municipal Broadband Heats Up in Michigan)」, 『아스 테크니카』, 2017년 10월 18일.

20. 타마라 추앙(Tamara Chuang), 「콜로라도 19개 도시·카운티, 시영 인터넷 찬성 투표—포트 콜린스, 1억 5천만 달러 승인(19 More Colorado Cities and Counties Vote in Favor of City-Owned Internet, While Fort Collins Approves $150 Million to Move Forward)」, 『덴버 포스트』, 2017년 11월 8일; 존 브로드킨, 「공화당, 미시간 시영 브로드밴드 반대 격화」.

21. 조시 하킨슨, 「시티 와이파이: 빠르고 저렴하지만 당신은 사용할 수 없다」; 레티시아 미란다, 「주정부, 시영 브로드밴드 막으려 싸우다」; 앨런 홈스·재러드 베넷, 「시영 브로드밴드 전쟁의 배경」.

22. 리사 곤살레스(Lisa González), 「집계 결과: 포트 콜린스 선거에서 컴캐스트 90만 달러 지출(Totals Are In: Comcast Spends $900K in Fort Collins Election)」, 『커뮤니티 네트웍스』, 2017년 12월 9일, https://muninetworks.org/content/totals-are-comcast-spends-900k-fort-collins-election ; 조시 하킨슨, 「시티 와이파이: 빠르고 저렴하지만 당신은 사용할 수 없다」; 마이클 힐트지크, 「케이블 · 통신사, 시영 브로드밴드 제거 전쟁에서 대승」; 타마라 추앙, 「콜로라도 19개 도시 · 카운티, 시영 인터넷 찬성 투표—포트 콜린스, 1억 5천만 달러 승인」; 존 브로드킨, 「미안하다, 컴캐스트: 유권자들은 콜로라도에서 시영 브로드밴드에 '찬성'표를 던졌다(Sorry, Comcast: Voters Say 'Yes' to City-Run Broadband in Colorado)」, 『아스 테크니카』, 2017년 11월 8일.

23. 리사 곤살레스, 「집계 결과: 포트 콜린스 선거에서 컴캐스트 90만 달러 지출」; 션 곤살베스(Sean Gonsalves), 「시카고와 덴버 유권자, 브로드밴드 선택지 확대에 찬성(Chicago and Denver Voters Say Yes to Expanded Broadband Options)」, 『커뮤니티 네트웍스』, 2020년 11월 5일.

| **4부** |

1. '찰스강 다리 대 워런 다리 사건(Charles River Bridge v. Warren Bridge)', 36 U.S. (11 Pet.) 420 (1837); '조지아 외 대 퍼블릭 리소스.Org 사건(Georgia et al. v. Public.Resource.Org, Inc.)', 590 U.S. ___ (2020).

2. 조 멀린(Joe Mullin), 「조지아주 법률을 출판하면, 저작권 침해로 소송을 당하고 패소한다(If You Publish Georgia's State Laws, You'll Get Sued for Copyright and Lose)」, 『아스 테크니카(Ars Technica)』, 2017년 3월 3일; 미국시민자유연맹 외, 「'조지아 v. 퍼블릭 리소스.org 사건'에 관한 아미쿠스 브리프(Brief of Amici Curiae, Georgia v. Public Resource.Org, Inc., Case 17-11589)」, 2017년 5월 24일, https://www.acluga.org/sites/default/files/public_resource_11th_cir_amicus_brief.pdf.

3. 미국 연방대법원 인용, 미국시민자유연맹 외, 「'조지아 v. 퍼블릭 리소스.org 사건'에 관한 아미쿠스 브리프」.

4. 데이비드 크라베츠(David Kravets), 「조지아, 주 법령 온라인 게시자 상대로 저작권 소송 제기(Georgia Sues Legal Rebel for Posting State's Copyrighted Law Online)」, 『아스 테크니카』, 2015년 7월 27일; 베라 아이델먼(Vera Eidelman), 「조지아, 법령을 돈 내지 않으면 비공개 유지하려 투쟁(Georgia Is Fighting to Keep Its Laws Secret—Unless You Pay)」, 『스피크 프리리(Speak Freely)』, 2017년 11월 16일, https://www.aclu.org/blog/free-speech/georgia-fighting-keep-its-laws-secret-unless-you-pay; 케이트 브럼백(Kate Brumback), 「판사: 조지아 법령 주석은 저작권 보호 대상(Judge: Annotations to Georgia Law Are Protected by Copyright)」, 『US 뉴스 & 월드 리포트』, 2017년 3월 28일.

9장.

1. 홀리 러슨 길먼(Hollie Russon Gilman), 「왜 미주리주 캔자스시티는 인도를 민영화하려 하는가?(Why Kansas City, Missouri, Plans to Privatize Sidewalks)」, 『복스』, 2018년 1월 29일; 안드레아 터드호프(Andrea Tudhope), 「캔자스시티 경찰, 웨스트포트 주말 폭력범죄 급증 확인(Kansas City Police Confirm Violent Crime in Westport Spikes on the Weekends)」, KCUR, 2017년 12월 13일.

2. 린 호슬리(Lynn Horsley), 「웨스트포트 거리 민영화? 찬반 논란 속 제안(Privatize Westport Streets? Proposal Has Supporters, Detractors)」, 『캔자스시티 스타(Kansas City Star)』, 2017년 6월 2일; 홀리 러슨 길먼, 「왜 미주리주 캔자스시티는 인도를 민영화하려 하는가?」; 토머스(Thomas), 「위대한 웨스트

포트 양도: 공공 거리를 사유재산으로 바꾸다(The Great Westport Giveaway: Turning Public Streets into Private Property)」, 『어반 앵글(Urban Angle)』, 2017년 5월 24일; 안드레아 터드호프, 「캔자스시티 경찰, 웨스트포트 주말 폭력범죄 급증 확인」.

3. 또한 리사 로드리게스, 「총기 폭력을 막기 위한 절박한 시도, 웨스트포트의 인도 민영화 추진(Desperate to Stop Gun Violence, Westport Pushes for Private Sidewalks)」, KCUR, 열람일 2018년 3월 7일, http://kcur.org/post/desperate-stop-gun-violence-westport-pushes-private-sidewalks ; 린 호슬리, 「웨스트포트 거리 민영화 제안, 합의 위해 연기(Westport Street Privatization Proposal Postponed in an Effort to Find Consensus)」, 『캔자스시티 스타』, 2017년 6월 6일.

4. 콜린 우더드(Colin Woodard), 『아메리칸 캐릭터: 개인의 자유와 공익 간의 장대한 투쟁의 역사(American Character: A History of the Epic Struggle Between Individual Liberty and the Common Good)』, 바이킹 펭귄(Viking Penguin), 2016, 291-95; 스벤 베커트(Sven Beckert), 『돈의 대도시: 뉴욕시와 미국 부르주아지의 통합, 1850-1896(The Monied Metropolis: New York City and the Consolidation of the American Bourgeoisie, 1850-1896)』, 케임브리지 · 뉴욕, 케임브리지대학교 출판부(Cambridge University Press), 2001, 293-95.

5. 고든 S. 우드, 『자유 제국: 초기 공화국의 역사, 1789-1815』, 옥스퍼드대학교 출판부, 2009년.

6. 서머(Sumner) 인용, 에릭 포너(Eric Foner), 『미국 자유의 역사(The Story of American Freedom)』, W.W. 노턴, 1998, 121; 콜린 우더드, 『아메리칸 캐릭터: 개인의 자유와 공익 간의 장대한 투쟁의 역사』, 116.

7. 에릭 포너, 『미국 자유의 역사』, 119, 123-24.

8. 인용, 리즈베스 코인(Lizabeth Cohen), 『새로운 거래 만들기: 시카고 산업 노동자들, 1919-1939(Making a New Deal: Industrial Workers in Chicago, 1919-1939)』, 케임브리지대학교 출판부, 1990, 264.

9. 프랭클린 D. 루스벨트 행정부로 보낸 서한 인용, 에릭 포너, 『미국 자유의 역사』, 204; 프랭클린 D. 루스벨트(Franklin D. Roosevelt), 대통령 재지명 수락 연설(Acceptance Speech for the Renomination for the Presidency, Philadelphia, PA, June 27, 1936), 아메리칸 프레지던시 프로젝트(The American Presidency Project), 열람일 2018년 4월 20일, http://www.presidency.ucsb.edu/ws/?pid=15314; 리즈베스 코언, 『새로운 거래 만들기: 시카고 산업 노동자들, 1919-1939』.

10. 에릭 포너, 『미국 자유의 역사』; 낸시 맥클레인, 『굴레에 갇힌 민주주의』, 144; 스튜어트 M. 버틀러, 「정부의 정치 역학 변화(Changing the Political Dynamics of Government)」, 『아카데미 오브 폴리티컬 사이언스 회보(Proceedings of the Academy of Political Science)』 36권 3호(1987): 4-13, https://doi.org/10.2307/1174092.

11. 존 D. 마이클스(Jon D. Michaels), 『헌법 쿠데타: 민영화가 미국 공화국에 가하는 위협(Constitutional Coup: Privatization's Threat to the American Republic)』, 런던, 하버드대학교 출판부(Harvard University Press), 2017.

10장.

1. 인 더 퍼블릭 인터레스트, 「장부 덮기: 정부 계약업체가 공적 기록을 숨기는 방법(Closing the Books: How Government Contractors Hide Public Records)」, 워싱턴 D.C., 2015년 3월.

2. '희망 아카데미 브로드웨이 캠퍼스 대 화이트 햇 매니지먼트 사건(Hope Academy Broadway Campus v. White Hat Management, LLC)', No. 2013-Ohio-911 (오하이오주 제10항소구역 항소법원, 2013년 3월 12일); 희망 아카데미 브로드웨이 캠퍼스 대 화이트 햇 매니지먼트 사건, 오하이오주 대법원, 2015

년 9월 15일; AFL-CIO 식품·연합서비스노조(AFL-CIO Food and Allied Service Trades Division) 및 오하이오 교사연맹(Ohio Federation of Teachers), 「교육 제국: 데이비드 브레넌의 화이트 햇 매니지먼트(Education Empire: David Brennan's White Hat Management Inc.)」, 2006년 3월; 더그 리빙스턴(Doug Livingston), 「화이트 햇 차터 스쿨 이사회, 공적 자금에 대한 통제 거의 없다고 발언(Board Members at White Hat Charter Schools Say They Have Little Control over Public Funds)」, 『애크런 비컨 저널(Akron Beacon Journal)』, 2014년 3월 30일; 애런 마셜(Aaron Marshall), 「오하이오 북동부 10개 차터 스쿨 이사회, 화이트 햇 매니지먼트 고소(10 Northeast Ohio Charter School Boards Sue White Hat Management Firm)」, 『클리블랜드 플레인 딜러』, 2010년 5월 17일; 존 C. 보티에(John C. Veauthier)·카렌 S. 벨(Karen S. Bell), 「100개 이상 공적 자금 지원 차터 스쿨, 누가 책임자인지 공개하지 않아(More Than 100 Publicly Funded Charter Schools Fail to Disclose Who Is in Charge)」, 『애크런 비컨 저널』, 2014년 3월 29일.

3. '뉴 플라이어 오브 아메리카 대 로스앤젤레스 메트로폴리탄 교통청 사건(New Flyer of America, Inc. v. Los Angeles Metropolitan Transportation Authority)', 캘리포니아주 로스앤젤레스 카운티 고등법원, 2017년 10월 12일; '뉴 플라이어 오브 아메리카 대 로스앤젤레스 카운티 메트로폴리탄 교통청 사건(New Flyer of America, Inc. v. Los Angeles County Metropolitan Transportation Authority)' 캘리포니아주 로스앤젤레스 카운티 고등법원, 2018년 3월 26일.

4. 필립 마테라(Philip Mattera) 외, 굿 잡스 퍼스트(Good Jobs First), 「민관 권력 탈취: 주 경제개발기관 민영화의 위험(Public-Private Power Grab: The Risks in Privatizing State Economic Development Agencies)」, 워싱턴 D.C., 2011년 1월.

5. 니컬러스 쿠스네츠(Nicholas Kusnetz), 「친기업 주 단체들, 공적 자금으로 운영되지만 사적으로 통제(State Pro-Business Organizations Are Publicly Funded, but Privately Controlled)」, 센터 포 퍼블릭 인테그리티, 2013년 10월 23일, https://www.publicintegrity.org/2013/10/23/13576/state-pro-business-organizations-are-publicly-funded-privately-controlled.

6. 그렉 러로이(Greg LeRoy) 외, 굿 잡스 퍼스트, 「일자리 대신 스캔들을 만드는 민영화된 주 경제개발기관: 실패의 기록(Creating Scandals Instead of Jobs: The Failures of Privatized State Economic Development Agencies)」 (워싱턴 D.C., 2013년 10월), http://www.goodjobsfirst.org/sites/default/files/docs/pdf/scandalsnotjobs.pdf.

7. 랜디 러들로(Randy Ludlow), 「6자리 연봉자 34명에도, 잡스오하이오 급여 총액은 축소 공개(Despite 34 Making Six Figures, True Amounts of JobsOhio Salaries Still Lowballed)」, 『컬럼버스 디스패치(Columbus Dispatch)』, 2018년 3월 22일; 대럴 롤랜드(Darrel Rowland)·조 바던(Joe Vardon), 「감사원, 잡스오하이오의 이해충돌 가능성 조사(Auditor to Examine Potential Conflicts of Interest at JobsOhio)」, 『컬럼버스 디스패치』, 2013년 9월 26일; 그렉 러로이 외, 「일자리 대신 스캔들을 만드는 민영화된 주 경제개발기관: 실패의 기록」, 굿 잡스 퍼스트; 로라 A. 비쇼프(Laura A. Bischoff), 「이사회, 지원받은 기업들과 연계(Board Has Ties to Firms That Got Help)」, 『데이턴 데일리 뉴스(Dayton Daily News)』, 2013년 7월 31일.

8. 마이크 드와인(Mike DeWine), 「오하이오 선샤인 법 2018: 공개 정부 자료집(Ohio Sunshine Laws 2018: An Open Government Resource Manual)」, 오하이오주 법무장관실, 2018; 그렉 러로이 외, 굿 잡스 퍼스트, 「일자리 대신 스캔들을 만드는 민영화된 주 경제개발기관: 실패의 기록」.

9. 로버트 힉스(Robert Higgs), 「잡스오하이오는 얼마나 효과적인가? 전문가들, 존 케이식 주지사의 아이디어가 민간적 성격 때문에 평가 어렵다고 지적(How Effective Is JobsOhio? Experts Say Private Nature

442

of Gov. John Kasich's Brainchild Makes Evaluation Tough)」, 『클리블랜드 플레인 딜러』, 2013년 8월 24일; 마야 프레이저(Mya Frazier), 「아마존, 오하이오에서 파격적 혜택을 챙기다—너무 과한 혜택일지도 (Amazon Is Getting a Good Deal in Ohio. Maybe Too Good)」, 『블룸버그』, 2017년 10월 26일.

11장.

1. 도널드 코언·스테파니 파머(Stephanie Farmer), 「시카고의 엉터리 주차 미터 민영화, 환경에도 악영향(Why Chicago's Botched Parking Meter Privatization Is Also Bad for the Environment)」, 『넥스트 시티』, 2014년 6월 4일; 프랜 스필먼(Fran Spielman), 「주차 미터 거래, 수익 늘수록 시에 더 불리(Parking Meter Deal Keeps Getting Worse for City as Meter Revenues Rise)」, 『시카고 선타임스(Chicago Sun-Times)』, 2018년 5월 14일; 크리스 렌티노(Chris Lentino), 「시카고, 2018년 주차 미터 회사에 2천만 달러 지불(Chicago to Pay $20 Million to Parking Meter Company in 2018)」, 일리노이 폴리시(Illinois Policy), 2017년 11월 2일.

2. 스테파니 파머, 「위험 관리자로서의 도시: 시카고 주차 미터 P3가 지방자치 행정과 교통계획에 미친 영향(Cities as Risk Managers: The Impact of Chicago's Parking Meter P3 on Municipal Governance and Transportation Planning)」, 『인바이런먼트 앤 플래닝(Environment and Planning)』 46권 9호(2014년 9월): 2160 – 74, https://doi.org/10.1068/a130048p.

3. 같은 자료.

4. 마틴 E. 코마스(Martin E. Comas), 「쓰레기 줄이면 레이크 카운티 손실?(Less Garbage Could Cost Lake)」, 『올랜도 센티널(Orlando Sentinel)』, 2009년 2월 15일; 로리 러블리(Lori Lovely), 「인디애나폴리스의 더러운 MRF?(A Dirty MRF for Indy?)」, 『MSW 매니지민트(MSW Management)』, 2013년 3월 26일, https://www.mswmanagement.com/collection/article/13015918/a-dirty-mrf-for-indy.

5. 마틴 E. 코마스, 「쓰레기 줄이면 레이크 카운티 손실?」; 글로벌 얼라이언스 포 인시너레이터 얼터너티브스(Global Alliance for Incinerator Alternatives), 「소각장: 재활용과 폐기물 감축에 악재(Waste Incinerators: Bad News for Recycling and Waste Reduction)」, 2013년 10월.

6. 글로벌 얼라이언스 포 인시너레이터 얼터너티브스, 「소각장: 재활용과 폐기물 감축에 악재」; 로라 설리번(Laura Sullivan), 「교도소 경제학, 이민법 강화에 기여(Prison Economics Helped Drive Immigration Law)」, 『모닝 에디션(Morning Edition)』, 2010년 10월 28일; 트레버 애런슨(Trevor Aaronson)·맥 넬리 토레스(Mc Nelly Torres), 「플로리다, EPA 감시 대상 대기오염 기업 7곳 소재(Florida Home to Seven Air Polluters on EPA Watch List)」, 플로리다 탐사보도 센터(Florida Center for Investigative Reporting, FCIR), 2011년 11월 7일.

7. 마이클 잭맨(Michael Jackman), 「왜 디트로이트 소각장은 비용도 많이 들고, 더럽고, 냄새나고, 위험하며, 불필요한가(Why the Detroit Incinerator Is Costly, Dirty, Smelly, Dangerous—and Unnecessary)」, 『디트로이트 메트로 타임스(Detroit Metro Times)』, 2018년 4월 11일.

8. 바이올렛 이코노모바(Violet Ikonomova), 「쓰레기 소각은 재활용의 걸림돌, 디트로이트 환경운동가들 소각장 폐쇄 촉구(Calling Trash-Burning an Impediment to Recycling, Detroit Environmentalists Urge Shutdown of Incinerator)」, 『디트로이트 메트로 타임스』, 2017년 11월 15일; 멜리사 쿠퍼 사전트(Melissa Cooper Sargent)·윌리엄 코플랜드(William Copeland), 「투고: 디트로이트 소각장은 정의에 대한 공격(Letter: Detroit Incinerator an Assault on Justice)」, 『디트로이트 뉴스(Detroit News)』, 2017년 7월 20일; 라이언 펠튼(Ryan Felton), 「환경운동가들, 디트로이트 소각장이 건강 문제 온상이라 주장(Detroit Incinerator Is Hotspot for Health Problems, Environmentalists Claim)」, 『가디언』, 2016

년 10월 23일; 래리 가브리엘(Larry Gabriel), 「지속가능한 디트로이트를 향해(Toward a Sustainable Detroit)」, 『디트로이트 메트로 타임스』, 2018년 4월 11일; 사라 츠비에크(Sarah Cwiek), 「디트로이트 소각장, 위기에 직면했지만 아직 부족하다는 일부의 주장(Detroit's Incinerator Is in Trouble—but Not Enough, According to Some)」, 미시간 라디오(Michigan Radio), 2017년 3월 10일; 사라 츠비에크, 「디트로이트 소각장, 영구 폐쇄 발표(Detroit Incinerator Announces It Will Permanently Shut Down)」, 미시간 라디오, 2019년 3월 28일.

9. 「재활용 센터 두고 시 피소(City Sued over Recycling Center)」, 『인디애나폴리스 스타(Indianapolis Star)』, 2014년 9월 11일; 존 투히(John Touhy), 「시의 새로운 재활용 계획, 비판자들에 의해 쓰레기 취급(City's New Recycling Plan Trashed by Critics)」, 『인디애나폴리스 스타』, 2014년 6월 10일; 「코반타, 인디애나폴리스에 재활용 공장 건설 예정(Covanta to Build Recycling Plant in Indianapolis)」, 『리사이클링 투데이(Recycling Today)』, 2014년 6월 18일; 에드 웬크(Ed Wenck), 「인디애나폴리스의 새로운 재활용 거래, 시민에 수백만 달러 부담될 수도 있다(How Indy's New Recycling Deal Could Cost Taxpayers Millions)」, 『누보(NUVO)』, 2015년 11월 8일.

10. 에드 웬크, 「인디애나폴리스의 새로운 재활용 거래, 시민에 수백만 달러 부담될 수도 있다」; 에드 웬크, 「코반타, 자사의 입장을 옹호하다(Covanta Defends Its Position)」, 『누보』, 2015년 10월 6일.

11. 에드 웬크, 「인디애나폴리스의 새로운 재활용 거래, 시민에 수백만 달러 부담될 수도 있다」; 에드 웬크, 「코반타, 자사의 입장을 옹호하다」.

12. 「혼합 폐기물, 여전히 엇갈린 시선(Mixed Feelings on Mixed Waste, Still)」, 어스911(Earth911), 2016년 7월 12일, https://earth911.com/business-policy/mixed-waste-mixed-feelings; 배리 셰노프(Barry Shanoff), 「왜 인디애나폴리스와 코반타 간의 거래가 법적 장벽에 부딪혔는가(Why a Deal Between Indianapolis and Covanta Hit a Legal Roadblock)」, 『웨이스트360(Waste360)』, 2016년 5월 6일, https://www.waste360.com/legal/why-deal-between-indianapolis-and-covanta-hit-legal-roadblock.

13. 크라우즈 온 디맨드(Crowds on Demand), 「시위나 집회를 조직하라(Organize a March or Rally)」, 열람일 2020년 1월 27일, https://crowdsondemand.com/protests-rallies-and-advocacy; 마이클 아이작 스타인(Michael Isaac Stein), 「배우들이 뉴올리언스 시의회 회의에서 엔터지 발전소 지지 발언 대가로 돈을 받다(Actors Were Paid to Support Entergy's Power Plant at New Orleans City Council Meetings)」, 『더 렌즈(The Lens)』, 2018년 5월 4일.

14. 마이클 아이작 스타인, 「배우들이 뉴올리언스 시의회 회의에서 엔터지 발전소 지지 발언 대가로 돈을 받다」.

12장.

1. 앤 임스(Ann Imse), 「콜로라도, 불필요한 민간 교도소에 수백만 달러 지출(Colorado Paying Millions for Unneeded Private Prisons)」, 『콜로라도 퍼블릭 뉴스(Colorado Public News)』, 2013년 3월 11일.

2. 인 더 퍼블릭 인터레스트, 「범죄: 수감 쿼터와 '범죄 감소 부담금'이 민간 교도소 기업의 이익을 보장하는 방식(Criminal: How Lockup Quotas and "Low-Crime Taxes" Guarantee Profits for Private Prison Corporations)」, 보고서, 워싱턴 D.C., 2013년 9월.

3. 앤 임스, 「수감 인구 감소에도 주정부, 수백만 달러 지출(State Pays Millions as Prison Populations Sink)」, 『콜로라도 스프링스 가제트(Colorado Springs Gazette)』, 2013년 3월 9일.

4. 인 더 퍼블릭 인터레스트, 「범죄: 수감 쿼터와 '범죄 감소 부담금'이 민간 교도소 기업의 이익을 보장하는

방식」.

5. 딘 데키아로(Dean DeChiaro), 「민간 교도소, 연방 구금 수요 증가 속 로비 강화(Private Prisons Boost Lobbying as Federal Detention Needs Grow)」, 『롤 콜(Roll Call)』, 2017년 10월 25일.

6. 저스티스 폴리시 인스티튜트(Justice Policy Institute), 「시스템 조작하기: 민간 교도소 기업의 정치 전략이 비효율적 수감 정책을 조장하는 방식(Gaming the System: How the Political Strategies of Private Prison Companies Promote Ineffective Incarceration Policies)」, 2011년 6월, http://www.justicepolicy.org/uploads/justicepolicy/documents/gaming_the_system.pdf; 미네소타 전문직 임직원협회(Minnesota Association of Professional Employees), 「민간 교도소 반대 시위로 하원 청문회 중단(House Hearing Shut Down by Protesters Opposing Private Prison)」, 2016년 3월 23일, https://www.mape.org/mape/news/house-hearing-shut-down-protesters-opposing-private-prison; 미국 회계감사원(General Accounting Office), 「민간 및 공영 교도소: 운영 비용 및 서비스 품질 비교 연구(Private and Public Prisons: Studies Comparing Operational Costs and/or Quality of Service)」, 워싱턴 D.C., 1996년 8월; 인 더 퍼블릭 인터레스트, 「민간 교도소의 비용(The Cost of Private Prisons)」, 워싱턴 D.C., 2014년 4월; 서던 파버티 로 센터(Southern Poverty Law Center), 「민간 교도소: 앨라배마에 잘못된 선택(Private Prisons: The Wrong Choice for Alabama)」, 앨라배마, 2017년 10월; 미국 회계감사원(Government Accountability Office), 「교도소 비용: 저보안 및 최소보안 시설 확보 대안 평가를 위한 교정국의 더 나은 데이터 필요(Cost of Prisons: Bureau of Prisons Needs Better Data to Assess Alternatives for Acquiring Low and Minimum Security Facilities)」, 워싱턴 D.C., 2007년 10월; 브래드 룬달(Brad Lundahl) 외, 「교도소 민영화: 비용 효율성과 수감 환경 지표에 관한 메타 분석(Prison Privatization: A Meta-Analysis of Cost Effectiveness and Quality of Confinement Indicators)」, 유타대학교 범죄정의센터(Utah Criminal Justice Center, University of Utah), 2007년 4월 26일; AP 통신, 「감사: 민간 교도소가 주 운영 교도소보다 비용 더 든다(Audit: Private Prisons Cost More Than State-Run Prisons)」, 『AP 뉴스(AP News)』, 2019년 1월 1일; 메건 멈퍼드(Megan Mumford) · 다이앤 W. 샨젠바흐(Diane Whitmore Schanzenbach) · 라이언 넌(Ryan Nunn), 「민간 교도소의 경제학(The Economics of Private Prisons)」, 해밀턴 프로젝트(Hamilton Project), 워싱턴 D.C., 2016.

7. 더글러스 맥도널드(Douglas McDonald) 외, 「미국의 민간 교도소: 현행 운영 평가(Private Prisons in the United States: An Assessment of Current Practice)」, 앱트 어소시에이츠(Abt Associates, Inc.), 보스턴, 매사추세츠(Boston, MA), 1998년 7월 16일; 미 법무부 감사관실(U.S. Department of Justice, Office of the Inspector General), 「연방 교정국의 계약 교도소 모니터링 검토(Review of the Federal Bureau of Prisons' Monitoring of Contract Prisons)」, 워싱턴 D.C., 미 법무부(U.S. Department of Justice), 2016년 8월; 인 더 퍼블릭 인터레스트, 「민간 교도소 기업이 재범률을 높이는 방식(How Private Prison Companies Increase Recidivism)」, 워싱턴 D.C., 2016년 6월; 『블룸버그 뉴스(Bloomberg News)』, 「갱단이 교도관들을 제압하는 민간 교도소에서 폭행 급증(Assaults Peak at Private Prison Where Gangs Best Guards)」, 블룸버그닷컴(Bloomberg.com), 열람일 2020년 8월 16일, https://www.bloomberg.com/graphics/infographics/assaults-peak-at-private-prison-where-gangs-best-guards.html.

8. 저스티스 폴리시 인스티튜트, 「시스템 조작하기: 민간 교도소 기업의 정치 전략이 비효율적 수감 정책을 조장하는 방식」; 그랜트 듀웨(Grant Duwe) · 발레리 클라크(Valerie Clark), 「미네소타의 민간 교도소 수감이 범죄자 재범에 미치는 영향(The Effects of Private Prison Confinement in Minnesota on Offender Recidivism)」, 미네소타 교정국(Minnesota Department of Corrections), 세인트폴, 미네소타(St. Paul, MN), 2013년 3월, https://www.prisonlegalnews.org/news/publications/mn-doc-

private-prison-recidivism-study-2013; 인 더 퍼블릭 인터레스트, 「민간 교도소 기업이 재범률을 높이는 방식」; 앤드루 스피박(Andrew Spivak) · 수전 샤프(Susan Sharp), 「민간 교도소 성과 측정으로서의 재범률(Inmate Recidivism as a Measure of Private Prison Performance)」, 『크라임 앤드 딜린퀀시(Crime and Delinquency)』 54권 3호(July 2008): 482 – 508.

9. 스콧 D. 캠프(Scott D. Camp) · 제럴드 G. 가스(Gerald G. Gaes), 「미국 민간 교도소의 성장과 질: 국가적 설문조사 증거(Growth and Quality of U.S. Private Prisons: Evidence from a National Survey)」, 연방 교정국 연구평가국(Federal Bureau of Prisons, Office of Research and Evaluation), 2001년 9월 21일, https://www.bop.gov/resources/research_projects/published_reports/pub_vs_priv/oreprres_note.pdf.

10. 케이시 톨런(Casey Tolan), 「민간 교도소 CEO, 시설 내 잔혹한 폭행 사건에 대해 실제 증언하다(A Private-Prison CEO Is Actually Testifying About a Brutal Assault in His Facility)」, 『바이스(Vice)』, 2017년 2월 13일; 레베카 분(Rebecca Boone), 「FBI, 아이다호의 교정기업 CCA 조사(FBI Investigates Prison Company CCA in Idaho)」, 『아이다호 프레스(Idaho Press)』, 2014년 3월 7일; 해리슨 베리(Harrison Berry), 「아이다호 민간 교도소 인력 부족의 비용: 100만 달러(Cost of Understaffing Idaho's Private Prison: $1 Million)」, 『보이시 위클리(Boise Weekly)』, 2014년 2월 5일; 레베카 분, 「판사: 교정기업 CCA, 교도소 인력 부족으로 법정 모독 판결(Judge: CCA in Contempt for Prison Understaffing)」, 『아이다호 프레스』, 2013년 9월 17일; 캐시 그리스마이어(Kathy Griesmyer), 「CCA 민간 교도소의 주정부 이관은 아이다호에 올바른 결정(CCA Private Prison Transfer to State Hands Is Right for Idaho)」, 아이다호 ACLU 블로그(ACLU of Idaho, blog), 2014년 7월 1일, https://acluidaho.org/en/news/cca-private-prison-transfer-state-hands-right-idaho; 레베카 분 · 신시아 수웰(Cynthia Sewell), 「연방정부, 아이다호 전직 민간 교도소 운영사의 근무기록 조작 혐의 불기소(Feds Will Not Charge Former Private Idaho Prison Operator over Falsified Timecards)」, 『아이다호 스테이트즈맨(Idaho Statesman)』, 2015년 5월 20일; 데이비드 데이언, 「진정한 비용: 민간 교도소 산업이 교도소 그 이상의 의미를 갖는 이유(The True Cost: Why the Private Prison Industry Is About So Much More Than Prisons)」, 『토킹 포인츠 메모』, 2016년 6월 23일; 레베카 분, 「CCA가 운영하는 교도소, 여전히 아이다호에서 가장 폭력적인 수용소로 남아(CCA-Run Prison Remains Idaho's Most Violent Lockup)」, 『샌디에이고 유니언-트리뷴』, 2011년 10월 9일.

11. 미국시민자유연맹, 「구속에서 이윤을 얻다」; 미 법무부 공보실(U.S. Department of Justice, Office of Public Affairs), 「미 법무부, 미시시피 월넛 그로브 소년 교도소에 대한 조사 결과 발표(Department of Justice Releases Investigative Findings on the Walnut Grove Youth Correctional Facility in Mississippi)」, 보도자료, 2012년 3월 21일, https://www.justice.gov/opa/pr/department-justice-releases-investigative-findings-walnut-grove-youth-correctional-facility; 미 법무부 민권국(U.S. Department of Justice, Civil Rights Division), 「월넛 그로브 소년 교도소 조사(Investigation of the Walnut Grove Youth Correctional Facility)」, 2012년 3월 20일, https://www.justice.gov/sites/default/files/crt/legacy/2012/04/09/walnutgrovefl.pdf; R.L. 네이브(R.L. Nave), 「미시시피 교정국과 민간 교도소, 재판에 서다(MDOC, Private Prisons on Trial)」, 『잭슨 프리 프레스(Jackson Free Press)』, 2015년 4월 8일.

12. 그래스루츠 리더십(Grassroots Leadership), 「더티 서티: 교정기업 CCA 30주년에 축하할 것 없는 이유(The Dirty Thirty: Nothing to Celebrate About 30 Years of Corrections Corporation of America)」, 2013년 6월 17일, http://grassrootsleadership.org/cca-dirty-30; 인 더 퍼블릭 인터레스트, 「범죄: 수감

쿼터와 '범죄 감소 부담금'이 민간 교도소 기업의 이익을 보장하는 방식」.

13. 수전 키르히호프(Suzanne Kirchhoff), 「교도소 성장의 경제적 영향(Economic Impacts of Prison Growth)」, 의회조사국, 2010년 4월 13일, https://fas.org/sgp/crs/misc/R41177.pdf; 미국시민자유연맹, 「구속에서 이윤을 얻다」; 노르발 모리스(Norval Morris), 데이비드 J. 로트만(David J. Rothman) 엮음, 『옥스퍼드 교도소사: 서구 사회의 처벌 실천(The Oxford History of the Prison: The Practice of Punishment in Western Society)』, 뉴욕, 옥스퍼드대학교출판사, 1997; 미셸 알렉산더(Michelle Alexander), 『새로운 짐 크로: 색맹 시대의 대규모 수감(The New Jim Crow: Mass Incarceration in the Age of Colorblindness)』, 뉴욕, 뉴 프레스(New Press), 2012.

14. 딘 데키아로, 「민간 교도소, 연방 구금 수요 증가 속 로비 강화」.

15. 그래스루츠 리더십, 「더티 서티: 교정기업 CCA 30주년에 축하할 것 없는 이유」; 데이브 존슨, 「민영화가 미국 납세자를 수탈하는 5가지 방법」; 인 더 퍼블릭 인터레스트, 「범죄: 수감 쿼터와 '범죄 감소 부담금'이 민간 교도소 기업의 이익을 보장하는 방식」; 팻 빌, 「대기업과 입법자들, 가혹한 형량 추진」; 저스티스 폴리시 인스티튜트, 「시스템 조작하기: 민간 교도소 기업의 정치 전략이 비효율적 수감 정책을 조장하는 방식」.

16. 그래스루츠 리더십, 「더티 서티: 교정기업 CCA 30주년에 축하할 것 없는 이유」; 저스티스 폴리시 인스티튜트, 「시스템 조작하기: 민간 교도소 기업의 정치 전략이 비효율적 수감 정책을 조장하는 방식」; 로라 설리번, 「교도소 경제학, 이민법 강화에 기여」; 미국시민자유연맹, 「구속에서 이윤을 얻다」; 매디슨 폴리, 「미국 기업 운영 교도소 산업의 간략한 역사」, 『마더 존스』, 2016년 8월.

17. 헌법권리센터/구금 감시 네트워크(Center for Constitutional Rights / Detention Watch Network), 「구금에서 이윤을: 지역 수감 할당제와 이민자 일망타진(Banking on Detention: Local Lockup Quotas and the Immigrant Dragnet)」, 2015년, https://www.detentionwatchnetwork.org/sites/default/files/reports/DWN%20CCR%20Banking%20on%20Detention%20Report.pdf; 센텐싱 프로젝트(Sentencing Project), 「미국 내 민간 교도소(Private Prisons in the United States)」, 워싱턴 D.C., 2019년 10월 24일, https://www.sentencingproject.org/publications/private-prisons-united-states.

18. 데이비드 데이언, 「민간 계약자들이 국경에서 트럼프의 잔혹 행위를 가능케 하다(How Private Contractors Enable Trump's Cruelties at the Border)」, 『네이션』, 2018년 6월 20일; 앨런 고메즈(Alan Gomez), 「트럼프, 연방 이민자 구금시설 대폭 확충 계획(Trump Plans Massive Increase in Federal Immigration Jails)」, 『USA 투데이』, 2017년 10월 17일; 매니 페르난데스(Manny Fernandez)·케이티 베너(Katie Benner), 「이주 아동 보호소 운영의 10억 달러 산업(The Billion-Dollar Business of Operating Shelters for Migrant Children)」, 『뉴욕 타임스』, 2018년 6월 21일.

19. 딘 데키아로, 「민간 교도소, 연방 구금 수요 증가 속 로비 강화」; 프리즌 인더스트리 다이베스트먼트 무브먼트(Prison Industry Divestment Movement), 「로비하기(Lobbying)」, 프리즌디베스트닷컴 블로그(Prisondivest.com, blog), 2013년 11월 29일, https://prisondivest.com/private-prison-industry-industria-de-prisiones-privadas/lobbying; 센터 포 리스폰시브 폴리틱스(Center for Responsive Politics), 「영리 교도소(For-Profit Prisons)」, 오픈시크릿(OpenSecrets), 2019년 12월 16일, https://www.opensecrets.org/industries/indus.php?ind=G7000; 앨런 고메즈, 「트럼프, 연방 이민자 구금시설 대폭 확충 계획」.

20. J. 웨스턴 피펜(J. Weston Phippen), 「영리 보호관찰의 미로(The For-Profit Probation Maze)」, 『애틀랜틱』, 2015년 12월 16일.

21. 휴먼 라이츠 워치(Human Rights Watch), 「실패하도록 설계됨: 범죄자 부담형 민간 보호관찰이 빈곤층

에 미치는 영향("Set Up to Fail": The Impact of Offender-Funded Private Probation on the Poor)」, 2018년; J. 웨스턴 피펜, 「영리 보호관찰의 미로」.

22. 샤일라 디완(Shaila Dewan), 「테네시의 민간 보호관찰 회사, 학대 혐의로 고발됨(Private Probation Company Accused of Abuses in Tennessee)」, 『뉴욕 타임스』, 2017년 12월 21일; 휴먼 라이츠 워치, 「실패하도록 설계됨: 범죄자 부담형 민간 보호관찰이 빈곤층에 미치는 영향」; 휴먼 라이츠 워치, 「민간 보호관찰, 빈곤층에 피해(Private Probation Harming the Poor)」, 2018년.

23. 휴먼 라이츠 워치, 「실패하도록 설계됨: 범죄자 부담형 민간 보호관찰이 빈곤층에 미치는 영향」; 사라 스틸먼(Sarah Stillman), 「석방 주식회사(Get Out of Jail, Inc.)」, 『뉴요커(New Yorker)』, 2014년 6월 16일.

24. 휴먼 라이츠 워치, 「실패하도록 설계됨: 범죄자 부담형 민간 보호관찰이 빈곤층에 미치는 영향」.

25. 제시카 실버-그린버그(Jessica Silver-Greenberg) · 로버트 게벨로프(Robert Gebeloff), 「어디서나 중재, 정의를 왜곡하다(Arbitration Everywhere, Stacking the Deck of Justice)」, 『뉴욕 타임스』, 2015년 10월 31일; 제시카 실버-그린버그, 마이클 코커리(Michael Corkery), 「중재에서, '사법제도의 민영화'(In Arbitration, a 'Privatization of the Justice System')」, 『뉴욕 타임스』, 2015년 11월 1일.

26. 이코노믹 폴리시 인스티튜트, 「강제중재 사용의 증가(The Growing Use of Mandatory Arbitration)」, 워싱턴 D.C., 2018년 4월 6일, http://epi.org/144131; 캐서린 V. W. 스톤(Katherine V. W. Stone) · 알렉산더 J. S. 콜빈(Alexander J. S. Colvin), 「중재 전염병: 강제중재가 노동자와 소비자의 권리를 박탈하다(The Arbitration Epidemic: Mandatory Arbitration Deprives Workers and Consumers of Their Rights)」, 이코노믹 폴리시 인스티튜트, 워싱턴 D.C., 2015년 12월 7일; 헤일리 스위틀랜드 에드워즈(Haley Sweetland Edwards), 「요양원의 중재 합의가 진정으로 의미하는 것(What Arbitration Agreements in Nursing Homes Really Mean)」, 『타임』, 2017년 11월 16일.

27. 마이클 코커리 · 제시카 실버-그린버그, 「종교적 중재에서, 성경은 법의 규칙이다(In Religious Arbitration, Scripture Is the Rule of Law)」, 『뉴욕 타임스』, 2015년 11월 2일; 마사 맥클러스키(Martha McCluskey) 외, 「소비자 금융 서비스에서 강제중재 규제하기: 피해자 소비자들에게 법원의 문을 다시 열어주기(Regulating Forced Arbitration in Consumer Financial Services: Re-Opening the Courthouse Doors to Victimized Consumers)」, 센터 포 프로그레시브 리폼(Center for Progressive Reform, CPR), 2016년 5월; 애런 조던(Aaron Jordan), 「강제중재 금지 철회는 월가에 대한 특혜다(Repeal of Mandatory Arbitration Ban Is a Wall Street Giveaway)」, 『레귤레이토리 리뷰(Regulatory Review)』, 2017년 11월 1일, https://www.theregreview.org/2017/11/01/jordan-arbitration-ban-wall-street; 제시카 실버-그린버그 · 마이클 코커리, 「중재에서, '사법제도의 민영화'」.

28. 헤일리 스위틀랜드 에드워즈, 「87세 수녀가 요양원에서 성폭행을 당했다고 말했다. 그런데 왜 그녀는 소송할 수 없었을까(An 87-Year-Old Nun Said She Was Raped in Her Nursing Home. Here's Why She Couldn't Sue)」, 『타임』, 2017년 11월 16일.

29. 같은 자료; 제시카 실버-그린버그 · 마이클 코커리, 「중재에서, '사법제도의 민영화'」.

30. 하이디 시어홀츠(Heidi Shierholz), 「기록 수정: 집단소송이 중재보다 소비자에게 유리하다(Correcting the Record: Consumers Fare Better Under Class Actions Than Arbitration)」, 이코노믹 폴리시 인스티튜트, 2017년 8월 1일, https://www.epi.org/publication/correcting-the-record-consumers-fare-better-under-class-actions-than-arbitration; 니나 토텐버그(Nina Totenberg), 「대법원 판결, 노동자 권리에 타격(Supreme Court Decision Delivers Blow to Workers' Rights)」, NPR, 2018년 5월 21일.

31. 제시카 실버-그린버그 · 로버트 게벨로프, 「어디서나 중재, 정의를 왜곡하다」.

32. 'AT&T 모빌리티 대 콘셉시온 사건(AT&T Mobility LLC v. Concepcion)', 563 US 333 (2011).

33. '에픽 시스템스 대 제이컵 루이스 사건(Epic Systems Corporation v. Jacob Lewis)', 584 US __ (2018).

34. 같은 자료.

35. 레슬리 뉴웰 피콕(Leslie Newell Peacock), 「비저너리 아칸소인 2017(Visionary Arkansans 2017)」, 『아칸소 타임스(Arkansas Times)』, 2017년 11월 9일; '저스티스 네트워크 주식회사 대 크레이그헤드 카운티 등 사건(Justice Network Inc. v. Craighead County et al.)', 사건번호 No. 17-3770 (미국 제8연방항소법원, 2019년).

36. '저스티스 네트워크 주식회사 대 크레이그헤드 카운티 등 사건(Justice Network Inc. v. Craighead County et al.)'.

| 5부 |

1. 버지니아 유뱅크스(Virginia Eubanks), 「대형 은행들은 어떻게 푸드 스탬프로 돈을 벌어들이는가(How Big Banks Are Cashing In on Food Stamps)」, 『아메리칸 프로스펙트』, 2014년 2월 14일; 인 더 퍼블릭 인터레스트, 「민영화가 불평등을 심화시키는 방식」.

2. 자넬 로스(Janell Ross), 「캘리포니아의 복지 가정, 공적 지원 때문에 은행에 수백만 달러 수수료 지불(California's Welfare Families Paid Banks Millions in Fees for Public Assistance)」, 『허핑턴 포스트』, 2011년 11월 18일; 인 더 퍼블릭 인터레스트, 「민영화가 불평등을 심화시키는 방식」, 워싱턴 D.C., 2016년 9월; 안드레아 루케타(Andrea Luquetta), 「"가난하다고 수수료까지 내야 하는 건 아니다": 공적 지원에 접근하기 위해 수수료를 지불해야 하는 가정의 비용("We Don't Need to Be Charged for Being Poor": The Cost to Families of Paying Fees to Access Public Assistance)」, 캘리포니아 재투자 연합(California Reinvestment Coalition), 2015년 5월.

13장.

1. 앤드루 플라워스, 「이제 복지 자금은 더 이상 가난한 사람들에게 직접 가지 않는다」, 『파이브서티에이트』, 2016년 8월 25일.

2. 웬디 바크, 「복지개혁, 민영화, 그리고 권력: 행정법 구조의 근본적 재구성」, 『CUNY 아카데믹 웍스(CUNY Academic Works)』, CUNY 로스쿨, 2009년, https://academicworks.cuny.edu/cl_pubs/204; 앤드루 플라워스, 「이제 복지 자금은 더 이상 가난한 사람들에게 직접 가지 않는다」; 알리 사파위(Ali Safawi)·이프 플로이드(Ife Floyd), 「TANF 급여는 여전히 너무 낮아 가정을 돕지 못한다. 특히 흑인가정을 돕지 못해 어려움 가중(TANF Benefits Still Too Low to Help Families, Especially Black Families, Avoid Increased Hardship)」, 워싱턴 D.C., 예산정책우선순위센터(Center on Budget and Policy Priorities, CBPP), 2014년 10월 30일, https://www.cbpp.org/research/family-income-support/tanf-benefits-still-too-low-to-help-families-especially-black; 마틴 길렌스(Martin Gilens), 「'인종 부호화'와 복지에 대한 백인들의 반대('Race Coding' and White Opposition to Welfare)」, 『아메리칸 폴리티컬 사이언스 리뷰(American Political Science Review)』 90, no. 3 (1996): 593-604, https://doi.org/10.2307/2082611.

3. 케이틀린 듀이(Caitlin Dewey), 「복지 노동 요건을 밀어붙이는 싱크탱크(They're the Think Tank Pushing for Welfare Work Requirements)」, 『워싱턴 포스트』, 2018년 5월 18일; 테리 오도넬(Terry O'Donnell) 외, 「희망·기회·번영 회복법(HOPE Act)」, 공법 번호 H.B. 1270 (2018), http://webserver1.lsb.state.ok.us/cf_pdf/2017-18%20ENR/hB/HB1270%20ENR.PDF; 정부 책임성 재단(Foundation for Government Accountability, FGA), 「희망·기회·번영 회복법(An Act to Restore

Hope, Opportunity, and Prosperity for Everyone [HOPE])」, 네이플스, 플로리다(Naples, FL), 2017년, https://thefga.org/wp-content/uploads/2017/01/Welfare-Reform-Bill-2017.pdf.

4. 마이클 힐트지크, 「역사적인 의료사기 사건으로 유죄 판결받은 인물, 트럼프가 석방 허용(He Was Convicted in a Historic Healthcare Fraud. Trump Is Letting Him Walk Free)」, 『로스앤젤레스 타임스』, 2020년 12월 29일; 그렉 카우프만(Greg Kaufmann), 「미시시피에서 잔혹한 새 법안이 곧 법으로 제정된다(A Cruel New Bill Is About to Become Law in Mississippi)」, 『네이션』, 2017년 3월 31일; 테리 오도넬 외, 「희망·기회·번영 회복법(HOPE Act)」; 조엘 에버트(Joel Ebert), 「테네시 법안, 복지 자금 사용처 제한할 것(Tennessee Bill Would Restrict Where Welfare Money Is Spent)」, 『테네시언(Tennessean)』, 2016년 2월 8일.

5. 데일 덴월트(Dale Denwalt), 「오클라호마 법안, 메디케이드 부정수급 줄이려 시도(Oklahoma Bill Aims at Reducing Medicaid Fraud)」, 『오클라호만』, 2017년 9월 29일; 그렉 카우프만, 「미시시피에서 잔혹한 새 법안이 곧 법으로 제정된다」; 조엘 에버트, 「테네시 법안, 복지 자금 사용처 제한할 것」; 케이틀린 듀이, 「복지 노동 요건을 밀어붙이는 싱크탱크」; 지미 E. 게이츠(Jimmie E. Gates), 「새 법은 납세자 돈 낭비로 이어질 수 있다(New Law Could Be a Waste of Taxpayers' Money)」, 『클래리온 레저(Clarion Ledger)』, 2017년 4월 8일.

6. 마이클 B. 카츠(Michael B. Katz), 『빈민원 그림자 속에서: 미국 복지의 사회사(In the Shadow of the Poorhouse: A Social History of Welfare in America)』, 10주년 기념판, 뉴욕, 베이식북스(BasicBooks), 1996, 33쪽.

7. 같은 자료, 50 – 52쪽.

8. 같은 자료, 26 – 27쪽.

9. 마이크 콘찰(Mike Konczal), 「자선에 기반한 사회안전망이라는 보수적 신화(The Conservative Myth of a Social Safety Net Built on Charity)」, 『애틀랜틱』, 2014년 3월 24일.

10. 모니카 포츠, 「미국 사회안전망은 존재하지 않는다」, 『네이션』, 2016년 10월 13일.

11. 후버 발언, 마이크 콘찰, 「자선에 기반한 사회안전망이라는 보수적 신화」에서 재인용; 후버 발언, 질 러포어(Jill Lepore), 『이 진실들: 미국의 역사(These Truths: A History of the United States)』, 뉴욕·런던, W.W. 노턴(W.W. Norton), 2018에서 재인용; 미국 적십자사사(Red Cross) 지도부 발언, 엘리자베스 S. 클레멘스(Elisabeth Stephanie Clemens), 더그 거스리(Doug Guthrie) 엮음, 『정치와 파트너십: 미국 정치의 과거와 현재에서 자발적 결사의 역할(Politics and Partnerships: The Role of Voluntary Associations in America's Political Past and Present)』, 시카고·런던, 시카고대학교 출판부(University of Chicago Press), 2010, 85쪽에서 재인용.

12. 엘리자베스 S. 클레멘스, 더그 거스리 엮음, 『정치와 파트너십: 미국 정치의 과거와 현재에서 자발적 결사의 역할』, 87, 89, 97, 91쪽.

13. 같은 자료, 89, 94쪽.

14. 엘리자베스 S. 클레멘스, 「뉴딜의 그림자 속에서: 1928 – 1940년 정부와 자선의 역할 재편(In the Shadow of the New Deal: Reconfiguring the Roles of Government and Charity, 1928 – 1940)」, 엘리자베스 S. 클레멘스, 더그 거스리 엮음, 『정치와 파트너십』, 킨들판, 시카고·런던, 시카고대학교출판부, 2010; 마이클 B. 카츠, 『빈민원 그림자 속에서: 미국 복지의 사회사』, 18, 60쪽.

15. 마이크 콘찰, 「자선에 기반한 사회안전망이라는 보수적 신화」.

14장.

1. 카이저 패밀리 파운데이션(Kaiser Family Foundation, KFF), 「주 메디케이드 확대 결정 현황: 대화형 지도(Status of State Medicaid Expansion Decisions: Interactive Map)」, KFF, 2020년 11월 2일; 제프 스타인(Jeff Stein), 「라이언, 공화당이 2018년 복지 · 메디케어 · 메디케이드 지출을 겨냥할 것이라고 발언(Ryan Says Republicans to Target Welfare, Medicare, Medicaid Spending in 2018)」, 『워싱턴 포스트』, 2017년 12월 6일.

2. 제이콥 S. 해커(Jacob S. Hacker), 「공화당 지지자들은 메디케이드 확대를 원한다. 공화당 엘리트는 원하지 않는다. 무언가 양보해야 한다(GOP Voters Want Medicaid Expansion. GOP Elites Don't. Something Has to Give)」, 『워싱턴 포스트』, 열람일 2021년 1월 26일.

3. 브라이언 로젠탈(Brian Rosenthal), 「보고서: 민영화된 메디케이드 프로그램은 더 적은 사람들에게 서비스하고, 더 많은 비용이 든다(Report: Privatized Medicaid Program Serves Fewer People, Costs More)」, 『휴스턴 크로니클(Houston Chronicle)』, 2017년 2월 13일.

4. 제이슨 클레이워스(Jason Clayworth), 「아이오와, 공적 입찰 비밀주의 종식(Iowa Ends Public Bid Secrecy)」, 『디모인 레지스터(Des Moines Register)』, 2016년 8월 9일; 제이슨 클레이워스, 「비밀에 가려진 아이오와 주 정부 입찰(Iowa Government Bids Shrouded in Secrecy)」, 『디모인 레지스터』, 2015년 7월 21일.

5. 앤디 마르소(Andy Marso), 「장애인 돌봄 제공자들, 캔자스 민영 의료체제에서 제외(Caregivers of Disabled Left in Dark Under Kansas' Private Healthcare System)」, 『캔자스 시티 스타』, 2017년 11월 12일; 제이슨 클레이워스, 「돌봄 거부: 아이오와 메디케이드 미로가 환자들을 끝없는 항소로 가두다(Care Denied: How Iowa's Medicaid Maze Is Trapping Sick and Elderly Patients in Endless Appeals)」, 『디모인 레지스터』, 2018년; 『디모인 레지스터』 편집위원회, 「아이오와 메디케이드 민영화는 공적 정보를 사적으로 만들어버렸다(Privatizing Iowa Medicaid Has Privatized Previously Public Information)」, 『디모인 레지스터』, 2018년 1월 16일; 트리시아 브룩스(Tricia Brooks), 「아동을 위한 메디케이드의 보장된 혜택 보호와 증진: 아이오와 사례 연구(Protecting and Promoting Medicaid's Guaranteed Benefits for Children: EPSDT and Managed Care Iowa Case Study)」, 조지타운대학교 아동 · 가족 보건정책센터(Georgetown University, Center for Children and Families), 2018년 4월 30일, https://ccf.georgetown.edu/2018/04/30/protecting-and-promoting-medicaids-guaranteed-benefits-for-children-iowa-epsdt-and-managed-care.

6. 첼시 키넌(Chelsea Keenan), 「아이오와 민간 메디케이드 보험사들, 첫 해에 4억 5천만 달러 손실(Iowa's Private Medicaid Insurers to Lose $450 Million in First Year)」, 『가제트(Gazette)』, 2017년 2월 22일; 토니 레이스(Tony Leys), 「아이오와의 민간 메디케이드 업체들, 빈곤층 · 장애인 치료에 덜 쓰고 있다(Medicaid Firms Spending Less on Care for Iowa's Poor, Disabled)」, 『디모인 레지스터』, 2017년 3월 15일; 인 더 퍼블릭 인터레스트, 「보훈부 민영화: 캔자스와 아이오와 메디케이드 민영화의 교훈(Privatizing the VA: Lessons from Privatized Medicaid in Kansas and Iowa)」, 워싱턴 D.C., 2018년 3월.

7. 토니 레이스, 「아이오와 메디케이드 지급 부족, 민간 운영자들 '재앙적'이라고 주에 보고(Iowa Medicaid Payment Shortages Are 'Catastrophic,' Private Managers Tell State)」, 『디모인 레지스터』, 2016년 12월 21일; 트리시아 브룩스, 「아동을 위한 메디케이드의 보장된 혜택 보호와 증진: 아이오와 사례 연구」; 첼시 키넌, 「아이오와 민간 메디케이드 보험사들, 첫 해에 4억 5천만 달러 손실」; 앤섬(Anthem, Inc.), 「2017 회계연도 종료 보고서(Form 10-K for the Fiscal Year Ended December 31, 2017)」, 인디애나폴리

스, 인디애나, 2017년, https://www.sec.gov/Archives/edgar/data/1156039/000115603918000003/antm-2017123110kq42017.htm#sA671F2759A855DA38F0B2543AC27DACE; 앤섬, 「2018 위임장(Proxy Statement)」, 인디애나폴리스, 인디애나, 2018년 5월 16일, https://www.sec.gov/Archives/edgar/data/1156039/000155837018002704/antm-20180516xdef14a.htm#ExecutiveCompensation; 유나이티드헬스 그룹(UnitedHealth Group Incorporated), 「2017 회계연도 종료 보고서(Form 10-K for the Fiscal Year Ended December 31, 2017)」, 2017년, https://www.unitedhealthgroup.com/viewer.html?file=/content/dam/UHG/PDF/investors/2017/UNH-Q4-2017-Form-10-K.pdf; 유나이티드헬스 그룹, 「2018 위임장(Proxy Statement)」, 미네통카, 미네소타, 2018년 4월 20일, https://www.unitedhealthgroup.com/viewer.html?file=/content/dam/UHG/PDF/investors/2017/UNH-2018-Proxy.pdf.

8. 제이슨 클레이워스, 「돌봄 거부: 아이오와 메디케이드 미로가 환자들을 끝없는 항소로 가두다」.

9. 제이슨 클레이워스, 「민영화된 메디케이드, 수백 명의 장애인에게 의사 처방 의료장비 조직적으로 거부(How Privatized Medicaid Is Systematically Denying Hundreds of Disabled Iowans the Medical Equipment Their Doctors Say They Need)」, 『디모인 레지스터』, 2018년 4월 8일; 제이슨 클레이워스, 「돌봄 거부: 아이오와 메디케이드 미로가 환자들을 끝없는 항소로 가두다」; 제이슨 클레이워스, 「'고집스럽고 터무니없다.' 아이오와 옴부즈맨, 민간 메디케이드 운영자들의 장애인 의료 거부를 비판('Stubborn and Absurd.' Iowa's Ombudsman Slams Private Medicaid Managers for Denying Medical Care to Disabled)」, 『디모인 레지스터』, 2018년 4월 2일.

10. 『디모인 레지스터』 편집위원회, 「레이놀즈의 메디케이드 국장은 민영화와 비밀주의에 집착한다(Reynolds' Medicaid Director Is Dedicated to Privatization, Secrecy)」, 『디모인 레지스터』, 2018년 2월 28일; 편집위원회, 「아이오와는 메디케이드 절감액에 대한 해답이 필요하지, 캔자스식 눈속임이 필요하지 않다(Iowa Needs Answers on Medicaid Savings, Not a Kansas-Style Shell Game)」, 『디모인 레지스터』, 2018년 6월 21일; 토니 레이스 · 바버라 로드리게스(Barbara Rodriguez), 「감사 보고서: 민영화된 메디케이드가 아이오와 주에 수백만 달러를 절약하고 있다. 그러나 민주당은 인정하지 않는다(Audit: Privatized Medicaid Is Saving Iowa Millions of Dollars. Democrats Aren't Convinced)」, 『아이오와 시티 프레스-시티즌(Iowa City Press-Citizen)』, 2018년 11월 26일; 폴 브레넌(Paul Brennan), 「레이놀즈 주지사, 주 메디케이드 민영화 프로그램의 보고 요건을 축소하는 법안 지지(Gov. Reynolds Supports Bill That Cuts Reporting Requirements on State's Privatized Medicaid Program)」, 『리틀 빌리지(Little Village)』, 2018년 2월 12일; 토니 레이스, 「아이오와의 메디케이드 민영화 절감액 추정치는 설명 없이 계속 바뀐다(Iowa's Estimated Savings from Medicaid Privatization Keeps Changing, Without Explanation)」, 『디모인 레지스터』, 2018년 5월 19일; 편집위원회, 「아이오와는 메디케이드 절감액에 대한 해답이 필요하지, 캔자스식 눈속임이 필요하지 않다」; 토니 레이스, 「아이오와 메디케이드 국장: 민영화는 돈을 절약하지만 얼마인지 말하기는 어렵다(Iowa Medicaid Director: Privatization Is Saving Money but It's Hard to Say How Much)」, 『디모인 레지스터』, 2018년 6월 13일.

11. 제이슨 클레이워스, 「아이오와에서 철수한 민간 메디케이드 회사, 아직도 수천 건의 의료비를 지급하지 않았다(A Private Medicaid Company That Pulled Out of Iowa Has Yet to Pay Thousands of Medical Bills)」, 『디모인 레지스터』, 2018년 8월 31일.

12. 데이비드 홀(David Hall) · 투에 안 응우옌(Tue Anh Nguyen), 「공공서비스의 경제적 이익(Economic Benefits of Public Services)」, 『리얼월드 이코노믹스 리뷰(RealWorld Economics Review)』, 제84호(no. 84, 2018): 135, http://www.paecon.net/PAEReview/issue84/HallNguyen84.pdf; 어드바이저리

보드(The Advisory Board), 「미국인들의 급여 중 얼마나 건강보험에 쓰이는가, 도표로 정리(How Much of Americans' Paychecks Go to Health Care, Charted)」, 2019년 5월 2일, https://www.advisory.com/en/daily-briefing/2019/05/02/health-care-costs.

15장.

1. 톰 존스(Tom Jones)·밥 하센(Bob Hasen), 〈구급차 비용, 곧바로 추심으로 넘어가다(Ambulance Bills Sent Straight to Collections)〉, 《NBC 뉴스 7 샌디에이고(NBC News 7 San Diego)》, 샌디에이고, 캘리포니아, NBC, 2016년 8월 18일; 대니얼 아이버리·벤 프로테스(Ben Protess)·키티 베넷(Kitty Bennett), 「911에 전화하면 월스트리트가 받는다(When You Dial 911 and Wall Street Answers)」, 『뉴욕 타임스』, 2016년 6월 25일.

2. 인 더 퍼블릭 인터레스트, 「성과 기반 지급 프로그램과 사회성과채권 평가(Evaluating Pay for Success Programs and Social Impact Bonds)」, 워싱턴 D.C., 2015년 7월; 비베카 마이어(Vibeka Mair), 「성과 기반 지급: 사회성과채권에 관한 최신 논의(Pay-for-Success: The Latest Thinking on Social Impact Bonds)」, 『리스폰서블 인베스터(Responsible Investor)』, 2018년 5월 9일; 릭 코언(Rick Cohen), 「사회성과채권: 비영리 부문의 유령(Social Impact Bonds: Phantom of the Nonprofit Sector)」, 『논프라핏 쿼털리(Nonprofit Quarterly)』, 2014년 7월 25일; 릭 코언, 「'성과 기반 지급'은 실제로 효과가 있는가? 사회성과채권의 투자수익률(Does 'Pay for Success' Actually Pay Off? The ROI of Social Impact Bonds)」, 『논프라핏 쿼털리』, 2014년 10월 17일; 전미 주 의회 입법회의, 「사회성과채권」, 2016년 9월 22일, https://www.ncsl.org/research/labor-and-employment/social-impact-bonds.aspx.

3. 리즈 파머(Liz Farmer), 「새향군인을 위한 첫 '성과 기반 지급' 프로젝트 시작(First 'Pay for Success' Project for Veterans Underway)」, 『거버닝』, 2018년 11월 4일; 트리스턴 호롬(Tristan Horrom), 「외상후스트레스장애(PTSD) 재향군인에게 과도기적 일자리보다 효과적인 개별 배치 및 지원 프로그램(Individual Placement and Support More Effective Than Transitional Work for Veterans with PTSD)」, 『VA 리서치 커런츠(VA Research Currents)』, 2018년 2월 28일.

4. 헌터(Hunter) 인용, 릭 코언, 「사회성과채권: 비영리 부문의 유령」; 미국 교육부(U.S. Department of Education), 「성과 기반 지급(Pay for Success)」, 2017년 10월 24일, https://www2.ed.gov/about/inits/ed/pay-for-success/index.html.

5. 헌터(Hunter) 인용, 케네스 설트먼(Kenneth Saltman), 「월스트리트의 최신 공공부문 사기극: 성과 기반 지급에 대한 다섯 가지 신화(Wall Street's Latest Public Sector Rip-Off: Five Myths About Pay for Success)」, 『카운터펀치(Counterpunch)』, 2016년 8월 23일; 릭 코언, 「'성과 기반 지급'은 실제로 효과가 있는가? 사회성과채권의 투자수익률」.

6. 릭 코언, 「'성과 기반 지급'은 실제로 효과가 있는가? 사회성과채권의 투자수익률」; 케네스 설트먼, 「월스트리트의 최신 공공부문 사기극: 성과 기반 지급에 대한 다섯 가지 신화」; 릭 코언, 「골드만삭스의 시카고 유아교육 사회성과채권 프로그램을 비판적으로 바라보기(Casting a Skeptical Eye on Goldman Sachs' Preschool SIB Program in Chicago)」, 『논프라핏 쿼털리』, 2014년 11월 6일; 멜리사 산체스(Melissa Sanchez), 「기록으로 보는 사회성과채권을 통한 유아교육 재원 마련(For the Record: Paying for Preschool with Social Impact Bonds)」, 『시카고 리포터(Chicago Reporter)』, 2014년 11월 3일.

7. 케네스 설트먼, 「월스트리트의 최신 공공부문 사기극: 성과 기반 지급에 대한 다섯 가지 신화」; 마이클 J. 로이(Michael J. Roy)·닐 매큐(Neil McHugh)·스티븐 싱클레어(Stephen Sinclair), 「사회성과채권에 대한 비판적 성찰(A Critical Reflection on Social Impact Bonds)」, 『스탠퍼드 소셜 이노베이션 리

453미주

뷰(Stanford Social Innovation Review)』, 2018년 5월 1일; 밸러리 스트라우스(Valerie Strauss), 「공교육에서 돈 버는 월스트리트의 새로운 방식―그리고 그것이 문제인 이유(Wall Street's New Way of Making Money from Public Education—and Why It's a Problem)」, 『워싱턴 포스트』, 2016년 9월 14일.

8. 인 더 퍼블릭 인터레스트 인용, 「성과 기반 지급 프로그램과 사회성과채권 평가」; 마이클 J. 로이 · 닐 매큐 · 스티븐 싱클레어, 「사회성과채권에 대한 비판적 성찰」; 도널드 코언 · 제니퍼 젤닉(Jennifer Zelnick), 「라이커스 아일랜드 사회성과채권 실패에서 얻은 교훈(What We Learned from the Failure of the Rikers Island Social Impact Bond)」, 『논프라핏 쿼털리』, 2015년 8월 7일.

9. 인 더 퍼블릭 인터레스트, 「성과 기반 지급 프로그램과 사회성과채권 평가」; 대니얼 에드미스턴(Daniel Edmiston) · 알렉스 니콜스(Alex Nicholls), 「사회성과채권: 결과 기반 위탁에서 민간자본의 역할(Social Impact Bonds: The Role of Private Capital in Outcome-Based Commissioning)」, 『저널 오브 소셜 폴리시(Journal of Social Policy)』 47, no. 1 (2018년 1월: 57-76, https://doi.org/10.1017/S0047279417000125; 마이클 J. 로이 · 닐 매큐 · 스티븐 싱클레어, 「사회성과채권에 대한 비판적 성찰」; 케네스 설트먼, 「월스트리트의 최신 공공부문 사기극: 성과 기반 지급에 대한 다섯 가지 신화」; 마틴 카노이(Martin Carnoy) · 록사나 마라치(Roxana Marachi), 「'임팩트' 투자인가, 이윤추구인가? 사회성과채권, 성과 기반 지급, 그리고 사회서비스 및 교육 민영화의 다음 물결(Investing for 'Impact' or Investing for Profit? Social Impact Bonds, Pay for Success, and the Next Wave of Privatization of Social Services and Education)」, 콜로라도, 전미교육정책센터(National Education Policy Center), 2020년 2월, https://nepc.colorado.edu/sites/default/files/publications/PB%20Carnoy-Marachi_1.pdf.

10. 골드버그(Goldberg) 인용, 비베카 마이어, 「성과 기반 지급: 사회성과채권에 관한 최신 논의」; 리즈 파머, 「재향군인을 위한 첫 '성과 기반 지급' 프로젝트 시작」.

11. 케네스 설트먼, 「월스트리트의 최신 공공부문 사기극: 성과 기반 지급에 대한 다섯 가지 신화」; 리처드 존슨(Richard Johnson), 「영국 워크 프로그램의 유일한 성공은 '선별과 방치'에 있다(The Work Programme's Only Success Is at 'Creaming and Parking')」, 『가디언』, 2013년 2월 20일.

12. 클라이브 벨필드(Clive Belfield) · 엘렌 S. 파이즈너-파인버그(Ellen S. Peisner-Feinberg) 인용, 내서니얼 포퍼(Nathaniel Popper), 「골드만이 자금을 댄 학교 프로그램, 성공 지표 의문 제기(Success Metrics Questioned in School Program Funded by Goldman)」, 『뉴욕 타임스』, 2018년 1월 19일; 마틴 카노이 · 록사나 마라치, 「'임팩트' 투자인가, 이윤추구인가? 사회성과채권, 성과 기반 지급, 그리고 사회서비스 및 교육 민영화의 다음 물결」.

13. 레니 번스타인(Lenny Bernstein), 「'정부는 긍정적 결과에 대해서만 비용을 지불한다' 사회문제에 대한 놀라운 새로운 접근('Government Only Pays for the Positive Outcomes.' A Strikingly New Approach to Social Problems)」, 『워싱턴 포스트』, 2016년 2월 16일; 마이클 J. 로이 · 닐 매큐 · 스티븐 싱클레어, 「사회성과채권에 대한 비판적 성찰」; 릭 코언, 「'성과 기반 지급'은 실제로 효과가 있는가? 사회성과채권의 투자수익률」.

14. 데빈 퍼거스(Devin Fergus), 『수수료의 나라: 숨겨진 비용과 미국 중산층의 쇠퇴(Land of the Fee: Hidden Costs and the Decline of the American Middle Class)』, 뉴욕, 옥스퍼드대학교 출판부, 2018, 53; 제임스 B. 스틸(James B. Steele) · 랜스 윌리엄스(Lance Williams), 「누가 학자금 대출 위기로 부자가 되었는가(Who Got Rich off the Student Debt Crisis)」, 『리빌(Reveal)』, 2016년 6월 28일; 잭 프리드먼(Zack Friedman), 「2020년 학자금 대출 통계: 기록적 1조 6천억 달러(Student Loan Debt Statistics in 2020: A Record $1.6 Trillion)」, 『포브스』, 2020년 2월 3일.

15. 제임스 B. 스틸 · 랜스 윌리엄스, 「누가 학자금 대출 위기로 부자가 되었는가(Who Got Rich off the Student Debt Crisis)」; 데빈 퍼거스, 수수료의 나라: 숨겨진 비용과 미국 중산층의 쇠퇴』.

16. 수전 M. 다이나르스키(Susan M. Dynarski), 「공화당은 학자금 대출을 다시 경쟁적으로 만들고 싶어 한다. 하지만 원래 경쟁적이지 않았다(The RNC Wants to Make Student Loans Competitive Again. They Never Were)」 브루킹스 연구소, 워싱턴 D.C., 2016년 7월 21일; 뉴 아메리카 재단(New America Foundation), 「학자금 대출의 역사(Student Loan History)」, 2019년 1월 25일 접속, https://www.newamerica.org/education-policy/topics/higher-education-funding-and-financial-aid/federal-student-aid/federal-student-loans/federal-student-loan-history ; 제임스 B. 스틸 · 랜스 윌리엄스, 「누가 학자금 대출 위기로 부자가 되었는가」; 저우 언위(Enyu Zhou) · 필라르 멘도자(Pilar Mendoza), 「미국 고등교육 재정: 연방 학자금 지원 정책에서 대출의 역사적 개관(Financing Higher Education in the United States: A Historical Overview of Loans in Federal Financial Aid Policy)」, in 니콜라스 대니얼 하틀렙(Nicholas Daniel Hartlep) 편, 『미국 고등교육의 신자유주의 의제와 학자금 대출 위기(The Neoliberal Agenda and the Student Debt Crisis in U.S. Higher Education)』, 뉴욕, 라우틀리지(Routledge), 2017, 3 – 18.

17. 제임스 B. 스틸 · 랜스 윌리엄스, 「누가 학자금 대출 위기로 부자가 되었는가」; 수전 M. 다이나르스키, 「공화당은 학자금 대출을 다시 경쟁적으로 만들고 싶어 한다. 하지만 원래 경쟁적이지 않았다」.

18. 뉴 아메리카 재단, 「학자금 대출의 역사」; 제임스 B. 스틸 · 랜스 윌리엄스, 「누가 학자금 대출 위기로 부자가 되었는가」.

19. 제임스 B. 스틸 · 랜스 윌리엄스, 「누가 학자금 대출 위기로 부자가 되었는가」.

20. 같은 사료; 뉴 아메리카 재난, 「학자금 대출의 역사」; 수전 M. 다이나르스키, 「공화당은 학자금 대출을 다시 경쟁적으로 만들고 싶어 한다. 하지만 원래 경쟁적이지 않았다」.

21. 제임스 B. 스틸 · 랜스 윌리엄스, 「누가 학자금 대출 위기로 부자가 되었는가」; 팀 첸(Tim Chen), 「학자금 대출은 오늘날의 현대판 채무자 감옥(Student Loans Have Become Our Modern-Day Debtors Prisons)」, 『USA 투데이』, 2018년 6월 5일; 디앤 루닌(Deanne Loonin) · 퍼시스 유(Persis Yu), 「학자금 대출 차입자 압박: 정부의 채권추심업체와의 파트너십의 막대한 비용(Pounding Student Loan Borrowers: The Heavy Costs of the Government's Partnership with Debt Collection Agencies)」, 전미소비자법센터(National Consumer Law Center), 2014년 9월; GG. 마이클 베딩거 6세(G. Michael Bedinger VI), 「학자금 대출자의 파산 '과도한 곤란' 기준 재검토의 필요성(Time for a Fresh Look at the 'Undue Hardship' Bankruptcy Standard for Student Debtors)」, 『아이오와 로 리뷰(Iowa Law Review)』 99 (2014): 1817 – 39.

22. 조너선 D. 글래터(Jonathan D. Glater), 「대학 학자금 대출 조사 후 수백만 달러 환불 조치(Millions to Be Repaid After College Loan Inquiry)」, 『뉴욕 타임스』, 2007년 4월 3일; 스테이시 콜리(Stacy Cowley) · 제시카 실버-그린버그(Jessica Silver-Greenberg), 「'실패하도록 설계된' 대출: 주 정부들은 내비언트(Navient)가 학생들을 착취했다고 주장(Loans 'Designed to Fail': States Say Navient Preyed on Students)」, 『뉴욕 타임스』, 2018년 1월 20일; 스틸 · 윌리엄스, 「누가 학자금 대출 위기로 부자가 되었는가」; 뉴 아메리카 재단, 「학자금 대출의 역사」; 베키 수피아노(Beckie Supiano), 「대학들, 전화 폭주에 원격 콜센터로 대응(Campuses Turn to Remote Call Centers to Handle Flood of Calls)」, 『크로니클 오브 하이어 에듀케이션(Chronicle of Higher Education)』, 2012년 9월 3일; 켈리 필드(Kelly Field), 「학자금 대출 판매(The Selling of Student Loans)」, 『크로니클 오브 하이어 에듀케이션』, 2007년 6월 1일, https://www.chronicle.com/article/the-selling-of-student-loans ; 낸시 솔로몬(Nancy

Solomon), 〈조사 대상: 대학 재정 보조 리베이트(Probe Targets College Financial Aid Kickbacks)〉, 《올 씽스 컨시더드(All Things Considered)》, NPR, 2007년 4월 5일.

23. 스테이시 콜리 · 제시카 실버-그린버그, 「'실패하도록 설계된' 대출: 주 정부들은 내비언트(Navient)가 학생들을 착취했다고 주장」.

24. 같은 자료.

25. 수전 M. 다이나르스키, 「공화당은 학자금 대출을 다시 경쟁적으로 만들고 싶어 한다. 하지만 원래 경쟁적이지 않았다」; 뉴 아메리카 재단, 「학자금 대출의 역사」; 몰리 헨슬리-클랜시(Molly Hensley-Clancy), 「벳시 디보스, 학자금 대출 시스템 책임자로 학자금 대출 CEO 임명(Betsy DeVos Picked a Student Loan CEO to Run the Student Loan System)」, 『버즈피드 뉴스』, 2017년 6월 20일.

26. 마이클 스트랫퍼드(Michael Stratford), 「학자금 대출 거대기업, 트럼프와 디보스와의 유착 강화(Student-Loan Behemoth Tightens Its Ties to Trump and DeVos)」, 『폴리티코』, 2019년 9월 9일.

27. 데빈 퍼거스, 『수수료의 나라: 숨겨진 비용과 미국 중산층의 쇠퇴』; 레이첼 M. 코언(Rachel M. Cohen), 「대학, 기술 격차, 그리고 학자금 대출 위기(College, the Skills Gap, and the Student Loan Crisis)」, 『아메리칸 프로스펙트』, 2016년 2월 25일.

16장.

1. 인 더 퍼블릭 인터레스트, 「밑바닥으로의 경주: 공공서비스 외주화가 기업에 보상을 주고 중산층을 징벌하는 방식(Race to the Bottom: How Outsourcing Public Services Rewards Corporations and Punishes the Middle Class)」, 워싱턴 D.C., 2014년 6월.

2. 같은 자료.

3. 같은 자료.

4. 에이미 트라우브(Amy Traub) · 로버트 힐튼스미스(Robert Hiltonsmith), 「나쁜 일자리를 보증하다: 우리의 세금이 어떻게 저임금 노동을 지원하고 불평등을 심화시키는가(Underwriting Bad Jobs: How Our Tax Dollars Are Funding Low-Wage Work and Fueling Inequality)」, 데모스(Demos), 2013년 5월; 굿 잡스 네이션(Good Jobs Nation), 「깨진 약속 #1: 트럼프는 미국 최고의 저임금 일자리 창출자다(Promises Broken #1: Trump Is America's Top Low Wage Job Creator)」, 워싱턴 D.C., 2018년 8월.

5. 마이크 엘크(Mike Elk), 「미국 정부, 수백만 명에게 최저 15달러 임금도 못 주며 실패하다(US Government Failing Millions by Paying Below $15 an Hour, Study Finds)」, 『가디언』, 2018년 8월 10일.

6. 랜디 와인가튼(Randi Weingarten), 「차베스 프렙 교직원과 학생들을 지지하라!(Support Chavez Prep Staff & Students!)」, 보도자료 , 전미교원연맹(American Federation of Teachers), 2019년 2월 14일. (인용문)

7. 〈D.C. 차터 스쿨은 행정가 급여가 최고 수준인데, 왜 교사들은 이렇게 적게 받는가?(D.C. Charters Have Some of the Highest Salaries for Administrators. So Why Are Their Teachers Making So Little?)〉, 《코조 남디 쇼(Kojo Nnamdi Show)》, 2019년 2월 5일; 페리 스타인(Perry Stein), 「체사르 차베스 공립 차터 스쿨, D.C. 캠퍼스 2곳 폐쇄 발표(Cesar Chavez Public Charter Schools Announces It Will Close Two Campuses in D.C.)」, 『워싱턴 포스트』, 2019년 1월 23일; 와인가튼, 「체베스 프렙 교직원과 학생들을 지지하라!」; 페리 스타인, 「D.C. 유일의 노조 차터 스쿨, 또 다른 연방 노동불만 제기—이번에는 캠퍼스 폐쇄 중(D.C.'s Only Unionized Charter School Filed Another Federal Labor Complaint—This Time as Its Campus Is Shutting Down)」, 『워싱턴 포스트』, 2019년 3월 6일; 밸러리

재블로(Valerie Jablow), 「또 다른 학년도, 여전히 높은 교사 이직률(Another School Year, More High Teacher Attrition)」, 『에듀케이션DC(Educationdc)』블로그, 2018년 2월 26일, https://educationdc. net/2018/02/26/another-school-year-more-high-teacher-attrition.

8. 「D.C. 차터 스쿨은 행정가 급여가 최고 수준인데, 왜 교사들은 이렇게 적게 받는가?」; 레이첼 M. 코언, 「D.C. 차터 행정가들은 도시 최고 수준의 학교 급여를 받는다; 교사들은 최저 수준(D.C. Charter Administrators Have Some of the Highest School Salaries in Town; Their Teachers, Some of the Lowest)」, 『워싱턴 시티 페이퍼(Washington City Paper)』, 2019년 1월 30일. (학생 수 자료는 D.C. 공립학교[DCPS] 자료에서 인용).

| 6부 |

1. 크리스토퍼 솔로몬(Christopher Solomon), 「우리의 호화로운 황야(Our Pampered Wilderness)」, 『뉴욕 타임스』, 2015년 5월 23일.

2. 보니 호닉(Bonnie Honig), 『공적 사물들: 무너지는 민주주의(Public Things: Democracy in Disrepair)』, 뉴욕, 포드햄대학교 출판부(Fordham University Press), 2017.

17장.

1. 프레더릭 로 옴스테드(Frederick Law Olmsted), 『조경, 문화, 사회에 관한 글(Writings on Landscape, Culture, and Society)』, 찰스 E. 베버리지(Charles E. Beveridge) 엮음, 라이브러리 오브 아메리카 (Library of America), 뉴욕, 2015년.

2. 같은 자료.

3. 같은 자료; '일리노이 중앙철도회사 대 일리노이 주 사건(Illinois Central Railroad Co. v. Illinois)', 146 US 387 (1892).

4. 롤리 보윈(Lolly Bowean), 「오바마 재단, 잭슨 파크 사용 관련 소송에 대응(Obama Foundation Responds to Group's Lawsuit over Use of Jackson Park)」, 『시카고 트리뷴』, 2018년 9월 18일; 리처드 엡스타인(Richard Epstein), 「시카고의 새로운 오바마 부담(Chicago's New Obama Burden)」, 『디파이닝 아이디어스(Defining Ideas)』, 2018년 12월 17일; 「오바마 대통령 센터의 문제(The Trouble with Obama's Presidential Center)」, 『뉴욕 타임스』, 2019년 2월 28일; 크리스톤 캡스(Kriston Capps), 「오바마 대통령 센터를 둘러싼 법적 분쟁은 계속될 것이다(The Legal Struggle over Obama's Presidential Center Will Go On)」, 『시티랩』, 2019년 2월 21일.

5. 앤서니 클라크(Anthony Clark), 「버락 오바마의 대통령 도서관, 투명성을 조롱하다(Barack Obama's Presidential Library Is Making a Mockery of Transparency)」, 『데일리 비스트』, 2019년 3월 3일; 앤서니 클라크, 「대통령 도서관은 사기다. 오바마가 이를 바꿀 수 있을까?(Presidential Libraries Are a Scam. Could Obama Change That?)」, 『폴리티코 매거진(Politico Magazine)』, 2019년 5월 7일; 밥 클라크 (Bob Clark), 「대통령 도서관을 옹호하며: 오바마 도서관 건립 실패가 민주주의에 나쁜 이유(In Defense of Presidential Libraries: Why the Failure to Build an Obama Library Is Bad for Democracy)」, 『퍼블릭 히스토리언(Public Historian)』 40권 2호 (2018년 5월 1일): 96-103, https://doi.org/10.1525/ tph.2018.40.2.96.

6. 나프탈리(Naftali) 인용, 밥 가필드(Bob Garfield), 〈오바마 대통령 센터, 자신의 이야기를 큐레이션하다(The Obama Presidential Center Will Curate Its Own Story)〉, 《온 더 미디어(On the Media)》, WNYC, 2019년 3월 8일.

7. 같은 자료.

8. 나프탈리 인용, 같은 자료.

9. 로버트 맥클루어(Robert McClure), 「매각되는 공원(Public Parks for Sale)」, 『인베스티게이트웨스트 (InvestigateWest)』, 2012년 6월 11일; 브리아나 베일리(Brianna Bailey), 「텍소마 호수 지역 주민·주 정부 관계자들, 퐁테 비스타 개발 지연에 좌절(Lake Texoma Area Residents, State Officials Grow Frustrated with Stalled Pointe Vista Development)」, 『오클라호만(Oklahoman)』, 2013년 6월 23일.

10. 조 워츠(Joe Wertz), 「오클라호마 레이크 텍소마 주립공원의 죽음과 민영화 약속(The Death of OK's Lake Texoma State Park and the Promises of Privatization)」, 『스테이트임팩트 오클라호마 (StateImpact Oklahoma)』, 2012년 6월 11일.

11. 로버트 맥클루어, 「매각되는 공원」; 브리아나 베일리, 「치카소 네이션, 텍소마 호수에 리조트 호텔·카지노 계획 발표(Chickasaw Nation Plans Resort Hotel, Casino on Lake Texoma)」, 『오클라호만』, 2016년 10월 27일.

12. 브리아나 베일리, 「텍소마 호수 지역 주민·주 정부 관계자들, 퐁테 비스타 개발 지연에 좌절」; 로건 레이든(Logan Layden), 「주립공원에서 호텔·카지노로: 주민들은 진척 원하지만, 공공절차엔 의문(From State Park to Hotel-Casino: Texoma Residents Eager for Progress but Question Public Process)」, KGOU, 2016년 12월 8일.

13. 로버트 맥클루어, 「매각되는 공원」; 브리아나 베일리, 「텍소마 호수 지역 주민·주 정부 관계자들, 퐁테 비스타 개발 지연에 좌절」.

14. 로건 레이든, 「텍소마 공원 민영화 합의, 주민 불안·주 정부 비용 증가(Settlement Over Texoma Park Privatization Worries Locals, Costs State)」, 『스테이트임팩트 오클라호마』, 2016년 7월 14일; 데이비스 (Davis) 인용, 브리아나 베일리, 「텍소마 호수 지역 주민·주 정부 관계자들, 퐁테 비스타 개발 지연에 좌절」.

15. 브리아나 베일리, 「치카소 네이션, 텍소마 호수에 리조트 호텔·카지노 계획 발표」.

16. 브리아나 베일리, 「텍소마 호수 지역 주민·주 정부 관계자들, 퐁테 비스타 개발 지연에 좌절」; 레이든, 「주립공원에서 호텔·카지노로」.

17. 브리아나 베일리, 「텍소마 호수 지역 주민·주정부 관계자들, 지연된 퐁테 비스타 개발에 좌절」.

18장.

1. 크리스 포드·스테퍼니 존슨·리세트 파르텔로, 「사립학교 바우처의 인종차별적 기원」, 센터 포 아메리칸 프로그레스; 레오 케이시, 「민영화가 분리를 의미할 때: 학교 바우처에 대한 진실」, 『디센트』, 2017년 8월 9일.

2. 니콜 해나-존스(Nikole Hannah-Jones), 「통학버스는 결코 쟁점이 아니었다(It Was Never About Busing)」, 『뉴욕 타임스』, 2019년 7월 12일; 클린트 스미스(Clint Smith), 「샬럿 학교의 탈분리와 재분리 (The Desegregation and Resegregation of Charlotte's Schools)」, 『뉴요커』, 2016년 10월 3일.

3. 웨슬리 위슬(Wesley Whistle), 「트럼프: 학교 선택제는 올해의 시민권 선언(Trump: School Choice Is the Civil Rights Statement of the Year)」, 『포브스』, 2020년 6월 16일.

4. 인용, 프랭크 애덤슨(Frank Adamson)·샤나 쿡하비(Channa Cook-Harvey)·린다 달링-해먼드(Linda Darling-Hammond), 「누구의 선택인가? 뉴올리언스 학교 시장에서 학생들의 경험과 성과(Whose Choice? Student Experiences and Outcomes in the New Orleans School Marketplace)」, 스탠퍼드 교육기회정책센터(Stanford Center for Opportunity Policy in Education), 캘리포니아, 2015.

5. 에리카 프랑켄버그(Erica Frankenberg) 외, 「형평성 없는 선택: 차터 스쿨 분리와 시민권 기준의 필요성 (Choice Without Equity: Charter School Segregation and the Need for Civil Rights Standards)」, UCLA 민권 프로젝트/프로엑토 데레초스 시빌레스(The Civil Rights Project/Proyecto Derechos Civiles at UCLA), 캘리포니아, 2012년 6월 26일, https://escholarship.org/uc/item/4r07q8kg.

6. 같은 자료.

7. 엠마누엘 펠턴(Emmanuel Felton), 「'이건 흑백 문제 같아': 일부 엘리트 차터 스쿨이 소수자를 배제하는 방식('It's like a Black and White Thing': How Some Elite Charter Schools Exclude Minorities)」, NBC 뉴스(NBC News), 2018년 6월 17일.

8. 크리스 노르드스트롬(Kris Nordstrom), 「HB 514, 입법부는 학교 분리를 분명히 받아들이다(With HB 514, Legislature Unambiguously Embraces School Segregation)」, 『프로그레시브 펄스(Progressive Pulse)』, 2018년 5월 31일, http://pulse.ncpolicywatch.org/2018/05/31/with-hb-514-legislature-unambiguously-embraces-school-segregation.

9. 드니즈 포르테(Denise Forte), 「분리의 역사는 노스캐롤라이나 HB 514에서 반복된다(Segregation's History Repeats Itself in North Carolina's HB 514)」, 센추리 재단(The Century Foundation), 2018년 6월 26일, https://tcf.org/content/commentary/segregations-history-repeats-north-carolinas-hb-514. 저자의 인구통계 데이터는 최신 센서스 자료로 업데이트됨.

10. 크리스 노르드스트롬, 「HB 514, 입법부는 학교 분리를 분명히 받아들이다」; 짐 모릴(Jim Morrill), 「논란의 노스캐롤라이나 차터 법안 통과. 이제 네 개 마을이 학교를 열 수 있다(Controversial NC Charter Bill Approved. Now, These Four Towns Could Open Schools.)」, 『샬럿 옵저버(Charlotte Observer)』, 2018년 6월 6일.

11. 짐 모릴, 「논란의 노스캐롤라이나 차터 법안 통과. 이제 네 개 마을이 학교를 열 수 있다」; 크리스 노르드스트롬, 「HB 514, 입법부는 학교 분리를 분명히 받아들이다」; 킴벌리 퀵(Kimberly Quick), 「분리의 역사는 노스캐롤라이나 HB 514에서 반복된다(Segregation's History Repeats Itself in North Carolina's HB 514)」, 센추리 재단, 2018년 6월 26일, https://tcf.org/content/commentary/segregations-history-repeats-north-carolinas-hb-514; 제임스 E. 포드(James E. Ford), 「매튜스 대 CMS: 그렇다, 차터 스쿨 논쟁은 인종 문제다(Matthews vs. CMS: Yes, the Fight About Charter Schools Is About Race)」, 『샬럿 옵저버』, 2018년 4월 27일; 앤 도스 헬름스(Ann Doss Helms), 「주지사, NC 법안 거부권 행사하며 '납세자 자금으로 재분리되는 메크 학교' 지적(Governor Cites 'Taxpayer-Funded Resegregation' of Meck Schools in Veto of NC Bill)」, 『샬럿 옵저버』, 2018년 12월 21일.

12. 제임스 E. 포드(James E. Ford), 「매튜스 대 CMS: 그렇다, 차터 스쿨 논쟁은 인종 문제다(Matthews vs. CMS: Yes, the Fight About Charter Schools Is About Race)」, 『샬럿 옵저버』, 2018년 4월 27일; 킴벌리 퀵, 「분리의 역사는 노스캐롤라이나 HB 514에서 반복된다」; 클라라 레너드(Clara Leonard), 「나는 매튜스 학교를 다녔고 다양성의 가치를 본다(I Went to Matthews Schools, and I See the Value of Diversity)」, 『샬럿 옵저버』, 2018년 6월 9일.

13. 빅터 렁(Victor Leung) · 록산 H. 알레한드레(Roxanne H. Alejandre) · 안젤리카 종코(Angelica Jongco), 「불평등한 접근: 일부 캘리포니아 차터 스쿨이 어떻게 불법적으로 등록을 제한하는가(Unequal Access: How Some California Charter Schools Illegally Restrict Enrollment)」, ACLU 남캘리포니아 재단(ACLU Foundation of Southern California) · 퍼블릭 애드보케이츠(Public Advocates), 2017년 4월 25일.

14. 데이너 골드스타인(Dana Goldstein), 「'미래를 위협하다': 심화되는 학교 분리의 큰 대가('Threatening

the Future': The High Stakes of Deepening School Segregation)」, 『뉴욕 타임스』, 2019년 5월 10일.

15. 리처드 D. 칼렌버그(Richard D. Kahlenberg) · 핼리 포터(Halley Potter) · 킴벌리 퀵, 「학교 통합을 위한 대담한 의제(A Bold Agenda for School Integration)」, 센추리 재단, 2019년 4월 8일, https://tcf.org/content/report/bold-agenda-school-integration; 리처드 D. 칼렌버그 · 핼리 포터, 「다양한 차터 스쿨: 인종 및 사회경제적 통합이 학생들에게 더 나은 성과를 낼 수 있는가?(Diverse Charter Schools: Can Racial and Socioeconomic Integration Promote Better Outcomes for Students?)」, 빈곤 & 인종 연구행동위원회(Poverty & Race Research Action Council), 센추리 재단, 2012년 5월; 엠마 가르시아(Emma García), 「학교는 여전히 분리되어 있으며, 흑인 아동들이 그 대가를 치르고 있다(Schools Are Still Segregated, and Black Children Are Paying a Price)」, 이코노믹 폴리시 인스티튜트, 워싱턴 D.C., 2020년 2월 12일, https://files.epi.org/pdf/185814.pdf.

16. 리처드 N. 피트(Richard N. Pitt) · 조시 패카드(Josh Packard), 「다양성 활성화: 학생 인종이 수업 토론 기여에 미치는 영향(Activating Diversity: The Impact of Student Race on Contributions to Course Discussions)」, 『소시오로지컬 쿼털리(Sociological Quarterly)』 53, 2호 (2012): 295 – 320, https://doi.org/10.1111/j.1533-8525.2012.01235.x; 에이미 스튜어트 웰스(Amy Stuart Wells) · 로렌 폭스(Lauren Fox) · 디애나 코르도바-코보(Diana Cordova-Cobo), 「인종적으로 다양한 학교와 교실이 모든 학생에게 주는 혜택(How Racially Diverse Schools and Classrooms Can Benefit All Students)」, 센추리 재단, 2016년 2월 9일, https://tcf.org/content/report/how-racially-diverse-schools-and-classrooms-can-benefit-all-students.

17. 에이미 스튜어트 웰스 · 로렌 폭스 · 디애나 코르도바-코보, 「인종적으로 다양한 학교와 교실이 모든 학생에게 주는 혜택」; 제니퍼 A. 리셔슨(Jennifer A. Richeson) · 소피 트라왈터(Sophie Trawalter) · J. 니콜 셸튼(J. Nicole Shelton), 「아프리카계 미국인의 내재적 인종 태도와 이인종 상호작용 이후의 집행 기능 고갈(African Americans' Implicit Racial Attitudes and the Depletion of Executive Function After Interracial Interactions)」, 『소셜 코그니션(Social Cognition)』 23, 4호 (2005): 336 – 52, https://doi.org/10.1521/soco.2005.23.4.336; 제니퍼 A. 리셔슨 · 소피 트라왈터, 「왜 이인종 상호작용이 집행기능을 저해하는가? 자원 소진 설명(Why Do Interracial Interactions Impair Executive Function? A Resource Depletion Account)」, 『저널 오브 퍼스널리티 앤드 소셜 사이콜로지(Journal of Personality and Social Psychology)』 88, 6호 (2005년 6월): 934 – 47, https://doi.org/10.1037/0022-3514.88.6.934.

18. 엘리자 샤피로(Eliza Shapiro), 「백인 진보주의자들이 학교 통합을 약화시키는 방식(How White Progressives Undermine School Integration)」, 『뉴욕 타임스』, 2020년 8월 21일.

19장.

1. 수 핼퍼른(Sue Halpern), 「공공도서관 예찬(In Praise of Public Libraries)」, 『뉴욕 리뷰 오브 북스(New York Review of Books)』, 2019년 4월 18일.

2. 데버러 팰로스(Deborah Fallows), 「도서관이 '세컨드 리스폰더(Second Responders)'가 될 때(When Libraries Are 'Second Responders')」, 『애틀랜틱』, 2019년 5월 23일.

3. 데이비드 스트라이트펠드(David Streitfeld), 「L.S.S.I.가 도서관을 인수하자, 이용자들은 조용히 있지 않았다(As L.S.S.I. Takes Over Libraries, Patrons Can't Keep Quiet)」, 『뉴욕 타임스』, 2010년 9월 26일; 웨인 핸슨(Wayne Hanson), 「지역 도서관 외주화는 거센 반발을 불러올 수 있다(Outsourcing the Local Library Can Lead to a Loud Backlash)」, 『거버먼트 테크놀로지(Government Technology)』, 2011년

6월 1일.

4. CEO 브래드 킹(Brad King) 인용, 웨인 핸슨, 「지역 도서관 외주화는 거센 반발을 불러올 수 있다」; 제임스 내시(James Nash), 「민간 운영 도서관, 미국 전역으로 확대(Privately-Run Libraries Expand Throughout U.S.)」, 『거버먼트 테크놀로지』, 2015년 11월 3일; 제인 제러드(Jane Jerrard) · 낸시 볼트(Nancy Bolt) · 카렌 스트레지(Karen Strege), 『도서관 민영화(Privatizing Libraries)』, 미국도서관협회(American Library Association), 시카고, 2012.

5. CLA 회장 인용, 제러미 몰러, 「공공도서관을 장악하려는 아마존 같은 기업이 있다(There's an Amazon-like Corporation Trying to Take over Public Libraries)」, 인 더 퍼블릭 인터레스트, 2018년 7월 26일; 루스 메츠 어소시에이츠(Ruth Metz Associates), 「잭슨 카운티 도서관 서비스 성과 검토 및 품질 평가(Jackson County Library Services Performance Review and Quality Assessment)」, 2016년 11월 17일.

6. 루스 메츠 어소시에이츠, 「잭슨 카운티 도서관 서비스 성과 검토 및 품질 평가」; 사서 인용, 더그 포터(Doug Porter), 「에스콘디도의 유일한 공공도서관을 구하다(Saving Escondido's Only Public Library)」, 『에스콘디도 그레이프바인(Escondido Grapevine)』, 2017년 7월 29일, https://escondidograpevine.com/2017/07/29/saving-escondidos-only-public-library.

7. 페자나이트(Pezzanite) 인용, 데이비드 스트라이트펠드, 「L.S.S.I.가 도서관을 인수하자, 이용자들은 조용히 있지 않았다」.

8. 루스 메츠 어소시에이츠, 「잭슨 카운티 도서관 서비스 성과 검토 및 품질 평가」; 「아베드, 매슨, 갈로: "도서관은 필요 없어"(Abed, Masson, Gallo: 'Screw You, Library')」, 『에스콘디도 그레이프바인』, 2017년 8월 31일, https://escondidograpevine.com/2017/08/31/abed-masson-gallo-screw-you-library.

9. 스트라이트펠드, 「L.S.S.I.가 도서관을 인수하자, 이용자들은 조용히 있지 않았다」; 「에스콘디도 시장이 지역 여론을 무시하자, 시의회는 도서관 민영화를 추진하다(As Escondido Mayor Dismisses Community Sentiment, Council Moves to Privatize Library)」, 『샌디에이고 프리 프레스(San Diego Free Press)』, 2017년 8월 25일; 에릭 클리넨버그(Eric Klinenberg), 「시민사회를 회복하려면, 도서관에서 시작하라(To Restore Civil Society, Start with the Library)」, 『뉴욕 타임스』, 2018년 9월 8일.

10. 해리 J. 존스(Harry J. Jones), 「에스콘디도 도서관 민영화 반대 움직임 확산(Opposition to Escondido Library Outsourcing Grows)」, 『샌디에이고 유니언-트리뷴(San Diego Union-Tribune)』, 2017년 8월 9일; 샤론 첸(Sharon Chen), 「에스콘디도, 공공도서관 민영화(Escondido Privatizes Public Library)」, 폭스 5 샌디에이고(Fox 5 San Diego), 2017년 8월 24일.

11. 「아베드, 매슨, 갈로: "도서관은 필요 없어"」; 더그 포터, 「에스콘디도의 유일한 공공도서관을 구하다」; 해리 J. 존스, 「에스콘디도 도서관 민영화 반대 움직임 확산」.

12. 마이클 힐트지크, 「지방정부가 공적 의무를 회피한다는 뚜렷한 신호: 도서관 민영화(A Handy Sign That a Local Government Is Shirking Its Public Duty: Privatizing the Library)」, 『로스앤젤레스 타임스』, 2013년 11월 18일.

20장.

1. 위니 피네오(Winnie Pineo), 사회보장제도 70주년(Social Security 70th Anniversary) 기자회견, 워싱턴 D.C., 2005년 8월 12일, https://www.c-span.org/video/?188456-1/social-security-70th-anniversary.

2. 신시아 크로센(Cynthia Crossen), 「사회보장제도 이전, 대부분의 미국인은 암울한 은퇴를 맞이했다

(Before Social Security, Most Americans Faced Very Bleak Retirement)」, 『월스트리트 저널(Wall Street Journal)』, 2004년 9월 25일; 로빈 토너(Robin Toner), 「'우리에게 큰 재앙이 닥쳤다(A Great Calamity Has Come Upon Us)'」, 『뉴욕 타임스』, 2005년 1월 23일; 해리엇 에들슨(Harriet Edleson), 「65세 이후 일하거나 구직하는 미국인 증가(More Americans Working or Looking for Work After 65)」, AARP, 2019년 4월 22일, https://www.aarp.org/work/employers/info-2019/americans-working-past-65.html.

3. 인용, 낸시 J. 알트먼(Nancy J. Altman), 『사회보장제도를 위한 투쟁: FDR의 비전에서 부시의 도박까지 (The Battle for Social Security: From FDR's Vision to Bush's Gamble)』, 뉴저지, 와일리(Wiley), 2005.

4. 같은 자료.

5. 같은 자료; 주디 스비훌라(Judie Svihula)·캐럴 에스테스(Carroll Estes), 「사회보장제도 민영화: 이데올로기적으로 구조화된 운동(Social Security Privatization: An Ideologically Structured Movement)」, 『사회학과 사회복지 저널(Journal of Sociology & Social Welfare)』 35, no. 1, 2008년 3월 1일, https://scholarworks.wmich.edu/jssw/vol35/iss1/5.

6. 낸시 J. 알트먼, 『사회보장제도를 위한 투쟁: FDR의 비전에서 부시의 도박까지』; 인용, 주디 스비훌라·캐럴 에스테스, 「사회보장제도 민영화: 이데올로기적으로 구조화된 운동」.

7. 데이비드 R. 프랜시스(David R. Francis), 「한 남자의 은퇴 셈법: 사회보장연금이 승리한다(One Man's Retirement Math: Social Security Wins)」, 『크리스천 사이언스 모니터(Christian Science Monitor)』, 2004년 12월 27일.

8. 제이슨 퍼먼(Jason Furman), 「개인 계좌가 사회보장보다 더 높은 수익률을 제공할 수 있을까?(Would Private Accounts Provide a Higher Rate of Return Than Social Security?)」, 예산정책우선순위센터(CBPP), 2005년 6월 2일, https://www.cbpp.org/research/would-private-accounts-provide-a-higher-rate-of-return-than-social-security.

9. 부시의 전략가 인용, 낸시 J. 알트먼, 『사회보장제도를 위한 투쟁: FDR의 비전에서 부시의 도박까지』; 피터 J. 페라라(Peter J. Ferrara), 「새로운 진보주의: 근로자를 위한 개인 사회보장 계좌(The New Progressivism: Personal Social Security Accounts for Working People)」, 대통령 사회보장 강화·보존 위원회 증언 자료, 아메리칸스 포 택스 리폼(Americans for Tax Reform), 워싱턴 D.C., 2001년 9월 6일.

10. 낸시 J. 알트먼, 『사회보장제도를 위한 투쟁: FDR의 비전에서 부시의 도박까지』; 연방 의회 기록 (Congressional Record) 159, no. 132, 2013년 9월 30일: S7018-29.

11. 낸시 J. 알트먼, 「의료 보장(Securing Healthcare)」, 『로스앤젤레스 타임스』, 2009년 8월 14일; 제프 셰솔 (Jeff Shesol), 「셧다운: 미국 정치의 히스테리컬한 양식(Shutdown: The Hysterical Style in American Politics)」, 『뉴요커』, 2013년 9월 30일.

12. 엘리자베스 바우어(Elizabeth Bauer), 「사회보험이란 도대체 무엇인가? [그리고 왜 그것은 '획득된 것'이 아닌가?](Just What Is Social Insurance, Anyway? [and Why Isn't It Earned?])」, 『포브스』, 2018년 9월 24일; 로스 다우댓(Ross Douthat), 「정부와 그 경쟁자들(Government and Its Rivals)」, 『뉴욕 타임스』, 2012년 1월 28일.

| 7부 |

1. 게리 캐너번(Gerry Canavan), Replying to @KRGilbertson, 트위터(Twitter), 2015년 2월 25일, https://

twitter.com/gerrycanavan/status/570668164683587585?s=20.

21장.

1. 벳시 디보스 인용, 제이슨 블레이클리(Jason Blakely), 「학교 선택이 어떻게 교육을 상품으로 바꾸는가 (How School Choice Turns Education into a Commodity)」, 『애틀랜틱』, 2017년 4월 17일.

2. 매튜 S. 슈워츠(Matthew S. Schwartz), 「워싱턴 D.C.의 한 초등학교 5학년 등록이 중학교 진학에 대한 우려를 어떻게 보여주는가(How One D.C. Elementary's 5th Grade Enrollment Highlights Concerns About Middle School)」, 아메리칸 대학교 라디오(American University Radio, WAMU), 워싱턴 D.C., 2016년 3월 2일, https://wamu.org/story/16/03/02/5th_grade_dropoff.

3. 줄리 P. 컴즈(Julie P. Combs) 외, 「초등학교와 중간학교 환경에서의 5학년 학생 학업 성취: 학년 구성 분석(Academic Achievement for Fifth-Grade Students in Elementary and Intermediate School Settings: Grade Span Configurations)」, 『커런트 이슈스 인 에듀케이션(Current Issues in Education)』 14, no. 1, 2011년 4월 18일, https://cie.asu.edu/ojs/index.php/cieatasu/article/view/677; 가한 베일리(Gahan Bailey) · 레베카 자일스(Rebecca Giles) · 실비아 로저스(Sylvia Rogers), 「중학교로 진학하는 5학년생들의 우려에 대한 조사(An Investigation of the Concerns of Fifth Graders Transitioning to Middle School)」, 『리서치 인 미들 레벨 에듀케이션(Research in Middle Level Education)』 38, no. 5 (2015), https://files.eric.ed.gov/fulltext/EJ1059740.pdf; 제니퍼 팔머(Jennifer Palmer), 「5학년생들은 중학교에 준비됐는가? 오클라호마시티 교육청은 그렇다고 하지만 학부모들은 걱정한다(Are 5th Graders Ready for Middle School? Oklahoma City Schools Says Yes, but Parents Worry)」, 『오클라호마 워치(Oklahoma Watch)』 KGOU, 2019년 1월 28일; 필립 J. 쿡(Philip J. Cook) 외, 「6학년은 초등학교에 있어야 할까, 중학교에 있어야 할까? 학년 구성과 학생 행동 분석(Should Sixth Grade Be in Elementary or Middle School? An Analysis of Grade Configuration and Student Behavior)」, 『내셔널 뷰로 오브 이코노믹 리서치(National Bureau of Economic Research)』 예비 연구보고서, 2006년 8월, https://doi.org/10.3386/w12471; 듀크 투데이 편집부(Duke Today Staff), 「중학교의 6학년생들이 초등학교 또래보다 성적이 낮다는 연구(Sixth Graders in Middle Schools Fare Worse Than Peers in Elementary Schools, Study Finds)」, 『듀크 투데이(Duke Today)』, 2007년 2월 26일, https://today.duke.edu/2007/02/sixth_grade.html; 일리사 구트먼(Elissa Gootman), 「중학생들을 '중간'에서 빼내다 (Taking Middle Schoolers Out of the Middle)」, 『뉴욕 타임스』, 2007년 1월 22일.

4. 패트릭 레스터(Patrick Lester), 「혁신의 실험실: 차터 스쿨에서 근거를 구축하고 활용하기(Laboratories of Innovation: Building and Using Evidence in Charter Schools)」, IBM 정부경영연구센터(IBM Center for the Business of Government), 워싱턴 D.C., 2018년.

5. 버락 오바마(Barack Obama) 인용, 잭 슈나이더(Jack Schneider), 「차터 스쿨은 공교육을 구할 것이라 했는데 왜 사람들은 등을 돌렸는가?(Charters Were Supposed to Save Public Education. Why Did People Turn on Them?)」, 『워싱턴 포스트』, 2019년 5월 30일; 그레그 리치먼드(Greg Richmond), 「경쟁이 아닌 협력: '혁신의 실험실'로서의 차터 스쿨(Collaborating, Not Competing: Charters as 'Laboratories of Innovation')」, 『에듀케이션 포스트(Education Post)』, 2014년 9월 17일; 레이첼 M. 코언, 「차터 스쿨의 알려지지 않은 역사(The Untold History of Charter Schools)」, 『데모크라시: 아 저널 오브 아이디어스』, 2017년 4월 27일; 리처드 D. 칼렌버그 · 핼리 포터, 「차터 스쿨의 본래 비전(The Original Charter School Vision)」, 『뉴욕 타임스』, 2014년 8월 30일.

6. 앨버트 섕커(Albert Shanker), 전미기자클럽 연설(National Press Club Speech), 워싱턴 D.C., 1988년 3

월 31일, https://reuther.wayne.edu/files/64.43.pdf.

7. 주빌리 아카데믹 센터(Jubilee Academic Center, Inc.), 「직원 핸드북(Employee Handbook)」, 2014년 8월, 저자 소장본.

8. 차베스 스쿨(Chavez Schools), 「직원 핸드북(Employee Handbook)」, 2016년 8월, 저자 소장본; 브라이트 스타 스쿨(Bright Star Schools), 「직원 핸드북(Employee Handbook)」, 2012년 4월, 저자 소장본.

9. 모건 스미스(Morgan Smith), 「민간기업이 학교를 운영할 때, 재정은 비밀로 남는다(When Private Firms Run Schools, Financial Secrecy Is Allowed)」, 『뉴욕 타임스』, 2013년 12월 14일; 데이비드 세이어 (David Safier), 「베이시스 차터의 교육상 영업 비밀(BASIS Charters' Educational Trade Secrets)」, 『블로그 포 애리조나(Blog for Arizona)』, 2013년 9월 18일, https://arizona.typepad.com/blog/2013/09/basis-charters-educational-trade-secrets.html; 정유현(Yoohyun Jung), 「공공 학교 주식회사: 공교육이 대기업 비즈니스가 될 때(Public School Inc.: When Public Education Turns into Big Business)」, 『리빌』, 센터 포 인베스티게이티브 리포팅(Center for Investigative Reporting), 2017년 9월 29일.

10. 레이첼 M. 코언, 「학교를 옮긴 교사에게 벌금을 부과하다(Fining Teachers for Switching Schools)」, 『아메리칸 프로스펙트』, 2016년 11월 3일; 신시아 하웰(Cynthia Howell), 「아칸소주, 문제 많은 리틀록 차터 학교 인가 취소(State Pulls Charter of Troubled Little Rock School)」, 『아칸소 데모크라트 가제트 (Arkansas Democrat Gazette)』, 2019년 2월 16일; 신시아 하웰, 「차터 인가 만료로 6월에 문 닫는 리틀록 학교(Little Rock School Closing When Charter Lapses in June)」, 『아칸소 데모크라트 가제트』, 2019년 1월 16일.

11. 레이첼 M. 코언, 「학교를 옮긴 교사들에게 벌금을 부과하다」.

12. 앨버트 섕커, 전미기자클럽 연설.

22장.

1. 아메리칸 아카데미 오브 아츠 앤드 사이언스(American Academy of Arts and Sciences), 「공립 연구대학: 공익을 위한 봉사(Public Research Universities: Serving the Public Good」, 매사추세츠, 2016.

2. 같은 자료.

3. 데이비드 애덤(David Adam), 「알래스카대학교 상황 다소 개선, 중대한 변화 예상(Situation Improves Slightly for U Alaska, Major Changes Ahead)」, 『사이언티스트 매거진(Scientist Magazine)』, 2019년 9월 24일; 챈시 크로프트(Chancy Croft), 「알래스카대학교는 알래스카 주민에게 무료여야 한다(University of Alaska Should Be Free for Alaskans)」, 『앵커리지 데일리 뉴스(Anchorage Daily News)』, 2019년 9월 9일; 애덤 해리스(Adam Harris), 「고등교육은 이제 당파적 쟁점이 되었다(Higher Education Has Become a Partisan Issue)」, 『애틀랜틱』, 2019년 7월 5일; 조앤 보이어(Joanne Boyer), 「'대학의 경계는 곧 주의 경계다': 위스콘신과 스콧 워커가 잊어버린 교훈('The Boundaries of the University Shall Be the Boundaries of the State': A Lesson Wisconsin and Scott Walker Forgot)」, 『옵에드뉴스(OpEdNews)』, 2015년 1월 30일; 아메리칸 아카데미 오브 아츠 앤드 사이언스(American Academy of Arts and Sciences), 「공립 연구대학: 공익을 위한 봉사(Public Research Universities: Serving the Public Good」, 매사추세츠, 2016; 주 고등교육 집행 책임자 협회(State Higher Education Executive Officers Association), 「주 고등교육 재정: FY 2018(State Higher Education Finance: FY 2018)」, 콜로라도, 2019; 센추리 재단(Century Foundation), 「커뮤니티 칼리지가 필요로 하는 자원을 제공하기 위한 권고(Recommendations for Providing Community Colleges with the Resources They

Need)」, 2019년 4월 25일.

4. 제임스 호먼(James Hohmann), 「코크 네트워크, 미국 교육 시스템 근본적 변화를 위한 준비(Koch Network Laying Groundwork to Fundamentally Transform America's Education System)」, 『워싱턴 포스트』, 2018년 1월 30일.

5. 데이브 레빈설(Dave Levinthal), 「자유시장 복음을 전파하다(Spreading the Free-Market Gospel)」, 『애틀랜틱』, 2015년 10월 30일; 리처드 핑크(Richard Fink), 「아이디어에서 행동으로: 대학, 싱크탱크, 행동단체의 역할(From Ideas to Action: The Role of Universities, Think Tanks, and Activist Groups)」, 『필란스로피(Philanthropy)』, 1996년 겨울, https://archive.org/stream/TheStructureOfSocialChangeLibertyGuideRichardFinkKoch.

6. 데이브 레빈설, 「코크 재단의 대학에 대한 제안: 우리 교과과정을 가르치면 수백만 달러 지원한다(Koch Foundation Proposal to College: Teach Our Curriculum, Get Millions)」, 센터 포 퍼블릭 인테그리티, 2014년 9월 12일, https://publicintegrity.org/federal-politics/koch-foundation-proposal-to-college-teach-our-curriculum-get-millions; 데이브 레빈설, 「자유시장 복음을 전파하다」; 트래비스 월드론(Travis Waldron), 「플로리다 주립대학, 학문적 자유 통제 조건으로 찰스 코크 자금 수용(FSU Accepts Funds from Charles Koch in Return for Control over Its Academic Freedom)」, 『씽크프로그레스(ThinkProgress)』, 2011년 5월 10일.

7. 에리카 L. 그린(Erica L. Green), 스테파니 솔(Stephanie Saul), 「찰스 코크와 조지메이슨대 기부자들이 얻은 것(What Charles Koch and Other Donors to George Mason University Got for Their Money)」, 『뉴욕 타임스』, 2018년 5월 5일; 아네모나 하르토콜리스(Anemona Hartocollis), 「코크 기부금 논란, 조지메이슨대 조사 촉발(Revelations over Koch Gifts Prompt Inquiry at George Mason University)」, 『뉴욕 타임스』, 2018년 5월 1일.

8. 에리카 L. 그린 · 스테파니 소울, 「찰스 코크와 조지메이슨대 기부자들이 얻은 것」.

9. 데이브 레빈설, 「자유시장 복음을 전파하다」.

10. 조엘 로젠블랫(Joel Rosenblatt), 「트럼프의 교육 수장이 학자금 부채 추심 문제로 곤경에 처하다(Trump's Education Chief in Hot Seat over Student-Debt Collection)」, 『블룸버그』, 2019년 10월 7일; 타렉 하다드(Tareq Haddad), 「벳시 디보스, 학자금 대출 관련 법원 명령 위반으로 수감 위기(Betsy DeVos Could Face Jail After Judge Rules She Violated 2018 Order on Student Loans)」, 『뉴스위크』, 2019년 10월 8일.

11. 헬라인 올렌(Helaine Olen), 「판사가 벳시 디보스에 책임을 묻다(A Judge Calls Betsy DeVos to Account)」, 『워싱턴 포스트』, 2019년 10월 10일; 앤드류 크라이히바움(Andrew Kreighbaum), 「디보스: 차입자 방어 규칙은 '공짜 돈'을 제공했다(DeVos: Borrower-Defense Rule Offered 'Free Money')」, 『인사이드 하이어 에드(Inside Higher Ed)』, 2017년 9월 26일.

12. 로버트 샤이먼(Robert Shireman) 인용, 애니 월드먼(Annie Waldman), 「영리 대학이 홈리스와 자존감 낮은 아이들을 노렸다(How a For-Profit College Targeted the Homeless and Kids with Low Self-Esteem)」, 『프로퍼블리카』, 2016년 3월 18일.

13. 해나 애펠(Hannah Appel) · 아스트라 테일러(Astra Taylor), 「빚을 선고받은 교육: 영리 대학은 아메리칸 드림의 파괴자이자 빚 공장(Education with a Debt Sentence: For-Profit Colleges as American Dream Crushers and Factories of Debt)」, 『뉴 레이버 포럼(New Labor Forum)』 24, no. 1 (2015): 31-36, https://doi.org/10.1177/1095796014562860; 대니엘 더글러스-가브리엘(Danielle Douglas-Gabriel), 「수십 개의 실패한 영리 대학, 뜻밖의 구세주—채권 추심업체를 찾다(How Dozens of

Failing For-Profit Schools Found an Unlikely Savior: A Debt Collector)」, 『워싱턴 포스트』, 2014년 11월 28일; 질리언 버먼(Jillian Berman), 「트럼프 행정부, 학자금 상환 방식 전면 개편 추진(Trump Administration Wants to Overhaul the Way You Repay Student Loans)」, 『마켓워치(MarketWatch)』, 2017년 5월 21일.

14. 레이 피스먼(Ray Fisman), 「스웨덴의 학교 선택 재앙(Sweden's School Choice Disaster)」, 『슬레이트』, 2014년 7월 16일; 샘 딜런(Sam Dillon), 「온라인 대학들, 의회의 지원을 받다(Online Colleges Receive a Boost from Congress)」, 『뉴욕 타임스』, 2006년 3월 1일.

15. 데이비드 핼퍼린(David Halperin), 「코린시안 대학의 남용은 다른 대형 영리 대학에서도 반복된다(Abuses at Corinthian Are Mirrored at Other Big For-Profit Colleges)」, 『리퍼블릭 리포트(Republic Report)』, 2015년 4월 22일, https://www.republicreport.org/2015/abuses-at-corinthian-are-mirrored-at-other-big-for-profit-colleges; 해나 애펠 · 아스트라 테일러, 「빚을 선고받은 교육: 영리 대학은 아메리칸 드림의 파괴자이자 빚 공장」; 데이비드 핼퍼린, 「EDMC 교수와 학생들이 말하다: 로비스트와 골드만삭스가 어떻게 영리 교육을 망쳤는가(EDMC Professors and Students Speak: How Lobbyists and Goldman Sachs Ruined For-Profit Education)」, 『허핑턴 포스트』, 2012년 9월 24일.

16. 애니 월드먼, 「영리 대학이 홈리스와 자존감 낮은 아이들을 노렸다」; 데이비드 핼퍼린, 「EDMC 교수와 학생들이 말하다: 로비스트와 골드만삭스가 어떻게 영리 교육을 망쳤는가」, 『허핑턴 포스트』, 2012년 9월 24일; 대니엘 더글러스-가브리엘, 「수십 개의 실패한 영리 대학, 뜻밖의 구세주—채권 추심업체를 찾다」; 몰리 헨슬리-클랜시(Molly Hensley-Clancy), 「내부고발자 소송, 영리 대학이 참전용사들을 빚으로 속였다고 주장(Whistleblower Suit Alleges For-Profit College Tricked Veterans into Debt)」, 『버즈피드 뉴스』, 2014년 12월 16일.

17. 데이비드 핼퍼린, 「EDMC 교수와 학생들이 말하다: 로비스트와 골드만삭스가 어떻게 영리 교육을 망쳤는가」.

18. 데이비드 핼퍼린, 「코린시안 사태, 다른 대형 영리 대학들에서도 되풀이(Abuses at Corinthian Are Mirrored at Other Big For-Profit Colleges)」; 해나 애펠 · 아스트라 테일러, 「빚을 선고받은 교육: 영리 대학은 아메리칸 드림의 파괴자이자 빚 공장」; 데이비드 핼퍼린, 「EDMC 교수와 학생들이 말하다: 로비스트와 골드만삭스가 어떻게 영리 교육을 망쳤는가」; 애니 월드먼, 「누가 영리 대학을 규제하는가? 영리 대학 임원들(Who's Regulating For-Profit Schools? Execs from For-Profit Colleges)」, 『프로퍼블리카』, 2016년 2월 26일.

19. 애니 월드먼, 「누가 영리 대학을 규제하는가? 영리 대학 임원들」; 로저 유(Roger Yu), 「드브라이, 기만적 광고로 학생들에게 4,900만 달러 배상 합의(DeVry to Pay $49M to Students for Misleading Ads)」, 『USA 투데이』, 2017년 7월 5일; 스테파니 솔, 「영리 대학 운영사 EDMC, 학생 대출 탕감(For-Profit College Operator EDMC Will Forgive Student Loans)」, 『뉴욕 타임스』, 2015년 11월 16일.

20. 애니 월드먼, 「트럼프 행정부, 영리 대학 발판 마련(For-Profit Colleges Gain Beachhead in Trump Administration)」, 『프로퍼블리카』, 2017년 3월 14일.

21. 마이클 스트랫퍼드(Michael Stratford), 「트럼프 행정부, 드브라이 전 간부를 대학 집행 부서 수장으로 임명(Trump Administration Selects Former DeVry Official to Lead College Enforcement Unit)」, 『폴리티코』, 2017년 8월 30일; 게일 콜린스(Gail Collins), 「벳시 디보스, 이윤 없는 선택(No Profit in Betsy DeVos)」, 『뉴욕 타임스』, 2017년 10월 27일.

22. 폴린 애버네시(Pauline Abernathy, 칼리지 액세스 앤 석세스 연구소Institute for College Access and Success 수석 부대표) 인용, 마이클 스트랫퍼드, 「트럼프와 디보스, 영리 대학 부활에 기름 붓다(Trump

466

and DeVos Fuel a For-Profit College Comeback)」, 『폴리티코』, 2017년 8월 31일; 대니얼 더글라스-가브리엘, 「트럼프 행정부, 인증되지 않은 영리 대학에 약 1,100만 달러의 학자금 지원 허용(Trump Administration Let Nearly $11 Million in Student Aid Go to Unaccredited For-Profit Colleges)」, 『워싱턴 포스트』, 2019년 10월 22일; 로버트 C. 스콧(Robert C. Scott) → 벳시 디보스 서한, 2019년 10월 22일, https://edlabor.house.gov/imo/media/doc/Chairman%20Scott%20Threatens%20to%20Subpoena%20Secretary%20DeVos.pdf.

23. 레이 피스먼·마이클 루카(Michael Luca), 「벳시 디보스는 교육에 기업 마인드를 도입하려 한다. 그러나 과거에도 실패했고 앞으로도 실패할 것이다(Betsy DeVos Wants to Bring a Business Mindset to Education. It's Backfired Before and Will Again)」, 『슬레이트』, 2017년 2월 7일.

24. 해나 애펠·아스트라 테일러, 「빚을 선고받은 교육: 영리 대학은 아메리칸 드림의 파괴자이자 빚 공장」.

| 8부 |

1. 데버러 레빈(Deborah Levine), 「무료 또는 저렴한 코로나바이러스 백신의 필요성(The Case for a Free or Inexpensive Coronavirus Vaccine)」, 『워싱턴 포스트』, 2020년 3월 2일.

2. 마이클 힐트지크, 「화이자와 모더나는 백신으로 얼마를 벌어야 하는가?(What Should Pfizer and Moderna Earn from Vaccines?)」, 『로스앤젤레스 타임스』, 2021년 1월 4일.

3. 아찰 프라발라(Achal Prabhala)·아르준 자야데브(Arjun Jayadev)·딘 베이커(Dean Baker), 「백신을 빠르게 보급하고 싶은가? 지적재산권을 중단하라(Want Vaccines Fast? Suspend Intellectual Property Rights)」, 『뉴욕 타임스』, 2020년 12월 7일; 마이클 힐트지크, 「민간기업은 여전히 코로나 백신을 움켜쥐고 있다. 하지만 연구비는 당신이 냈다(Private Firms Keep Stranglehold on COVID Vaccines, Though You Paid for the Research)」, 『로스앤젤레스 타임스』, 2020년 11월 16일.

23장.

1. 빈켄(Vinken) 인용, 스티븐 부라니(Stephen Buranyi), 「과학 출판의 엄청난 수익성 있는 비즈니스는 과학에 해로운가?(Is the Staggeringly Profitable Business of Scientific Publishing Bad for Science?)」, 『가디언』, 2017년 6월 27일.

2. 로버트 M. 카플런(Robert M. Kaplan), 「사설(Op-Ed): 왜 연구 성과에 대한 자유로운 접근을 둘러싼 치열한 전쟁에 관심을 가져야 하는가(Why You Should Care About the Raging Battle for Free Access to Research Findings)」, 『로스앤젤레스 타임스』, 2019년 4월 9일; 스티븐 부라니, 「과학 출판의 엄청난 수익성 있는 비즈니스는 과학에 해로운가?」; 피터 수버(Peter Suber), 『오픈 액세스(Open Access)』, 2019, https://openaccesseks.mitpress.mit.edu/pub/ktf344br.

3. 브라이언 레즈닉(Brian Resnick), 줄리아 벨루즈(Julia Belluz), 「과학을 자유롭게 하려는 전쟁(The War to Free Science)」, 『복스』, 2019년 6월 3일; 로버트 M. 카플런, 「사설: 왜 연구 성과에 대한 자유로운 접근을 둘러싼 치열한 전쟁에 관심을 가져야 하는가」.

4. 스티븐 부라니, 「과학 출판의 엄청난 수익성 있는 비즈니스는 과학에 해로운가?; 브라이언 레즈닉, 줄리아 벨루즈, 「과학을 자유롭게 하려는 전쟁」.

5. 스티븐 부라니, 「과학 출판의 엄청난 수익성 있는 비즈니스는 과학에 해로운가?」.

6. 브라이언 레즈닉, 줄리아 벨루즈, 「과학을 자유롭게 하려는 전쟁」.

7. 피터 수버, 『오픈 액세스』.

8. 브라이언 레즈닉, 줄리아 벨루즈, 「과학을 자유롭게 하려는 전쟁」; 로버트 M. 카플런, 「사설: 왜 연구 성과에

대한 자유로운 접근을 둘러싼 치열한 전쟁에 관심을 가져야 하는가」; 마이클 힐트지크, 「캘리포니아 대학
교, 주요 과학 출판사와의 오랜 싸움에서 또 하나의 큰 승리를 거두다(UC Achieves Another Big Win in
Its Long Battle with Major Scientific Publishers)」, 『로스앤젤레스 타임스』, 2021년 3월 16일.

9. 피터 수버, 『오픈 액세스』.

10. 같은 자료.

24장.

1. 앤드루 블럼(Andrew Blum), 『웨더 머신: 예보의 이면으로의 여정(The Weather Machine: A Journey
Inside the Forecast)』, 에코(Ecco), 2019; 존 F. 케네디(John F. Kennedy), 국정연설(State of the
Union), 워싱턴 D.C., 1961년 1월 30일, https://millercenter.org/the-presidency/presidential-
speeches/january-30-1961-state-union; 네이트 실버(Nate Silver), 『시그널과 노이즈: 왜 많은 예측
은 실패하고 어떤 예측은 성공하는가(The Signal and the Noise: Why So Many Predictions Fail—but
Some Don't)』, 뉴욕, 펭귄 프레스(Penguin Press), 2012; 데빈 레너드(Devin Leonard) · 브라이언 K.
설리번(Brian K. Sullivan), 「트럼프의 기상청장 지명자는 30년 동안 그것과 싸워왔다(Trump's Pick to
Lead Weather Agency Spent 30 Years Fighting It)」, 『블룸버그』, 2018년 6월 14일.

2. 마이클 루이스(Michael Lewis), 『제5의 위험(The Fifth Risk)』, 뉴욕, W.W. 노턴, 2018; 루루 가르시아-
나바로(Lulu Garcia-Navarro), 「정확한 기상예보는 어떻게 가능해졌는가(How the Advance Weather
Forecast Got Good)」, NPR, 2019년 6월 30일.

3. 앤드루 블럼, 『웨더 머신: 예보의 이면으로의 여정』.

4. 마이클 루이스, 『제5의 위험』.

5. 데빈 레너드 · 브라이언 K. 설리번, 「트럼프의 기상청장 지명자는 30년 동안 그것과 싸워왔다」.

6. 같은 자료; 제인 루브첸코(Jane Lubchenco), 「상원은 트럼프의 NOAA 지명자를 거부해야 한다(The
Senate Should Reject Trump's NOAA Nominee)」, 『뉴욕 타임스』, 2019년 5월 1일.

7. 데빈 레너드 · 브라이언 K. 설리번, 「트럼프의 기상청장 지명자는 30년 동안 그것과 싸워왔다」; 릭 샌토럼
(Rick Santorum), 「S. 786, 국가 기상청 임무법(National Weather Services Duties Act of 2005)」(제
109회 의회 제1차 회기, 2005), https://www.govinfo.gov/content/pkg/BILLS-109s786is/pdf/BILLS-
109s786is.pdf.

8. 마이클 루이스, 『제5의 위험』; 데빈 레너드 · 브라이언 K. 설리번, 「트럼프의 기상청장 지명자는 30년 동
안 그것과 싸워왔다」; 앤드루 프리드먼(Andrew Freedman), 「기상청의 모바일 앱 금지 논란(National
Weather Service Hold on Mobile Apps Stirs Controversy)」, 『워싱턴 포스트』, 2012년 1월 9일; 클
리프 매스(Cliff Mass), 「지역 기상청 사무소가 꼭 필요한가?(Do We Need Local National Weather
Service Offices If We Have Weather Apps, Accuweather, and the Weather Channel?)」, 『클리프 매
스 기상 · 기후 블로그(Cliff Mass Weather and Climate Blog)』, 2016년 6월 11일.

9. 팸 라이트(Pam Wright), 「트럼프 행정부, 기상청 예산을 8% 삭감하고 수백 개의 일자리 축소 제안하
다(Trump Administration Proposes Slashing National Weather Service Budget by 8 Percent,
Eliminating Hundreds of Jobs)」, 웨더 채널(Weather Channel), 2018년 2월 13일; 에릭 카츠(Eric
Katz), 「의원들, 트럼프 행정부가 기상청 인력 배치를 의회 절차 회피했다고 비판(Lawmakers Accuse
Trump Administration of Circumventing Congress on Weather Service Staffing)」, 『거버먼트 이
그제큐티브(Government Executive)』, 2019년 8월 7일; 데니스 머세로(Dennis Mersereau), 「트럼
프 대통령의 예산안은 수백 명의 기상학자를 해고하고 토네이도 연구를 삭감할 것이다(The President's

Proposed Budget Would Fire Hundreds of Meteorologists and Slash Tornado Research)」,『포브스』, 2019년 3월 31일.

10. 네이트 실버,『시그널과 노이즈: 왜 많은 예측은 실패하고 어떤 예측은 성공하는가』.

11. 푸칭 장(Fuqing Zhang) 외,「중위도 날씨 예측의 한계는 무엇인가?(What Is the Predictability Limit of Midlatitude Weather?)」,『대기 과학 저널(Journal of the Atmospheric Sciences)』76, no. 4 (2019년 1월 15일): 1077－91, https://doi.org/10.1175/JAS-D-18-0269.1; 매튜 카푸치(Matthew Cappucci), 「기상학자들은 얼마나 미래까지 예보할 수 있는가?(How Far into the Future Can Meteorologists Forecast the Weather?)」,『워싱턴 포스트』, 2019년 7월 11일; 매디 스톤(Maddie Stone),「아큐웨더의 90일 예보 도구, 심각하게 잘못됐다(AccuWeather's 90-Day Forecast Tool Is Misleading as Hell)」, 『기즈모도(Gizmodo)』, 2016년 4월 19일; 에릭 버거(Eric Berger),「아큐웨더, 90일 예보 발표…기상학자 들 불만(AccuWeather Issues 90-Day Forecasts and Meteorologists Are Not Amused)」,『아스 테크 니카』, 2016년 4월 17일; 네이트 실버,『시그널과 노이즈: 왜 많은 예측은 실패하고 어떤 예측은 성공하는 가』.

12. 네이트 실버,『시그널과 노이즈: 왜 많은 예측은 실패하고 어떤 예측은 성공하는가』.

13. 배리 마이어스(Barry Myers) CNBC 인터뷰; 존 올리버(John Oliver) 재방송, 〈날씨(Weather)〉,《라 스트 위크 투나잇(Last Week Tonight)》, HBO, 2019년 10월 13일, https://www.youtube.com/ watch?v=qMGn9T37eR8.

14. 아큐웨더와 토네이도 예보 관련: 마이클 루이스,『제5의 위험』; 제이슨 새머노(Jason Samenow),「아큐 웨더, 오클라호마 토네이도 경보 무시와 지연으로 기상청 비판(AccuWeather Rips Weather Service for Dismissing Tornado Threat in Oklahoma Wednesday and Delayed Warning)」,『워싱턴 포스트』, 2015년 3월 27일; 안젤라 프리츠(Angela Fritz)·사라 라리머(Sarah Larimer),「메릴랜드대, 토네이도 경 보에 민간기업 활용…문제 소지 있다(U-Md. Used a Private Company for a Tornado Warning. That Can Be Problematic)」,『워싱턴 포스트』, 2018년 9월 18일; 아큐웨더가 잘못된 쓰나미 경보 발령; 데빈 레너드·브라이언 K. 설리번,「트럼프의 기상청장 지명자는 30년 동안 그것과 싸워왔다」.

15. 네이트 실버,『시그널과 노이즈: 왜 많은 예측은 실패하고 어떤 예측은 성공하는가』.

25장.

1. 마리아나 마추카토(Mariana Mazzucato),『만물의 가치: 글로벌 경제에서 창조와 착취(The Value of Everything: Making and Taking in the Global Economy)』, 퍼블릭 어페어스(Public Affairs), 뉴욕, 2018.

2. 알프레드 B. 엥겔버그(Alfred B. Engelberg),「해치 수정안은 제네릭 경쟁을 지연시키고 약가를 높일 것 이다(Hatch Amendment Would Delay Generic Competition and Increase Drug Costs)」,『헬스 어 페어스 블로그(Health Affairs Blog)』, 2018년 11월 9일, https://www.healthaffairs.org/do/10.1377/ hblog20181106.747590/full.

3. 애비 멜러(Abbey Meller)·하우와 아메드(Hauwa Ahmed),「대형 제약사는 어떻게 매일의 미국인들을 해치면서 이익을 취하는가(How Big Pharma Reaps Profits While Hurting Everyday Americans)」, 미 국진보센터(Center for American Progress), 2019년 8월 30일, https://www.americanprogress.org/ issues/democracy/reports/2019/08/30/473911/big-pharma-reaps-profits-hurting-everyday- americans; 캐서린 엘렌 폴리(Katherine Ellen Foley),「대형 제약사는 특허법을 이용해 옥시콘틴을 영원히 유지하려 한다(Big Pharma Is Taking Advantage of Patent Law to Keep OxyContin from

Ever Dying)」, 『쿼츠(Quartz)』, 2017년 11월 18일, https://qz.com/1125690/big-pharma-is-taking-advantage-of-patent-law-to-keep-oxycontin-from-ever-dying; 아르티 라이(Arti Rai) · 바라크 리치먼(Barak Richman), 「제약회사의 제품 교체 전략을 저지하기 위한 더 나은 길(A Preferable Path for Thwarting Pharmaceutical Product Hopping)」, 『헬스 어페어스 블로그(Health Affairs Blog)』, 2018년 5월 22일, https://www.healthaffairs.org/do/10.1377/hblog20180522.408497/full; 에린 폭스(Erin Fox), 「제약회사는 어떻게 시스템을 조작해 약값을 비싸게 유지하는가(How Pharma Companies Game the System to Keep Drugs Expensive)」, 『하버드 비즈니스 리뷰(Harvard Business Review)』, 2017년 4월 6일; 케이티 토머스(Katie Thomas), 「레스타시스 특허 무효화, 제네릭 진입 길 열려(Patents for Restasis Are Invalidated, Opening Door to Generics)」, 『뉴욕 타임스』, 2017년 10월 16일.

4. 알프레드 B. 엥겔버그, 「해치 수정안은 제네릭 경쟁을 지연시키고 약가를 높일 것이다」; I-MAK, 「과다 특허, 과다 가격: 제약 특허 남용이 독점을 연장하고 약값을 올리는 방식(Overpatented, Overpriced: How Excessive Pharmaceutical Patenting Is Extending Monopolies and Driving Up Drug Prices)」, 2018, http://www.i-mak.org/wp-content/uploads/2018/08/I-MAK-Overpatented-Overpriced-Report.pdf.

5. 에린 폭스, 「제약회사는 어떻게 시스템을 조작해 약값을 비싸게 유지하는가」; 애비 멜러 · 하우와 아메드, 「대형 제약사는 어떻게 매일의 미국인들을 해치면서 이익을 취하는가」; 마리아나 마추카토, 『만물의 가치: 글로벌 경제에서 창조와 착취』.

6. 애비 멜러 · 하우와 아메드, 「대형 제약사는 어떻게 매일의 미국인들을 해치면서 이익을 취하는가」.

7. 마리아나 마추카토, 『만물의 가치: 글로벌 경제에서 창조와 착취』.

8. 마리아나 마추카토, 「세금으로 대형 제약사를 떠받치는 미국 납세자, 이제는 제한해야 한다(How Taxpayers Prop up Big Pharma, and How to Cap That)」, 『로스앤젤레스 타임스』, 2015년 10월 27일; 아민 타히르(Amin Tahir), 「고약한 약값, 원인은 '외국 무임승차자'가 아니라 미국의 특허제도다(High Drug Prices Caused by US Patent System, Not 'Foreign Freeloaders')」, CNBC, 2018년 6월 27일.

9. 마리아나 마추카토, 「세금으로 대형 제약사를 떠받치는 미국 납세자, 이제는 제한해야 한다」; 아르티 라이 · 바라크 리치먼, 「제약회사의 제품 교체 전략을 저지하기 위한 더 나은 길」.

10. 에이미 캅친스키(Amy Kapczynski) · 애런 S. 케셀하임(Aaron S. Kesselheim), 「정부 특허 사용: 약가 절감을 위한 법적 접근('Government Patent Use': A Legal Approach to Reducing Drug Spending)」, 『헬스 어페어스(Health Affairs)』 35, no. 5 (2016년 5월): 791-97, https://doi.org/10.1377/hlthaff.2015.1120.

11. 같은 자료.

12. 애비 멜러 · 하우와 아메드, 「대형 제약사는 어떻게 매일의 미국인들을 해치면서 이익을 취하는가」; 리카르도 알론소-잘디바르(Ricardo Alonso-Zaldivar) · 호프 옌(Hope Yen), 「AP 팩트체크: 트럼프가 인용한 약가 하락, 사실 아냐(AP Fact Check: Trump Cites Drug-Price Drop That Isn't)」, 『AP통신(Associated Press)』, 2019년 5월 14일; 셰팔리 루트라(Shefali Luthra) · 에이미 셔먼(Amy Sherman), 「트럼프의 약값 인하 주장 팩트체크(Fact-Checking Donald Trump's Claim That Drug Prices Are Going Down)」, 『폴리티팩트(Politifact)』, 2019년 5월 22일.

| 9부 |

1. 코리 로빈(Corey Robin), 「자유의 정치 회복(Reclaiming the Politics of Freedom)」, 『네이션』, 2011년 4월 6일.

2. 로버트 W. 풀(Robert W. Poole), 「미국 공항 민영화의 미래는 있는가?(Does U.S. Airport Privatization Have a Future?)」, 『퍼블릭 웍스 파이낸싱(Public Works Financing)』, 2020년 5월.

3. 그웬 아이필(Gwen Ifill), 「고어, 5개년 연방 예산 삭감안 제안(Federal Cutbacks Proposed by Gore in 5-Year Program)」, 『뉴욕 타임스』, 1993년 9월 8일; 리자베스 코언, 『소비자의 공화국: 전후 미국에서의 대중소비 정치(A Consumers' Republic: The Politics of Mass Consumption in Postwar America)』, 빈티지북스(Vintage Books, 2004, 397쪽.

4. 멜리사 덴착(Melissa Denchak), 「플린트 수돗물 위기: 알아야 할 모든 것(Flint Water Crisis: Everything You Need to Know)」, 내추럴 리소스 디펜스 카운슬(Natural Resources Defense Council, NRDC), 2018년 11월 8일.

5. 이선 포터(Ethan Porter), 『소비자 시민(The Consumer Citizen)』, 뉴욕, 옥스퍼드대학교 출판부, 2021.

6. 마이클 토마스키(Michael Tomasky), 「역대 가장 위대한 이야기지만 결코 들려주지 못한 이야기(The Greatest Story Never Told)」, 『데모크라시: 어 저널 오브 아이디어스』, 2011년 12월 7일; 윌리엄 J. 번스(William J. Burns), 「미국에는 공공서비스의 재탄생이 필요하다(America Needs a Rebirth of Public Service)」, 『애틀랜틱』, 2020년 5월 4일.

7. 데이비드 레온하르트(David Leonhardt), 「루스벨트는 알았다. 그러나 오늘날 민주당은 모른다(F.D.R. Got It. Most Democrats Don't)」, 『뉴욕 타임스』, 2020년 1월 12일.

8. 수전 메틀러(Suzanne Mettler), 『숨겨진 국가: 어떻게 보이지 않는 정부 정책이 미국 민주주의를 약화시키는가(The Submerged State: How Invisible Government Policies Undermine American Democracy)』, 시카고대학교 출판부, 2011, 113, 122쪽.

9. 크리스토퍼 뉴필드(Christopher Newfield), 『대학 연구와 위대한 실수(University Research and the Great Mistake)』, 『대학 연구와 위대한 실수』, 존스홉킨스대학교 출판부(Johns Hopkins University Press), 2017년 4월 13일; 프레드 L. 블록(Fred L. Block) · 매튜 R. 켈러(Matthew R. Keller), 『혁신의 상태: 기술 개발에서의 미국 정부의 역할(State of Innovation: The U.S. Government's Role in Technology Development)』, 라우틀리지, 2016.

모든 것들의 민영화

1판 1쇄 2025년 12월 19일

지은이 도널드 코언, 앨런 미케일리언
옮긴이 김문주
펴낸이 김형필
펴낸곳 북인어박스
주소 경기도 하남시 미사대로 540 (덕풍동) 한강미사2차 A동 A-328호
등록 2021년 3월 16일 제2021-000015호
전화 031) 5175-8044 **팩스** 0303-3444-3260 **이메일** bookinabox21@gmail.com

한국어판 ⓒ 북인어박스, 2025
ISBN 979-11-985632-8-6 03300

북인어박스는 인생의 무기가 되는 책, 인생의 지혜가 되는 책을 만듭니다.
출간 문의는 이메일로 받습니다.